ABITUR

Prüfungsaufgaben
mit Lösungen

'99

Geschichte

Leistungskurs
Gymnasium
Bayern
1992–1998

STARK

Der Jahrgang 1998 wurde nach der neuen Rechtschreibung abgefasst.

ISBN: 3-89449-099-3

19. ergänzte Auflage 1998

Inhalt

Fortsetzung nächste Seite

Abiturprüfungsaufgaben 1995

Abiturprüfungsaufgaben 1996

Abiturprüfungsaufgaben 1997

Abiturprüfungsaufgaben 1998

Jeweils im Herbst erscheinen die neuen Ausgaben
der Abiturprüfungsaufgaben mit Lösungen.

Lösungen der Aufgaben:

StD Heinz Vierengel

Hinweise

Die vorliegenden Abituraufgaben wurden zentral vom bayerischen Kultusministerium für alle Schüler mit Leistungskurs Geschichte in Bayern gestellt. Das Fach Geschichte kann dabei als reiner Leistungskurs oder als kombinierter Leistungskurs in Verbindung mit Erdkunde bzw. Sozialkunde gewählt werden. Im Falle eines reinen LK Geschichte hat der Prüfling zwei Aufgaben auszuwählen. Für Prüflinge mit einem kombinierten LK ist nur eine Aufgabe aus Geschichte zu bearbeiten.
Je Aufgabe stehen den Schülern 120 Minuten Bearbeitungszeit zur Verfügung. Zur Auswahl werden noch einmal 30 Minuten „Einlesezeit" gewährt. Der Schüler kann dabei aus vier Aufgaben seine Wahl treffen.
Für die Bewertung sind die angegebenen Bewertungseinheiten verpflichtend, mitgelieferte Lösungshinweise dagegen haben nur einen Empfehlungscharakter.

Für die Umsetzung der Bewertungseinheiten in Noten/Punkte gilt folgende Tabelle:

Notenpunkte	Notenstufen	Bewertungseinheiten (BE)	Intervall in %
15	+ 1	60 ... 58	
14	1	57 ... 55	15
13	1 –	54 ... 52	
12	+ 2	51 ... 49	
11	2	48 ... 46	15
10	2 –	45 ... 43	
9	+ 3	42 ... 40	
8	3	39 ... 37	15
7	3 –	36 ... 34	
6	+ 4	33 ... 31	
5	4	30 ... 28	15
4	4 –	27 ... 25	
3	+ 5	24 ... 21	
2	5	20 ... 17	20
1	5 –	16 ... 13	
0	6	12 ... 0	20

Stichwortverzeichnis

Leistungskurs Geschichte (Bayern) 1992 – Aufgabe I
Die Entwicklung nationalstaatlicher und freiheitlich-demokratischer Ordnungsvorstellungen in Deutschland bis zum Ende der Weimarer Republik

BE

1 Erarbeiten Sie aus dem beigefügten Text, welche Bilanz der Revolution und des ersten Jahres danach Stresemann zieht! Setzen Sie sich auf dem Hintergrund der innenpolitischen Entwicklung im angesprochenen Zeitraum mit dieser Bilanz auseinander, und benennen Sie die politischen Grundpositionen Stresemanns, die in ihr zum Ausdruck kommen! 18

2 Bestimmen Sie, auf welche Aspekte Stresemann die "bitter schwere Erbschaft", die die Revolution übernahm, reduziert! Erläutern Sie, was unter Berücksichtigung der innenpolitischen Entwicklung von 1916 bis 1918 ergänzt werden müßte, um zu einer ausgewogenen Beschreibung des politischen Erbes zu gelangen, das die Republik zu bewältigen hatte! 18

3 Untersuchen Sie, welche Parteien und gesellschaftlichen Gruppierungen in der Zeit bis Ende 1923 die von Stresemann vorgetragene Einschätzung der Wirkung der Revolution geteilt haben! Gehen Sie dabei auch auf die Situation in Bayern ein! 10

4 Überprüfen Sie anhand je eines aussagekräftigen Beispiels vom Anfang, aus der Mitte und vom Ende der Weimarer Republik, inwieweit die Ausgangssituation der Jahre 1918/19 die innenpolitische Entwicklung der Republik bestimmte! 14

Gustav Stresemann zum ersten Jahrestag der Revolution vom 9.11.1918:

"Seit jenem 9. November ist nunmehr etwa ein Jahr vergangen. In der schnellebigen Zeit, in der wir leben, ist ein Jahr mehr als sonst ein Jahrzehnt. Was vor der Revolution lag, erscheint wie im Dämmer ferner Vergangenheit, obwohl uns von ihm nur eine verhältnismäßig kurze Zeitspanne trennt. Wir leben in der Zeit des durch die Revolution geschaffenen neuen Deutschland. Was hat es uns bisher gebracht? (...) Die große außenpolitische Weltillusion des 9. November ist verflogen. Alle Hoffnungen, die etwa in dem Schlagwort ausmündeten: durch die Revolution zum Frieden, sind hoffnungslos zerstört.

Die Revolution hat uns nicht die innere Versöhnung gebracht. Leidenschaftlicher als je bekämpfen sich im neuen Deutschland die neuen Parteien. Die deutsche Arbeiterschaft ist gespalten. Haase nennt Scheidemann einen Verräter. Der wildeste Terror wird gegen den Parteifeind angewendet, und soweit das deutsche Volk nicht wieder apathisch geworden ist, steht es sich in den einzelnen extremen Parteirichtungen so fremd gegenüber, als sprächen die Menschen eine verschiedene Sprache. Niemand garantiert, daß der ersten Revolution nicht eine zweite folgt. (...)

Das deutsche Wirtschaftsleben ist gegenwärtig beinahe hoffnungslos verrottet. Der furchtbare Sturz der Kurve der deutschen Produktion seit dem 9. November kann nur millimeterweise eingeholt werden. (...)

Suchen wir nach dem großen Fehler der Revolution, nach dem, was ihr in der Geschichte ewig als Makel anhaften wird, dann ist es das Fehlen der Idee, der nationalen Erhebung zur Durchsetzung der Lebensbedingungen des deutschen Volkes. Gewiß ist es unrichtig, das ganze Elend unserer Tage lediglich auf die Revolution schieben zu wollen. Sie übernahm eine bitter schwere Erbschaft; der Sieg im Weltkrieg war nicht mehr zu gewinnen, es ging nur noch um den ehrenvollen Frieden. Hier aber ist sie mit dem ungeheuren Schuldkonto belastet, die Zersetzung im Heere durch die Agenten der Revolution nicht verhindert zu haben. (...)

Der Friede war nur noch unter Opfern zu erkaufen, aber daß er zum Niederbruch unserer ganzen Weltstellung führte, das ist die Errungenschaft der Revolution. Und deshalb wird der Revolutionstag nie nationaler Gedenktag in Deutschland werden. Die Revolution und die Republik, beide vermögen dem Gemüt des deutschen Volkes nichts zu geben. Die leidenschaftliche Auflehnung der deutschen akademischen Jugend und Schuljugend in den gebildeten Ständen gegen den Geist des 9. November zeigt uns den Weg in die neue Zukunft. Noch immer führte die deutsche Bildung, in der Jugend verkörpert, das Volk zu neuer Entwicklung. Die gemütsarme und in der Niedertrampelung unserer nationalen Ehre gemütsrohe Revolution hat bei dieser Jugend ausgespielt und sich damit um ihr Zukunftsgedenken im deutschen Volke gebracht. Sie wird nie mit deutscher Größe, sondern sie wird nur in Verbindung mit dem deutschen Elend der Gegenwart genannt und von späteren Geschlechtern verflucht werden."

Zitiert nach: *S. Miller/G.A. Ritter: Die November-Revolution 1918 im Erleben und Urteil der Zeitgenossen. Eine Dokumentation. In: aus politik und zeitgeschichte. beilage zur wochenzeitung das parlament. B 45/68 vom 9. November 1968, S. 34 f.*

Lösungen

1 Unverkennbar zieht Stresemann eine negative Bilanz der Revolution von 1918. Er kritisiert zunächst, daß die Revolution dem deutschen Volk nicht den inneren Frieden gebracht habe, im Gegenteil: wildester Terror herrsche zwischen den extremen Parteien. Für Stresemann erklärt sich das unter anderem damit, daß es der Revolution an einer einigenden Idee gefehlt habe und fehle, um eine innere Versöhnung zu erreichen.

Zwar sieht Stresemann die Revolution nicht als Ursache für das gesamte Elend jener Zeit, den wirtschaftlichen und politischen Niedergang Deutschlands, aber ihr Schuldkonto sei doch "ungeheuer belastet", da es nicht gelungen sei, einen ehrenvollen Frieden zu erreichen. Die Revolution wird dabei verantwortlich gemacht für die "Zersetzung des Heeres" und damit verbunden für den Niedergang der "Weltstellung" des Deutschen Reiches.

So erklärt sich aus Sicht Stresemanns auch die Ablehnung der Revolution und der aus ihr hervorgegangenen Republik durch die gebildete Jugend. Bezeichnend ist in diesem Zusammenhang, daß er einen Gegensatz zwischen der nationalen Ehre und dem Geist der Revolution konstruiert. Nationale Größe und Revolution schließen sich für Stresemann und, wenn man ihm glauben darf, für große Teil der Jugend aus.

Sicherlich beurteilt der konservative Politiker die Revolution zu negativ, übersieht vor allem, daß es den revolutionären Kräften in einer ausgesprochen schwierigen Lage doch gelang, eine Verfassung zu finden und eine demokratische Republik durchzusetzen gegen erhebliche Widerstände von links und von rechts. Stresemanns Urteil über die fehlende Zustimmung im deutschen Volk ist wohl allzu subjektiv, denn es läßt die Tatsache außer acht, daß die Parteien der Weimarer Koalition in den ersten Wahlen doch breite Zustimmung fanden. Und wenn Stresemann die Revolution mitverantwortlich macht am wirtschaftlichen und politischen Niedergang des Reiches, dann ist dies zumindest eine stark verkürzende und einseitige Sicht. Es war immerhin gelungen, mit der Unterzeichnung des Versailler Vertrags Voraussetzungen zu schaffen, um die Kriegsfolgen zu beseitigen. Und trotz der überaus großen Belastungen durch den Friedensvertrag wurde die Republik in den kritischen Monaten gegen linksradikale Bedrohungen verteidigt.

Stresemanns "Blindheit" für die positiven Seiten der Revolution erklärt sich hauptsächlich aus der Enttäuschung eines national gesinnten konservativen Politikers, der den Niedergang der deutschen Machtstellung durch den verlorenen Krieg nicht verschmerzen konnte, der andererseits versuchte, die historische Wahrheit zu verdrängen. Nicht die Revolution, also vor allem die linken Parteien, waren an der Niederlage schuld, sondern das Kaiserreich war zusammengebrochen. Wie viele Konservative versuchte jedoch auch Stresemann diese Tatsache zu verschleiern und mit der "Dolchstoßlegende" die Revolution letztlich für das verantwortlich zu machen, was die politischen Eliten des Kaiserreichs und die Militärs durch Großmachtdenken und Muskelspiel in weit stärkerem Maße verschuldet hatten. Stresemann erweist sich also im Grunde als ein Repräsentant des "alten" Deutschland, der dem neuen demokratischen Staat eher skeptisch und ablehnend gegenübersteht.

2 Für Stresemann ist die "bitter schwere Erbschaft" nur darin zu sehen, daß die Revolution einen Krieg beenden mußte, der nicht mehr zu gewinnen war. Es konnte also nur noch um einen ehrenvollen Frieden unter schwierigsten Bedingungen gehen. Mit dieser Sicht reduziert Stresemann die innenpolitische Auseinandersetzung der Jahre 1916 bis 1918 unzulässig auf das Problem der Unterzeichnung des Versailler Vertrages.

Die Polarisierung und Emotionalisierung der deutschen Politik begann aber schon vor der Diskussion um den Friedensvertrag. Mit Fortdauer des Krieges war mehr und mehr deutlich geworden, daß die politische Führung den Krieg weder wirtschaftlich noch militärisch bewältigen konnte. Doch dies führte nicht zu einer Demokratisierung der politischen Entscheidung, vielmehr zu einer Übertragung der Macht vom Kaiser auf die Oberste Heeresleitung mit Hindenburg und Ludendorff. Nur die Sozialdemokratie und linksliberale Abgeordnete opponierten zunächst gegen die Militarisierung der Politik, gegen die völlig unrealistischen Kriegsziele der OHL. Als dann im Jahr 1917 die Versorgungslage der Bevölkerung immer schlechter wurde, als die USA durch Verkündung des uneingeschränkten U-Boot-Krieges zum Kriegseintritt provoziert wurden, formierte sich im Reichstag eine wirksame Opposition gegen die Militärdiktatur der OHL. Sozialdemokratie und Zentrum formulierten eine Friedensresolution, im März 1917 wird eine Parlamentsausschuß gebildet, der die Parlamentarisierung des Reiches einleiten sollte. Noch aber wagten es die Fraktionen im Reichstag nicht, den alten Mächten, Kaiser und militärischer Führung, die Verantwortung zu entreißen. Weitere Demokratisierungsversuche des Reichstages, der dafür einen Interfraktionellen Ausschuß gebildet hatte, wurden von der OHL strikt unterbunden. Die alten Mächte waren uneinsichtig, konnten sich an die neuen Gegebenheiten nicht mehr anpassen. Darüber hinaus verschleierte die Heeresleitung die tatsächliche Situation an der Front, täuschte sich womöglich selbst über die Kräfteverhältnisse.

Umso überraschender kam dann im September 1918 das Waffenstillstandsangebot der OHL, verbunden mit der Forderung einer Regierungsbildung auf parlamentarischer Grundlage und einer Wahlrechtsreform in Preußen, also der Beseitigung des Drei-Klassen-Wahlrechts. Diese Initiative der OHL kann nur gesehen werden als Verzweiflungstat und als Versuch, sich aus der Verantwortung zu stehlen. Nicht durch die Revolution war also das alte Reich zerstört, die militärische Niederlage provoziert worden, sondern der Krieg hatte das System zerrüttet, die verspätete Parlamentarisierung und die zögernde Haltung des Reichstages hatten die Revolution gleichsam erzwungen. Die Monarchie hatte nicht mehr die Kraft, sich durch Verfassungs- und Sozialreformen zu erhalten und dadurch möglicherweise eine Revolution zu verhindern. Auf der anderen Seite fehlte den Parteien und Fraktionen des Reichstages der Mut und wohl auch die Kraft einer demokratischen Tradition, um das bankrotte System des Kaiserreiches rechtzeitig zu beseitigen oder zu reformieren. Die Republik war dann nicht das Ergebnis eines bewußten politischen Wollens, sie war auch nicht das Ergebnis einer demokratischen Revolution von unten, sondern sie war der letzte Ausweg in einer verfahrenen Situation, war noch dazu von den Militärs gleichsam verordnet.

3 Unter dem Schock des verlorenen Krieges, gelähmt vom sang- und klanglosen Ende der Monarchie leisteten die konservativen Kräfte keinerlei Widerstand gegen die Gründung der neuen parlamentarischen Demokratie. Man fügte sich, da es offensichtlich keine Alternative gab, man wohl auch die kommenden Probleme ganz gerne den demokratischen Parteien überließ.

Doch schon bei der ersten Reichstagswahl am 6. Juni 1920 mußten die republiktragenden Parteien, also vor allem die Sozialdemokratie und die DDP, deutliche Verluste hinnehmen, die rechten und linken Flügel des Parteienspektrums wurden gestärkt. Das Wahlergebnis kann auch interpretiert werden als ein Beweis für den immer offeneren Widerstand gegen die Republik, deren Politiker als November-Verbrecher verantwortlich gemacht wurden für die Schmach der Niederlage, die nationale Demütigung in Versailles und die erheblichen wirtschaftlichen Probleme der ersten Nachkriegsjahre.

In erster Linie gingen die traditionell konservativen Kräfte auf Distanz zur Republik, also große Teile der monarchisch-preußisch geprägten Beamtenschaft und der Justiz, auch der Bauern. Eine besondere Rolle spielte die Armee. Sie war durch den Krieg, aber vor allem durch die Rüstungsbeschränkungen des Friedensvertrages in ihrer Bedeutung derart beschädigt, daß es leicht zu verstehen ist, daß sie zu dieser aus der Schmach heraus entstandenen Republik in einem ausgesprochen reservierten Verhältnis stand. Nur widerwillig war man bereit, den Pakt mit der Sozialdemokratie zu schließen, um eine Radikalisierung der Revolution zu verhindern.

War die Reichswehrführung noch zu dieser Vernunft-Verbindung bereit, so standen die ausgemusterten und enttäuschten Frontsoldaten und ihre Offiziere der Republik mit offener Ablehnung gegenüber. In Kampfverbänden, etwa dem Stahlhelm, organisierte sich dieser Widerstand, ohne daß die Reichswehr dies verhindern konnte, wohl auch nicht wollte.

Weitere Gegner fand die Republik bei Teilen der Wirtschaft und insbesondere im Kleinbürgertum. Waren es bei den Unternehmern nicht selten Ressentiments gegen die von der Sozialdemokratie geführten oder unterstützten Regierungen, wohl auch die Furcht vor dem Privilegien- und Machtverlust in der neuen Republik, so war es beim Kleinbürgertum sicherlich Angst vor dem sozialen Abstieg. Die wirtschaftlichen Probleme und der Verlust der Ersparnisse in der Zeit der Geldentwertung trafen vor allem die kleinen Leute, bei den Bürgern kam dann noch hinzu die Angst vor einem sozialen Aufstieg der Arbeiter in einem Staat, in dem die Sozialdemokraten und die Gewerkschaften so viel Macht besaßen. Existenzängste und soziale Neidgefühle vermischten sich zu einem tiefgreifenden Mißtrauen oder gar Haß gegenüber der Republik.

In Bayern formierte sich die rechte Opposition gegen die ungeliebte und gehaßte "November-Republik" besonders frühzeitig und besonders wirkungsvoll. Nach der Niederwerfung der Räteversuche und nach dem gescheiterten Kapp-Putsch in Berlin bildete sich in München eine konservativ-monarchische Regierung unter von Kahr, gestützt auf die BVP. Erklärtes Ziel war die Bildung einer bayerischen "Ordnungszelle" gegen die Zentrale und gegen die demokratische Entwicklung im Reich. Bayern, insbesondere München, bot in der Folge den republikfeindlichen Gruppen der gemäßigten und der radikalen Rechten günstige Bedingungen für Agitation und Propaganda. Neben der NSDAP gab es eine Vielzahl vaterländischer Organisationen und Verbände, die sich unter der Schirmherrschaft Ludendorffs in München und seiner Umgebung tummelten und gegen die Republik hetzten. Wie sehr Bayern sich vom Reich und der Republik schon entfernt hatte, zeigte das Verhalten der bayerischen Reichswehrdivision unter dem Kommando des Generals von Lossow. Er weigerte sich, im Oktober 1923 den Befehl des Reichswehrministers Geßler zu folgen und das Verbot des "Völkischen Beobachters", der Zeitung der NSDAP, in Bayern durchzusetzen. Dies war im Grunde Rebellion und wurde in der Öffentlichkeit auch so gesehen.

4 Die Anfangsjahre der Weimarer Republik, die Phase von 1919 bis 1923, waren wesentlich bestimmt von dem schweren Erbe des verlorenen Krieges, der schwierigen Neuorientierung in der parlamentarischen Demokratie und folgenschweren Belastungen durch den Versailler Vertrag. Die Republik sah sich in dieser kritischen Phase des Neuanfangs ohne die entsprechenden demokratischen Traditionen zusätzlich bedroht durch versteckte oder offene Ablehnung und Angriffe.

Der Kapp-Putsch zeigt die Belastungen der Frühphase exemplarisch auf. Die von der Front zurückkehrenden Soldaten und ihre Offiziere kamen in ein Land, wo sie nicht mehr gebraucht wurden, in dem auch völlig neue politische Verantwortlichkeiten existierten. Kaum verwunderlich, daß man sich mit den neuen Gegebenheiten nicht abfinden wollte. So widersetzte sich die Marinebrigade Ehrhardt dem Auflösungsbefehl im März 1920, wurde dabei sogar vom Berliner Reichswehrkommandanten General von Lüttwitz unterstützt. Die Reichswehr war also ganz eindeutig nicht bereit, die Regierung gegen die rebellierenden Freikorps zu schützen. Nach der Flucht der Regierung aus Berlin sahen reaktionäre Gruppen die Chance, einen Staatsstreich durchzuführen. Der Alldeutsche Wolfgang Kapp sollte eine neue Regierung bilden.

Am passiven Widerstand der Beamten und am Generalstreik der Gewerkschaften scheiterte schließlich der Putsch, nicht aber an der Reichswehr, die sich zwar offiziell heraushielt, aber geheime Sympathien erkennen ließ.

Fehlende Verständigungsbereitschaft bei den Siegern, insbesondere die harte Haltung Frankreichs trugen dazu bei, daß Deutschland wirtschaftlich einer Krise zutrieb, wenn es nicht gelang, die Reparationsfrage zu lösen. Als Frankreich mit der Ruhrbesetzung zusätzlich die nationalen Emotionen anstachelte und die Inflation zu einer völligen Geldentwertung führte, sah sich das Reich in einer ausweglosen Lage. Die radikalen Gruppen auf der Rechten wie auf der Linken nützten diese Schwäche aus. In Sachsen und Thüringen drohten kommunistische Aufstände, in München marschierten Rechtsradikale, um die Macht zu übernehmen. Gegen die linke Bedrohung schritt die Reichswehr ein, gegen Hitlers Putsch-Versuch unternahm sie nichts. Der "Marsch zur Feldherrnhalle" war allerdings von vornherein zum Scheitern verurteilt, weil die spontane Gemeinsamkeit der rechten Gruppen und republikfeindlichen Parteien im Streit um die recht verschiedenen Zielvorstellungen zerbrochen war.

Als es schließlich in zähen Verhandlungen der Reichsregierung gelang, eine Entspannung in der Reparationsfrage zu erreichen (Dawes-Plan) und durch die Einführung der Rentenmark am 15. November 1923 die Inflation zu beenden, kündigte sich ein wirtschaftlicher Aufschwung an, der dann auch zur innenpolitischen Beruhigung führte. Die Ära Stresemann mit relativer Ruhe im Innern und einer schrittweisen Normalisierung der internationalen Beziehungen begann.

Trotz der enormen Belastungen und trotz großer Widerstände gegen die Demokratie war es gelungen, aus den schlimmsten Krisen herauszukommen und eine Phase der Konsolidierung einzuleiten. Dies kann als Beleg dafür gelten, daß die Republik nicht von Anfang an zum Scheitern verurteilt war, daß der Weg von Weimar zu Hitler kein zwangsläufiger sein mußte.

Das Ende der Weimarer Republik wurde auch weniger durch eine hausgemachte Krise herbeigeführt, sondern durch die Weltwirtschaftskrise von 1929, die sich im Reich allerdings wegen der Abhängigkeit von kurzfristigen Auslandskrediten besonders schlimm auswirkte. Der neuen Belastung mit hohen Arbeitslosenzahlen, neuen Vermögensverlusten und der Einschränkung staatlicher Sozialleistungen war die eben erst sich erholende Republik nicht gewachsen. Gegen die nun immer heftiger werdenden Angriffe vor allem von der Rechten konnten sich die demokratischen Parteien im Reichstag nicht mehr zu einer geschlossenen Verteidigungsfront durchringen. Die Große Koalition mit der SPD als stärkster Kraft, mit dem Zentrum, der DDP, der BVP und der DVP war angesichts der wirtschafts- und gesellschaftspolitischen Probleme nicht mehr in der Lage, einen tragfähigen Konsens zu finden, die Interessen gingen zu weit auseinander. Mit dem Rücktritt des Kabinetts Müller am 27. März 1930 resignierte die letzte parlamentarische Regierung.

Auch hier kann man jedoch kaum von einer Entwicklung sprechen, für die es keine Alternativen gegeben hatte. Es bleibt immerhin zu fragen, ob die Parteien der Koalition nicht die Chance gehabt hätten, die Republik auch durch die Krise des Jahres 1930 zu führen, wenn man dem Druck der divergierenden Interessen von Industrie einerseits und Gewerkschaften andererseits stärker widerstanden hätte.

Selbst die folgenden Präsidialkabinette, vor allem unter Führung Brünings, waren nicht zwangsläufig zum Scheitern verurteilt. Es waren wohl auch Intrigen, persönliche Fehleinschätzungen und zufällige Personenkonstellationen, die die Machtergreifung Hitlers ermöglichten. In der Revolution von 1918 oder in der Gründung der Weimarer Republik lagen mehrere mögliche Entwicklungen, durch die harten Friedensbedingungen wurden sicherlich einige Chancen verbaut, aber zwingend war der Aufstieg des Nationalsozialismus nicht.

Leistungskurs Geschichte (Bayern) 1992 – Aufgabe II
Die Industrialisierung als historisches Phänomen: Bedingungen und Folgen in Staat und Gesellschaft

BE

1.1 Legen Sie dar, welche Rolle die im beigefügten Text genannten Bedingungsfaktoren der Industrialisierung für die Entwicklung in England spielten!

1.2 Zeigen Sie, wodurch sich die Ausgangslage für die Industrialisierung in Deutschland von der in England unterschied! 18

2 Arbeiten Sie heraus, welchen industriellen Entwicklungsstand der Text aus dem Jahre 1876 für Deutschland beschreibt, und klären Sie, welche der für die Gesamtentwicklung in Deutschland wichtigen Aspekte nicht berücksichtigt werden! 14

3 Überprüfen Sie die im Text geäußerte Ansicht von "der veränderten, anspruchsvollern Stellung des Arbeiterstands, die in Koalitionen ihren vorzüglichsten Ausdruck fand", im Hinblick auf die Geschichte der deutschen Arbeiterbewegung bis 1876! 8

4 Untersuchen Sie, in welchem Zusammenhang die staatlichen Maßnahmen zur Lösung der sozialen Frage im Kaiserreich bis 1914 mit der jeweiligen innenpolitischen Situation standen! 20

In einem Nachschlagewerk von 1876 heißt es unter dem Stichwort "Industrie":

"(...) Die industrielle Thätigkeit in einem Land wird einerseits durch die natürliche Beschaffenheit desselben in Betreff der von ihm dargebotenen Rohstoffe, Triebkräfte (Wasser), Brennmaterialien, Kommunikationsverhältnisse (Gebirge, Flüsse, Küsten), andererseits durch den Kulturgrad seiner Bewohner, die vorhandenen Arbeits- und Geldkräfte und seinen Verkehr mit dem Ausland sowie die zu dessen Beförderung vorhandenen Anstalten (Wege, Eisenbahnen, Kanäle etc.) bedingt. Auf der Verschiedenheit, welche zwischen den einzelnen Territorien in Bezug auf das Vorhandensein der genannten Bedingungen industrieller Thätigkeit obwaltet, also auf dem verschiedenen Maß, in welchem denselben von Seiten der Natur und Kultur Genüge geleistet ist, beruht die Bevorzugung des einen Industriezweigs vor dem andern in einem Land, also die Verschiedenheit der industriellen Thätigkeit in verschiedenen Ländern oder Landestheilen. Wo von verschiedenen Völkern oder in verschiedenen Territorien oder auch in einem und demselben Lande von mehereren Industriellen gleichartige Industriezweige betrieben werden, wird ein Wettbewerb entstehen, der besonders durch den Handel hervorgerufen und befördert wird und als nationaler wie als internationaler für die Konsumenten und damit für das Ganze nur höchst vorteilhaft ist, insofern durch die eintretende Konkurrenz nicht nur die Qualität und Wohlfeilheit der Industrieerzeugnisse, sondern auch deren Quantität erhöht wird. (...)

Die I. befindet sich in einem gewaltigen Entwicklungsproceß. Technische Erfindungen gestalten einzelne Zweige derselben fortdauernd um; neuerdings ist die Einführung des Bessemerprocesses bei der Stahlbereitung die Veranlassung eines gewaltigen Umschwungs geworden. Ferner gab die chemische Herstellung von Farben (Anilin, Alizarin) die Veranlassung zu großen Umwälzungen. Vor allem war es der Eisenbahnbau, welcher dazu zwang, die Verkehrsbeziehungen nach größerem Maßstab einzurichten, und die Nothwendigkeit herbeiführte, die Völker durch Handelsverträge näher aneinander zu schließen. Der Aufschwung der I. wurde dann der Grund zu einer Reihe neuer socialer Erscheinungen: der höhern Ausbildung des Kredits durch ein Banksystem, der Ausbildung neuer Formen der Vergesellschaftung, der veränderten, anspruchsvollen Stellung des Arbeiterstands, die in Koalitionen ihren vorzüglichsten Ausdruck fand, der vom Staate durch Fabrikgesetze gehandhabten Polizei[1] zum Wohl der Arbeiter. (...)"

[1] Polizei hier: Ordnungsgewalt

Aus: Meyers Konversations-Lexikon. Eine Encyklopädie des allgemeinen Wissens. Neunter Band. Leipzig (3. Aufl.) 1876, S. 271 f.

Lösungen

1.1 Für besonders wichtig hält der Verfasser die günstigen natürlichen Bedingungen Englands. So verfügt die Insel über die notwendigen Rohstoffe und Energieträger, vor allem abbaubare Kohle in Mittelengland und billige Baumwolle aus den Kolonien. Die Industrialisierung begann nicht zuletzt damit, daß die stationäre Wasserkraft durch die ortsunabhängige Dampfmaschine ersetzt werden konnte und eine maschinell-industrielle Textilfertigung möglich wurde.

Stark begünstigt wurde die Entwicklung vor allem auch durch die "kurzen Wege" in England, die Nähe zum Meer in erster Linie und die schiffbaren Flüsse verbunden mit dem Fehlen natürlicher Hindernisse.

Der Verfasser des Lexikon-Artikels betont neben der wichtigen Verkehrs-Infrastruktur jedoch auch die Bedeutung des "Kulturgrades" der Bewohner eines Landes. Aufgrund historischer und gesellschaftlicher Entwicklungen hatte sich in England auf ökonomischem Gebiet aus dem grundbesitzenden Adel und einem selbstbewußten Bürgertum, reich geworden im weltweiten und risikoreichen Fernhandel mit überseeischen Gebieten, eine innovationsfreudige und kapitalstarke Schicht von Unternehmern herausgebildet, ohne die eine Revolutionierung der Produktionsverhältnisse nicht denkbar gewesen wäre. Hinzu kam, daß sich neue Gewerbeformen und neue Techniken in England freier entfalten konnten als etwa in Deutschland mit seinen engen Zunftschranken und -traditionen. Im Gegenteil, die wirtschaftlichen Eliten auf der Insel waren sehr stark geprägt von der calvinistischen Ethik der anglikanischen Kirche, wo eine Hinwendung zum Diesseits und wirtschaftlicher Erfolg keineswegs in einem Gegensatz zur Frömmigkeit gesehen werden. Eigeninitiative, individuelle und soziale Mobilität wurden weniger verteufelt im Namen einer angeblich gottgewollten tradierten Ordnung. Aus diesem Zusammenwirken von historischen, sozialen und religiösen Bedingungen formte sich also ein unternehmerisches Potential, wie es kein anderes Land zu dieser Zeit besaß, aufgeklärt, innovativ und risikofreudig, profitorientiert und kapitalstark.

In einem solchen sozialen und wirtschaftlichen Umfeld ergeben sich natürlich auch beste Möglichkeiten, technische Entwicklungen und Erfindungen umzusetzen und für die Produktion nutzbar zu machen. Das Zusammenwirken von finanziellem und geistigem Kapital funktionierte in England sicherlich auch deshalb so gut, weil die ständischen Schranken zwischen Adel und Bürgertum durchlässiger waren.

Nicht zu unterschätzen ist dabei auch die Bedeutung einer leistungsfähigen Infrastruktur des Kapital-und Finanzmarktes. Aufgrund der Notwendigkeiten des maritimen Fernhandels hatten sich schon sehr früh Banken entwickelt und natürlich auch das entsprechende Geflecht von institutionellem und persönlichem "know how". So war es möglich, das Kapital dort einzusetzen, wo es die meiste Rendite versprach.

Doch Kapital und Erfindergeist allein genügen nicht, es bedarf auch der notwendigen Arbeitskräfte. Auch da hatte England einen immensen Vorsprung, da durch die Verbesserungen der landwirtschaftlichen Produktion nicht nur Arbeitskräfte freigesetzt wurden, sondern auch zusätzliche Nahrungsgrundlagen geschaffen wurden, die wiederum Voraussetzungen sind für eine Zunahme der Bevölkerung. Die agrarische Revolution setzte eine Bevölkerungszunahme in Gang und schuf ein Arbeitskräftepotential für die beginnende industrielle Fertigung, schuf nebenher natürlich auch neue Absatzmöglichkeiten.

So zeigt sich zusammenfassend ein deutlicher Vorsprung Englands als Handels- und Seemacht mit kolonialen Besitzungen. Dabei fallen nicht nur die Rohstoff- und Absatzmöglichkeiten ins Gewicht, sondern es ist in erster Linie auch die prägende Wirkung für die Herausbildung einer ökonomischen und unternehmerischen Elite sowie der entsprechenden kommunikativen und finanztechnischen Infrastrukturen. Und gegenüber Deutschland hatte England natürlich den unschätzbaren Vorteil, daß es ein geschlossener Nationalstaat war, so daß es ungleich günstigere Bedingungen besaß, die notwendigen Transportmöglichkeiten zu planen und zu realisieren.

1.2 Auch in Deutschland waren die natürlichen Gegebenheiten für eine industrielle Entwicklung durchaus günstig. Kohle und Eisen waren vorhanden, die entsprechenden Gewerbe waren ebenfalls da, also ein hinreichendes Reservoir an Fachkräften für eine moderne Textil- oder Metallfertigung. Mit dem aufgeklärten Absolutismus waren auch neue Ideen und geistige Impulse vorgedrungen, die moderne bürokratische Verwaltung hatte die engen Zunftschranken schon aufgebrochen, wenn auch nicht überall.

Aber dennoch waren die Hemmnisse in Deutschland noch allzu stark. In erster Linie war es die politisch-staatliche Zersplitterung, die sich negativ auswirkte. So war es kaum möglich, ein leistungsfähiges und großflächiges Verkehrsnetz zu installieren, dadurch konnten sich kaum größere Märkte entwickeln. Natürlich fehlte auch der Zugriff auf die notwenigen Rohstoffe, da Deutschland oder die deutschen Territorien keine Kolonien besaßen, der Kohleabbau noch völlig unzureichend war. Der gewerblichen, überwiegend zünftischen Wirtschaft fehlte ganz einfach die Herausforderung durch den kolonialen Welthandel, sie war im Grunde noch provinziell.

Die Beschränkung auf die im Vergleich eher engen Einzelstaaten und die lange Tradition restaurativer politischer Strukturen hatten auch die Schranken der ständischen Gesellschaft stabilisiert, die Entwicklung zu einer mobilen bürgerlichen Gesellschaft verhindert, zumindest verzögert. So konnte sich nicht wie in England ein selbstbewußtes Bürgertum emanzipieren, Erfindergeist und Innovationsfreude wurden allzu oft noch erstickt durch enge Zunftideologien und die starken Kräfte der Beharrung. Der grundbesitzende Adel stellte nicht wie auf der Insel Kapital zur Verfügung, sondern beschränkte sich auf die Sicherung seiner sozialen Privilegien, wehrte alles ab, was den eigenen sozialen Status gefährden konnte.

Die starken regionalen Unterschiede, fürstliche Rivalitäten und unbewegliche ständische Bürokratien verzögerten wohl auch die entsprechenden Rationalisierungen in der Landwirtschaft. Erst sehr spät konnte schließlich durch entsprechende Reformen die bäuerliche Gesellschaft mobilisiert werden. Doch immer wieder stießen die Kräfte der Dynamik an die engen Grenzen der Einzelstaaten, der Zunftregeln und der restaurativen fürstlichen Herrschaften.

Es war also weniger ein Mangel an natürlichen und intellektuellen Voraussetzungen, vielmehr verhinderten die historisch verfestigten politischen und gesellschaftlichen Strukturen die notwendigen Entwicklungen. Es fehlte nicht nur ein hinreichend großer Handels- und Wirtschaftsraum mit entsprechenden Kapitalbildungen und übergreifenden Infrastrukturen, es fehlten auch lange Zeit die notwendigen Bildungsbemühungen zur Schaffung eines qualifizierten technischen Personals. Schon gar nicht zu reden war von einer Unternehmerschicht, die sich an Expansion und Risiko orientiert hätte. Im Gegenteil, in der ständischen und noch überwiegend zünftischen Gewerbewirtschaft galt Konkurrenz als sittlich verwerflich.

Übersehen sollte man auch nicht den Mangel an Investivkapital, da durch die hohen Steuerlasten und den aufwendigen Finanzbedarf der fürstlichen Hofhaltungen zu viel Kapital unproduktiv eingesetzt wurde. Gleichzeitig verstärkte sich in diesem System fürstlicher Herrschaften und feudaler Strukturen das Gefälle zwischen Arm und Reich, so daß es für eine industrielle Massenproduktion kaum Absatzmöglichkeiten gegeben hätte.

2 Im zweiten Absatz des vorliegenden Lexikonartikels sind verschiedene Hinweise darauf zu finden, wie der industrielle Entwicklungsstand um das Jahr 1876 gesehen wird.

Zunächst ist von einem "gewaltigen Entwickelungsproceß" die Rede, angesichts der Dynamik der Industrialisierung vor allem nach der Reichsgründung von 1871 ein sicherlich zutreffendes Urteil. In Deutschland hatte sich nach den verzögerten Anfängen die Umwandlung der Wirtschaftsstruktur in der zweiten Hälfte des 19. Jahrhunderts stark beschleunigt, der Rückstand gegenüber den westeuropäischen Staaten war im Grunde bis 1870 aufgeholt.

Als einen wesentlichen Faktor dieser Dynamik nennt der Text die technischen Erneuerungen, hier exemplarisch den "Bessemerproceß" und die "chemische Herstellung von Farben". Tatsächlich spielten technische Neuerungen eine bedeutende Rolle beim Beginn der Hochindustrialisierung in Deutschland. Insbesondere die Montan- und Eisenindustrie hatte sich nach 1850 zum führenden Industriezweig entwickelt, wobei die technischen Verbesserungen der Eisen- und Stahlerzeugung, v.a. das genannte Bessemer-Verfahren, dazu führten, daß beispielsweise im Ruhrgebiet die Roheisenproduktion zwischen 1851 und 1871 um das 35fache gesteigert wurde und die Stahlproduktion im Gebiet des späteren Reiches von knapp 200 000 Tonnen im Jahr 1850 auf über eine Million Tonnen im Jahr 1869 stieg.

Ein weiterer Schwerpunktbereich einer rasanten Entwicklung in Deutschland war die chemische Industrie, die im Text ebenfalls angesprochen wird. Neue Erfindungen und Entdeckungen, z. B. des Benzolringes, sowie die Entwicklung der organischen Chemie markieren den Aufstieg der chemischen Industrie zu einem der dominierenden Industriebereiche. Innerhalb von 5 Jahren werden die Teer- und Anilinfarbenwerke Bayer in Barmen (1861), die Farbwerke in Hoechst (1863) und die Badische Anilin- und Sodafarbrik in Mannheim (1865) gegründet. Noch heute sind "Bayer" oder BASF weltweit führende Unternehmen.

Ein weiterer wichtiger Hinweis im Text betrifft den Eisenbahnbau, der nicht nur in Deutschland eine führende Rolle im Prozeß der Hochindustrialisierung spielte. Sowohl die verbesserte Verkehrsstruktur ist dabei bedeutsam, als auch die durch den Bau von Schienensträngen und Fahrzeugen initiierten Auswirkungen auf die Eisen- und Stahlindustrie und den Maschinenbau. Zwischen 1850 und 1870 nimmt das Eisenbahnnetz in Deutschland (späteres Reich) von knapp 6000 km auf knapp 19000 km zu, 1880 sind es bereits 33800 km.

Vor allem der Eisenbahnbau, der noch nicht vom Staat finanziert wurde, verlangte natürlich große Kapitalmengen, die kaum von einzelnen Privatpersonen aufgebracht werden konnten. Solche Investitionen zwangen also einmal zu "neuen Formen der Vergesellschaftung", etwa Aktiengesellschaften, aber auch zu neuen Strukturen des Kapitalverkehrs durch den Ausbau des Bankensystems. Nach 1850 entstanden auch in Deutschland immer mehr Kreditbanken, die langfristiges Kapital für die Industrie zur Verfügung stellten. Da der Kapitalbedarf aber in der Phase der Hochindustrialisierung nach 1850 immer größer wurde, organisierten die Banken auch die Gründung von immer mehr Aktiengesellschaften und sorgten durch den Verkauf von Aktien dafür, daß nicht nur reiche Leute Kapital zur Verfügung stellten. Der Kapitalmarkt war nun für erheblich mehr Menschen zugänglich, die Aktiengesellschaft wurde zum Schrittmacher der Industrialisierung.

Im Text nicht erwähnt werden andere tiefgreifende Veränderungen der Wirtschaftsstruktur des Landes. Zwischen 1850 und 1870 verdoppelte sich das Sozialprodukt, wobei sich der Anteil der einzelnen Sektoren deutlich verschob. Der primäre Sektor, also die Landwirtschaft, verlor erheblich an Bedeutung gegenüber dem sekundären Sektor der industriellen und gewerblichen Produktion. Ablesbar ist das sowohl am Anteil der Investitionen, wo sich ein deutlicher Rückgang in der Landwirtschaft von früher zwei

Drittel auf knapp ein Viertel um 1860 gegenüber einer starken Zunahme in Industrie und Verkehr auf zwei Fünftel feststellen läßt, als auch am Anteil der Beschäftigten. In der Landwirtschaft sind 1875 noch 49 Prozent der Beschäftigten tätig gegenüber 65 Prozent im Jahre 1780, während der Anteil der Beschäftigten im sekundären Bereich im gleichen Zeitraum von 19 auf 30 Prozent angestiegen ist. Der tertiäre Sektor, also der Dienstleistungsbereich, beginnt sich um diese Zeit erst verstärkt zu entwickeln, etwa durch den Ausbau des Verkehrssystems und des Bankwesens.

Nicht erwähnt wird im Text auch der Wandel der Produktionsformen innerhalb der gewerblichen Wirtschaft. Noch bis 1850 waren 10 Prozent der Beschäftigten im Verlagswesen tätig, lebten also von der Heimarbeit, bis 1873 sank dieser Anteil auf 6 Prozent, während im Handwerk zwischen 1850 und 1873 eine Steigerung von 12 auf 14 Prozent, in Industrie und Bergbau eine Zunahme von 4 auf 10 Prozent zu erkennen ist. Mehr und mehr wird die vorindustrielle Produktion also ersetzt durch industrielle Fertigung, beschleunigt v.a. durch die Vereinheitlichung des Wirtschaftsraumes mit der Reichsgründung, auf deren ökonomische Wirkung der Artikel ebenfalls nicht eingeht.

Ein weiteres wichtiges Indiz für die Dynamik der Industrialisierung in Deutschland in dieser Phase sind auch die starken Zuwächse im Außenhandel, der sich in den fünfziger und sechziger Jahren verdreifacht, wobei bezeichnenderweise der Import von Rohstoffen und der Export von Fertigwaren überproportional steigen.

Schließlich bleibt noch zu ergänzen die Gründerkrise von 1873, eine Erscheinung, die typisch scheint für ein eher hochindustrialisiertes Land. Nach 1871 hatte die Wirtschaft einen starken Boom erlebt, insbesondere auf dem Kapitalmarkt kam es zu teilweise unvernünftigen Spekulationen. Folge war dann kurze Zeit später eine Art Korrekturkrise, die überhohen Aktienkurse "verfielen", Überkapazitäten in der Produktion mußten aufgrund fehlender Absatzmöglichkeiten abgebaut werden, weniger leistungsfähige Betriebe, die mit einem zu hohen Anteil an Fremdkapital investiert hatten, mußten aufgeben. Insgesamt erlebte der langfristige Prozeß der Industrialisierung jedoch keinen Einbruch, nur eine kurzzeitige Verlangsamung.

3 Mit der Industrialisierung entsteht auch in Deutschland eine neue Schicht, die der Industriearbeiter. Die sprunghafte Zunahme der Arbeiter in den Ballungsgebieten sowie die grundlegende Veränderung der Lebensbedingungen durch die Fabrikarbeit waren verantwortlich für das Entstehen der sozialen Frage. Die Arbeiter wurden regelrecht ausgebeutet, vegetierten in völlig inhumanen Verhältnissen. Allerdings erst mit der Phase der Hochindustrialisierung, also etwa ab 1850, entwickelt sich der Industriearbeiter zum eigenen Typus, bildet ein eigenen Selbstverständnis, etwa in Abgrenzung zum Handwerker oder zu den Heimarbeitern im Verlagswesen oder gar zu den eigentlichen "Armen".

Aufgrund der meist harten Arbeitsbedingungen und der eher bescheidenen, teilweise skandalösen Lebensverhältnisse beginnen sich die Industriearbeiter, oft unter Führung bürgerlicher Intellektueller, zu organisieren. Ein erster wichtiger Zusammenschluß war im Zuge der Revolution von 1848 die "Allgemeine deutsche Arbeiterverbrüderung", die der Buchdruckergeselle Stephan Born in Berlin im August 1848 anläßlich eines Arbeiterkongresses als einen Verband von Arbeitervereinen gegründet hatte, die sich in der Zeit des Vormärz und während der Revolution überall als eine Art außerparlamentarische Opposition gebildet hatten. 1849 gehörten dem Verband bereits 170 Arbeitervereine an. Forderung dieser Gruppen waren gesetzliche oder gesellschaftliche Maßnahmen zur Verbesserung der Lage der Arbeiter, in erster Linie aber Solidarität und Brüderlichkeit als Voraussetzung für Selbsthilfe. Born wendet sich dabei gegen die revolutionären Ideen von Marx, propagiert vielmehr soziale Reformen, eine geordnete Revolution ohne Chaos und Gewalt.

Nach dem Scheitern der Revolution wurden jedoch nicht nur die Sozialrevolutionäre verfolgt, auch die eher gemäßigten Gruppen wurden in der Zeit der Restauration verboten.

Neue Impulse erhielt die Arbeiterbewegung durch den Liberalismus. Bürgerliche Liberale, häufig mittelständische Unternehmer kümmerten sich mehr und mehr um die Lage der Arbeiter und ergriffen die Initiative zur Bildung von Arbeitervereinen als Voraussetzung zur Selbsthilfe. Oft waren es Bildungsvereine vor allem von Arbeitern aus dem handwerklichen Bereich, die sich in derartigen Organisationen zusammenfanden. Grundidee war dabei der Glaube an die Möglichkeit der Selbsthilfe durch Gemeinsamkeit und durch bessere Bildung. Weiterentwickelt wurden solche genossenschaftlichen Ansätze durch Hermann Schulze-Delitzsch, einen der führenden Repräsentanten einer liberalen Arbeiterpolitik. Eine Vielzahl von Konsum-, Kredit- oder auch Produktivgenossenschaften suchten in den 60er Jahren die Grundidee individueller Selbsthilfe und letztlich persönlicher Verantwortung zu propoagieren und zu verwirklichen.

Ein weiterer Ansatz kam aus den großen Kirchen, wobei vor allem die katholische Soziallehre in ihrer frühen Ablehnung des Liberalismus wie des Kapitalismus bedeutsam wurde. Beispielhaft dafür ist Kolpings Gründung von Gesellenvereinen bereits 1845 mit dem Ziel, die soziale Entwurzelung der Gesellen zu beseitigen durch Einbindung in familienähnliche Gemeinschaften.

Sowohl die liberalen wie die christlich-kirchlichen Bemühungen um eine Organisation der Arbeiterschaft gehen letztlich vom Gedanken einer Hilfe zur Selbsthilfe aus, versuchen die Symptome der Verelendung zu lindern, gehen aber nicht so weit, das gesamte gesellschaftliche und politische System in Frage zu stellen.

In Opposition gegen die autoritären Herrschaftsformen der nachrevolutionären Restauration verschaffen sich Ende der 60er Jahre auch politische Arbeiterbewegungen wieder stärker Gehör mit Forderungen nach mehr Demokratie, nach Wahlrecht für alle, vor allem aber auch nach nationaler Einheit. Man sah die Schaffung eines Nationalstaats als eine Voraussetzung für die Lösung der sozialen Frage. Dies waren auch Überzeugungen von August Bebel und Wilhelm Liebknecht, die 1869 die Sozialdemokratische Arbeiterpartei gründeten.

Von besonderer Bedeutung für die Organisation und "Koalition" als Ausdruck der "anspruchsvollen Stellung des Arbeiterstandes" wurde Ferdinand Lassalle. Gegen die Vorstellungen der liberalen "Genossenschaftler" um Schulze-Delitzsch entwickelte er in einem "Offenen Antwortschreiben" am 1. März 1863 ein Programm zur Lösung der sozialen Frage, mit dem der gesamten Arbeiterbewegung ein neuer Richtungsimpuls gegeben wurde. Er propagierte die Gründung einer eigenen Arbeiterpartei, da er sich von den liberalen Selbsthilfe- und Genossenschaftsansätzen keine grundlegende Lösung versprach. Für ihn steht im Vordergrund die Demokratisierung des Staates, der dann zwangsläufig die Interessen der Arbeiter vertreten wird.

Aufgrund des Programms von Lassalle wird am 23. Mai 1863 in Leipzig der "Allgemeine Deutsche Arbeiter-Verein" (ADAV) gegründet, ein Verein zur politischen Durchsetzung des allgemeinen Wahlrechts, die erste wirkliche politische Partei der Arbeiter.

Nach dem frühen Tod Lassalles 1864 drohte die Partei in verschiedene Gruppen zu zerfallen, die Arbeiterbewegung geriet zudem nach 1866 verstärkt in die Auseinandersetzungen um die Frage der nationalen Einheit. Teils mit den Liberalen, teils in Gegensatz zu ihnen spaltete sich die Arbeiterbewegung in viele einzelne Gruppen auf. Auch über den Weg zu einer Lösung der sozialen Frage war man sich nicht einig, stritten gemäßigte Lassalleaner mit radikalen Marxisten.

Einen vorläufigen Abschluß fand die Auseinandersetzung schließlich, als es nach der Reichsgründung keinen Streit mehr über die deutsche Frage geben konnte, man vielmehr gegen die antisozialistische Politik Bismarcks gemeinsam Stellung beziehen mußte. So kam es im Mai 1875 in Gotha zum Zusammenschluß der beiden größten Arbeiterorgansiationen, des ADAV und der SDAP zur "Sozialistischen Arbeiterpartei Deutschlands" mit insgesamt etwa 24000 Mitgliedern.

Der Einfluß und das Gewicht der neuen Partei wurden wesentlich auch mitbestimmt von den Gewerkschaften, die nach 1868 gegründet worden waren, nachdem in den einzelnen Ländern das Koalitionsverbot aufgehoben worden war. Nach der Reichsgründung und in Reaktion auf die Politik Bismarcks hatten sich die Gewerkschaften mehr und mehr den Arbeiterparteien angenähert, wenn auch mit unterschiedlichen Akzentuierungen. Zwar erlebte die Gewerkschaftsbewegung am Anfang der siebziger Jahre eine Krise, doch nach 1875 hatten auch die Gewerkschaften einen starken Mitgliederzuwachs.

4 Die Maßnahmen des Staates zur Lösung der sozialen Frage waren nach 1871 auf den ersten Blick widersprüchlich. Besonders Bismarck bekämpfte die politischen Organisationen der Arbeiterschaft, in erster Linie die Sozialdemokratie, mit allen Mitteln, hatte keinerlei Verständnis für sozialistische Politik als Ausdruck von Sonderinteressen des Proletariats. Auf der anderen Seite legte er mit einer weitreichenden Sozialpolitik erste Grundsteine für ein umfassendes System der sozialen Sicherung.

Der Widerspruch löst sich jedoch auf, wenn die Intention Bismarcks als Erklärung herangezogen wird. Ihm ging es grundsätzlich um die Abwehr und die Bekämpfung der sozialistischen Gefahr. Der Kanzler glaubte, daß man die Arbeiter von ihren radikalen Forderungen nach Demokratisierung oder gar Revolution abbringen könne, wenn man ihre materielle Lage entscheidend verbessern würde. Die Sozialpolitik, also Krankenversicherung (1883), Unfallversicherung (1884) sowie Invaliditäts- und Altersversicherung (1889), stellte also letztlich den Versuch dar, die Masse der Arbeiterschaft in die Gesellschaft des Kaiserreichs zu integrieren, revolutionäres Potential zu beseitigen, der Sozialdemokratie die Massenbasis zu entziehen.

Bismarcks Versuch, die Arbeiter an den wilhelminischen Staat heranzuführen, scheiterte, die "vaterlandslosen Gesellen" ließen sich durch die Sozialgesetzgebung nicht bestechen, Sozialdemokratie und Gewerkschaften erhielten immer stärkeren Zulauf.

Nach Bismarcks Entlassung versuchte Wilhelm II. zunächst eine gemäßigte Politik gegenüber der Arbeiterschaft, wenn auch mit der gleichen Zielsetzung. Mit dem "neuen Kurs" sollte eine innere Entspannung erreicht, die Arbeiterschaft mit dem Staat ausgesöhnt werden. 1890 werden die Sozialistengesetze nicht mehr verlängert, 1891 wird ein Gesetz zum Arbeiterschutz vom Reichstag verabschiedet. Ziel dieser neuen Politik war es, in der Gesellschaft einen inneren Konsens herzustellen, der nötig erschien als Basis für die erstrebte Großmachtpolitik. Dabei hoffte jedoch auch Wilhelm II., daß der Einfluß der Sozialdemokratie allmählich zurückgehen würde.

Doch auch seine Politik konnte die Arbeiterschaft nicht von ihrer politischen Führung trennen, die SPD wuchs weiter. Enttäuscht war der Kaiser dabei v.a. über die Reaktion der Führung der Sozialdemokratie, die seine Politik ablehnte. So kam es schrittweise zu einer erneuten politischen Wende. Die Sozialpolitik wurde nicht weiter ausgebaut, der Kampf gegen die Sozialdemokratie wieder aufgenommen und verschärft, der versöhnliche Kurs des Kanzlers Caprivi war gescheitert.

Unter dem neuen Kanzler Chlodwig Fürst zu Hohenlohe wurde die Sozialdemokratie wieder ausgegrenzt, aber entsprechende Gesetze gegen die Partei (Umsturz- und Zuchthausvorlage von 1894 und 1899) wurden vom Reichstag nicht verabschiedet.

Der Kampf gegen die "vaterlandslosen Gesellen" im Innern wurde schon deshalb nicht mit aller Konsequenz geführt, da die Energien sich mehr und mehr auf die Außenpolitik richteten. Zudem hofften der Kaiser und seine Umgebung, daß durch die Flotten- und Kolonialpolitik und durch imperialistisches Muskelspiel die innenpolitischen Probleme übertüncht werden könnten. Außenpolitik wurde auch zum Instrument der Ablenkung, und dies mit Erfolg, wie nicht zuletzt die Einigkeit im Reichstag beim Ausbruch des Ersten Weltkriegs beweist. Dazu beigetragen hat sicherlich, daß die Sozialdemokratie keine einheitliche Strategie mehr hatte, durch langwierige und grundlegende Diskussionen geschwächt schien. Der Revisionismusstreit (E. Bernstein), die Debatte für oder gegen den revolutionären Weg, hatte die SPD in eine schwere Zerreißprobe geführt.

Um 1900 setzte erneut eine Politik der sozialen Reformen ein, vor allem Verbesserungen des Kinder- und Mutterschutzes (Gesetz von 1903) bedeuteten eine weitere Verdichtung des sozialen Netzes, ergänzt von der Einführung von Gewerbe- und Arbeitsgerichten für kaufmännische Angestellte und Gehilfen in den Jahren zwischen 1901 und 1905. Verantwortlich für diese neue Phase sozialpolitischer Gesetzgebung war der Staatssekretär des Innern Graf von Posadowsky-Wehner, ursprünglich als Mann zur Durchsetzung harter antisozialistischer Gesetze berufen. Nachdem er aber mit den Kampfgesetzen im Reichstag keine Mehrheit gefunden hatte, schwenkte auch er zu einer Politik der Aussöhnung mit dem Staat um. Für seine Politik gilt jedoch ebenso, daß es nicht um politische Mitsprache oder gar Gleichberechtigung für die Arbeiter ging, sondern nur darum, die Gräben zwischen Arbeiterschaft und wilhelminischem Staat zuzuschütten. Immerhin stimmte die Sozialdemokratie den neuen Gesetzen zu, gab im übrigen jedoch ihre grundsätzliche Opposition nicht auf, da die wirklich politischen Rechte nach wie vor nicht zugestanden wurden.

Einen ersten Abschluß fand die Sozialgesetzgebung in Deutschland schließlich mit der Zusammenfassung der einzelnen Versicherungsgesetze in der Reichsversicherungsordnung (RVO) von 1911 und der gleichzeitig geschaffenen gesetzlichen Grundlage für eine Angestelltenversicherung. Die Ergebnisse waren insgesamt also beachtlich, im internationalen Vergleich fast vorbildlich, auch wenn die Motive und Ziele bisweilen eher problematisch erscheinen. Es waren konservative, ja patriarchalische Bemühungen um die Arbeiter, keinesfalls Reformen mit dem Ziel einer sozial gerechten und demokratischen Gesellschaft.

Leistungskurskurs Geschichte (Bayern) 1992 – Aufgabe III
Von der europäischen Gleichgewichtspolitik zur Weltpolitik - Internationale Politik im 19. und 20. Jahrhundert

		BE
1	Erarbeiten Sie aus den beiden beigefügten Texten, welche grundlegenden Voraussetzungen nach Meinung von Gentz und Lansing für einen dauerhaften Frieden erfüllt sein müssen!	8
2	Stellen Sie dar, welche weiteren Motive und Vorstellungen bei den Friedensverhandlungen 1814/15 in Wien und 1918/19 in Paris jeweils bestimmend waren!	10
3	Überprüfen Sie, ob und gegebenenfalls inwieweit sich die "Aussicht auf eine goldene Zeit" (Gentz) auf der Grundlage der Friedensordnung von 1815 in Europa bis 1914 bestätigt hat!	12
4	Untersuchen Sie unter Berücksichtigung der jeweiligen Ausgangslage, inwiefern die Friedensbestimmungen für Frankreich 1815 und für Deutschland 1919 vergleichbar sind!	18
5	Erörtern Sie unter Einbeziehung des Textes von Lansing, warum es über den Völkerbund nicht gelungen ist, eine kollektive und dauerhafte Friedenssicherung zu erreichen! Gehen Sie dabei auf zwei wichtige außenpolitische Ereignisse bis zum Ausbruch des Zweiten Weltkriegs ein!	12

Friedrich von Gentz über den Zweiten Pariser Frieden:

"(...) In dem Friedensschlusse, der dieser Unternehmung folgte, kam es nicht, wie nach einem gemeinen Kriege, darauf an, Frankreich so viel Land, oder so viel Geld abzuringen, als allenfalls gefordert werden konnte, ohne den Krieg selbst bis zu verzweifelten Extremitäten zu verlängern. Eine höhere Politik mußte jeden Schritt der Unterhandlungen leiten. (...)

Von der andern Seite hatte die zweite, dem Rang nach die erste Hauptbedingung eines dauerhaften Friedens, die Wiederherstellung und Aufrechterhaltung einer festen Ordnung der Dinge im Innern des Landes* jetzt ungleich größere Schwierigkeiten als im Jahr 1814. Die königliche Macht hatte den größten Theil ihres damaligen Ansehens und ihrer damaligen Volksgunst verloren. (...)

Wer Frankreich in diesem Zeitraum gesehen, und dessen wahre Lage gekannt hat, der weiß, wie schwierig es war, unter solchen Umständen den Thron zu befestigen. Und dennoch hielten die verbündeten Höfe dies schlechterdings für das größte und dringenste Geschäft. (...)

Sie strebten nach einem dauerhaften Frieden. Nur was diesen verbürgen konnte, war ihnen willkommen, was ihn untergraben, was ihn früher oder später zerreißen mußte, die Hauptklippe, der sie ausweichen wollten. Sie waren nicht gekommen, um Frankreich zu zerstückeln oder aufzureiben, sondern, um es mit Europa gründlich zu versöhnen. Jenes war einfach und leicht, und hätte wahrlich weder großer Kunst noch außerordentlichen Muthes bedurft; dieses konnte nur ein Werk der Mäßigung, der Selbstbeherrschung, der Verzichtleistung auf scheinbaren Gewinn, eines reifen und durchdachten Entschlusses sein. (...)

Da wir aber der festen Meinung waren und sind, daß bei den heutigen Verhältnissen der großen Mächte unter einander, und nach allem, was in den zwei letzten Jahren geschehen ist, ein Hauptkrieg in Europa nur durch eine der gewaltsamsten Revolutionen, die zu besorgen wir keinen Grund sehen, veranlaßt werden könnte, so scheint uns allerdings der Friede der Welt im Ganzen besser gesichert, als er es vielleicht seit einem Jahrhundert war. Dies nannten wir die Aussicht auf eine goldene Zeit. (...)"

* Dies allein verstanden wir unter der politischen Wiedergeburt Frankreichs, worüber im Rheinischen Merkur eben so unpassend als bitter gespottet wird. Nicht aus falscher Zärtlichkeit für Frankreich (einem Motiv, welches den Mächten nur aus reinem Muthwillen angedichtet werden kann), sondern aus wohlverstandener Selbstliebe, aus Sorge für das gemeine Wohl von Europa mußten wir alle an dieser Wiedergeburt arbeiten.

Aus: Friedrich von Gentz: Kleinere Schriften. Hrsg. von G. Schlesier. Erster Theil. Mannheim 1838, S. 413 ff.

Robert Lansing, amerikanischer Staatssekretär des Auswärtigen, über den Versailler Vertrag; Aufzeichnung vom 8. 5. 1919

"(...)Die Friedensbedingungen erscheinen unsagbar hart und demütigend, während viele von ihnen mir unerfüllbar scheinen.

Der durch den Vertrag geschaffene Völkerbund soll – darauf vertraut man – den künstlichen Aufbau am Leben erhalten, der auf dem Weg des Kompromisses der widerstreitenden Interessen der Großmächte erreicht wurde, und ein Keimen der Kriegssaat, die in so vielen Paragraphen ausgesät ist und unter normalen Bedingungen bald Früchte tragen würde, (...) verhindern. Der Bund könnte ebensogut das Wachstum der Pflanzenwelt in einem tropischen Dschungel verhindern. Kriege werden früher oder später entstehen.

Man muß von vornherein zugeben, daß der Bund ein Werkzeug der Mächtigen ist, um das normale Wachstum nationaler Macht und nationaler Bestrebungen bei jenen aufzuhalten, die durch die Niederlage machtlos geworden sind. (...) Wir haben einen Friedensvertrag, aber er wird keinen dauernden Frieden bringen, weil er auf dem Treibsand des Eigennutzes gegründet ist."

Zitiert nach: W. Lautemann/M. Schlenke (Hrsg.): Geschichte in Quellen. Bd. V. Weltkriege und Revolutionen 1914 – 1945. München 1975, S. 128 f.

Lösungen

1 Für Friedrich von Gentz ist eine offensichtlich unabdingbare Voraussetzung eines dauerhaften Friedens die vernünftige Mäßigung der Sieger, die auf unzumutbare Gebiets- und Geldforderungen verzichten, da dies neue Kriege provozieren würde.

Wesentlich sollte nach Gentz ein Friede dazu führen, eine stabile Ordnung nicht nur zwischen den Siegern und dem oder den Besiegten herzustellen, also einen Zustand, den auch der Besiegte auf Dauer akzeptieren kann, sondern es muß auch Ziel des Vertrages sein, die innere Ordnung im besiegten Land wiederherzustellen und zu stabilisieren. Zwar ist das Ziel der Restauration einer festen Ordnung bei Gentz zu erklären aus der antirevolutionären und konservativen Haltung des Autors, doch ist die innere Befriedung sicherlich über die unittelbare Zeitbezogenheit nach der Französischen Revolution und der Hegemonie Napoleons hinaus eine wichtige Voraussetzung für einen dauerhaften Frieden.

Gentz gibt in dem Text auch zu erkennen, daß ein solch vernünftiger und Stabilität garantierender Frieden nur möglich ist, wenn die Siegermächte, also die "großen Mächte", einen Grundkonsens besitzen, mit dem auch der Besiegte übereinstimmen kann.

Indirekt sieht auch Lansing diese gemeinsame Grundüberzeugung als Bedingung eines dauerhaften Friedens an, wenn er demgegenüber den "Treibsand des Eigennutzes" als völlig ungeeignetes Fundament für einen echten Frieden ansieht.

Zwar ist in Lansings Stellungnahme zum Versailler Vertrag explizit wenig über Voraussetzungen eines dauerhaften Friedens gesagt, aber in der Umkehrung seiner negativen Bewertung läßt sich erschließen, daß er gemeinsame Interessen der Sieger, also einen über den Krieg hinausreichenden Konsens, ebenso für notwendig hält wie eine maßvolle und vernünftige Behandlung des besiegten Landes, das keinesfalls gedemütigt werden darf, wenn man nicht den Keim eines neuen Krieges säen will.

2 Die Friedensverhandlungen von 1814/15 in Wien waren nicht in erster Linie eine Abrechnung der Siegermächte mit dem revolutionären Frankreich und mit Napoleon, sondern sie waren vielmehr geprägt von dem Bemühen, die gestörte europäische Ordnung wiederherzustellen. Daß dabei die weitere Ausbreitung des revolutionären Freiheitsgedankens und nationaler Bestrebungen verhindert werden sollte, war nicht zuletzt der tragende Konsens der verantwortlichen Mächte. Unter der geistigen Führung Metternichs wurden Legitimität und die Restauration der alten Herrscherhäuser, das monarchische Prinzip also, zu Leitideen der Konfliktlösung und zur gemeinsamen Grundüberzeugung zwischen den Siegern und den Besiegten.

Im Grunde steht der Wiener Kongreß nicht am Beginn einer neuen und dauerhaften Friedensordnung, sondern die europäischen Großmächte und die europäischen Fürstenhäuser können noch einmal traditionelle Ordnungsideen und bewährte Konfliktregelungsstrategien gegenüber den neuen revolutionären Kräften und Ideen durchsetzen. Als Ordnungsidee bewährte sich dabei auch in den folgenden Jahrzehnten das Gleichgewicht der Großmächte, als Strategie der Konfliktvermeidung und -beilegung entsprach das Interventionsprinzip ganz dem Geist der Solidarität der Throne und ganz der Praxis der Kabinettspolitik.

Gegner war also im Grunde nicht Frankreich, sondern das revolutionäre Freiheitsstreben von Individuen und Völkern. Eine Ausbreitung des bürgerlichen Liberalismus und der Idee der Volkssouveränität zu verhindern war die gemeinsame Überzeugung der europäischen Herrscherhäuser, auch im Bündnis mit den Kirchen, und bestimmte den Geist und die Ergebnisse des vom Wiener Kongreß konstituierten Friedens.

Auch für die Verhandlungen in Paris in den Jahren 1918 und 1919 gab es erklärte Prinzipien, die zur Grundlage einer zukünftigen Friedensordnung werden sollten: Demokratieprinzip und Selbstbestimmungsrecht der Völker, also das Nationalitätenprinzip. Aber offensichtlich wurde der Konsens über diese Prinzipien nur deklamatorisch wirksam, denn in der Realität der Verhandlungen und vor allem der Ergebnisse waren Revanchegefühle und demzufolge eine dauerhafte Schwächung der Besiegten leitende Motive. An die Stelle eines gemeinsamen, Sieger und Besiegte verbindenden Ordnungskonzepts traten in Paris egoistische nationale Interessen, zum Teil wohl auch persönliche Emotionen.

Stand für die Kongreßordnung nach 1815 mit der Kabinettspolitik und ihren Interventionsmöglichkeiten auch ein Instrument der internationalen Konfliktregelung zur Verfügung, so bemühte man sich auch in Paris um die Schaffung eines solchen Instruments der kollektiven Friedenssicherung. Mit der Gründung des Völkerbundes gelang dies auch, doch war vorhersehbar, daß dieses Instrument nur dann wirklich wirksam eingesetzt werden konnte, wenn es nicht als Machtmittel der Sieger verstanden wurde, sondern als eine Instanz, die sich auf einem gemeinsamen Wollen von Siegern und Besiegten gründete. Daran aber fehlte es sowohl bei den Verhandlungen in Paris als auch in den Jahren danach.

3 Ein Blick auf die europäische Geschichte im 19. Jahrhundert zeigt, daß Friedrich von Gentz nicht zu Unrecht von der "Aussicht auf eine goldene Zeit" nach dem Wiener Kongreß spricht. Die dort gefundene Ordnung erwies sich als ausgesprochen dauerhaft, auch wenn natürlich nicht übersehen werden darf, daß der internationale Friede teilweise mit radikalen Unterdrückungen im Innern gesichert werden mußte, vor allem in den Zeiten der revolutionären Unruhen 1830 (Julikrise) und natürlich 1848.

Aber trotz der Dynamik der nationalen und demokratischen Bewegungen in Europa, einen größeren Krieg konnten die europäischen Mächte verhindern.

Unmittelbar nach dem Wiener Kongreß suchte v.a. Metternich zusammen mit dem russischen Zaren Alexander I. die Zusammenarbeit der europäischen Mächte zu verstärken, das "europäische Konzert" als Ordnungsfaktor zu installieren.

Und es läßt sich nicht leugnen, daß bei einer Reihe von akuten Gefahren für die restaurative Ordnung die europäische Konferenzdiplomatie funktioniert. Ob es nationale und liberale Erhebungen in Spanien, Portugal oder Italien waren, die Krisen und Unruhen werden durch Intervention der Großmächte eingedämmt und auf anschließenden Konferenzen befriedet. Zwar wird dabei immer im Sinne der restaurativen Ordnung, im Sinne der Legitimität und der Fürsten und gegen liberale oder nationale Bewegungen entschieden, aber der Frieden bleibt erhalten.

Selbst größere internationale Krisen weiten sich nicht zu einem europäischen Krieg aus. Als auf dem Balkan, wo die Interessen fast aller europäischen Großmächte sich berühren und insbesondere Rußland immer wieder um eine Verbesserung der eigenen Lage (Zugang zum Mittelmeer) bemüht ist, sich die Konflikte zuspitzen und zwischen 1853 und 1856 im Krimkrieg eskalieren, bewährt sich erneut das europäische System. England und Frankreich verhindern dabei nicht nur einen völligen Sieg Rußlands über die Türkei und damit eine schwerwiegende Veränderung des europäischen Gleichgewichts, sondern im Frieden von Paris von 1856 kann der Konflikt nicht nur begrenzt, sondern beigelegt werden.

Ihre stabilisierende Kraft bewies die Kongreßordnung noch einmal, als die nationalen Einigungsbewegungen in Italien und in Deutschland das europäische Gleichgewicht erheblich erschütterten. Gerade an der Reichsgründung Bismarcks wird die Wirksamkeit des europäischen Konzerts erkennbar. Bismarck und die Mehrheit der deutschen Fürsten waren bemüht, das neue Reich und den damit verbundenen Machtgewinn Preußens einzubetten in das europäische Mächtesystem, die Veränderungen abzustimmen mit den übrigen Großmächten, notwendige militärische Auseinandersetzungen von vornherein zu begrenzen. Zweifellos handelte Bismarck dabei mehr als Preuße und als Vertreter des monarchischen Prinzips. Auf dem Berliner Kongreß 1878 bewies er später noch einmal sein Engagement für die Erhaltung der europäischen Gleichgewichtsordnung.

Aber ganz offensichtlich war gegen Ende des 19. Jahrhunderts die Kraft der alten Ordnung nicht mehr stark genug gegen die neuen Kräfte des Nationalismus und der Demokratie. Die fürstliche Solidarität, die das europäische Konzert im 19. Jahrhundert erst möglich gemacht hatte, zerbrach angesichts der nationalen und nationalistischen Egoismen im Zeitalter des Imperialismus. Im Zuge der Industrialisierung und des damit verbundenen Wandels der Gesellschaft konnten auch die traditionellen Instrumente der autoritären und restaurativen Innenpolitik nicht mehr greifen. Dies hatte auch unmittelbare Auswirkungen auf die Außenpolitik, in der mehr und mehr nationale oder gar gruppenspezifische Interessen den Vorrang erhielten gegenüber dem Appell, die europäische Ordnung durch Mäßigung zu erhalten.

Es mag wohl auch eine Rolle spielen, daß die Kabinettspolitik mit ihrer Diplomatie hinter verschlossenen Türen weniger anfällig war für nationalistische Emotionalisierungen.

In der Praxis zeigt sich das Versagen der traditionellen Instrumente der internationalen Politik der Friedenssicherung in den Balkankrisen seit 1908 und in den Marokko-Krisen 1905 und 1911. Es gelingt dabei den europäischen Großmächten nicht mehr, durch eine gemeinsame Politik die bestehende Ordnung gegen die nationalen und imperialen Kräfte der Veränderung zu erhalten oder zumindest die Konflikte zu begrenzen. Vielmehr steigern sich von Krise zu Krise die gegenseitigen Aggressionen, der Konsens einer gemeinsamen Verantwortung für den Frieden nimmt ab, die fehlende Solidarität der Großmächte ermöglicht, ja stärkt den nationalen Separatismus besonders auf dem Balkan.

Die letzten Bemühungen, in einer Art europäischem Konzert die Julikrise des Jahres 1914 zu meistern, scheitern weniger am Willen zum Krieg, sondern mehr am Fehlen des Konsenses und wohl auch an der Unfähigkeit des Krisenmanagements, wie es im 19. Jahrhundert noch funktioniert hatte. Mit dem Ersten Weltkrieg zerbrach die durch den Wiener Kongreß installierte europäische Ordnung endgültig.

1815 war also tatsächlich eine Ordnung geschaffen worden, mit der es gelungen war, die neuen revolutionären und nationalen Bewegungen zu bändigen, aufbrechende Konflikte zu begrenzen. Sie hat damit nicht zuletzt auch eine Art europäische Identität entstehen lassen, die sich in Begriffen wie "europäisches Konzert", "europäisches Gleichgewicht" oder "Heilige Allianz" niedergeschlagen hat. Diese positive, faszinierende Qualität der europäischen Ordnung im 19. Jahrhundert, der "goldenen Zeit" bei Gentz, hat jedoch ihre Kehrseite in der antiliberalen und antidemokratischen "Ideologie" dieser Ordnung.

4 Die Ausgangslagen für Frankreich nach 1814 und für Deutschland nach 1918 waren durchaus vergleichbar. Beide Staaten waren besiegt und mußten gegen eine Koalition von Siegern kapitulieren. Beide Staaten hatten auch maßgeblich schuld am Ausbruch der jeweiligen Kriege, Frankreich womöglich noch eindeutiger als das Deutsche Reich. Dennoch wurden die beiden Verlierer ganz unterschiedlich behandelt.

Im Falle Frankreichs wurde nicht der Staat, oder gar das Volk, als Feind und als Schuldiger angesehen, sondern in erster Linie Napoleon. Die Kriegsschuld wurde sozusagen personalisiert.

So konnte man auch Frankreich aktiv an den Friedensverhandlungen beteiligen, dem bisherigen Gegner die Wege ebnen für eine Mitwirkung und die gemeinsame Verantwortung für die zukünftige europäische Ordnung. Entsprechend maßvoll waren auch die konkreten Ansprüche gegenüber Frankreich. Gemäß der Wiener Kongreßakte werden im 2. Pariser Frieden nur geringe Kriegsentschädigungen beschlossen, Frankreich verliert nur die Gebiete, die es nach 1792 erworben hatte, bleibt also im Kern unangetastet. Frankreich ist damit unmittelbar nach dem verlorenen Krieg wieder in das europäische Konzert aufgenommen, die Pentarchie der fünf Mächte als Garant des Gleichgewichts bleibt bestehen, auch wenn sich die Gewichte zugunsten Englands verschoben haben.

Deutschland wurde demgegenüber wirklich als Feind behandelt, dem man mit der Kriegsschuldklausel im Vertrag demonstrativ nicht nur die Alleinschuld zusprach, sondern das man damit auch demütigte. Eine aktive Beteiligung bei den Friedensverhandlungen war nicht vorgesehen, der Friedensvertrag wurde den Besiegten diktiert.

Die territorialen Verluste, die man dem Reich auferlegte, standen eindeutig im Widerspruch zu dem von den Siegern propagierten Prinzip des Selbstbestimmungsrechts der Völker, waren also nicht nur aus deutscher Sicht Unrecht. Die Wiedergutmachungsverpflichtungen und Reparationsforderungen, legalisiert mit dem Kriegsschuldparagraphen, wurden derart hoch angesetzt, daß von vernünftigen Regelungen nicht gesprochen werden kann. Auch hierbei war also nicht die Vernunft, schon gar nicht eine friedensstiftende Geste der Versöhnung Motiv des Handelns der Sieger, sondern Rache und Bestrafung. Deutschland wurde durch den Versailler Vertrag als Kriegstreiber geächtet und aus der Staatengemeinschaft, also auch aus dem Völkerbund ausgeschlossen.

Die Siegermächte auf dem Wiener Kongreß schlossen mit Frankreich einen wirklichen Versöhnungsfrieden, auch mit Blick auf die zukünftige Ordnung in Europa.

Die Sieger nach dem 1. Weltkrieg versuchten ihren Gegner zu isolieren und zu schwächen, riskierten damit aber auch die Gefährdung der Nachkriegsordnung durch eine Politik der Revision.

5 Lansing sieht bereits 1919 den Völkerbund als ein "Werkzeug der Mächtigen" an, um die eigene Macht zu erhalten, die Schwächung der besiegten Staaten zu sichern. Insofern kann nach Lansing der Völkerbund auch nicht ein wirksames Instrument einer kollektiven Friedenssicherung sein.

Der Völkerbund konnte schon deshalb nicht für einen notwendigen Ausgleich in Europa sorgen, da er zu wenig Ansehen und Autorität besaß, galt er bei den Besiegten doch als Instrument der Sieger. Erheblich geschwächt wurde der Bund auch durch das Fernbleiben der USA und den anfänglichen Ausschluß des Deutschen Reiches wie auch der Sowjetunion. So mußte der Völkerbund als ein parteiisches Organ der Sieger erscheinen, nur dazu da, die durch den Versailler Vertrag geschaffene Lage zu erhalten, also jeden Revisionismus zu verhindern. Dabei darf jedoch keineswegs übersehen werden, daß angesichts des Zerfalls der alten europäischen Ordnung, des für viele Staatsmänner äußerst bedrohlichen Phänomens des Kommunismus in Rußland und angesichts der Zerschlagung der Donaumonarchie und des Entstehens vieler neuer Staaten das Problem einer Neuordnung viel zu komplex war, um es in der kurzen Zeitspanne der Pariser Verhandlungen zu lösen.

Es gab also nicht nur das Mißtrauen der Siegermächte gegenüber dem sowjetischen Rußland, den Haß gegenüber dem Reich und seinen Verbündeten, die Sieger waren sich im Grunde nicht einig über die zukünftige Ordnung. So war es auch nur verständlich, daß man keinesfalls dem Völkerbund Souveränitäten abtreten wollte, um ein wirksames Exekutivorgan zu schaffen.

In den folgenden Jahren zeigte sich dann auch sehr schnell, daß in Krisenfällen der Völkerbund keine Macht besaß, einen Mitgliedsstaat zu sanktionieren. Als im Jahr 1935 Italien Abessinien überfällt, verurteilt der Völkerbund zwar Rom als Aggressor und verhängt Wirtschaftssanktionen, doch lassen sich weder die USA noch Deutschland daran hindern, Italien mit Energie zu beliefern.

Daß der Völkerbund für die Mitgliedsstaaten offensichtlich nur so lange von Bedeutung war, wie er den jeweiligen nationalen Interessen diente, wird auch daran deutlich, daß die Staaten ihn dann verließen, wenn eine Migliedschaft den nationalen Machtinteressen entgegenstand. Bis 1939 traten 14 von ursprünglich 63 Mitgliedsstaaten aus, die Sowjetunion wird nach dem Angriff auf Finnland 1939 ausgeschlossen. Rußland hatte übrigens erst 1934 einen Sitz im Völkerbund erhalten, nachdem Hitler 1933 ausgetreten war.

Als ohnmächtig erwies sich der Völkerbund auch, als es darum ging, die aggressive Machtpolitik und militärische Aufrüstung des nationalsozialistischen Deutschland zu verhindern. Die Idee einer kollektiven Sicherheitspolitik, die im Briand-Kellogg-Pakt mit der Ächtung des Krieges einen Anfangserfolg hatte, scheiterte schließlich daran, daß die Mächte aus nationalen Interessen zu zwischenstaatlichen Verträgen übergingen. Das deutsch-britische Flottenabkommen war in dieser Hinsicht ein besonders markantes Beispiel für die fehlende Bereitschaft der Mächte, eigene Interessen einem kollektiven Sicherheitssystem unterzuordnen. Auch England folgte nun der neuen Welle imperialistischer Machtausdehnung, die seit Anfang der 30er Jahre erkennbar war, sichtbar z.B. am Angriff Japans auf China 1931 und an dem schon erwähnten Überfall Abessiniens durch Italien. England gibt die Politik der kollektiven Sicherheit auf und schließt mit dem Flottenabkommen 1935 einen Vertrag, in dem de facto die Rüstungsbeschränkung für Deutschland durch den Versailler Vertrag aufgehoben wird, Hitler im Gegenzug die Flottenhegemonie Englands anerkennt.

Wie sehr der Völkerbund im Vorfeld des Zweiten Weltkriegs an Bedeutung verloren hatte, zeigte unverhüllt das Münchner Abkommen im September 1938. Nicht mehr, wie es im Sinne einer übernationalen und dauerhaften Friedensregelung sinnvoll gewesen wäre, im Völkerbund werden die Verhandlungen geführt und Entschließungen gefaßt, sondern multilaterale Vereinbarungen der europäischen Großmächte bestimmen das Schicksal der kleineren Staaten und Territorien. Außenpolitik wird wieder ganz im Stile nationalistischer Machtpolitik betrieben.

Die Idee des Völkerbunds, eine dauernde Friedenssicherung mit Hilfe einer supranationalen Organisation, war zweifellos ein ideales Konzept einer zukünftigen Außenpolitik der Friedenssicherung, aber es kam in einer Zeit der völligen Umstrukturierung der Weltpolitik und in einer Zeit der radikalen politischen Ideologien und der Krise der Demokratien zu früh. Dem Völkerbund fehlte der notwendige Konsens nicht nur der Ziele, sondern vor allem auch der Grundwerte.

Leistungskurskurs Geschichte (Bayern) 1992 – Aufgabe IV
Das Deutschlandproblem seit 1945

		BE
1	Erklären Sie die Bezeichnung "Nationale Front", erläutern Sie ihre Entstehung, und charakterisieren Sie ihre Rolle im System der DDR!	10
2	Beschreiben Sie die internationale und nationale Situation, vor deren Hintergrund die Erklärung der Nationalen Front erfolgte!	8
3	Erschließen Sie aus dem Text die Vorstellungen der Nationalen Front zur Lösung der Deutschen Frage, und setzen Sie sich dabei mit dem verwendeten Begriff der "friedlichen Koexistenz" kritisch auseinander!	16
4	Untersuchen Sie unter Berücksichtigung des allgemeinen politischen Hintergrunds, welche wichtigen Schritte zwischen 1962 und 1972 von den beiden Staaten in Deutschland zur Sicherung des friedlichen Nebeneinanders von Bundesrepublik und DDR unternommen wurden!	10
5	Überprüfen Sie, inwiefern die internationale Lage und die Staats- und Gesellschaftsvorstellungen in der Bundesrepublik dem von der Nationalen Front erhofften "Aufbau des Sozialismus" zwischen 1962 und 1989 entgegenstanden!	16

Die geschichtliche Aufgabe der DDR und die Zukunft Deutschlands (Auszug aus einer Erklärung der Nationalen Front vom März 1962):

"(...) Wir müssen auf längere Zeit mit dem Bestehen zweier grundverschiedener und voneinander völlig unabhängiger deutscher Staaten rechnen. Nicht nur mit dem Bestehen, sondern mit dem Nebeneinanderbestehen, denn wir können nicht die Geographie Europas ändern. Heute stehen diese beiden deutschen Staaten sich feindlich gegenüber. Das ist unerträglich, aber leider Tatsache. (...) Wir sind der Ansicht: Bei aller Klarheit über die Unvermeidlichkeit der ideologischen Auseinandersetzungen bietet die friedliche Koexistenz die Gewähr eines friedlichen Miteinanderlebens und eines friedlichen Wettbewerbs der beiden deutschen Staaten bis zu ihrer Vereinigung. (...)

Die friedliche Koexistenz bedeutet (...), daß die beiden deutschen Staaten normale wirtschaftliche, kulturelle und auch politische Beziehungen untereinander haben, daß sie auf den verschiedensten Gebieten zusammenarbeiten und auf der Basis der Gegenseitigkeit und völligen Gleichberechtigung ihre Rechte und vernünftigen Interessen achten. Der Abschluß eines Friedensvertrages mit der Regelung der Westberlinfrage und die Bildung einer Konföderation der beiden deutschen Staaten – das ist der sichere und schmerzlose Weg zur Lösung der nationalen Frage des deutschen Volkes. Der am 30. November 1961 der Regierung der westdeutschen Bundesrepublik übermittelte Vorschlag der Regierung der DDR, zu Gunsten aller wenigstens ein Minimum an Maßnahmen zur Sicherung des Friedens und der Entwicklung normaler Beziehungen zu vereinbaren, entspricht unserer Politik der friedlichen Koexistenz. Wir sind der Ansicht, daß eine von den Großmächten garantierte militärische Neutralität beider deutscher Staaten den Interessen des deutschen Volkes am besten entspräche. Wir halten an unserem Vorschlag fest, in beiden deutschen Staaten eine vollständige Abrüstung durchzuführen und in beiden deutschen Staaten nur die allernotwendigsten bewaffneten Kräfte zur Sicherung der Ordnung zu unterhalten. (...)

Übrigens: mit oder ohne Konföderation – der Sozialismus ist auch die Zukunft Westdeutschlands. Er wird durch die Konföderation nicht nach Westdeutschland exportiert. Unsere Epoche ist nun einmal die Epoche des Übergangs vom Kapitalismus zum Sozialismus. Das trifft auch auf Deutschland zu. Daran ändert nichts die Tatsache, daß es heute auf deutschem Boden außer dem sozialistischen Staat noch einen kapitalistischen deutschen Staat gibt. Die Weltgeschichte macht um Deutschland keinen Bogen. Auch in Westdeutschland werden sich die Werktätigen der Fesseln des kapitalistischen und imperialistischen Regimes entledigen und zum Aufbau des Sozialismus übergehen. Die westdeutschen Werktätigen werden das selber tun. Die Existenz des sozialistischen Lagers und vor allem die Existenz der sozialistischen DDR, ihre Friedenspolitik, ihre Erfolge beim Aufbau des Sozialismus werden es den westdeutschen Werktätigen allerdings erleichtern, den Weg zu finden. (...)"

Zitiert nach: Deutsche Geschichte 1962 – 1983. Dokumente in zwei Bänden. Hrsg. und kommentiert von I. Wilharm. Bd. 1. Frankfurt a.M. 1985, S. 52 f.

Lösungen

1 Bei der "Nationalen Front" handelt es sich um den Zusammenschluß der Parteien und der Massenorganisationen der DDR, geführt und beherrscht von der SED.

Die Entstehung der Nationalen Front reicht zurück bis in das Jahr 1945. Nachdem sich in der sowjetischen Besatzungszone schon sehr früh Parteien neu gegründet hatten, wurde am 14. Juli 1945 in Berlin von Parteivertretern eine "Einheitsfront der antifaschistisch-demokratischen Parteien" gebildet. KPD und SPD einigten sich dabei auf eine gemeinsame Geschäftsordnung, der schließlich auch die bürgerlichen Parteien CDU und LDP zustimmen konnten. Schon bald zeigte sich jedoch, daß es in dieser Einheitsfront nicht um die gemeinsame und gleichberechtigte Vereinbarung von Beschlüssen ging, sondern um die Durchsetzung der Politik der Militärregierung und der KPD-Führung. Durch die Einbindung der SPD und der bürgerlichen Parteien in die Einheitsfront wurde deren politischer Spielraum eingeschränkt, die Entwicklung zu einem pluralistischen Parteiensystem verhindert.

Wichtig für die Organisation des politischen Lebens in der SBZ waren auch die "Antifa-Komitees", die sich in vielen Orten als eine Art Basisbewegung gebildet hatten, meist initiiert von Kommunisten, Sozialdemokraten und Gewerkschaftern. Soweit sich die Komitees dem Führungsanspruch der KPD nicht unterordneten, wurden sie bekämpft, in der Regel jedoch benutzt als Instrument der Durchsetzung des Willens der sowjetischen Stadtkommandanten und später der SED.

Ein ganz wesentlicher Schritt auf dem Weg zur Nationalen Front war die Vereinigung von KPD und SPD zur SED. Die SPD erklärte sich 1945 zwar zur Zusammenarbeit mit der KPD bereit, lehnte aber eine Vereinigung ab. Selbst als der Versuch der SPD der sowjetischen Zone, sich mit der SPD der Westzonen zu vereinigen, am Widerstand Schuhmachers gescheitert war, hielt die Ost-SPD weiter Distanz zur Moskau-treuen KPD-Führung. Doch der Druck der sowjetischen Militärregierung und die Propaganda der KPD in den Betrieben ließ den Widerstand der SPD gegen die Vereinigungspolitik der Kommunisten erlahmen. Am 21. und 22. April 46 beschloß ein gemeinsamer Parteitag einstimmig die Vereinigung zur SED, zumal der Druck der SMAD nach Verlusten der Kommunisten bei verschiedenen Wahlen stärker wurde.

Neben den politischen Parteien spielen vor allem die Massenorganisationen innerhalb der Nationalen Front eine wichtige Rolle. Schon bei ihrer Gründung, etwa im Februar 1946: der Freie Deutsche Gewerkschaftsbund (FDGB), oder im März 1946: die Freie Deutsche Jugend (FDJ), wurden kommunistische Funktionäre an die Spitze gewählt, die in den folgenden Jahren die Massenorganisationen zu Transmissionsriemen der Politik der SED-Führung entwickelten.

Bei der Gründung der DDR 1949 wird die Einheitsfront der Parteien und Massenorganisationen folgerichtig in der Verfassung verankert. Die "Nationale Front" wird ideologisch zum Ausdruck der propagierten Einheit des proletarischen Willens und realpolitisch zum Machtinstrument der SED, die über die Nationale Front und die integrierten bzw gleichgeschalteten Massenorganisationen jeden Bürger erreichen und kontrollieren kann, also auch die Gruppen und Bürger, die eher passiv erscheinen und sich nicht direkt am Aufbau des Sozialismus beteiligen wollen.

So versucht die Führung beispielsweise über die Gewerkschaftsbewegung die ökonomische Leistung der Bürger zu steigern, über die Freizeit- und Kulturorganisationen das Bewußtsein der Bevölkerung im Sinne der herrschenden Parteiideologie zu beeinflussen, das kulturelle Leben zu steuern bis hin zur Lenkung der Künstler.

Da die Nationale Front auch die Wahlen organisiert und über die Einheitsliste die Kandidatenaufstellung kontrolliert, wird die Führungsrolle der SED, die in der DDR-Verfassung festgeschrieben ist, in erster Linie über die Nationale Front gesichert. Letztlich stellt sie eine Organisation dar, in der der ideologische Anspruch der führenden Rolle der kommunistischen Partei, die Diktatur des Proletariats, institutionalisiert ist.

2 Ende der 50er Jahre war die internationale Lage in Bewegung geraten, die starren Fronten des Kalten Krieges begannen sich, wenn auch nur sehr langsam, zu lösen. Im September 1959 kam es in Camp David zu einem Treffen zwischen Eisenhower und Chruschtschow. Thema der Gespräche war vor allem auch das Berlin-Problem, das der sowjetische Führer mit seinem Ultimatum von 1958 erneut auf die Tagesordnung gebracht hatte.

Diese ersten Anzeichen einer Entspannung wurden von Adenauer, aber auch von de Gaulle äußerst mißtrauisch beobachtet, fürchtete man doch, daß die USA zu Zugeständnissen gegenüber der SU bereit sei. In der Bundesrepublik fand in der Folgezeit eine erregte innenpolitische Auseinandersetzung statt, da die SPD-Opposition dem Kanzler vorwarf, durch seine starre Haltung, sein Festhalten an den Positionen des Kalten Krieges, eine Entspannung zu verhindern und damit auch eine Annäherung der beiden deutschen Staaten.

In den USA wurde John F. Kennedy zum Nachfolger Eisenhowers gewählt, der mit seinem Beraterstab nun eine neue Politik einzuleiten versuchte, um die überall erstarrten Strukturen der Weltpolitik aufzubrechen, einen raschen Wandel herbeizuführen.

Allerdings fehlte es der Kennedy-Administration dabei allzu oft an der notwendigen Geduld und Kontinuität. So wurde beispielsweise die von Kennedy mitverantwortete und vom CIA gesteuerte Aktion einer Landung auf Kuba (Schweinebucht-Expedition) zu einem Fehschlag mit verheerenden Folgen für das Ansehen des Präsidenten, der als Hoffnungsträger angetreten war und sich nun als unfähig und moralisch fragwürdig zu entpuppen schien. Aber Kennedy gewann bald wieder sein Prestige zurück, nur zwischen ihm und Adenauer gab es recht wenig Sympathie und Verständnis, zumal Kennedy den deutschen Kanzler als den Vertreter einer historischen Phase sah, die es zu überwinden galt.

Im Jahre 1961 war das Berlin-Problem zum zentralen Thema der internationalen Politik geworden. Auf einem Treffen zwischen Kennedy und Chruschtschow in Wien Anfang Juni war keine Lösung in Sicht, kurze Zeit später formulierte Kennedy die drei essentials der amerikanischen Berlin-Politik: amerikanische Präsenz in West-Berlin, freier Zugang und Sicherheit der Bevölkerung West-Berlins. Aber indirekt verzichtete die USA damit auch auf jegliche Einflußnahme in Ost-Berlin.

Da in diesen Monaten der Flüchtlingsstrom v.a. in Berlin von Ost nach West immer größer wurde und Ulbricht auf eine "Lösung" dieses Problems drängte, entschloß sich der Osten zur Abriegelung der Grenze. Am 13. August 1961 wurde die Mauer in Berlin gebaut.

Die zurückhaltende, für die Westberliner skandalös passive Haltung des Westens war ein Beweis dafür, daß man offensichtlich die gegenseitigen Interessensphären akzeptierte, den status quo nicht anzutasten gedachte, um die eigenen Machtpositionen nicht zu gefährden.

Für die Deutschlandpolitik, wie sie von Adenauer vertreten worden war, bedeutete der Bau der Mauer einen schweren Rückschlag. Er hatte die These vertreten, daß eine Bindung an den Westen und eine Politik der Stärke die Wiedervereinigung eines Tages möglich machen werde. Nun schien diese in unerreichbare Ferne gerückt, der Westen hatte offensichtlich die Wiedervereinigung als Ziel aufgegeben.

Die neue Situation, auch zwischen den beiden Staaten, mußte überdacht, es mußte angesichts der veränderten Weltlage eine neue Deutschland-Politik konzipiert werden. Zwar erlebte die beginnende Entspannungspolitik mit dem Versuch der Sowjetunion, auf Kuba Raketen zu stationieren, noch einmal einen schweren Rückschlag, doch als schließlich Chruschtschow nachgab, ohne daß Kennedy ihn demütigte, begann endgültig eine neue Phase der Weltpolitik.

In dieser Lage mußten auch die beiden deutschen Staaten ihre Position neu definieren, zumal die Hoffnung auf eine schnelle Wiedervereinigung nun illusorisch war, man sich also auf eine längere Phase des Nebeneinander einrichten mußte. Die Abschließung der Grenze und damit das Ende des Ausblutens der DDR führte darüber hinaus zu einer Stabilisierung des Systems.

Für die Deutschland-Politik der Bundesregierung war die neue Situation besonders problematisch, da die Beharrung auf der Alleinvertretung und die Ablehnung von Gesprächen mit der DDR immer weniger im Sinne der westlichen Mächte war, die auf Entspannung setzten. Erschwert wurde die Außenpolitik der Bundesrepublik auch dadurch, daß im sich verschärfenden Konflikt zwischen de Gaulle und Kennedy eine Position gefunden werden mußte, die weder Frankreich noch die USA vor den Kopf stoßen durfte.

3 Die Erklärung der Nationalen Front zur Lösung der Deutschen Frage versteht sich auch als Ausdruck eines neuen Selbstbewußtseins der DDR angesichts der neuen Lage und der Orientierungsprobleme der Außen- und Deutschland-Politik der Bundesrepublik.

Prinzipiell wird gefordert, die Existenz der beiden deutschen Staaten anzuerkennen und ein friedliches Nebeneinander, die "friedliche Koexistenz", zu ermöglichen. In dieser Zeit sollten die beiden Staaten als gleichberechtigte Nachbarn normale zwischenstaatliche Beziehungen entwickeln.

Die Nationale Front fordert in ihrer Erklärung auch die Neutralisierung und weitgehende Entmilitarisierung der beiden deutschen Staaten als Bedingung einer schrittweisen Annäherung bis hin zur Vereinigung. In einer ersten Stufe soll über einen Friedensvertrag die Frage Westberlins geregelt werden. Anschließend könnten dann die beiden souveränen deutschen Staaten die Bildung einer Konföderation vorantreiben, bis schließlich die endgültige Lösung der Deutschen Frage erfolgt. Dabei steht es für die Nationale Front fest, daß ein wiedervereinigtes Deutschland nur ein sozialistisches Deutschland sein kann, da der Sieg des Sozialismus eine geschichtliche Notwendigkeit sei.

Politisch und ideologisch ist die Erklärung natürlich als Angriff auf die bisherige Alleinvertretungsthese und die Nichtanerkennung der DDR durch die Bundesrepublik zu sehen, insofern ist die Erklärung als propagandistisches Manöver der SED zu verstehen. Wenn beispielsweise als Merkmal einer "friedlichen Koexistenz" normale Beziehungen zwischen den beiden Staaten gefordert werden, dann muß dies nicht nur für die Bundesregierung wie Hohn klingen, wenn gleichzeitig mit Mauern und Grenzsicherungsanlagen ein Staat sich gegen den anderen abschottet, die Bewegungsfreiheit seiner Bürger durch Kriminalisierung der "Republikflucht" radikal einschränkt, Besucher aus dem anderen Staat an den Grenzen schikanös behandelt. Die Normalität wird zum propagandistischen Schlagwort angesichts der völlig anormalen Lage an den innerdeutschen Grenzen.

Die These einer "friedlichen Koexistenz" verkommt schon deswegen zur verlogenen Propaganda-Formel, weil gleichzeitig der westdeutsche Staat als kapitalistisch-imperialistisches Regime verketzert wird, das klassenkämpferische Feindbild also aufrechterhalten bleibt.

Noch scheint auch die SED nicht aus den Denkschablonen des Kalten Krieges herauszukommen, mißbraucht die These von der "friedlichen Koexistenz" zur Fortführung des Kampfes gegen den Kapitalismus mit anderen Mitteln.

4 Trotz der Schwierigkeiten auf beiden Seiten und trotz des Entsetzens in Westdeutschland über die Mauer und die Grenzsicherungsanlagen der DDR mußten sich die Regierungen in Bonn und Ost-Berlin dem Druck der internationalen Entspannungspolitik beugen und schrittweise die gegenseitigen Beziehungen normalisieren, zumindest neu regeln.

Bereits am 17.12.1963 kommt es zwischen Westberlin und der DDR zu einem ersten Passierscheinabkommen, in der Folge versucht die DDR durch eine Amnestie für "Republikflüchtlinge" vor dem Mauerbau (1964), durch die Bildung eines Staatssekretariats für gesamtdeutsche Fragen (1965) und durch Einrichtung einer Passierscheinstelle für Härtefälle in Berlin (1966) Signale zu setzen und in der Frage der menschlichen Erleichterungen der Bundesrepublik entgegenzukommen.

In Bonn hatte zwar der neue Außenminister Schröder mit einer Politik der Bewegung begonnen, aber die von L. Erhard geführte Regierung – er war seit 1963 Nachfolger des zurückgetretenen Konrad Adenauer – war noch nicht bereit, die Hallstein-Doktrin völlig aufzugeben. Immerhin versuchte man die Beziehungen zu den östlichen Nachbarn zu normalisieren. 1963/64 wurden mit Polen, Rumänien, Ungarn und Bulgarien Handelsmissionen ausgetauscht.

Von besonderer Bedeutung war dann die Friedensnote der Regierung Erhard an alle Staaten, mit denen die Bundesrepublik diplomatische Beziehungen unterhielt, und an die Ostblockstaaten. Neben einer Gewaltverzichtserklärung enthielt die Note die Versicherung, Grenzfragen nur im Rahmen von Friedensverträgen zu regeln und dabei auch "Opfer auf sich zu nehmen".

Bewegung in die Politik gegenüber dem Osten und gegenüber der DDR kam dann vor allem durch die Bildung der Großen Koalition am 1. Dezember 1966. Kiesinger als Kanzler und v.a. Willy Brandt als Außenminister knüpften an die Friedensnote L. Erhards an und konzipierten eine neue Ostpolitik, in der die Wiedervereinigung nicht als Voraussetzung für eine Entspannungspolitik in Europa gesehen wurde , sondern als deren Ergebnis. Dies wurde die Leitlinie der westdeutschen Ost- und Deutschlandpolitik bis zur Wende 1989.

Eingebettet in die weltweite Entspannungspolitik und das nun gefundene eigene Konzept kam es in den folgenden Jahren zu immer mehr Kontakten zwischen Bonn und Moskau, bei denen die Große Koalition schrittweise von der Hallstein-Doktrin abrückte, um die Beziehungen mit den östlichen Nachbarn zu normalisieren. Die Kontakte zur DDR allerdings scheiterten nach wie vor an der Forderung der DDR nach Anerkennung. Über einen Briefwechsel zwischen Kiesinger und Stoph kam man nicht hinaus, der Redneraustausch, den SPD und SED im Jahr 1966 anbahnten, scheiterte schließlich an der Furcht des SED-Regimes vor Destabilisierung des Systems.

Annäherungen gab es indessen im innerdeutschen Handel, da die DDR-Regierung auf die volle Anerkennung verzichtete, wenn es um Handelserleichterungen und wirtschaftliche Vorteile ging, also Zollfreiheit zwischen den beiden Staaten, Ermöglichung des Einkaufs ohne Devisen, da in Verrechnungseinheiten abgerechnet wurde, und Gewährung von zinslosen Überziehungskrediten. Die DDR profitierte dabei besonders auch von der EG-Mitgliedschaft der Bundesrepublik, da sie gleichsam EG-Inland war.

Aber erst die sozial-liberale Koalition des Kanzlers Brandt mit seinem Außenminister Scheel setzte seit dem 21. Oktober 1969 eine neue Ost- und Deutschlandpolitik durch. Gegen den heftigen Widerstand der CDU/CSU-Opposition, die die Aufgabe von

Rechtspositionen befürchtete, wurde nun eine Politik auch praktisch durchgesetzt, die bereits 1963 von Egon Bahr konzipiert worden war: die Politik des "Wandels durch Annäherung". In einer "Politik der kleinen Schritte" sollten in einem langen Prozeß die Bedingungen in Europa so verändert werden, daß irgendwann eine Wiedervereinigung möglich werde.

In erster Linie mit dem Moskauer Vertrag, der am 12. August 1970 unterzeichnet wurde und dem am 7. Dezember des gleichen Jahres der Warschauer Vertrag folgte, wurden die politischen Rahmenbedingungen geschaffen für vertragliche Vereinbarungen auch mit der DDR.

Am 19. März 1970 war es in Erfurt zu einem ersten Treffen zwischen Brandt und Stoph gekommen, am 21. Mai folgte ein zweites in Kassel. Die Begegnungen brachten zwar keine konkreten Ergebnisse, da Stoph erneut die offizielle völkerrechtliche Anerkennung der DDR forderte, die Bundesregierung aber den Standpunkt vertrat, die beiden Staaten könnten füreinander nicht Ausland sein.

Doch die DDR-Regierung war mit ihrer Haltung auch im Ostblock zunehmend isoliert, da die Sowjetunion nun auf vertragliche Vereinbarungen zwischen den beiden deutschen Staaten drängte, notfalls ohne die völkerrechtliche Anerkennung der DDR.

Im November 1970 begannen dann zwischen Egon Bahr und dem Staatssekretär Michael Kohl die Verhandlungen über einen "Vertrag über die Grundlagen der Beziehungen zwischen der Bundesregierung Deutschland und der Deutschen Demokratischen Republik". Noch bevor der Grundlagenvertrag insgesamt unterzeichnet wurde, einigte man sich in der Verhandlungsphase vorweg auf verschiedene Einzelregelungen über die Wiederaufnahme des Telefon- und Postverkehrs und ein Transit-Abkommen im Herbst 1971. Besonders bedeutsam war dann die Unterzeichnung eines "Vertrags zu Fragen des Verkehrs", der am 26. Mai 1972 geschlossen wurde und erhebliche Besuchserleichterungen für DDR-Bürger mit sich brachte, auch den Sportverkehr zwischen den beiden deutschen Staaten wieder aufleben ließ.

Am 21. Dezember 1972 wurde dann der Grundlagenvertrag unterzeichnet, der der DDR zwar de facto die Anerkennung brachte, aber de jure hatte die Bundesregierung eine völkerrechtliche Anerkennung nicht ausgesprochen. Den von der Bundesregierung in Moskau wie in Ost-Berlin den jeweiligen Verträgen beigegebenen "Brief zur deutschen Einheit" würdigte die DDR zwar kaum, nahm ihn aber zur Kenntnis und bestätigte damit indirekt die Position der Bundesregierung, wonach alliierte Siegerrechte nach wie vor gelten sollten und die deutsche Frage als unerledigt anzusehen sei.

Die Veränderung der internationalen Lage, die allmähliche Ablösung der Konfrontationspolitik des Kalten Krieges durch eine Entspannungspolitik zwischen den Großmächten hatte auch die beiden Regierungen in Deutschland in Zugzwang gebracht, ihre deutsch-deutschen Beziehungen im Sinne eines vertraglich geregelten Nebeneinanders zu normalisieren. In der Bundesrepublik war dieser Prozeß des Umdenkens verbunden mit einem Regierungswechsel, in der DDR mit dem Rücktritt Ulbrichts als 1. Sekretär der SED 1971.

5 Wenn die "Nationale Front" in ihrer Erklärung von 1962 den "Aufbau des Sozialismus" auch in der Bundesrepublik vorhersagte, dann war dies fast ausschließlich ideologisches Wunschdenken oder gar nur sinnentleerte Propagandafloskel. Weder die internationale Lage zu dieser Zeit noch die inneren Verhältnisse in der Bundesrepublik boten Anzeichen für eine solche Entwicklung.

International war die Bundesrepublik eingebunden in ein Bündnis- und Sicherheitssystem, was angesichts der Blockbildung in Europa eine grundlegende Veränderung der Gesellschafts- und Wirtschaftsordnung gar nicht zugelassen hätte. Es ist sicher müßig darüber zu spekulieren, ob bei einer derartigen Entwicklung die NATO in ihrem Mitgliedsland interveniert hätte, die Bindungen innerhalb des atlantischen Bündnisses und die ökonomischen Verflechtungen innerhalb der EG schufen im Grunde auch ordnungs- und gesellschaftspolitische Bedingungen, die einen sozialistischen Weg zum damaligen Zeitpunkt und für eine überschaubare Zukunft ausschlossen.

Auch innerhalb der Bundesrepublik gab es keine Anzeichen für eine Korrektur der Entscheidungen von 1948 und 1949. Das Grundgesetz mit seiner eindeutigen Option für eine parlamentarische, repräsentative Demokratie, die freiheitliche Grundordnung der pluralistischen Gesellschaft fand bei der Bevölkerung, insbesondere auch bei den Arbeitern eine hohe Akzeptanz, zumal der wirtschaftliche Erfolg und der Ausbau des Sozialstaats das politische und gesellschaftliche System der Bundesrepublik zusätzlich stabilisierten. Zwischen 1962 und 1989 gab es keine innenpolitische Krise, in der der Wertekonsens in der Bundesrepublik radikal von einer größeren Zahl der Bürger in Frage gestellt wurde. Die entsprechenden Bemühungen einer grundlegenden Umgestaltung der Republik, die im Zusammenhang mit den Studentenprotesten Ende der 60er Jahre entstanden waren, endeten nicht zuletzt wegen der fehlenden Akzeptanz bei der Arbeiterschaft im Abseits krimineller Terroranschläge. Die sich ebenfalls in dieser Zeit verstärkenden Reformbewegungen hatten nur dann Erfolg, wenn sie den vom Grundgesetz institutionalisierten und mittlerweile akzeptierten Wertekonsens nicht in Frage stellten.

Die offensichtlichen Mängel des DDR-Systems ließen dem Sozialismus als Alternative keinerlei realistische Chance bei der Bevölkerung der Bundesrepublik, die insgesamt hohe Akzeptanz der Westorientierung, die Adenauer eingeleitet hatte, war nicht zuletzt auch motiviert durch eine breite Ablehnung eines sozialistischen Weges vor allem bei der Arbeiterschaft.

Leistungskurs Geschichte (Bayern) 1993 – Aufgabe I
Die Entwicklung nationalstaatlicher und freiheitlich-demokratischer Ordnungsvorstellungen in Deutschland bis zum Ende des Zweiten Weltkrieges

BE

1 Erarbeiten Sie thesenartig aus dem folgenden Text, wie Christian Meier* die Verantwortung der Deutschen für die nationalsozialistischen Verbrechen zwischen 1933 und 1945 beurteilt! 8

2 Zeigen Sie anhand der Endphase der Weimarer Republik (1929–33) auf, wie der Boden für das NS-Regime bereitet wurde! 12

3.1 Das nationalsozialistische Herrschaftssystem wird vom Autor als "ein perfekter Unterdrückungsapparat" bezeichnet. Erläutern Sie Mechanismen und Bestandteile dieses Apparates im Hinblick auf die Politik der Nationalsozialisten gegenüber den Juden!

3.2 Der Autor geht auch auf die Möglichkeiten des Widerstandes ein. Erörtern Sie die Gründe für das Scheitern eines wirksamen Widerstandes gegen die nationalsozialistische Herrschaft! 20

4 Weisen Sie exemplarisch an zwei Beispielen nach, daß wesentliche Bestandteile der NS-Weltanschauung keine Erfindungen Hitlers oder der Nationalsozialisten sind, sondern ihre tieferen Wurzeln in der deutschen bzw. europäischen Geschichte des 19. und früheren 20. Jahrhunderts haben! 8

5 "Aber wenn wir es mit diesem Geschehen nicht aufnehmen, wenn wir meinen, damit einfach Schluß machen zu können, so wird es uns nur schlimmer heimsuchen und seine Streiche spielen." (Z. 68 ff.)
Diskutieren Sie diese These des Autors! Berücksichtigen Sie dabei auch besonders die Lage im vereinten Deutschland! 12

* Christian Meier, geb. 1929, Professor für Alte Geschichte an der Universität München

Der Historiker Christian Meier zur Frage der Verantwortung der Deutschen für die Verbrechen der NS-Zeit:

"(...) So wenig es Kollektivschuld gibt, so sehr haben wir eine Verantwortung für das, was von uns und in unserem Namen geschah, wenn anders die deutsche Geschichte die unsere sein soll. (...)

So wird es heute dringend notwendig, alles zu versuchen, um zu verstehen, was am Handeln unserer Großeltern und Eltern verstanden werden kann. Wir müssen unserer Vergangenheit nicht nur mit Verurteilen, sondern auch mit Verstehen begegnen. Wenn die Jüngeren, die Nachwachsenden, einen Zugang zur Geschichte zwischen 1933 und 1945 und zur deutschen Geschichte überhaupt gewinnen sollen, so darf man nicht alles in Bausch und Bogen verdammen. Wir müssen nicht nur der Wahrheit des Geschehens näher kommen, sondern dessen Anerkennung muß auch aushaltbar sein für Generationen, die nun bald Unbeteiligte zu Großeltern haben. Wir wissen heute – oder könnten doch oder sollten wissen –, daß die Beteiligung an den Untaten sich sehr weit verzweigte. Hinter den Befehlshabern und Administratoren der Mordmaschinerie sowie den KZ-Schergen standen die Polizisten, die die Opfer sammelten, die Eisenbahner, die sie brachten; vor ihnen stand die ganze Deutsche Wehrmacht, die die Fronten verteidigte, hinter denen die Vernichtungsmaschinen arbeiten konnten: Soldaten, von denen viele auch zu Zeugen der Juden-Erschießungen, der Deportationen wurden, ohne dem zu wehren, ohne daraus praktische Konsequenzen zu ziehen. (...) Wie viele wirkten mit, um das weitere Umfeld der Verbrechen aufzubauen, das vielfache weitere Unrecht – etwa die Gefangenen-Erschießungen – und das tatenlose Zusehen geschehen zu lassen? Gewiß ein perfekter Unterdrückungsapparat, aber auch wie viel Bereitschaft oder wenigstens menschliche Schwächen, die ihm seine Arbeit erleichterten! (...) Insofern waren es also durchaus die Deutschen (...), die das Regime am Laufen hielten und direkt oder indirekt an seinen Verbrechen beteiligt waren.

Weil dem aber so war, war der Charakter des Regimes im ganzen und derjenige derer, die in ihm lebten, zweierlei. Das Handeln der Mehrheit der Deutschen jener Zeit, die sich nicht der Mitwirkung an Verbrechen schuldig gemacht haben, ist nicht nur innerhalb des Ganzen zu sehen, dessen Teil es war und zu dem es beigetragen hat, vielmehr in den Dimensionen, in denen solch eine Mehrheit überhaupt nur handeln und denken kann – und vor allem im Rahmen ihrer Zeit. (...)

Daß die Deutschen dann im Krieg ihre Aufgaben pünktlich, korrekt und tüchtig erfüllten, tapfer waren, ihr Leben aufs Spiel setzten, wird man ihnen im einzelnen kaum vorhalten können. Wie sollten sie, aufs Ganze gesehen, um des Regimes willen ihr Land im Stich lassen? Sie haben auch darin zumeist nicht anders – vermutlich auch nicht schlechter – gehandelt als ihre Gegner. Nur daß wohl die Zahl derer, die zu offensichtlich unrechten Taten kommandierten oder sich kommandieren ließen, auf deutscher Seite viel größer war als in anderen Armeen. Und daß vom Regime, insbesondere von seiner Rassenlehre her, nicht nur die großen Verbrechen, sondern auch zahlreiche kleinere Unrechtmäßigkeiten und Schikanen nahegelegt wurden, da die ethischen Normen erschüttert oder stark relativiert waren. Überblickt man, was die dann immer noch sehr große Zahl derer, die sich an großen oder kleinen Verbrechen nicht beteiligten, in ihrem Bereich taten und ließen, wird man immer wieder finden, daß sie am Geschehen im damaligen Deutschland auf eine Weise beteiligt waren, die man ihnen kaum vorwerfen kann, die sehr oft gar Respekt verdient (in den Grenzen, in denen sie sich bewegten) – und die doch der Situation völlig unangemessen war und in der Summe zu Verbrechen unvorstellbaren Ausmaßes beitrug.

Eben darin aber lag das von heute her so schwer Begreifliche, der Punkt, an dem die Älteren nach heutigem Verständnis versagten: daß das normale Handeln in den Situationen, in denen Einzelne zu handeln pflegen, in einen großen Zusammenhang eingespannt war, den sie kaum recht wahrnahmen, schon gar nicht überblicken konnten und an dem sich so leicht nichts ändern ließ. Totalitäre Regime zeichnen sich ja dadurch aus, daß sie Handlungen und Absichten in einem geradezu unwahrscheinlichen Ausmaß in Anspruch, in Dienst nehmen können, unabhängig davon, ob sie sie erzeugen.

Man kann sich dem wohl nur entziehen, indem man sich bewußt auf die Gegenseite stellt, mindestens Sand ins Getriebe streut, statt tüchtig zu sein, möglichst aber Sabotage oder Widerstand leistet. (...)

Was eigentlich hätten wir Heutigen in solcher Lage getan? Nur wenn wir wüßten, daß wir es besser gemacht hätten, unter damaligen Verhältnissen und mit dem Wissensstand der Zeit, könnten wir die meisten der damaligen Deutschen – immer abgesehen von denen, die Vergehen und Verbrechen begingen – verurteilen. (...) Wir haben auch allen Anlaß, uns vorzunehmen, es besser zu machen; zumal wir heute wissen können, was ein totalitäres Regime ist und wie es entsteht. Doch gibt es keinen Grund, daß wir uns in unserer so viel glücklicheren Lage als Pharisäer aufspielen.

Die Mehrheit der Eltern und Großeltern zu verstehen, nicht zu verurteilen, aber auch die Verantwortung des Landes für seine beispiellosen Verbrechen bewußt zu halten; zu sein wie die anderen, je jünger wir sind, um so mehr, und doch auch Nachfahren der Täter des Holocaust – wie soll das möglich sein? Wir werden noch sehr viel Arbeit damit haben. (...) Aber wenn wir es mit diesem Geschehen nicht aufnehmen, wenn wir meinen, damit einfach Schluß machen zu können, so wird es uns nur schlimmer heimsuchen und seine Streiche spielen. Und dann werden wir auch die Festigkeit nicht gewinnen, welche wir manchen Zumutungen gegenüber durchaus haben sollten."

Zitiert nach: Christian Meier: Verurteilen und Verstehen. In: "Historikerstreit". Die Dokumentation der Kontroverse um die Einzigartigkeit der nationalsozialistischen Judenvernichtung. München [4]1987, S. 55 – 61 (gekürzt).

Lösungen

1 Die zentrale These Meiers findet sich im ersten kurzen Absatz:
Er lehnt eine "Kollektivschuld" der Deutschen ab, bekennt sich aber zur Verantwortung gegenüber der eigenen Geschichte.

Diese grundsätzliche Position wird im folgenden Text erläutert und differenziert.

Zunächst betont der Historiker die Notwendigkeit, das Handeln der Generationen der Eltern und Großeltern zu verstehen, nicht zu verurteilen. Verstehen kann dabei nicht bedeuten, Verständnis zu haben, sondern Einsicht zu gewinnen in die historische, aber auch systemische Bedingtheit des jeweiligen Handelns.

Für den Autor steht fest, daß zwar die Beteiligung an den Verbrechen sehr unterschiedlich war, daß aber "die Deutschen" insgesamt zum Funktionieren des Systems beitrugen, "das Regime am Laufen hielten".

Differenziert bewertet Meier auch das Verhalten der Deutschen im Krieg. Als Soldaten erfüllten sie ihre Pflicht wie die Angehörigen der gegnerischen Armeen auch, doch war die Zahl derer, die dabei Verbrechen begingen, wohl ungleich größer. Zu erklären ist dies durch die Eigenart totalitärer Regime, "Handlungen und Absichten" der Menschen "in einem geradezu unwahrscheinlichen Ausmaß in Anspruch" nehmen zu können.

So plädiert der Historiker Meier schließlich auch dafür, das Verhalten der damaligen Deutschen nur dann zu verurteilen, wenn der Schuldspruch im Bewußtsein eigener Widerstandsfähigkeit gefällt werden kann.

Die Reflexion des eigenen Verhaltens gegenüber den Anfängen und den Mechanismen eines totalitären Regimes hält Meier schon deshalb für notwendig, um in der Auseinandersetzung mit der Vergangenheit "die Festigkeit" zu "gewinnen, welche wir manchen Zumutungen gegenüber durchaus haben sollten".

2 Ermöglicht wurde der Aufstieg des Nationalsozialismus durch das Vorhandensein begünstigender Strukturen im politischen und gesellschaftlichen System des Deutschen Reiches, die in den Krisenjahren von 1929 bis 1933 verstärkt und dominant wurden.

Besonders deutlich läßt sich dies am Zusammenhang von Wirtschaftskrise und politischer Radikalisierung zeigen. Mit der Weltwirtschaftskrise, die nach dem Börsenkrach in New York die vom amerikanischen Kapital besonders abhängige deutsche Wirtschaft ungemein hart traf, war in Deutschland eine Zunahme der Arbeitslosigkeit verbunden, die sowohl den Staat als auch die sozialen Sicherungssysteme und die Interessengruppen vor Probleme stellte, die kurzfristig nicht zu lösen waren. Das wirtschaftspolitische Instrument der Deflationspolitik, das von den Präsidialkabinetten angewendet wurde, erwies sich dabei als ungeeignet, die Krise zu bewältigen.

In dieser tiefgreifenden ökonomischen und sozialen Krise zeigte sich sehr bald, daß die demokratischen Strukturen und der demokratische Konsens in der deutschen Gesellschaft zu wenig verwurzelt waren. Das Zusammenspiel der demokratischen Parteien funktionierte nicht mehr, parlamentarische Mehrheiten zur Verteidigung der Republik konnten nicht mehr gebildet werden.

Dies war die Stunde der radikalen Parteien auf der Linken und vor allem auf der Rechten. Auf vielfältige und sehr unterschiedliche Weise beeinflußten dabei die radikalen Republikfeinde die öffentliche Meinung. Die zunehmende Gewalt der Straßenkämpfe, der Einsatz des Terrors als politische Waffe verstärkten in der Bevölkerung die Meinung, die Weimarer Demokratie, der Parteienstaat, sei nicht mehr in der Lage, die Krise zu bewältigen.

Gleichzeitig verstanden es vor allem die Rechten, durch einen Einsatz der modernen Massenmedien die Öffentlichkeit mehr und mehr in das Lager der Republikfeinde zu verführen. Dabei darf allerdings nicht verschwiegen werden, daß sowohl bei den verschiedenen Eliten als auch bei weiten Teilen der Bevölkerung der Hang zu demokratiefeindlichen und autoritären Denk- und Verhaltensweisen sehr stark war. Die europaweite Krise der Demokratie verschärfte sich in Deutschland schon durch die Ressentiments gegenüber den demokratischen Siegern, die für die Schmach von Versailles verantwortlich gemacht wurden, und natürlich durch die fehlende Tradition eines erfolgreichen Parlamentarismus in Deutschland.

So konnte es nicht ausbleiben, daß den Sammlungsbewegungen rechter Kräfte, etwa der Harzburger Front, ein zunehmender Zerfall der demokratischen Mitte, sichtbar am Bruch der Großen Koalition im März 1930, gegenüberstand.

Daß es der Weimarer Republik in den Jahren zwischen 1929 und 1933 nicht nur an der nötigen Zeit zur Konsolidierung, sondern wohl auch am Engagement der politischen Führungseliten für die Demokratie fehlte, zeigen die Präsidialkabinette und das Verhalten des Reichspräsidenten nur zu deutlich. Das von der Weimarer Reichsverfassung insbesondere zur Abwehr republikfeindlicher Bestrebungen vorgesehene Notverordnungsrecht des Präsidenten wurde nun gleichsam zum legalen Vorwand einer autoritären Notstandsverfassung, die schließlich den Nationalsozialisten dazu diente, die Beseitigung der Republik legalistisch zu ummänteln. Der Weg dazu wurde aber geebnet im unmittelbaren Beraterkreis des Präsidenten Hindenburg, der selbst aus Altersgründen zu schwach und aus Überzeugung wohl auch nicht willens war, den Untergang der Republik energisch zu verhindern.

Fehlende parlamentarische Erfahrungen und Traditionen einerseits und tiefverwurzelte autoritäre Denk- und Verhaltensmuster andererseits waren bis zur Wirtschaftskrise 1929 durch den kurzen ökonomischen Aufschwung und spürbare außenpolitische Erfolge der Republik nur in den Hintergrund gedrängt worden. In den Jahren der Krise wurden die antidemokratischen, republikfeindlichen Strukturen und Einstellungen wieder zu bestimmenden Faktoren im Deutschen Reich. Die Nationalsozialisten trugen dieser Entwicklung am konsequentesten Rechnung und setzten sich schließlich durch.

3.1 Das nationalsozialistische Herrschaftssystem ist sowohl ideologisch als auch funktional auf Unterdrückung und Vernichtung angelegt.

Schon der ideologische Ansatz des Nationalsozialismus zwingt zur Ausgrenzung, in letzter Konsequenz zur Vernichtung der Juden. Führerprinzip und Rassenlehre, tragende Elemente der NS-Weltanschauung, lassen sich dabei nur durchsetzen, wenn das eigene Volk als verschworene und gefährdete Not- und Kampfgemeinschaft einem erfahrbaren und traditionell schon "bewährten" Sündenbock und Gegner gegenübergestellt wird. Die Juden wurden deshalb sehr früh propagandistisch nicht nur zum rassisch Andersartigen, Fremden abgestempelt, sondern durch planmäßige Aktionen, etwa Geschäftsboykotte, zum erklärten Gegner und Feind. Mit der schrittweisen sozialen Diskriminierung und Ausgrenzung verfolgten die Nazis nicht nur die Absicht, den vorhandenen Aggressionen und Frustrationen in der Gesellschaft ein Ziel zu bieten und den latent vorhandenen Antisemitismus freizusetzen, sondern es galt auch, die eigene Bevölkerung einzuschüchtern und zu disziplinieren. Der antijüdische Terror wurde zur Drohung für alle, die nicht oder noch nicht bereit waren, sich der NS-Diktatur zu unterwerfen.

Der rassisch begründete und politisch instrumentalisierte Kampf gegen das Judentum diente überdies dazu, einen Terrorapparat aufzubauen, der später dann gegen jeden Regime-Gegner eingesetzt werden konnte und eine Voraussetzung darstellt für jedes totalitäre Regime. Der so entstandene "SS-Staat", wie ihn E. Kogon in seinem gleich namigen Buch darstellt, gründete sich auf Strukturen und bediente sich solcher Instrumente, die außerhalb aller rechtsstaatlichen und moralisch-sittlichen Grundnormen standen.

Parallel zur Gleichschaltung der staatlichen und gesellschaftlichen Einrichtungen wurde das KZ-System aufgebaut mit Schutzhaft, Zwangsarbeit, Folter und Mord, das propagandistisch als Waffe gegen den Rassenfeind "legitimiert" wurde, aber in Wirklichkeit natürlich ein wirkungsvolles Herrschaftsinstrument zur Einschüchterung aller war.

Die bis zum Wahnsinn eskalierende Terrorherrschaft der Nationalsozialisten kann an der Judenverfolgung besonders sichtbar gemacht werden. Mit den "Nürnberger Gesetzen" vom September 1935 war die Entrechtung der jüdischen Mitbürger vollzogen, der organisierte Terror der "Reichskristallnacht" am 9.11.1939 war der erste Akt einer umfassende Verfolgung und Vertreibung der Juden. Über die Pläne zur staatlich verordneten Auswanderung und die Deportationen der Juden in polnische Gettos in den Jahren 1939 und 1940 steigerte sich der staatliche Terror schließlich bis zur wahnwitzigen Idee und zur organisatorischen Vorbereitung der physischen "Endlösung" der Judenfrage. Auf der Wannsee-Konferenz am 21.1.1942 wurde die Vernichtung des europäischen Judentums mit bürokratischer Gründlichkeit geplant und in den Vernichtungslagern des Ostens schließlich durchgeführt. Bis 1945 wurden etwa 6 Millionen Juden zu Opfern der Tötungsmaschinerie des NS-Herrschaftssystems.

3.2 Schon in der vorhergehenden Darstellung des NS-Herrschafts-und Terrorsystems lassen sich Gründe für das Scheitern des Widerstands gegen das NS-Regime erkennen. Die permanente Einschüchterung durch den offenen und versteckten, aber spürbaren Terror und die perfekte Überwachung durch den Partei- und Bespitzelungsapparat erstickten einen möglichen Widerstand oft im Keim. In den ersten Monaten der NS-Herrschaft, als das Überwachungssystem noch nicht so lückenlos war, war an Widerstand kaum zu denken, da die Zustimmung bei der Bevölkerung, ja die Begeisterung über das "neue" Deutschland und die spektakulären Erfolge Hitlers gegenüber dem Ausland jeden Widerstand als bösen Verrat erscheinen lassen mußten.

Eine teilweise historisch bedingte Schwäche des Widerstandes waren die tiefgreifenden Unterschiede der verschiedenen Widerstandsgruppen und -bewegungen. Die Ziele z. B. reichten von Attentatsplänen und Flugblattaktionen einzelner, etwa der "Weißen Rose" um die Geschwister Scholl oder der Lehrlingsgruppe um Walter Klingenbeck, bis zu Streik- und Sabotageplänen großer Organisationen wie etwa der Gewerkschaften. So verschieden wie Herkunft und Motive waren auch die Ziele der Gruppen. Während beispielsweise kommunistische Gruppen den Widerstand als wichtigen Schritt zur Aktivierung der Massen gegen den Nationalsozialismus und gegen den Kapitalismus verstanden mit dem Fernziel einer sozialistischen Gesellschaft, war es die Zielsetzung wichtiger militärischer Widerstandsgruppen, zurückzukehren zu einem autoritären nationalen Staat. Es waren moralische, politische, nationale und revolutionäre Motive, die in Konkurrenz zueinander standen, zwischen denen es offensichtlich keine Verständigungsmöglichkeit gab.

Sicherlich hat in diesem Zusammenhang auch eine Rolle gespielt, daß vor 1933 ein tragfähiger demokratischer Wertekonsens in der deutschen Gesellschaft fehlte. Die Grundüberzeugungen der bürgerlich-konservativen Kräfte, teilweise auch der Kirchen, und der liberal-demokratischen Eliten lagen zu weit auseinander.

So blieben die deutschen Widerstandsgruppen weitgehend für sich; es gelang ihnen nicht, die organisatorischen, logistischen und personellen Verknüpfungen zu schaffen, um die Gruppen- und Einzelaktivitäten zu bündeln. Da auch das Ausland den deutschen Widerstand nicht unterstützen wollte oder konnte, blieb es bei einigen wenigen spektakulären Aktionen, in erster Linie natürlich dem Attentatsversuch vom 20. Juli 1944, die aber entweder an der mangelnden Vorbereitung oder auch am Zufall scheiterten, wie z. B. das Bombenattentat Elsers am 8.11.1939 im Münchner Bürgerbräukeller.

4 Es ist sicherlich ein wesentliches Merkmal der NS-Weltanschauung, daß sie kaum originäre Elemente enthält, sondern ihre "Einzigartigkeit" darin besteht, antidemokratische und antiliberale Tendenzen und Traditionen der deutschen und europäischen Geschichte zu bündeln.

Als markante Einzelelemente der NS-Ideologie lassen sich der völkische Nationalismus, der rassische Antisemitismus und der damit verbundene Sozialdarwinismus, das Führerprinzip und die diesem korrespondierende Ideologie der Volksgemeinschaft betrachten.

Der völkische Nationalismus stellt sich dabei dar als eine maßlos übersteigerte Form des Nationalismus im 19. Jahrhundert, wie er beispielsweise auch als treibende Kraft der deutschen Einigungsbewegung bis zur Revolution von 1848 wirksam war. Bereits im 19. Jahrhundert wird dieser Nationalismus jedoch zu einem imperialistischen Hegemonialanspruch übersteigert, etwa in Napoleons Eroberungspolitik und in der Flottenpolitik der Seemacht England. Die Vorstellungen von der Überlegenheit der weißen Rasse pervertierten schon sehr früh den Nationalismus zu einer völkisch-rassischen Rechtfertigung aggressiver Kolonialpolitik. Entsprechende Thesen von Gobineau, Chamberlain oder Rhodes fanden auch in Deutschland Gehör und Verbreitung, etwa in Form pangermanischer Phantasien, die z. B. im "Alldeutschen Verband" politisches Programm wurden. Von hier wurden die Thesen eines völkisch-rassischen Nationalismus in der deutschen Öffentlichkeit verbreitet und sind über Leseerfahrungen Hitlers auch in die NS-Ideologie eingeflossen.

Noch älter sind die Wurzeln des nationalsozialistischen Antisemitismus, der sich aus unterschiedlichen Quellen und Motiven speist. Die bis ins Mittelalter zurückreichenden Schuldzuweisungen an das Judentum wegen der Kreuzigung Christi, eine besonders langlebige Form der Kollektivschuld, und die ebenfalls im Mittelalter begründete Rollenzuweisung der jüdischen Minderheit als Geldverleiher führten einerseits zu einer ökonomischen Sonderrolle der Juden, andererseits immer wieder zu Ausgrenzungen und Verfolgungen. Verschärft wurde der Antisemitismus im 19. Jahrhundert, als die Juden im Zuge der nationalen Bewegungen mehr und mehr in eine kulturelle und "völkische" Außenseiterrolle gedrängt wurden. Sie standen dann plötzlich als Sündenböcke für alle "undeutschen" Anschauungen wie Materialismus, Pazifismus und auch Demokratie. Deutliche antisemitische Parolen finden sich bereits 1878 in dem Programm der christlich-sozialen Arbeiterpartei A. Stoeckers und landen schließlich fast als Zitate in Hitlers "Mein Kampf", weitergetragen durch die betont antisemitische Thulegesellschaft.

Seine katastrophale und folgenreiche Radikalisierung erfuhr der Antisemitismus aber erst durch die Verbindung mit den pseudowissenschaftlichen Theorien des Sozialdarwinismus. Den Rassentheorien des 19. Jahrhunderts kamen die naturwissenschaftlichen Überlegungen Darwins zur Evolution und zur natürlichen Auslese gerade recht. Die schlichte Gleichsetzung von Mensch und Tier, also die Leugnung aller moralischen und sittlichen Errungenschaften abendländisch-humaner Kultur, wirkte wegen ihrer Einfachheit nicht nur bei den Massen, sondern faszinierte offensichtlich auch große Teile der intellektuellen Eliten, wie sich an der Beteiligung vieler Universitäten an "Forschungen" zur Rassentheorie zeigen läßt. Eine letzte Ausprägung fand die sozialdarwinistische Rassentheorie schließlich im Geschichtsdarwinismus des Nationalsozialismus, der die Überlegenheit der arischen Rasse, speziell natürlich der Germanen, als Rechtfertigung nahm für das Recht auf Unterwerfung und als Garant für die kommende Weltherrschaft. Unverkennbar sind hier die Parallelen zu ähnlich deterministischen Anschauungen des Marxismus.

Auf antidemokratische Traditionen, also unter anderem auch auf die marxistische Kritik an der parlamentarischen Demokratie, stützt sich der Nationalsozialismus bei der Herleitung und Propagierung des Führerprinzips. Besonders im Deutschen Reich konnte sich der Parlamentarismus kaum entwickeln, zunächst durch die "Verspätung" des Nationalstaates, dann durch die autoritäre, parteifeindliche Regierung Bismarcks und später Wilhelms II. und schließlich durch das Versagen der Parteien in der Weimarer Republik. Die Komplexität der pluralistischen Demokratie, die oft romantische Sehnsucht nach Führung und Autorität und wohl auch das Debakel des politischen Liberalismus in Deutschland zwischen 1848 und 1871 schufen Bedingungen und Traditionen, die dem Führer- und Gefolgschaftsgedanken der Nationalsozialisten nicht nur die ideologischen Bausteine lieferten, sondern auch den Nährboden für die hohe Akzeptanz. Der Führerstaat mit der klaren Befehlsstruktur von oben nach unten, der Unterordnung unter den charismatischen Diktator und der absoluten, unbegrenzten Macht des Führers war eine konsequente und radikale Bündelung aller antidemokratischen Gedanken und Ressentiments, die bereits im 19. Jahrhundert verbreitet waren und nach dem 1. Weltkrieg in ganz Europa wieder lauter geäußert wurden.

Dem Führerprinzip entspricht zwingend die Vorstellung von der völkischen Gemeinschaft. Dem Vorrang des Individuums, also der Grundidee aller liberalen Ordnungsvorstellungen, stellt die nationalsozialistische Weltanschauung die eindeutige Dominanz des Volkes, der Gemeinschaft gegenüber: "Du bist nichts, Dein Volk ist alles!" Die Priorität der Gruppe, also der Kollektivismus, ist aber keine Erfindung der Nationalsozialisten, sondern spielt schon in den Gegenpositionen zum liberalen Denken im 19. Jahrhundert eine bedeutende Rolle, etwa in den eher konservativen Vorstellungen vom Wert von Volk und Nation oder dann vor allem in den marxistischen Theorien von der notwendigen Solidarität der proletarischen Klasse. Die geistige Nähe zum Marxismus ließe sich darüber hinaus auch demonstrieren am gemeinsamen Phänomen der Kampfgemeinschaft und der diktatorischen Führung, im einen Fall durch die Diktatur der Partei, im anderen durch den charismatischen Führer, der nicht erst seit Max Weber zur Alternative der ungeliebten Demokratie hochstilisiert wurde.

In allen Fällen konnten also die Nationalsozialisten auf geistige und politische Traditionen zurückgreifen, die insbesondere in der Auseinandersetzung mit dem liberalen Denken im 19. Jahrhundert formuliert worden waren. In der skrupellosen Vereinfachung und in der Verknüpfung mit dem Appell an niederste Motive, an Ängste und Unsicherheiten erhielt die Ideologie des Nationalsozialismus dann allerdings eine ungeahnte Zerstörungskraft.

5 Die Forderung Meiers, es "mit diesem Geschehen" auch weiter aufzunehmen, damit es uns nicht "schlimmer heimsucht", geht von der Annahme aus, daß wir aus der Geschichte des Nationalsozialismus lernen können und lernen müssen, um die eigene Zeit, die gegenwärtigen Probleme zu meistern.

In erster Linie kann die Geschichte der Zerstörung der Republik als Lehrbeispiel verstanden werden, um rechtzeitig die Signale und Entwicklungen zu erkennen, die auch unsere Demokratie erschüttern oder gar zerstören könnten.

Es ist zwar generell problematisch, direkte historische Parallelen zu ziehen, aber bestimmte Grundstrukturen oder -konstellationen lassen sich recht gut vergleichen, etwa die Gefährdung einer demokratischen Ordnung in einer Phase ökonomischer und sozialer Schwierigkeiten.

Die Bundesrepublik Deutschland ist seit der Vereinigung in eine solche ökonomische und soziale Krise geraten mit hoher Arbeitslosigkeit, notwendigen Kürzungen im sozialen Bereich und auch sozialen und geistigen Verwerfungen als Folge einer überaus schwierigen Integration. Der Einbruch ist zwar nicht so tiefgreifend wie 1929, aber ähnliche Wirkungen sind feststellbar: zunehmende Kritik an den demokratischen Parteien, an der Politik insgesamt, Klage über zu wenig Führung, vor allem aber eine erschrekkende Brutalisierung in der Gesellschaft. Die zunehmende Gewalt gegen Ausländer, vor allem der sich immer offener und aggressiver zeigende Rechtsradikalismus sind Signale, die auf eine ähnliche Entwicklung wie vor 1933 hindeuten können. Es sind zwar heute nicht mehr die Juden, die als Sündenböcke für wirtschaftliche Probleme und Orientierungsdefizite herhalten müssen, aber Asylanten, Türken oder gar "Ossis" erfüllen eine vergleichbare Funktion. Die Radikalisierung der Politik ist sicher nicht im gleichen Maße festzustellen wie in den letzten Jahren der Weimarer Republik, aber die zunehmende "Politikverdrossenheit" kann durchaus in eine ernstzunehmende Ablehnung der freiheitlichen Demokratie übergehen, wenn es den Parteien nicht gelingt, die parlamentarische Grundordnung gegen ihre Feinde zu bewahren.

Die Voraussetzungen für eine erfolgreiche Abwehr demokratiefeindlicher Bestrebungen sind trotz vieler Krisenerscheinungen heute ungleich günstiger als vor 1933. So kann man sicher davon ausgehen, daß die erfolgreiche Entwicklung der Demokratie von 1949 bis heute die demokratischen Grundwerte und Spielregeln viel stärker im Bewußtsein der Menschen verankert hat. Der geringe Erfolg radikaler Parteien einerseits und der unstrittige Wertekonsens der großen Parteien sind dafür nicht nur ein Beleg, sondern können als Sicherung gegen die Zerstörung unserer Republik gelten.

Nicht vergleichbar ist auch die internationale Lage. War Deutschland nach dem 1. Weltkrieg zunächst isoliert und später eher mißtrauisch gegenüber dem Ausland, so konnte die Bundesrepublik nach 1945 in einem planmäßigen und schrittweisen Prozeß ökonomisch, politisch und kulturell in die europäische und westliche Staatengemeinschaft eingebunden werden. Die internationalen Verflechtungen sind über die europäische und atlantische Integration hinaus auch so dicht, daß radikale Sonderentwicklungen wie nach 1933 in Deutschland zumindest erschwert werden.

Weniger eindeutig zu beurteilen ist demgegenüber die Frage, wie sich das vereinte Deutschland über die inneren Probleme hinaus mit dem veränderten außenpolitischen Gewicht in einer sich völlig verändernden Umwelt zurechtfindet. Das neue Deutschland wird zunehmend Verantwortung übernehmen müssen gegenüber Osteuropa, wird als nach wie vor reiches Industrieland aber auch seinen Beitrag leisten müssen für eine weltweite Bekämpfung der Armut. Angesichts solcher Ziele und Aufgaben dürfte die Gefahr einer expansiven und aggressiven Politik oder auch nur nationalistischer Alleingänge kaum bestehen.

Leistungskurs Geschichte (Bayern) 1993 – Aufgabe II
Die Industrialisierung als historisches Phänomen: Bedingungen und Folgen in Staat und Gesellschaft

BE

1 Zeigen Sie unter Bezug auf den folgenden Text, wie sich die Stellung der Arbeiterschaft innerhalb der Gesellschaft des Kaiserreichs bis zur Jahrhundertwende entwickelte! 10

2.1 Fassen Sie die Grundgedanken des Autors* zur staatlichen Sozialpolitik zusammen, und vergleichen Sie sie mit den diesbezüglichen Absichten und Überlegungen Bismarcks!

2.2 Überprüfen Sie, ob die Vorstellungen des Redners angesichts der politischen und gesellschaftlichen Verhältnisse im späten Kaiserreich Chancen hatten, verwirklicht zu werden! 20

3 Legen Sie Ausgangslage, Verlauf und Ergebnis der innerparteilichen Entwicklung der SPD zwischen 1890 und dem Ersten Weltkrieg dar! Berücksichtigen Sie dabei auch die innerhalb der Partei vertretenen ideologischen Positionen! 14

4 Skizzieren Sie soziale Probleme und sozialpolitische Maßnahmen der fünfziger Jahre in der Bundesrepublik Deutschland, und erörtern Sie, inwieweit durch diese Maßnahmen frühere Ansätze weitergeführt wurden! 16

* Hans Hermann Freiherr von Berlepsch (1843 – 1926), bedeutender bürgerlicher Sozialreformer im Kaiserreich; 1890 – 96 preußischer Minister für Handel und Gewerbe

Aus der Rede des Freiherrn von Berlepsch auf dem "Zwölften Evangelisch-sozialen Kongreß" in Braunschweig vom 28. bis 30. Mai 1901:

"Wenn ich nun dazu übergehe, das Facit zu ziehen aus dem, was ich mir Ihnen vorzutragen gestattete, so ist es Folgendes:

(...) Im Laufe der letzten zehn Jahre seit dem Ablauf des Sozialistengesetzes und dem Erscheinen der kaiserlichen Erlasse hat die sozialdemokratische Partei an Stärke der Zahl und an Kraft nach außen hin zwar nicht verloren, die alten Parteiführer und die offiziellen Parteiäußerungen halten zwar fest an dem sozialdemokratischen Programm (...), innerhalb der Partei aber zeigen sich Strömungen, die unverkennbar auf eine friedlichere Gestaltung der sozialen Entwicklung hindeuten (...). In dem jetzigen Stadium der sozialen Entwicklung wird die Richtung ihres Fortgangs allerdings wesentlich von den Regierungen und den Besitz und Bildung repräsentierenden Klassen abhängen, von deren energischem Wollen, wirksame Sozialreformen zu treiben. Und wirksame Sozialreform, d. h. eine solche, die nicht nur die materielle Lage der Arbeiter bessert, sondern auch den Haß, das Mißtrauen, die Unversöhnlichkeit aus ihren Herzen nimmt, die die in vielen Herzen abgebrochenen Brücken zwischen ihnen und ihren Mitbürgern, dem Staat, der Nation, dem Vaterland, der Kirche wieder herstellt, kann nur und unbedingt nur unter dem Zeichen der Anerkennung der Gleichberechtigung der Arbeiter betrieben werden (...). Gewiß danken wir der Arbeiterversicherung vieles, wir erhoffen noch mehr von ihr, wenn die großen Probleme der Witwen-, Waisen- und Arbeitslosenversicherung ausgeführt sein werden; gewiß danken wir dem Arbeiterschutz schon vieles (...).

Arbeiterversicherung und Arbeiterschutz haben die materielle Lage der Arbeiter schon erheblich gebessert, sie werden sie noch weiter bessern, den sozialen Frieden aber können sie nicht bringen, wenn nicht gleichzeitig die Gleichberechtigung der Arbeiter anerkannt, festgesetzt und gesichert wird. Wer hierzu nicht bereit ist, der hat das innerste Wesen des großen sozialen Kampfes, in dem wir noch stehen, des Emanzipationskampfes der Lohnarbeiter, nicht begriffen, der kann zwar ein gutherziger Wohlthäter der Arbeiterschaft werden, nie aber ein erfolgreicher Sozialreformer. Gerechtigkeit, nicht Wohlthaten heischt die soziale Entwicklung der Zeit."

Zitiert nach: Die Verhandlungen des Zwölften Evangelisch-sozialen Kongresses, abgehalten in Braunschweig vom 28. bis 30. Mai 1901. Nach den stenographischen Protokollen. Göttingen 1901. S. 112 ff.

Lösungen

1 Freiherr von Berlepsch kommt in seiner Rede zu zwei auf den ersten Blick widersprüchlichen Feststellungen. Auf der einen Seite betont er den deutlichen Fortschritt in der materiellen Sicherung der Arbeiterschaft, auf der anderen Seite beklagt er die mangelnde Gleichberechtigung und soziale Integration der Arbeiter.

Die materielle Lage der Arbeiter hatte sich tatsächlich spürbar gebessert durch eine vergleichsweise fortschrittliche Sozialpolitik, aber auch durch den zwar langsamen, aber stetigen Anstieg des Lebensstandards im Kaiserreich. Mit dem Aufbau eines Systems der sozialen Sicherung hatte der Staat schon recht früh begonnen, Preußen z. B. 1839, als ein Regulativ zum Schutz von Kindern und jugendlichen Arbeitern erlassen wurde. Mit den 1878 eingerichteten Fabrikinspektionen wurde auch dafür gesorgt, daß solche Bestimmungen nicht nur auf dem Papier standen.

Eine erhebliche Weiterentwicklung erfuhr die soziale Sicherung dann durch die Sozialgesetze Bismarcks:
- 1883: Krankenversicherung für Arbeiter
- 1884: Unfallversicherung
- 1889: Invaliditäts- und Altersversicherung.

Auch nach der Entlassung Bismarcks wurde diese Sozialpolitik fortgesetzt, ergänzt und flankiert durch die Ausgestaltung eines Arbeitsrechtes, etwa durch die Einführung von Gewerbegerichten 1890.

Eine wesentliche Verbesserung der materiellen Lage der Arbeiter stellte natürlich auch die zunehmende Verkürzung der Arbeitszeit dar. In der Frühphase der Industrialisierung waren ein Feierabend oder ein freier Tag Utopie, die tägliche Arbeitszeit lag zwischen 12 und 14 Stunden. Um die Jahrhundertwende hatte sich das deutlich verbessert, die Wochenarbeitszeit lag bei ca. 60 Stunden.

Ergänzt wurden die staatliche Sozialpolitik und die Ausgestaltung eines Arbeitsrechtes durch private sozialpolitische Aktivitäten von Unternehmern, die z. B. Arbeitersiedlungen bauen ließen.

Die politische und soziale Lage der Arbeiter hatte sich demgegenüber nicht in gleichem Maße verbessert. Zwar waren die Arbeiter aufgrund der raschen Industrialisierung im Kaiserreich zu einer zahlenmäßig sehr starken und politisch durch die verschiedenen Arbeiterbewegungen selbstbewußten Schicht aufgestiegen, aber Freiherr von Berlepsch weist in seinem Text darauf hin, daß von einer Gleichberechtigung der Arbeiter nicht die Rede sein kann.

Die Größe und das politische Gewicht der Sozialdemokratischen Partei und auch der Gewerkschaften waren immerhin Voraussetzungen dafür, daß die Arbeiterschaft ihre Interessen einbringen und teilweise durchsetzen konnte. Nicht zuletzt die Innenpolitik Bismarcks, der die politische Organisation der Arbeiterschaft durch die Sozialistengesetze verhindern wollte, hatte dazu beigetragen, daß der Wille zur Organisation und das politische Bewußtsein der Arbeiterschaft gestärkt wurden. Unterhalb der politischen Ebene zeigte sich die identitätsstiftende Solidarität der Arbeiter in einer Fülle von Selbsthilfeorganisationen und Kultur- und Freizeitvereinen. Das Vereinslokal wurde zum wichtigen Zentrum und zum Ort einer sich ausprägenden Arbeiterkultur.

Dennoch warnt Freiherr von Berlepsch zu recht vor einer Vertiefung der Kluft zwischen dem Staat, der Nation, dem Vaterland auf der einen Seite und den Arbeitern auf der anderen Seite. Die politischen Eliten des Kaiserreichs, der Kaiser selbst hatten es nicht für notwendig gehalten, die Arbeiterschaft auch politisch in das Reich zu integrieren. Die "vaterlandslosen Gesellen" wurden vielmehr ausgegrenzt, mit den "Sozialistengesetzen" gar verfolgt. Ein politischer Dialog zwischen den staatstragenden Schichten des Adels und des Bürgertums auf der einen und der Arbeiterschaft auf der anderen Seite fand nicht statt, da die Arbeiter nicht als gleichberechtigter Partner anerkannt wurden, ihre politische Emanzipation verhindert wurde.

2.1 Auch wenn Freiherr von Berlepsch die Errungenschaften der Sozialpolitik, also im wesentlichen auch der Sozialgesetzgebung Bismarcks, anerkennt, grenzt er sich doch weitgehend von den Zielsetzungen und Überlegungen Bismarcks ab.

Für den ersten Reichskanzler war der nicht zu leugnende soziale Kampf der Arbeiterschaft gegen die Ausbeutung und gegen die katastrophalen Arbeitsbedingungen nichts anderes als Ungehorsam und Widerspenstigkeit der Unterschichten, die den Obrigkeitsstaat gefährdeten. Der soziale Friede konnte deshalb aus seiner Überzeugung nur hergestellt werden durch die "Doppelstrategie" einer Bekämpfung und Unterdrückung der organisierten Arbeiterbewegung, einer Verteufelung der politischen Führung der Arbeiter bei gleichzeitiger Fürsorge des Staates für die sozial Schwachen und Linderung der Not.

Von Berlepsch hält es demgegenüber keinesfalls für ausreichend, ein "gutherziger Wohltäter der Arbeiterschaft" zu sein, vielmehr kann der soziale Friede nur erreicht werden, wenn "die Anerkennung der Gleichberechtigung der Arbeiter betrieben wird". Für ihn ist der soziale Kampf der Arbeiterschaft also nicht Ungehorsam oder gar Undankbarkeit, sondern ein berechtigter Kampf um die Emanzipation der Unterprivilegierten.

Aus den unterschiedlichen Grundüberzeugungen ergeben sich zwingend auch unterschiedliche sozialpolitische Zielsetzungen. Kam es Bismarck darauf an, durch staatliche Fürsorge die materielle Lage der Arbeiter zu verbessern und sie so von ihrer politischen Führung zu entfremden und mit dem Staat zu versöhnen, so gilt es nach von Berlepsch, die auch aus seiner Sicht notwendige staatliche Fürsorge zu ergänzen durch Schaffung sozialer Gerechtigkeit. Nur so ist aus seiner Sicht "die in vielen Herzen abgebrochene Brücke" zwischen den Arbeitern und dem Staat und seinen Eliten wiederherzustellen. Der Redner appelliert damit letztlich an Einsicht und Bereitschaft der Regierungen und der gesellschaftlichen Eliten, in erster Linie Adel und Bürgertum, während von Bismarck entschiedenes und prinzipienfestes Handeln des Staates als Vorbedingung einer erfolgreichen Innenpolitik gesehen wurde.

Generalisierend läßt sich die Position Bismarcks als die eines unbedingten Anhängers eines starken Obrigkeitsstaates kennzeichnen, während der Freiherr von Berlepsch weitgehend schon in den Kategorien eines demokratischen und sozialen Rechtsstaates argumentiert.

2.2 Im ersten Teil des vorliegenden Redeausschnitts deutet von Berlepsch an, wie er die Chancen tiefgreifender Sozialreformen einschätzt, mit denen die Arbeiter zufriedengestellt werden könnten.

Einerseits sieht er in der Sozialdemokratie durchaus Signale für eine Abkehr von revolutionären Strategien und eine spürbare Hinwendung zu einer "friedlichen Gestaltung der sozialen Entwicklung". Für ihn liegt die wesentliche Verantwortung jetzt bei den Regierungen und bei den "Besitz und Bildung repräsentierenden Klassen" und "ihrem energischen Wollen, wirksame Sozialreformen zu treiben".

Gerade an einem solchen Wollen muß jedoch in der damaligen Phase gezweifelt werden.

Im deutschen Kaiserreich fehlten sowohl die sozialen und politischen Traditionen als auch das bürgerliche Bewußtsein, um die Gleichberechtigung der Arbeiterschaft zu wollen. Das Bürgertum hatte nach dem Scheitern der Revolution von 1848 und der

Reichsgründung von oben durch den Obrigkeitsstaat kapituliert und sich mit einem Staat arrangiert, in dem Macht vor Freiheit ging. Emanzipationsbestrebungen der noch wenige Jahre vorher ausgegrenzten "vaterlandslosen Gesellen" konnten nur verstanden werden als Störungen. In der Zeit des imperialen Wettlaufs um Macht, Kolonien und wirtschaftliche Überlegenheit mußten die Forderungen der Arbeiterschaft als Gefährdung der nationalen Geschlossenheit, wenn nicht als Verrat gesehen werden, abgesehen davon, daß die Beteiligung der Arbeiter an der Herrschaft einen Verlust der eigenen Privilegien bedeutete.

So gab es zwar im Kaiserreich einige Ansätze in der Richtung, die Freiherr von Berlepsch vorschlägt, aber sie blieben oft im Keim stecken oder wurden nur verkündet, aber kaum konsequent durchgesetzt.

Zu nennen wäre hier in erster Linie der "Neue Kurs", den Wilhelm II. nach der Entlassung Bismarcks propagierte. Der Nachfolger Bismarcks, Leo von Caprivi, suchte einen solchen Weg des Ausgleichs mit der Arbeiterschaft, einerseits durch die Aufhebung der Sozialisten-Gesetze 1890, andererseits durch neue Arbeiterschutz-Gesetze 1890/91.

Wie wenig ernst dem Kaiser allerdings dieser neue Kurs war, zeigte sich sehr schnell, als die Sozialdemokraten nicht wie erhofft mit diesen "Angeboten" zufrieden waren. Enttäuscht und in einer sprunghaft-emotionalen Wende revidierte Wilhelm den Kurs und wendete sich von den "vaterlandslosen Gesellen" ab. Mit einer fast haßerfüllten Unterdrückungspolitik, bei der ihm Caprivi nicht mehr folgte und abgelöst wurde, knüpfte der Kaiser an die Sozialistengesetze an, also an den Versuch, die politisch organisierte Arbeiterschaft zu unterdrücken: Anarchistengesetze von 1894.

Doch es wäre natürlich unhistorisch argumentiert, diese Kehrtwendung bzw. Rückkehr zur Politik Bismarcks nur mit einer launenhaften Verärgerung des Kaisers zu erklären. Im Hintergrund der repressiven Politik gegenüber der Sozialdemokratie standen Teile der Unternehmerschaft und die Großagrarier, die entweder völlig entgegengesetzte Interessen oder keinerlei Verständnis für die politischen Wünsche der Arbeiter hatten. Der patriarchalische Obrigkeitsstaat, getragen von Adel, Militär und Besitzbürgertum, hatte nicht das "energische Wollen" (von Berlepsch) zur gleichberechtigten Integration der Arbeiterschaft, hatte vielmehr eher Angst vor Machtverlust oder gar revolutionärem Umsturz, zumal die Forderungen der Sozialdemokratie nach wie vor revolutionär klangen. Die Angst vor einem nicht nur ökonomischen, sondern auch sozialen Aufstieg der Arbeiter führte auch das Bildungs- und Kleinbürgertum an die Seite der herrschenden Eliten, selbst der neue Mittelstand grenzte sich überaus deutlich vom arbeitenden Proletariat ab.

Standen also weite Teile der Gesellschaft und vor allem die konservativen Eliten des Kaiserreichs der Arbeiterbewegung feindlich oder zumindest skeptisch gegenüber bei allem Verständnis für notwendige Linderungen der materiellen Not, so fehlten auf der anderen Seite vermittelnde Agenturen zwischen der Arbeiterbewegung und der bürgerlichen Gesellschaft. Der Niedergang des bürgerlichen Liberalismus seit 1848 hatte auch hier seine Folgen, einflußreiche bürgerliche Sozialreformer und liberale Arbeiterorganisationen fehlten. Im Gegenteil, durch die Ausgrenzung und Verfolgung der Sozialdemokratie im Kaiserreich entwickelte sich eine Art Bunker-Mentalität, die Arbeiterbewegung richtete sich politisch in der Isolation ein. Freiherr von Berlepsch deutet in seiner Rede zwar an, daß offensichtlich in der Partei über einen möglichen Weg aus dieser Isolation diskutiert wurde, aber der Wilhelminische Staat und die Gesellschaft waren nicht in der Lage, ihrerseits politische Zugeständnisse zu machen in Richtung einer Gleichberechtigung. Der Historiker Treitschke faßt die elitäre Einstellung der Wilhelminischen Gesellschaft zur Arbeiterschaft recht pointiert zusammen: "Die Sozialdemokratie kennzeichnet den Unsinn ihrer Bestrebungen schon durch den Namen ... Die Masse wird immer die Masse bleiben müssen. Keine Kultur ohne Dienstboten. Es versteht sich doch von selbst, wenn nicht Menschen da wären, welche die niedrigen Arbeiten verrichten, so könnte die höhere Kultur nicht gedeihen."

3 Nach der Aufhebung der Sozialistengesetze 1890 ging es unter anderem auch darum, die Erfahrungen der Verfolgungszeit und die zunehmenden Mitglieder- und Wählerzahlen programmatisch zu verarbeiten. In der Verfolgungszeit hatte die Sozialdemokratie eine Art Doppelstrategie entwickelt: praxisorientierte Arbeit in der alltäglichen Politik, auch parlamentarische Mitarbeit zum Nutzen der Arbeiterschaft einerseits und revolutionär-radikale Opposition gegen den Klassenstaat in der Theorie. Programmatisch und theoretisch war die Sozialdemokratie also nach wie vor eine marxistische Partei, in der politischen Praxis dagegen eine reformerische. Auf dem Parteitag in Erfurt wurde 1891 diese Linie festgelegt. Im Erfurter Programm finden sich deshalb auch Aussagen, die nur schwer miteinander zu verknüpfen sind, etwa die "Naturnotwendigkeit" einer Verwandlung des kapitalistischen Eigentums an Produktionsmitteln in gesellschaftliches Eigentum im Grundsatzteil, demgegenüber im Praxisteil die Forderung nach Anerkennung der bürgerlichen Gesellschaft als Voraussetzung für die Verbesserung der Lage der Arbeiter.

Die politische Einflußlosigkeit der SPD trotz ihrer zunehmenden Wahlerfolge, begründet im Wahlrecht, das die Reichen begünstigte, und im fehlenden Einfluß des Reichstages, mußte auf die Dauer zu einer Strategie-Diskussion innerhalb der Partei führen, durchaus vergleichbar mit den Auseinandersetzungen nach 1945, die schließlich zum Godesberger Programm führten.

Seit 1898 ging es in dem Revisionismusstreit um die Frage der grundsätzlichen Orientierung der Partei. Ausgelöst hatte den Streit Eduard Bernstein, im übrigen auch der Autor des Praxis-Teils im Erfurter Programm, mit seiner Kritik am Marxismus und der Leugnung einer Zwangsläufigkeit der Revolution. Demgegenüber plädierte Bernstein für einen evolutionären Sozialismus, die materielle, soziale und politische Verbesserung der Lage der Arbeiter durch Reformen bei gleichzeitiger Anerkennung grundlegender bürgerlicher Ordnungsprinzipien.

Diese Thesen Bernsteins wurden in der SPD heftig kritisiert, zum Teil aus Gründen der Tradition und des traditionellen Selbstverständnisses, die man nicht so ohne weiteres über Bord werfen wollte und konnte, zum Teil aber auch aus abweichenden Überzeugungen.

Wortführer der Gegenposition waren vor allem August Bebel und Karl Kautsky, die von einer nahen Revolution ausgingen und es als die Aufgabe der Partei ansahen, die Arbeiter für die bevorstehende Revolution organisatorisch und programmatisch vorzubereiten, ohne sie jedoch selbst zu organisieren. Nach Kautsky sollte die SPD "eine revolutionäre, nicht aber Revolutionen machende Partei" sein. Diese Position, in der der von Marx und Engels schon festgestellte dialektische Gegensatz von Theorie und Praxis überaus verkürzt erscheint, war in weiten Teilen der Sozialdemokratie anerkannt.

Es gab jedoch auch Minderheiten-Positionen innerhalb der SPD, die wie auch die Revisionismusthese zu einer erregten Diskussion innerhalb der Partei führten. So vertraten beispielsweise die "Jungen", eine Gruppe von Künstlern, Akademikern und Handwerkern, die Position einer Abkehr von der reformerischen Arbeit und einer stärkeren Besinnung auf traditionelle sozialistisch-revolutionäre Prinzipien.

Georg von Vollmar, führender bayerischer Sozialdemokrat, wollte wie die Mehrheit an den revolutionären Zielen festhalten, hielt aber eine Orientierung der politischen Taktik an den jeweiligen politischen Gegebenheiten für notwendig. Dies schloß im Gegensatz zu den Positionen Bernsteins und Kautskys auch ein, in bestimmten Situationen dem Sozialismus aktiv den Weg zu bereiten, also die bürgerliche Gesellschaft notfalls schrittweise zu verändern. Demgegenüber setzten Bebel und Kautsky nahezu ausschließlich auf die Erkämpfung des allgemeinen Wahlrechts und die dann wahrscheinliche Machtübernahme der Arbeiterschaft.

Der Revisionismus-Streit wurde auf dem Parteitag in Dresden 1903 zwar offiziell beendet, Bernsteins Thesen wurden eindeutig abgelehnt, aber die Strategie-Diskussion ging weiter. In der Auseinandersetzung mit Bernstein hatten Clara Zetkin und Rosa Luxemburg eine scharfe Gegenposition bezogen, wonach eine Machtübernahme der Arbeiter im bürgerlichen Staat auf demokratischem Weg völlig undenkbar sei, der bürgerliche Kapitalismus sei prinzipiell nicht reformierbar. Rosa Luxemburg sah als einzige Chance den "Hammerschlag" der Revolution.

Nach dem großen Wahlerfolg der SPD 1903 und vor allem nach der Revolution in Rußland 1905 wuchs in der Partei die Ungeduld, nun endlich auf dem Weg zum Sozialismus voranzukommen. Rosa Luxemburg vertrat die These, man müsse nun wie in Rußland das Mittel des Massenstreiks einsetzen. Dem widersprachen jedoch die Gewerkschaftsführer energisch, da sie eine reformerische Taktik für sinnvoller hielten und bereits Erreichtes nicht gefährden wollten. Es ging in dieser Auseinandersetzung auch um die grundsätzliche Frage der politischen Verfügbarkeit der Gewerkschaften für den revolutionären Kampf. Mehrheitlich setzte sich in der Partei schließlich die Meinung durch, den Massenstreik nur als letztes defensives Mittel einzusetzen.

Nicht nur dieses Ergebnis der Massenstreikdebatte zeigt deutlich, daß innerhalb der Partei sowohl die Revisionismus-Thesen abgelehnt wurden als auch die radikalen revolutionären Strategien. Die Reformpolitiker erhielten zunehmend Einfluß, zumal sich auch in den Gewerkschaften eindeutig ein reformerischer Kurs durchsetzte. Daß allerdings die grundlegenden Fragen, vor allem die Diskrepanz zwischen revolutionärem Ziel und reformerischer Praxis, vor dem 1. Weltkrieg nicht endgültig geklärt werden konnten, zeigt das Verhalten der SPD vor, im und unmittelbar nach dem Krieg. Die Politik des "Burgfriedens", mit der sich auch die SPD als stärkste Fraktion des Reichstages an der Erhaltung des innerlich zerfallenden Reiches beteiligte, und die Spaltung der Partei über der Frage der bevorstehenden Neuordnung sind deutliche Belege für die strittige Identität der Sozialdemokratie.

4 Die sozialen Probleme der fünfziger Jahre in der Bundesrepublik waren natürlich wesentlich bedingt durch den verlorenen Krieg, die Abtrennung der Ostgebiete mit der sich daraus ergebenden riesigen Wanderungsbewegung und die deutsche Teilung. Umfassender wirtschaftlicher und sozialer Wiederaufbau, Integration der Vertriebenen und der Flüchtlinge und Entschädigung der Kriegsopfer waren deshalb auch die zentralen Herausforderungen für die Sozialpolitik. Zwar hatten die westlichen Siegermächte durch Marshall-Plan und weitere Unterstützungen im Rahmen der Einbindung der Bundesrepublik in europäische und atlantische Bündnissysteme günstige Voraussetzungen geschaffen, aber die Probleme mußten von der jungen Republik gelöst werden.

Eine Grundsatzentscheidung fiel bereits bei den ersten Wahlen 1949, als sich eine Mehrheit für eine stärker privatwirtschaftliche Ordnung fand. Nach anfänglichen Schwierigkeiten wuchs zu Beginn der fünfziger Jahre die Produktivität, die Arbeitslosigkeit sank. Das beginnende Wirtschaftswunder löste allein durch ein unglaublich schnell wachsendes Bruttosozialprodukt viele soziale Probleme. In diesen Jahren wurde dann auch vor allem in der SPD eine engagierte Debatte geführt über die Grenzen der Marktwirtschaft, doch der Erfolg der Politik Ludwig Erhards zwang die Sozialdemokratie letztlich doch zu einer Anerkennung marktwirtschaftlicher Prinzipien.

Dies konnte sie umso mehr, als auch von der CDU/CSU die Notwendigkeit umfassender gesellschaftspolitischer Sicherungen anerkannt wurde. Damit ergab sich neben der traditionellen sozialpolitischen Aufgabe der sozialen Sicherung und der historischen

Kriegsfolgenbewältigung ein neuer Schwerpunkt sozialpolitischer Maßnahmen, nämlich verfassungsrechtliche und gesetzliche Regelungen der Arbeitsbeziehungen mit dem Ziel der Herstellung sozialer Gerechtigkeit.

Der im Grundgesetz festgeschriebene soziale Rechtsstaat konnte sich nicht mehr nur auf das Prinzip der staatlichen Fürsorge für Arme und Schwache beschränken, auch wenn in den Anfangsjahren der akuten Not diese Aufgaben noch überwogen.

Aufgrund der schon sehr weitreichenden sozialen Sicherungen in der Weimarer Republik konnte die Bundesrepublik auch an die bestehenden Sicherungssysteme anknüpfen oder sie wieder einrichten.

Die schon im 19. Jahrhundert eingeführte Sozialversicherung wurde in der bewährten Form, also nicht als Einheitsversicherung, fortgeführt. Von großer Bedeutung war in diesem Zusammenhang 1957 das Gesetz über die Dynamisierung der Rentenversicherung, mit dem die Renten an die gesamtgesellschaftliche Entwicklung, vor allem die Lohnsteigerungen angepaßt wurden, die Rentner also direkt am zunehmenden Wohlstand beteiligt werden konnten.

Vordringlich waren aber zunächst Maßnahmen des Wiederaufbaus und der Soforthilfe. Auf einer breiten gesetzlichen Grundlage wurde eine langjährige Lastenausgleichspolitik seit 1952 gestaltet, mit der alle durch den Krieg unmittelbar oder mittelbar betroffenen Sozialschichten nicht nur entschädigt, sondern auch in die Gesellschaft integriert werden sollten.

Eine akute Hilfe mußte der Staat auch leisten, um fehlenden Wohnraum zu schaffen, was durch intensive Förderung des privaten, aber vor allem des sozialen Wohnungsbaues geschah. Auch da betrat man kein Neuland, sondern konnte an die Zeit nach dem 1. Weltkrieg anknüpfen. Entsprechende gesetzliche Regelungen wurden 1954 getroffen, in diesem Jahr auch Gesetze über Sparprämienförderung und eine erste Kindergeldregelung erlassen. Hier zeigen sich bereits erste Ansätze zu einer eher gestaltenden Gesellschaftspolitik.

Da die im Nationalsozialismus zerschlagene Arbeiterbewegung nach 1945 sich sehr schnell wieder organisieren konnte und als gesellschaftspolitische Kraft eher unbelastet war, konnte es nicht verwundern, daß die Sozialdemokratie und die Gewerkschaften starken Einfluß nahmen auf die Gestaltung der Beziehung zwischen Kapital und Arbeit, also letztlich auf die gesellschaftspolitische Regelung der Stellung der Arbeitnehmer. Auch hier konnte man an Mitbestimmungsdebatten und -gesetze aus der Weimarer Republik anknüpfen. In den fünfziger Jahren kam es dann zu folgenden Regelungen:

- 1951 wurde ein Mitbestimmungsgesetz für die Montanindustrie verabschiedet, das eine paritätische Mitbestimmung vorsah;
- 1952 wurde für die übrige Wirtschaft ein Betriebsverfassungsgesetz verabschiedet;
- 1955 ergänzte eine Personalvertretungsgesetz für den Öffentlichen Dienst die rechtlichen Regelungen der Arbeitsbedingungen und der Rechte der Arbeitnehmer.

Gerade diese gesellschaftspolitischen Maßnahmen beweisen, daß die Bundesrepublik auf Traditionen aus der Weimarer Republik zwar zurückgreifen konnte, daß sie aber schon sehr früh darüber hinaus sehr viel stärkeres Gewicht auf eine wechselseitige Verzahnung von Wirtschafts- und Sozialordnung legte.

Leistungskurs Geschichte (Bayern) 1993 – Aufgabe III
Von der europäischen Gleichgewichtspolitik zur Weltpolitik – Internationale Politik im Wandel vom 18. bis zum 20. Jahrhundert

		BE
1	Charakterisieren Sie die Methoden absolutistischer Außenpolitik, die im folgenden Text angesprochen werden!	10
2.1	Zeigen Sie unter Rückgriff auf die geäußerte Einschätzung der Situation Polens, welchen Zusammenhang zwischen innerer Struktur und außenpolitischen Möglichkeiten eines Staates Friedrich II. sah!	
2.2	Erörtern Sie, inwieweit das Vorgehen Rußlands, Preußens und Österreichs im Zusammenhang mit den Teilungen Polens politischen Denkweisen des 18. Jahrhunderts entsprach!	14
3	Stellen Sie die außenpolitischen Grundsätze des Wiener Kongresses dar, und überprüfen Sie ihre Auswirkung auf die Geschichte Polens bis Mitte der 1830er Jahre!	16
4.1	Erläutern Sie die Rolle, die Polen im Kalkül der nationalsozialistischen Außenpolitik bis 1939 spielte!	
4.2	Beurteilen Sie, ob und inwieweit man das Vorgehen Deutschlands und der Sowjetunion 1939/40 gegen Polen mit dem Vorgehen europäischer Mächte gegen Polen im ausgehenden 18. Jahrhundert vergleichen kann!	20

Aus dem politischen Testament Friedrichs II. (1752):

"Die Republik Polen hat noch die alte Feudalverfassung, die alle anderen europäischen Staaten abgeschafft haben. Ihre Nachbarn haben ein Interesse daran, diese republikanische Monarchie in ihrem Schwächezustand zu erhalten, und unterstützen deshalb die Freiheit und Unabhängigkeit der Großen gegen den Ehrgeiz ihrer Könige. Die Ruhe dieser Republik wird nur zu Zeiten der Königswahl gestört. Sie ist im Inneren in zwei mächtige Parteien gespalten, darum niemandem gefährlich, und ihre Nachbarn sind fast vor allen ihren Unternehmungen geschützt (...). Wir müssen die Russen und Österreicher stets im Auge behalten, die Russen wegen der Verhältnisse in Polen und Schweden und der von ihnen zwischen Polen und dem Wiener Hof etwa geplanten Bündnisse. Österreich erfordert ebenso große Wachsamkeit, unser Hauptfeind. Es möchte den Prinzen von Lothringen auf den polnischen Thron setzen und despotisch im Reiche schalten, lauter Dinge, die wir nicht dulden können. Hier entsteht die Frage, wie das zu verhindern ist. Folgende Mittel gibt uns der gesunde Menschenverstand an: Wir müssen uns mit den Feinden unserer Feinde verbünden. (...) Wir müssen auf die Sprengung der polnischen Reichstage hinwirken und zu dem Zweck etwas Geld ausgeben, wie wir es schon getan haben. Wir müssen den Polen einreden, die Königin von Ungarn und die russische Zarin seien gefährliche Nachbarinnen; sie wollten in ihrem Ehrgeiz über den polnischen Thron verfügen, ohne die Zustimmung der Republik, und wollten den Prinzen von Lothringen daraufsetzen und ihn dann zum unumschränkten Herrscher machen. Vor allem aber müssen wir den Türken beibringen, daß es gegen ihre Politik verstößt, wenn sie es dulden, daß Ungarn und Polen unter derselben Herrscherfamilie vereinigt werden. (...)

Polen ist ein Wahlreich; beim Tode des jeweiligen Königs wird es jedesmal durch Parteikämpfe entzweit. Das muß man sich zunutze machen und um den Preis seiner Neutralität bald eine Stadt, bald ein anderes Gebiet erwerben, bis alles geschluckt ist.

(...) Erwerbungen mit der Feder sind solchen mit dem Schwert immer vorzuziehen. Man setzt sich weniger Zufällen aus und schädigt weder seine Börse noch seine Armee. Bei der friedlichen Eroberung von Polnisch-Preußen halte ich es für durchaus nötig, Danzig bis zuletzt aufzusparen, denn über diese Erwerbung werden die Polen ein großes Geschrei erheben, führen sie doch ihr ganzes Getreide über Danzig aus. Sie würden mit Recht fürchten, von Preußen abhängig zu werden (...)."

Zitiert nach: O. Bardong (Hrsg.): Friedrich der Große (= Ausgewählte Quellen zur deutschen Geschichte der Neuzeit, Bd. 22). Darmstadt 1982, S. 210 f., 214 f. u. 224 f.

Lösungen

1 Absolutistische Außenpolitik ist sowohl von ihrer Zielsetzung als auch von ihren Mitteln her zu definieren.

Die Zielsetzung ergibt sich aus dem Grundverständnis des absoluten Herrschers, insbesondere des "aufgeklärten" Monarchen. Außenpolitik hatte danach den Interessen des Staates, also der Staatsraison, zu dienen, die wiederum allein vom König definiert wurden. In voller Souveränität mußte der Monarch die eigenen Möglichkeiten einsetzen können, um eben diese Souveränität zu sichern und die Macht des Staates zu vergrößern. Außenpolitik wurde deshalb nicht in irgendwelchen Beratungsgremien oder gar ständischen Versammlungen gemacht, sondern im "stillen Kämmerlein" des königlichen Kabinetts, sie war sog. Kabinettspolitik.

Die Mittel einer solchen Politik werden im Testament Friedrichs II. unmittelbar oder auch mittelbar angesprochen. Generell läßt sich sagen, daß dem absoluten Herrscher alle Möglichkeiten recht waren, von friedlicher Vertragspolitik "mit der Feder" bis zur militärischen Auseinandersetzung "mit dem Schwert". Absolutismus in der Außenpolitik kann durchaus auch verstanden werden als eine Politik "lege absolutus", also auch nicht gebunden an moralische Gesetze.

Grundlegend für eine solche Politik ist die ständige Bereitschaft zur Intervention in fremde, vor allem Nachbarstaaten, wenn es dem eigenen Vorteil dient. Friedrichs II. Interesse an der polnischen Frage ist also nicht erklärbar aus Sorge um den Nachbarn, sondern hat seine Motive ausschließlich im Streben nach stärkerem Einfluß und Gebietsgewinn Preußens. Zu diesem Zweck hält es der König, wie alle Regenten der absolutistischen Epoche, für notwendig, mit den Mitteln der Geheimdiplomatie die internationalen Beziehungen zu beeinflussen, im günstigsten Falle zu steuern. Die Hinweise auf antirussische Propaganda bei den Polen oder antiungarische Einflußnahme auf die türkische Politik sind deutliche Belege einer fast schon intriganten Geheimdiplomatie.

Ein bewährtes Mittel war natürlich auch die dynastische Politik, wie sie im Text sichtbar wird, wenn Friedrich II. vor der Absicht Österreichs warnt, den Prinzen von Lothringen auf den polnischen Thron zu setzen. Die großen Fürstenhäuser in Europa betreiben also intensive dynastische Politik, setzen die vielfältigen Verflechtungen der Königshäuser ein, um Macht und Einfluß zu gewinnen. Klassisches Mittel war dabei nach wie vor die Heiratspolitik, die ja zu dieser engen Verflechtung aller europäischen Königshäuser geführt hatte. Das österreichische Herrscherhaus, die Habsburger, waren diesbezüglich besonders aktiv.

Friedrichs II. Hinweise auf die notwendige Beeinflussung der Polen und der Türken macht auch deutlich, daß für absolutistische Kabinettspolitik Bündnisse immer nur Zweckbündnisse sein konnten, die je nach Lage zu schließen oder auch zu brechen waren. Der Herrscher mußte immer auf der Hut sein, konnte sich nicht auf traditionelle Verbindungen verlassen. Bündnisse werden nicht aus persönlichen Freundschaften oder gar wegen ideologischer Gemeinsamkeiten geschlossen, sondern nur dann, wenn die momentane Staatsraison es gebietet. Mit dem Erreichen der jeweiligen Ziele entfallen dann auch die Bedingungen solcher Bündnisse, wie die Charakterisierung Polens durch den preußischen König deutlich zeigt.

Im Hintergrund aller absolutistischen Außenpolitik dürfte der Machtzuwachs durch Annexionen stehen. Der Herrscher hat keinerlei Skrupel, das eigene Land territorial auf Kosten der Nachbarn zu erweitern. Friedrich II. läßt z. B. erkennen, daß jede Schwäche Polens für Preußen eine Chance darstellt, "Polnisch-Preußen zu erobern". Aufgeklärt ist dabei seine Ziel-Mittel-Abwägung, die es ihm sinnvoll erscheinen läßt, den weniger aufwendigen Weg der "Erwerbungen mit der Feder" zu beschreiten und unnötiges "großes Geschrei" durch geduldiges Taktieren zu vermeiden. In fast zynischer Art werden nationale oder ständische Interessen mißachtet.

2.1 Friedrich II. kommt in seiner Einschätzung der Situation Polens zu der Erkenntnis, daß "diese republikanische Monarchie" sich in einem "Schwächezustand" befindet. Die innere Schwäche durch die Spaltung in "zwei mächtige Parteien" ist für den preußischen König von Vorteil, da Polen den Nachbarn nicht gefährlich werden kann. Sie sind vor "Unternehmungen" der Republik geschützt.

Diese Bewertung läßt Rückschlüsse auf Friedrichs Vorstellungen über die Beziehungen zwischen Innen- und Außenpolitik zu. Wenn er Polen wegen seiner republikanischen Verfassung und der periodischen Wahlen für innerlich schwach und deshalb für außenpolitisch ohnmächtig hält, dann kann man im Umkehrschluß als sein Credo ermitteln, daß nur ein innerlich starker Staat auch außenpolitisch kraftvoll handeln kann. Innerlich stark ist aus der Sicht des absoluten Monarchen ein Staat sicherlich nur dann, wenn er vom einheitlichen Willen des Herrschers durchdrungen und gelenkt wird. Folglich ist eine erfolgreiche Außenpolitik nur im Rahmen der absoluten Monarchie denkbar.

2.2 In drei Teilungsverträgen, die zwischen Rußland, Preußen und Österreich 1772, 1793 und 1795 geschlossen wurden, wurde das Königreich Polen aufgelöst und zunächst auf das Groß-Herzogtum Warschau, im Wiener Kongreß noch weiter auf Kongreßpolen reduziert und in Personalunion mit Rußland vereinigt. Der polnische Staat war zum Spielball der absolutistischen Herrscher in Rußland, Preußen und Österreich geworden und hatte nach einem erfolglosen letzten Aufstand 1830 als russische Provinz aufgehört zu existieren. Zwar hatte Maria Theresia die erste polnische Teilung abgelehnt mit der bitteren Erkenntnis: "Treu und Glauben sind für alle Zeit verloren!", doch das hinderte Österreich nicht, polnische Gebiete zu annektieren. Die Staatsraison der drei Mächte hatte gesiegt über aufgeklärte liberale Ideen, die es als ein Naturrecht ansahen, daß es den Bürgern zugestanden werden müsse, sich in einem Gesellschaftsvertrag staatlich zu organisieren. Ein solches Völkerrecht existierte im Denken und in der Praxis absolutistischer Außenpolitik ebensowenig wie traditionelle Legitimationen fürstlichen Handelns. Der Staatsraison, also dem eigenen Vorteil, wurden nach der Maxime macchiavellistischer Machtpolitik fundamentale Ideen des aufgeklärten Liberalismus und Humanismus geopfert. Schon hier zeigt sich also, daß die befriedenden und befreienden Ideen der Aufklärung zwar in der Innenpolitik zumindest der aufgeklärten Monarchen sich durchzusetzen vermochten, aber für die internationalen Beziehungen kaum Geltung besaßen.

3 Die den Wiener Kongreß leitenden Grundsätze werden mit den Stichworten Legitimität, Restauration und Solidarität umrissen, als Ziel läßt sich hinzufügen das Bemühen um ein Gleichgewicht der großen Mächte.

Unter Legitimität verstanden die handelnden Politiker dabei die Rechtmäßigkeit ererbter Herrschaftsansprüche, gegründet auf die Idee vom Gottesgnadentum. Nicht der Volkswille legitimiert also Herrschaft, sondern Gottesgnadentum und Tradition. Auf Polen angewandt war es deshalb nur konsequent, den Zaren als "legitimen" Herrscher zu akzeptieren, die republikanischen Traditionen im Königreich Polen dagegen abzulehnen. Den von Napoleon eingesetzten sächsischen König Friedrich August als Herrscher des Großherzogtums Warschau erkannte der Kongreß dagegen aus verständlichen Gründen nicht als legitim an.

Der Gedanke der Restauration ist zu erklären aus dem Bemühen, die Folgen der Französischen Revolution und vor allem auch der machtpolitischen Veränderungen durch Napoleon rückgängig zu machen, sowohl im Innern der Staaten als auch im europäischen Mächtesystem vorrevolutionäre Zustände wiederherzustellen. Im Falle Polens konnte das restaurative Prinzip kaum als Handlungsmaxime gelten, da Polen nicht in erster Linie Opfer Napoleons geworden war, vielmehr hatte der Kaiser teilweise die Gebietsabtretungen der polnischen Teilungen rückgängig gemacht, also seinerseits "restaurative" Politik betrieben.

Von größerer Bedeutung für das Schicksal Polens war die Solidarität der Fürsten. Zwar richtete sie sich im Falle des Herzogtums Warschau auch gegen die liberalen und nationalen Bewegungen, die den europäischen Dynastien gefährlich erschienen, aber vorrangig war es doch eine Solidarität der Mächtigen, die sich um ein gewisses Gleichgewicht bemühten. Der Streit um Polen auf dem Wiener Kongreß, der zwischen dem Zaren einerseits und den übrigen Mächten Österreich, Preußen und England andererseits entbrannt war und den Kongreß zu sprengen drohte, verschärfte sich, als Preußen, das eine Annexion Sachsens anstrebte, sich auf die Seite des Zaren schlug. Es waren also rein machtpolitische Motive, die hier eine Rolle spielten und die fast zu einem neuen Krieg in Europa geführt hätten. Doch setzte sich dann die Politik des Ausgleichs durch, der Zar lenkte ein und Preußen allein konnte seine Ziele nicht durchsetzen. Der Ausgleich in Form eines Kompromisses war aber nur möglich durch eine erneute Teilung Polens mit Gebietsabtretungen an Österreich und Preußen und der Unterordnung des verbliebenen "Kongreß-Polen" unter die Herrschaft des Zaren. Polen war, wie auch Sachsen, zum Spielball der um Gleichgewicht bemühten europäischen Mächte geworden.

Wie in vielen Ländern Europas wurde die zunächst unterdrückte nationale Opposition gegen die restaurativen und antinationalen Entscheidungen des Kongresses auch in Polen immer stärker. Die Pariser Juli-Revolution von 1830 führte dann in ganz Europa zu erheblichen Erschütterungen. In Polen brach ein Aufstand gegen die Herrschaft des Zaren aus. Da überall in den Ländern der großen Mächte solche Aufstände für Unruhe sorgten, waren für einige Zeit die restaurativen Monarchien gelähmt. In Polen allerdings waren sich Preußen und Rußland einig, da auch der preußische König einen polnischen Nationalismus fürchten mußte. So rückten nicht zuletzt wegen der polnischen Frage die drei östlichen Mächte Rußland, Preußen und auch Österreich enger zusammen in dem gemeinsamen Bemühen, die Kongreßordnung zu erhalten und damit den polnischen Staat zu unterdrücken.

4.1 Die nationalsozialistische Außenpolitik läßt sich am ehesten von ihren Zielen her erklären. Zunächst stand dabei eindeutig die Revision des Versailler Vertrages im Vordergrund, doch war Hitlers eigentliches Ziel von Anfang an die Expansion des Reiches, die Gewinnung von Raum und zusätzlichen ökonomischen Ressourcen.

Die Politik gegenüber Polen zeigt allerdings, daß Hitler vor allem im Blick auf das Mißtrauen des Auslands anfangs ausgesprochen friedliche Töne anschlug, um Zeit zu gewinnen für die innere "Aufrüstung". So erklärt sich auch der Nichtangriffspakt mit Polen von 1934, mit dem Hitler eine frühzeitige Bindung Polens an Frankreich zu verhindern suchte und der gleichzeitig propagandistisch als Demonstration eigener Friedensabsichten ausgeschlachtet werden konnte. Hitlers Ansehen in der Welt stieg. Es darf aber auch nicht übersehen werden, daß die diplomatischen und militärischen Aktivitäten Polens zur Eingliederung der Völkerbund-Stadt Danzig in das polnische Staatsgebiet die noch fehlende Stärke des Deutschen Reiches aufzeigte und Hitler bewogen haben dürfte, das Verhältnis zu Polen zu beruhigen.

Erst als Hitler durch die innere Aufrüstung und das Stillhalten des Auslands gegenüber offensichtlichen Vertragsbrüchen und einseitigen Revisionen des Versailler Vertrages an Stärke und Selbstsicherheit gewonnen hatte, änderte sich auch die Politik gegenüber Polen. Sie wurde nun im Sinne der eigentlichen Ziele nationalsozialistischer Außenpolitik ehrlicher, war Polen doch unter anderem der zusätzliche Lebensraum im Osten und Aufmarschgelände für den für Hitler zwingend notwendigen Krieg gegen Rußland, wie die "Hoßbach-Protokolle" aus dem Jahr 1937 deutlich belegen. Polen lieferte dabei Hitler durch die Initiativen in der Danzig-Frage immer wieder Vorwände für zunehmend stärkere antipolnische Töne.

Völlig klar wurden die Absichten gegenüber Polen in der Zielsetzung und explizit im geheimen Zusatzprotokoll des Hitler-Stalin-Paktes von 1939. Stalin hatte in einem raffinierten Schachzug, dem Abschluß eines Beistandspaktes mit Frankreich und Großbritannien, Hitler in Zugzwang gebracht, der dem russischen Diktator dann mit der Aufteilung der Interessensphären und der sich daraus ergebenden Aufteilung Polens weit entgegenkam. Hitler sah darin wohl auch deswegen kein allzu großes Problem, da für ihn der Krieg mit der Sowjetunion längst beschlossene Sache war, der Nichtangriffspakt also nur zeitlich beschränkte Gültigkeit hatte.

Mit dem Überfall auf Polen am 1. September 1939 und dem anschließenden Blitzkrieg vollzog Hitler den längst geplanten Schritt zur militanten Erweiterung des Lebensraumes im Osten.

4.2 Auf den ersten Blick scheint das geheime Zusatzabkommen zum Hitler-Stalin-Pakt nur eine Fortsetzung der Polen-Politik der europäischen Mächte zu sein. Erneut setzen sich die beiden Nachbarn Deutschland, ehemals Preußen oder auch Österreich, und Rußland über die Rechte der polnischen Nation hinweg und praktizieren wie schon im 18. Jahrhundert und wohl auch in Kongreß-Europa eine expansive Machtpolitik auf Kosten Polens. Auch im Ergebnis sind die Parallelen deutlich: der polnische Staat wird aufgelöst.

Grundverschieden sind jedoch die leitenden Prinzipien der Politik. Während die europäischen Mächte im 18. und 19. Jahrhundert ihre Außenpolitik auch verstanden als Gleichgewichtspolitik zur Erhaltung einer eher konservativen Ordnung, zumindest eines status quo, streben Hitler wie Stalin nach grundlegenden Veränderungen mit dem Ziel der eigenen Weltherrschaft, ob nun rassenideologisch oder marxistisch verbrämt. Die enge und kaum noch trennbare Vermischung von nationalistischer Machtpolitik und aggressiv-militanten Ideologien findet ebenfalls keine vergleichbare Motivationsstruktur für die Außenpolitik im 18. Jahrhundert. Die machtbewußte Kabinettspoltik ist im Kern noch kalkulierbar und kompromißfähig, auch wenn sie im Ergebnis für die kleineren Staaten oder gar für das Selbstbestimmungsrecht der Völker sich kaum unterscheidet von der radikalen Kriegspolitik Hitlers und der ebenso rücksichtslosen Expansionspolitik Stalins.

Daß mit der Anerkennung des Völkerrechts und auch des Selbstbestimmungsrechts dieser Völker spätestens in der Völkerbunds-Satzung oder in den Absichtserklärungen zum Versailler Vertrag auch der Werterahmen für die Außenpolitik im 20. Jahrhundert sich geändert hat und damit auch die Maßstäbe für die Beurteilung der Polen-Politik im 18. bzw. im 20. Jahrhundert, sollte zumindest als Beleg dafür verstanden werden, daß politisch-historische Vorgänge, die zeitlich weit auseinanderliegen, nur sehr bedingt gleichgesetzt werden können.

Leistungskurs Geschichte (Bayern) 1993 – Aufgabe IV
Das Deutschlandproblem seit 1945

BE

1.1 Kennzeichnen Sie die welt- und deutschlandpolitische Situation des Jahres 1947!

1.2 Erarbeiten Sie die im folgenden Text enthaltenen Vorstellungen über die zukünftige staatliche Ordnung Deutschlands!

1.3 Überprüfen Sie angesichts der Situation des Jahres 1947 kritisch den Handlungsspielraum des LDPD-Politikers Külz* und die Realisierungschancen seiner politischen Ordnungsvorstellungen! 26

2 Weisen Sie nach, daß das Spannungsverhältnis zwischen Zentralstaat und föderativer Ordnung ein Kernpunkt deutscher Verfassungsentwicklung zwischen 1848 und 1945 war! 14

3 Beschreiben Sie die 1949 im Grundgesetz für die Bundesrepublik Deutschland und in der Gründungsverfassung der DDR für dieses Spannungsverhältnis gefundenen Lösungen! 10

4 Mit dem Ländereinführungsgesetz vom 22. Juli 1990 wurden die Länder in der DDR wiedererrichtet. Erörtern Sie, auf welche Erfahrungen aus der deutschen Nachkriegsgeschichte dieser Schritt zurückgeführt werden kann! 10

* Wilhelm Külz (1875 – 1948), liberaler Politiker, 1926 – 27 Reichsinnenminister, 1931 – 33 Oberbürgermeister von Dresden. 1945 – 48 Vorsitzender der Liberal-Demokratischen Partei Deutschlands (LDPD) in der SBZ

Wilhelm Külz, Für den deutschen Einheitsstaat (Auszüge aus einer Rede in Eisenach am 5. Juli 1947):

"Bei den kommenden Konferenzen wird es wichtig sein, welche politische Willensrichtung im deutschen Volke selbst betreffs seine Zukunft vorherrschend ist. (...)

In den Reihen unserer früheren Gegner hat bisher der Gedanke des Einheitsstaates nur bei der Sowjetunion Gehör gefunden, die anderen Alliierten haben sich bisher mit dem Gedanken eines deutschen Einheitsstaates noch nicht befreundet. Molotow hat uns das Wort vom dezentralisierten Einheitsstaat gewissermaßen aus dem Munde genommen. Ich habe – wenn ich an die ablehnende Stellung der anderen denke – auch hier volles Verständnis für eine gewisse Besorgnis bei den Alliierten, es könnte ein einheitliches, gemeinsames Deutschland wieder eine Gefahrenquelle für den Frieden darstellen. Ich halte diese Besorgnis jedoch für irrig und das Gegenteil für richtig. Ich würde es für wünschenswert halten, wenn mit dieser Einstellung gründlich gebrochen wird, denn eine neue staatliche und wirtschaftliche Zusammenfassung Deutschlands liegt nicht nur in unserem Interesse, sondern auch im alliierten Interesse. (...)

Die Alliierten wollen mit Recht bis zu einem gewissen Grad Reparationen von uns. Ich frage: Gibt es einen einzigen Staatsmann in der Welt, der glaubt, daß ein wirtschaftlich zersplittertes, daniederliegendes, staatlich nicht geeinigtes Deutschland in der Lage ist, sicherer Reparationen zu zahlen als ein zusammengeschlossener Staat, ein funktionsfähiges Deutschland? Wir wollen die Einheit aus positiven Gründen für unser Volk. Es bedarf keiner Volksabstimmung darüber, ob das deutsche Volk einen Einheitsstaat will oder nicht. Ich frage höchstens: Welche Einheit? Es taucht das Wort Föderalismus auf. Föderalismus braucht kein Hinderungsgrund zu sein, staatlich leistungskräftig zu sein. Die Sowjetunion ist ein Beispiel dafür, aber die Sowjetunion besteht aus sechsunddreißig Nationen. Da ist der föderalistische Staat das Gegebene. Wir aber bestehen nur aus einer Nation und aus vier Zonen. Wir sind ein Volk. Es würde eine Rückbildung sein, wenn wir aus der mühsam errungenen deutschen Einheit wieder zum Föderalismus zurückgingen. Die Anhänger des Föderalismus sagen dieses Wort oft, meinen aber Partikularismus. Wir wollen, daß das deutsche Volk wieder zusammengefaßt wird in einer wirtschaftlichen, politischen und kulturellen Einheit. Partikularistische Horizontverengung liegt uns ebenso fern wie imperialistischer Größenwahn. Deutschland hat sich vom Einheitsstaat entfernt. Es ist ein grotesker Zustand, daß wir schon wieder 15 Ministerpräsidenten, 50 Minister und 2000 Abgeordnete in den Ländern haben, aber nicht einen einzigen Repräsentanten eines gesamtdeutschen Staatswillens, nicht einen einzigen Repräsentanten einer gesamtdeutschen Volksvertretung. (...)

Wir werden uns nach wie vor betätigen als vorbehaltlose Vertreter und Förderer des deutschen Einheitsgedankens in Staat und Wirtschaft. Wir werden diese Gedanken über alle Zonen und über alle noch bestehenden Gegensätzlichkeiten der Besatzungsmächte hinweg propagieren.

Dieser Einheitsstaat sieht allerdings anders aus als zu Nazis Zeiten. Wir wollen, daß die Legislative in allen wichtigen Dingen zentral beim deutschen Staate liegt, daß die Ausführung der Gesetze aber bei den Ländern und bei den Städten liegt. So sieht der dezentralisierte Einheitsstaat aus. Regieren und Verwalten ist etwas ganz Verschiedenes. Die Regierung zentral, die Verwaltung dezentralisiert."

Zitiert nach: W. Benz (Hrsg.): "Bewegt von der Hoffnung aller Deutschen". Zur Geschichte des Grundgesetzes. Entwürfe und Diskussionen 1941 – 1949. München 1979 (dtv dokumente 2917), S. 416 ff.

Lösungen

1.1 1947 kann durchaus verstanden werden als das Jahr, in dem der bis dahin schwelende Konflikt zwischen den Westmächten und der Sowjetunion offen zutage tritt. Die "Inkubationsphase" des Kalten Krieges ist beendet.

Bereits im Herbst 1946, genauer in der Rede des Außenministers Byrnes am 6. September 1946, zeichnete sich eine Wende der amerikanischen Außenpolitik ab. Weniger das Deutschland-Problem, sondern die Bedrohung Griechenlands und der Türkei durch sowjetische Expansionsbestrebungen führten schließlich zur offenen Konfrontation zwischen den USA und der Sowjetunion. Noch während der Außenministerkonferenz von Moskau im März und April 1947 verkündete der amerikanische Präsident Truman seine Doktrin von den zwei sich ausschließenden Lebensweisen und der Bereitschaft der USA, sich für die Erhaltung der fundamentalen Freiheiten in allen bedrohten Ländern einzusetzen. Das war eine ideologische Kampfansage an den Sowjetkommunismus, die in Moskau auch so verstanden wurde.

In der Umsetzung und Weiterführung der Doktrin war es nur konsequent, die vom Krieg geschwächten europäischen Staaten durch ein wirtschaftliches Aufbauprogramm zu stärken. Dahinter steht der sicherlich zutreffende Gedanke, daß wirtschaftliche und damit auch soziale Krisen dem Kommunismus einen günstigen Nährboden bieten. Der im Juni 1947 verkündete Marshall-Plan war also eine Ergänzung der amerikanischen Eindämmungspolitik gegenüber dem Vordringen des Kommunismus.

Die Sowjetunion nahm die Kampfansage Amerikas an, verkündete ihrerseits die "Zwei-Lager-Theorie", derzufolge die Weltpolitik vom Kampf des demokratischen Lagers unter Führung der Sowjetunion gegen das imperialistische Lager unter Führung der USA geprägt sei. Um die kommunistischen Parteien in den europäischen Ländern organisatorisch wie ideologisch für diesen Kampf zu rüsten, wurde am 30. September 1947 das kommunistische Informationsbüro, "Kominform", gegründet.

Vor dem Hintergrund dieser Entwicklung war natürlich die Außenministerkonferenz in London, die im November 1947 zusammentrat, zum Scheitern verurteilt. Für eine gemeinsame Deutschland-Politik gab es keine Chance mehr, auch deshalb nicht, weil die Besatzungsmächte längst begonnen hatten, in ihren Zonen eigene Vorstellungen zu entwickeln. Dabei zeichnete sich mit der Bildung der Bi-Zone im Januar 1947 eine enge Zusammenarbeit zwischen den USA und Großbritannien ab, vorrangig zur Lösung der schwierigen Versorgungsprobleme, aber immer stärker auch zur Durchsetzung eigener Vorstellungen über eine politische Neuordnung im Sinne westlicher, liberaler Demokratievorstellungen.

Da gleichzeitig auch die sowjetische Besatzungsmacht ihre Zone immer offener zu einem Staat nach sowjetischem Muster umgestaltete und gleichzeitig die Forderungen nach der Einheit Deutschlands stellte, wurde die Frage der zukünftigen Ordnung in Deutschland immer drängender.

Die Absicht Moskaus, über Reparationen und eine Beteiligung an der Kontrolle des Ruhrgebietes Einfluß auf ganz Deutschland zu gewinnen, wurde von den Westmächten auf der Moskauer Außenministerkonferenz im März und April 1947 zurückgewiesen. Immer mehr setzten vor allem Amerikaner und Briten auf die Gründung eines Weststaates. Ein letzter Versuch des bayerischen Ministerpräsidenten Hans Ehrhard, durch eine Konferenz aller Ministerpräsidenten der deutschen Länder in München die wirtschaftliche Einheit auf den Weg zu bringen, scheiterte bereits im Ansatz. Während die Vertreter der westlichen Zonen ausschließlich die drängenden Versorgungsprobleme diskutieren wollten, ging es den Ministerpräsidenten der SBZ nur um die Bildung einer Zentralregierung. Man scheiterte also schon an der Tagesordnung. Die deutschen Politiker waren gegenüber der sich verschärfenden internationalen Spannung ohnmächtig.

Als sich auf der Londoner Konferenz die Gegensätze wie zu erwarten, wie möglicherweise sogar von den Westmächten provoziert, verschärften und die Konferenz am 15. Dezember ergebnislos zu Ende ging, war im Grunde die Teilung Deutschlands beschlossene Sache, die gemeinsame Verantwortung der vier Siegermächte für Deutschland stand nur noch auf dem Papier.

1.2 Vor dem Hintergrund der internationalen Entwicklung und der sich ausschließenden deutschlandpolitischen Konzepte der Westmächte und der Sowjetunion sind auch die Vorstellungen von Wilhelm Külz zu bewerten.

Wenn er die Notwendigkeit eines "gesamtdeutschen" Einheitsstaates mit politischer, wirtschaftlicher und kultureller Einheit über alle vier Zonen betont, dann kann das zwar auch verstanden werden als ein Plädoyer für ein funktionsfähiges und stabiles Deutschland, aber sicherlich ebenso als eine deutliche Absage an Entwicklungen in den Westzonen. Külz übernimmt von Molotow die Formel vom "dezentralisierten Einheitsstaat" als Möglichkeit der wirtschaftlichen Zusammenfassung, auch um die von den Siegern erwarteten Reparationen zu ermöglichen. Bei diesem Argument läßt sich der Verdacht nicht ganz ausräumen, daß die sowjetischen Reparationsforderungen und die damit verbundenen Anstrengungen, auch in den Westzonen mehr Einfluß zu gewinnen, die Position von Külz mitbestimmen.

Sehr deutlich wendet sich der liberale Politiker gegen föderalistische Lösungen, die er für einen Rückschritt hält und als partikularistisch abwertet. Damit bezieht er wohl auch Front gegen die Pläne der USA und vor allem Frankreichs, die sich eine nicht-föderale Lösung kaum vorstellen konnten.

Für Külz sollten die Länder und die Kommunen nur bei der Ausführung der Gesetze selbständig sein, die Gesetzgebung aber sollte bei einer zentralen Instanz liegen. Damit redet der Politiker zweifellos einem starken Zentralstaat das Wort, der, wenn auch aus anderen Gründen und mit anderen Motiven, im Sinne des "demokratischen Zentralismus" und damit im Interesse der Sowjetunion liegt.

1.3 Der Handlungsspielraum des liberalen Politikers Külz dürfte angesichts der längst vorgenommenen Weichenstellung insbesondere in der Sowjetischen Besatzungszone eher gering gewesen sein. Die starke Einflußnahme der sowjetischen Militärmacht auf die politische Entwicklung in ihrer Zone mit Hilfe der SED und zugunsten der SED engte den Spielraum für alternative oder gar liberale Politik erheblich ein. Die anderen Parteien, wie auch die LDPD, wurden darüber hinaus durch die Integration in die Antifaschistische Einheitsfront in die offizielle Politik eingebunden, daß sie ein eigenes Profil kaum mehr wirkungsvoll entwickeln konnten.

Spätestens mit der Truman-Doktrin mußte das Konzept eines gesamtdeutschen Einheitsstaates, wie es Külz vorschwebte, als illusionär gelten, da es gegen den Willen zumindest der Westmächte nicht durchzusetzen war. Nicht zu Unrecht mußte man im Westen ja auch befürchten, daß die Idee vom "dezentralisierten Einheitsstaat" als Propagandaformel zur Verschleierung expansiver sowjetischer Deutschland-Pläne dienen könnte.

Doch selbst in der sowjetischen Zone hatten die Vorstellungen von Pülz wenig mit der Realität zu tun, da dort nicht an eine Trennung von zentraler Legislative und föderaler Exekutive gedacht wurde, sondern an einen weitgehenden Zentralismus im Sinne der "Volksdemokratie". Andererseits waren in den westlichen Zonen die Entwicklungen hin zu einem föderalistischen System und zu möglichst wenig Zentralismus schon so weit gediehen, daß eine Kurskorrektur nicht mehr realistisch erschien. Jeder Versuch, einen starken deutschen Zentralstaat in dieser historischen Phase zu installieren, wäre zweifellos am erbitterten Widerstand Frankreichs gescheitert.

2 Das von Külz aufgezeigte Problem, einen Kompromiß zwischen starkem Zentralstaat und föderativer Vielfalt und Eigenständigkeit zu finden, bestimmt die deutsche Verfassungsgeschichte von Anfang an.

Schon die Diskussion in der Frankfurter Paulskirche wird wesentlich geprägt vom Streit um die Rechte der Zentralgewalt des neu zu schaffenden Staates gegenüber den souveränen Teilstaaten, damals ideologisch verschärft durch den Gegensatz von Nationalstaat und fürstlichem Partikularismus. Die Debatte um die Möglichkeiten einer großdeutschen Lösung und der Rückzug auf die kleindeutsche Lösung müssen ebenfalls gesehen werden als letztlich gescheiterte Versuche, einen starken Nationalstaat gegen den Widerstand mächtiger Partikularinteressen zu schaffen. Vom lockeren Staatenbund, wie er durch den Wiener Kongreß für Deutschland vereinbart worden war, bis zu einem reinen Zentralstaat wurden 1848 alle Alternativen mit großer Leidenschaft diskutiert.

Politisch durchgesetzt wurde in der Reichsgründung Bismarcks dann ein Staat, der sich verfassungstheoretisch als föderalistisch gab, in der politischen Wirklichkeit aber eher zentralistischen Charakter besaß.

Föderalistisch mußte die Reichsverfassung von 1871 schon deswegen sein, weil nach wie vor Rücksichten auf die fürstlichen Privilegien und Souveränitäten zu nehmen waren. Die starke Stellung des Reichsrates in der Verfassung war gedacht als monarchisches Korrektiv gegen eine mögliche Dominanz eines parlamentarischen Zentralismus. Hinzu kamen Sonderrechte für die süddeutschen Fürsten, ohne die deren Zustimmung zum Reich und zur Kaiserkrone für den preußischen König nicht zu erhalten gewesen wäre. So durfte beispielsweise Bayern neben eigenen diplomatischen Vertretungen auch seine eigene Bahn und Post und eine eigene Armee behalten. Der föderalistische Grundzug der Verfassung wird besonders auch an der Finanzverfassung erkennbar, die den Ländern weitgehende Finanzhoheit ließ, den Bund in der Form von Matrikularbeiträgen zum "Kostgänger der Länder" machte. Die föderalen Sonderrechte werden nicht zuletzt deutlich in dem Fortbestehen des Zensuswahlrechtes in vielen Ländern gegenüber dem allgemeinen Wahlrecht, mit dem der Reichstag gewählt wurde. Bis 1918 wurde z. B. der preußische Landtag noch nach dem Drei-Klassen-Wahlrecht gewählt.

An der Dominanz Preußens, wesentlich natürlich verkörpert im Kanzler Bismarck und seiner Bürokratie, lag es, daß sich der von der Konzeption her stark föderalistische Staat mehr und mehr zentralistisch entwickelte. Die Dynamik der wirtschaftlichen Entwicklung und die Zunahme der Staatsaufgaben z. B. durch die soziale Frage, zunehmend auch die imperiale Außenpolitik lassen schließlich die Bedeutung der Länder immer mehr schwinden.

In den Beratungen zur Weimarer Reichsverfassung setzen sich zunächst die Anhänger einer Stärkung zentraler Gewalten durch. Der Verfassungsentwurf von Hugo Preuß sah einen Bundesstaat mit stark unitarischem Charakter vor. Die Länder sollten neu gebildet werden, in der Größe in etwa ausgeglichen. Die erneute Dominanz Preußens wurde derart gefürchtet, daß man es in acht Einzelstaaten aufsplittern wollte. Doch die Traditionen und das föderative Denken erwiesen sich als stärker, die endgültige Verfassung stärkte föderative Tendenzen wieder. Allerdings verloren die Teilstaaten ihre alten fürstlichen Souveränitäten, sie wurden zu Ländern eines Bundesstaates. Von nun an brach Reichsrecht grundsätzlich Länderrecht, wie im Art. 13 der WRV explizit festgeschrieben.

Geändert wurde demzufolge auch die Finanzverfassung, die dem Reich nun die wesentlichen Steuern wie Einkommens-, Körperschafts- und Umsatzsteuer zugestand. Die Möglichkeit der Mitwirkung der Länderkammer, des Reichsrates, an der Gesetzgebung wurde auf Einspruchsrechte reduziert.

Nach 1933 wurden dann die föderativen Strukturen sehr schnell und planmäßig beseitigt, die Länder und Kommunen wurden gleichgeschaltet, da sie sich als Hindernisse bei der Errichtung eines zentralistischen Führerstaates erwiesen. Schon bald nach der Machtergreifung versuchten die Nationalsozialisten mit Erfolg in den Ländern den Staatsapparat zu besetzen, wobei oft der Anfang mit der Polizei gemacht wurde. Mit den im Januar 1934 verabschiedeten Gesetzen zum "Neuaufbau des Reiches" wurde die Länderhoheit schließlich auch staatsrechtlich beseitigt. Hitler hielt die "deutsche Kleinstaaterei" für einen "himmelschreienden Unfug" und er fand mit dieser Einschätzung bei vielen Leuten Anklang. Mit Gesetz vom 7. April werden Reichsstatthalter ernannt, die "für die Beobachtung der vom Reichskanzler aufgestellten Richtlinien der Politik zu sorgen " haben. Die Länder waren damit nur noch Verwaltungseinheiten. Bis in die Dörfer hinein besetzte die NSDAP alle wichtigen Ämter und Posten mit eigenen Leuten, eine föderale Vielfalt oder auch eine kommunale Selbständigkeit durfte es im totalitären Führerstaat nicht geben.

3 Die Lösung des Spannungsverhältnisses zwischen Zentralstaat und dezentraler oder föderativer Ordnung bestimmte bereits zwischen 1945 und 1949 die Diskussion der Siegermächte um die Neugestaltung Deutschlands. Extreme Positionen vertraten dabei die Sowjets, die einen zentral regierten Einheitsstaat anstrebten, und Frankreich, das ein extrem dezentralisiertes Modell im Sinne eines Staatenbundes wollte. England stellte in der eigenen Zone die Weichen zu einer Wiederherstellung der Lage, wie sie in der Weimarer Reichsverfassung verankert war, während die USA den eigenen Bundesstaat als Vorbild für eine politische Ordnung auch in Deutschland ansah. Die Frage der Gestaltung des deutschen Staates und die sehr unterschiedlichen Positionen der Besatzungsmächte führten letztlich zum Scheitern der 4. Außenministerkonferenz 1947 in Moskau.

Auch ein Großteil der führenden Politiker insbesondere in den Westzonen stimmte den westlichen Alliierten bei deren Bemühen um föderative Dezentralisierung zu, glaubte man doch, daß der Föderalismus die einzige Chance für ein neues Deutschland sein würde, nachdem der Zentralismus durch die Nazi-Herrschaft vollkommen diskreditiert worden war.

Bayern, im Grunde das einzige Land, das 1945 unverändert fortbestehen konnte, wurde dabei zum Vorkämpfer für den Föderalismus im Nachkriegs-Deutschland.

Auf der Sechs-Mächte-Konferenz 1948 in London einigten sich nach dem Scheitern der 5. Außenministerkonferenz die drei westlichen Besatzungsmächte und die Benelux-Vertreter grundsätzlich über die Gründung und die wesentlichen Strukturelemente eines zukünftigen Weststaates. Nach teilweise recht schwierigen Verhandlungen zwischen den USA und Großbritannien einerseits und Frankreich andererseits skizzierte man einen Entwurf, der den deutschen Ministerpräsidenten schließlich überreicht wurde: die "Frankfurter Dokumente". Dort ist festgelegt, daß eine demokratische Verfassung auszuarbeiten sei, "die für die beteiligten Länder eine Regierungsform des föderalistischen Prinzips schafft, die am besten geeignet ist, die gegenwärtig zerrissene deutsche Einheit schließlich wiederherzustellen und die Rechte der beteiligten Länder schützt, eine angemessene Zentralinstanz schafft und Garantien der individuellen Freiheiten enthält".

Die Umsetzung dieser alliierten Vorgaben in einen Verfassungsentwurf leistete der Verfassungskonvent von Herrenchiemsee vom 10. bis 23. August. Hier einigte man sich bezüglich der Aufteilung der Gesetzgebung in eine ausschließliche und eine Vorrang-

Gesetzgebung des Bundes, der Finanzausgleich dagegen konnte noch nicht einvernehmlich geregelt werden. Mehrheitlich war auch der Vorschlag zur Einrichtung eines Bundesrates als Vertretungsorgan der Länder. Die Alternative, ein gewählter Senat, wurde von den Föderalisten strikt abgelehnt. Das Selbstverständnis der Länder, gestärkt durch den Willen der westlichen Besatzungsmächte, führte auch zur verfassungsmäßigen Verankerung eigener Souveränitäten. Vorrangig ist hier natürlich die Kulturhoheit zu nennen.

Die Mitwirkung der Länder bei der Gesetzgebung ist im Grundgesetz derart geregelt, daß die Länder dann eigene Gesetze erlassen können, solange der Bund von seinem Gesetzgebungsrecht keinen Gebrauch macht (konkurrierende Gesetzgebung in Art. 72 und 74 GG), während der Bund das Recht hat, Rahmengesetze zu erlassen, innerhalb derer die Länder einen eher engen Gestaltungsspielraum haben (Rahmengesetzgebung in Art. 75 GG).

Am umstrittensten in den Verfassungsverhandlungen, aber auch in der Bund-Länder-Diskussion bis heute ist die Finanzverfassung, in der die Steueraufteilung zwischen der Zentralgewalt des Bundes und den Ländern geregelt wird. Fast wäre daran das Grundgesetz gescheitert, da die Alliierten den Entwurf wegen zu starker Bevorzugung des Bundes ablehnten. Erst fast ultimative Drohungen Adenauers führten dann doch zum Einlenken der Besatzungsmächte und zur Stärkung des Bundes über die Finanzverfassung.

Eine überaus starke Verankerung erfuhr das föderalistische Prinzip in der Bundesrepublik auch durch die Verwaltungsgliederung, die den Großteil der Verwaltung, also der Exekutive, den Ländern und den Kommunen zuordnet. Der Grundsatz der weitgehenden kommunalen Selbstverwaltung ergänzt das föderative Prinzip.

Ganz anders stellt sich die Lösung dar, die von der Sowjetischen Besatzungsmacht in der DDR installiert wurde. Entsprechend dem Prinzip des "Demokratischen Zentralismus" als staatliche Organisationsform der Diktatur des Proletariats kommt eine horizontale oder vertikale Gewaltenteilung natürlich nicht in Frage. Zwar werden die Länder in der DDR-Verfassung von 1949 noch genannt und erhalten in der Länderkammer auch ein Verfassungsorgan, aber die föderativen Züge sind nur sehr schwach ausgebildet. Im Zuge der Errichtung einer SED-Parteidiktatur wurden dann konsequenterweise auch die Länder 1952 abgeschafft und durch 15 Bezirke ersetzt. Diese besitzen jedoch keinerlei Souveränitäten wie die Länder der Bundesrepublik, sondern sind ausschließlich Verwaltungs-Mittelinstanzen. Gleiches gilt für die kommunale Verwaltung, die nicht als Selbstverwaltung verstanden werden konnte.

4 Am 22. Juli 1990 wurden im Zuge der Vereinigung der beiden deutschen Staaten die Länder in der ehemaligen DDR wiedererrichtet. Dieser Schritt war unter anderem eine Korrektur einer Entwicklung, die als gescheitert angesehen werden mußte. Mit der Auflösung der Länder war der verhängnisvolle "demokratische Zentralismus" verfestigt worden und zur Diktatur einer kleinen Bonzen-Minderheit verkommen. Historisch gewachsene kulturelle Identitäten waren unterdrückt und durch ein oktroyiertes kollektives Staatsdenken ersetzt worden, ohne daß es ganz verschwunden war, wie die Reaktion der Menschen auf die Wiederbelebung der Länder bewies.

Entgegengesetzt waren die Erfahrungen mit dem Föderalismus in der Bundesrepublik. Hier hatten sich die Länder als politische, kulturelle und auch wirtschaftliche Einheiten bewährt, nicht nur durch die heute allerdings in die Kritik geratene größere Nähe des Bürgers zu staatlichen Einrichtungen. Für die kommunale Selbstverwaltung als Teil föderativer politischer Gestaltung gilt dies unbedingt. Bewährt hat sich gerade im Parteiensystem der Bundesrepublik auch die Chance erweiterter Partizipation durch die Länder, die Kontrolle durch den Bürger und die Kontrolle des Bundes durch die Länder.

Dabei ist wichtig, daß Länder- und Bürgerinteressen nicht selten über Parteiraison gestellt werden, wenn im Bundesrat wichtige Entscheidungen anstehen. Die plurale Demokratie, die im Föderalismus eine ihrer wichtigsten Stützen besitzt, hat sich in der Bundesrepublik offensichtlich als so erfolgreich erwiesen, daß die Wiedereinführung der Länder in der ehemaligen DDR als eine zwingende Notwendigkeit erschien.

Leistungskurs Geschichte (Bayern) 1994 – Aufgabe I
Die Entwicklung nationalstaatlicher und freiheitlich-demokratischer Ordnungsvorstellungen in Deutschland

		BE
1	Stellen Sie die wesentlichen Stationen der preußischen Politik in den Jahren 1862 – 1866 dar, und charakterisieren Sie kurz Entwicklung und Ergebnis!	8
2	Erarbeiten Sie aus dem Text, wie Paul A. Pfizer* das Verhalten Preußens und die politische Situation Deutschlands im Jahre 1866 einschätzt und welche Forderungen er aufstellt!	10
3	Überprüfen Sie, ob Pfizers Einschätzung der Jahre 1848 – 1850 den tatsächlichen politischen Ereignissen gerecht wird!	14
4	Skizzieren Sie den Weg der deutschen Nationalstaatsgründung von 1867 – 1871, und klären Sie, ob und inwieweit hierbei "die Nation in freier Selbstbestimmung" beteiligt war! Beziehen Sie dabei auch die Reichsverfassung von 1871 ein!	14
5	Untersuchen und bewerten Sie, inwieweit das deutsche Volk an einem der beiden folgenden Vorgänge im Sinne der freien Selbstbestimmung mitwirken konnte: "Entstehung der Bundesrepublik Deutschland und des Grundgesetzes" oder "Prozeß der deutschen Einigung 1989/90 auf der Grundlage des Grundgesetzes"!	14

* Paul A. Pfizer, 1801 – 1867, württembergischer Jurist, Politiker und Publizist, Mitglied der Frankfurter Nationalversammlung

Aus einem Artikel Paul A. Pfizers zur Frage der Reichsverfassung in der in Stuttgart erscheinenden Schwäbischen Volkszeitung vom 5. August 1866:

"Der Augenblick ist ernst und für unsere Zukunft entscheidend. Über die Gestaltung Deutschlands wird zwischen dem Sieger und den Besiegten verhandelt [...].

Das deutsche Volk hat bei den Verhandlungen über sein Geschick keine offizielle Vertretung. So bleibt nur dem einzelnen übrig, für das Recht des Volkes seine Stimme zu erheben [...]

Wo ist unser Recht? Was können wir von demselben noch zu erreichen hoffen? Alles, wenn wir getreu und geduldig festhalten an dem Boden, der uns gehört, nichts, wenn wir den Leidenschaften das Feld räumen. Gebrochen ist das nach der Erhebung von 1848 rechtswidrig wieder auf gerichtete Bundesrecht. Gewalttätig war von ihm die Reichsverfassung, welche sich die Nation in freier Selbstbestimmung gegeben hatte, verdrängt worden; nun liegt in Trümmern das gegen den Willen der Nation ihr neu aufgelegte Bundesjoch, und Zeit ist es, an die Reichsverfassung zu erinnern. Von unberechtigter Hand, in Vergewaltigung und Bundesbruch, ist die Bundesverfassung zerschlagen worden; aber die sie zu erhalten versuchten, haben durch den auch von ihnen gebilligten fortwährenden Rechtsbruch, den sie mit der Herstellung des alten Bundes an dem Rechte der Nation verübten, ihre Niederlage verschuldet.

Nun aber, da ein neuer Bau errichtet werden soll, will man auch jetzt wieder, ohne die Stimme zu erheben für das Recht der Nation, zusehen, wie vom Tische der Diplomaten aus über unser Schicksal entschieden wird? Will man, weil das Recht der Nation nicht beachtet wird, Zustände schaffen lassen, die nur einen faulen Frieden gebären können und die dahin führen müssen, daß man von dem Abschluß des Krieges an allerwärts in Deutschland in verstärktem, die Kräfte des Volkes erschöpfendem Maße auf den neuen Krieg sich rüsten wird? Darf nur die Leidenschaft ihre Forderungen stellen, und vergißt man die höhere Idee, welche einen dauernden Frieden zu begründen allein imstande ist? Hat der Gedanke der Einheit der deutschen Nation seinen Zauber verloren? Ist nicht die politische Existenz das erste, was eine Nation fordern muß, und verlangt dieser Gedanke nicht, daß man in dem neuen deutschen Bundesstaate zusammenfasse, was sich von Deutschland irgend zusammenfassen läßt, und ist nicht die Herstellung eines mächtigen deutschen Staatsganzen die einzige, aber sichere Gewähr, daß auch die getrennten Glieder später wieder mit ihm verbunden sein werden? Kann man zusehen, wie Deutschland gespalten und die südliche Hälfte von dem Parlament, das allein noch die Forderung der Anerkennung des Grundgesetzes der Nation zu stellen befähigt ist, ausgeschlossen, und daß eben damit ein deutsches Parlament, eine Nationalvertretung, die auf den Namen einer solchen Anspruch zu machen imstande wäre, überhaupt zur Unmöglichkeit gemacht wird? Und heißt es sich wegwerfen, wenn man an der Forderung eines deutschen Parlamentes und auf der Teilnahme an einem solchen festhält? Auf der Einheit der deutschen Nation gilt es zu bestehen und den Kampf für die Herstellung der Reichsverfassung vorbehaltlich dessen, was daran zu verbessern ist, wieder aufzunehmen. Oder gibt es auch jetzt noch einen, der deutsche Zustände, wie wir sie andernfalls zu erwarten haben, der Verfassung vorzöge, wie sie in dem Grundgesetze der Nation von 1849 enthalten ist? Oder der die Hoffnung aufgäbe, daß ein deutsches Parlament, hervorgegangen aus unbeschränktem allgemeinem Wahlrecht, im Laufe der Zeit dem deutschen Volke seine Freiheit zu erringen vermöge? Mit einem solchen freilich ist nicht zu rechnen, ihn wird höchstens die traurige Erfahrung dessen, was wir bei einer Zerspaltung Deutschlands zu erwarten haben, eines andern belehren. [...]"

Zitiert nach: H. Fenske: Der Weg zur Reichsgründung 1850 – 1870 (Quellen zum politischen Denken der Deutschen im 19. und 20. Jahrhundert, Bd. 5). Darmstadt 1977, S. 321 ff.

Lösungen

1 **Preußens Politik in den Jahren 1862 bis 1866** war wesentlich geprägt von der Auseinandersetzung mit Österreich um die Vorherrschaft im Deutschen Bund und der Klärung der Rolle Preußens bei der Lösung der deutschen Frage, die nun zunehmend in den Mittelpunkt der politischen Aktivitäten im Deutschen Bund trat.
Vor dem Hintergrund der bevorstehenden Machtprobe sind auch die Pläne für eine **Heeresreform** zu sehen, die der preußische König Wilhelm I. zusammen mit seinem Kriegsminister Roon durchzusetzen versuchte. Da die Liberalen im preußischen Landtag aber die Heeresreform wegen der Verlängerung der Dienstzeit und der engen Bindung der Landwehr an die vom Adel geführte Armee ablehnten, weil sie eine Stärkung der Krone fürchteten, kam es zum Verfassungskonflikt in Preußen. Der Landtag lehnte die Etatbewilligung für die Heeresreform ab, der König wollte auf die Reform keinesfalls verzichten und eher zurücktreten.

Mit der Ernennung Bismarcks zum Ministerpräsidenten, auf Vorschlag Roons, kam es zur "Lösung" des Konflikts. Bismarck bestreitet mit seiner "Lückentheorie" die Notwendigkeit, für die Heeresreform die Etatzustimmung des Landtags zu benötigen. Nach seiner trickreichen Erklärung habe die Verfassung für den Fall eines Konflikts zwischen König und Parlament keine Regelung vorgesehen ("Lücke"), in einem solchen Falle müsse der oberste Souverän, also der König entscheiden. So führte Bismarck schließlich die Reform auch ohne vom Landtag bewilligten Etat durch. Damit waren die Weichen gestellt für den Aufbau einer starken preußischen Militärmacht im aus der Sicht Bismarcks eher unvermeidlichen Machtkampf um die Hegemonie in Mitteleuropa.

Grundsätzlich war Preußen in diesen Jahren offen für eine Reform des Deutschen Bundes, solange dabei die alleinige oder gemeinsame Vorrangstellung mit Österreich garantiert war. Eine mögliche Teilung der Interessenssphären etwa an der Mainlinie scheiterte an Österreichs Mißtrauen gegenüber dem expansiven Preußen.

1863 übernahm dann Österreich die Initiative in der deutschen Frage und entwickelte einen Plan für eine umfassende Reform des Deutschen Bundes. Preußen lehnte den Plan ab, am Fürstentag in Frankfurt 1863, wo der österreichische Reformplan diskutiert werden sollte, nahm der preußische König auf massiven Druck Bismarcks hin nicht teil.

Im gleichen Jahr 1863 hatte Preußen auch in der europäischen Politik ein deutliches Signal gesetzt. Das europäische Mächtegleichgewicht schien mehr und mehr durch Napoleon III. gestört, so daß die Beziehungen zwischen Frankreich und Rußland abkühlten, zumal Napoleon den Aufstand der Polen gegen die Fremdherrschaft des Zaren unterstützte. Für Preußen kam die Entwicklung gelegen, da ein enges Bündnis der beiden Mächte Preußens Spielraum erheblich einschränkte. Bismarck nützte die Situation, bezog eindeutig gegen die polnischen Unabhängigkeitsbestrebungen Stellung, zumal sie auch Preußen bedrohten. In der Militär-Konvention von Alvensleben vereinbarten Rußland und Preußen gegenseitige Unterstützung bei der Verfolgung und Bekämpfung der polnischen Aufständischen. Die Konvention war im Grunde eine eindeutige prorussische und antifranzösische Demonstration, militärisch zwar folgenlos, aber diplomatisch ausgesprochen effektiv, da von nun an die Beziehungen zwischen Rußland und Frankreich gestört blieben, der Zangendruck auf Preußen wegfiel.

Die neuen Möglichkeiten Preußens zeigten sich schon in der nächsten europäischen Krise, der **Frage Schleswig-Holsteins**. König Christian IX. von Dänemark versuchte, im Widerspruch zu den vereinbarten Londoner Protokollen von 1852, das Herzogtum Schleswig in den eigenen Staat zu integrieren. Die November-Verfassung Dänemarks von 1863, die das vorsah, wurde von Bismarck als klarer Verstoß gegen die Londoner Protokolle angeprangert, auch als Reaktion auf die leidenschaftlichen Proteste der nationalen Kräfte in Deutschland, die die Loslösung der Herzogtümer von Dänemark forderten.

Bismarck unterstützte diese Pläne nicht, sondern vertrat den legalistischen Standpunkt, wonach es darum ging, die bestehenden europäischen Verträge einzuhalten. Es gelang ihm dabei, auch Österreich auf seine Seite zu ziehen, ohne die anderen europäischen Mächte vor den Kopf zu stoßen.

Nachdem österreichische und preußische Truppen Holstein besetzten, auch in Schleswig einmarschierten und schließlich im Krieg gegen Dänemark siegreich blieben (Erstürmung der Düppeler Schanzen, Besetzung von Alsen), und da die europäischen Mächte sich nicht auf eine Intervention gegen Preußen-Österreich einigen konnten oder wollten, wurden schließlich die beiden Herzogtümer von Dänemark getrennt und den beiden Mächten als Kondominium unterstellt.

Erst im August 1865 konnten sich dann Preußen und Österreich im **Vertrag von Gastein** auf die Verwaltung einigen: Schleswig sollte von Preußen, Hostein von Österreich verwaltet werden, wobei es für Bismarck sicher ein diplomatischer Erfolg war, Österreich zu einer gemeinsamen Politik verführt zu haben, deren Ergebnis kaum im Interesse der Donaumonarchie liegen konnte.

Gegen die Vereinbarungen von Gastein protestierte die deutsche Nationalbewegung. Österreich wurde so in einem ersten Schritt von der nationalen Bewegung abgekoppelt. Vertieft wurde die Kluft dann gezielt durch Bismarck im Jahre 1866. Der preußische Ministerpräsident schlug eine Reform des Deutschen Bundes vor; danach sollte die

Bundesversammlung umgewandelt werden in ein gewähltes Parlament. Bismarck wußte, daß dies gleichbedeutend sein mußte mit dem Ausschluß Österreichs. Im Bund wurden die Pläne als das genommen, was sie auch waren: ein anti-österreichischer Schachzug Bismarcks, der den Boden bereitete für den nun unausweichlichen **Krieg mit Österreich**. Im Sommer 1866 verschärfte sich die Krise mehr und mehr, der Bundestag beschloß auf Antrag Österreichs noch die Bundesexekution, als Preußen bereits in Sachsen, Hannover und Kurhessen einmarschiert war. Am 3. Juli 1866 kam es zur entscheidenden Schlacht bei Königgrätz, in der die modernisierte preußische Armee dem Gegner überlegen war. In Verhandlungen in Paris gelang es Bismarck, mit Napoleon Vereinbarungen zu treffen über die neue Lage in Mitteleuropa: Auflösung des Deutschen Bundes, Selbständigkeit der süddeutschen Staaten, keine Gebietsverluste für Österreich, Schaffung des norddeutschen Bundes unter Preußens Führung. Um eine mögliche Intervention Frankreichs zu verhindern, wurden diese Verhandlungen dann gesichert im Vorfrieden von Nikolsburg am 26. Juni 1866.

Preußen war innerhalb weniger Jahre, ausgehend von einer innenpolitischen Krise, durch die Heeresreform einerseits und die strategisch effektive Außenpolitik Bismarcks, der den Kabinettskrieg als "ultima ratio" der Politik nicht scheute, zur militärischen und politischen Hegemonialmacht in Deutschland aufgestiegen.

2 Paul A. Pfizer beurteilt die Lage nach dem deutschen Bruderkrieg zwischen Preußen und Österreich zweifellos aus der **Position des süddeutschen Liberalen**.

Die antipreußische Haltung des Kommentars wird überaus deutlich an den wiederholten Klagen darüber, daß die großen Mächte, besonders also Preußen, das deutsche Schicksal bestimmen, nicht aber die Nation selbst.

Pfizer beurteilt die Lage wohl zutreffend, wenn er ihre große Bedeutung für die deutsche Zukunft hervorhebt. Er sieht dabei aber in erster Linie die Gefahr der Spaltung Deutschlands, die den Keim neuer Kriege in sich bergen könnte. Besonders schmerzlich für einen süddeutschen Nationalliberalen muß es dabei sein, daß offensichtlich die süddeutschen Staaten ausgeschlossen werden von einer möglichen Nationalversammlung. Pfizer scheint zwar die Auflösung des Deutschen Bundes zu begrüßen, der nach seiner Ansicht der Nation ein widerrechtliches und antiliberales "Bundesjoch" auferlegte, aber auch die neue Ordnung ist für ihn nicht akzeptabel, weil erneut "das Recht der Nation" mißachtet wird. Er vermißt die politische Repräsentation und den Einfluß des Volkes angesichts der machtstaatlichen "Lösung" der deutschen Frage.

Die Forderungen Pfizers liegen auf der Hand. Er tritt ein für einen umfassenden, also großdeutschen Bundesstaat, da nur ein solcher das Recht der Nation hinreichend beachte. Dabei plädiert er für die Wiederbelebung und Verbesserung der Verfassung von 1849, also auch für ein Parlament, das aus allgemeinen Wahlen hervorgehen sollte. Auf einer solchen Rechts- und Verfassungsgrundlage, begründet auf einer "höheren Idee", nach Pfizer zweifellos der Freiheitsgedanke, sollte dann ein dauerhafter Friede zwischen den Staaten möglich sein, nicht der "faule Frieden" nach dem preußischen Sieg.

3 Pfizer beurteilt das **Scheitern der Revolution von 1848/49**, insbesondere die Bedeutungslosigkeit der Verfassung von 1849 als einen Rechtsbruch. Nach seiner Auffassung haben also die Fürsten "rechtswidrig" das alte Bundesrecht wieder eingesetzt und "gewalttätig" die Reichsverfassung "verdrängt", "welche sich die Nation in freier Selbstbestimmung gegeben hatte".

Pfizers Einschätzung trifft insoweit zu, als die Fürsten die Revolution tatsächlich mit Gewalt niedergeworfen und dabei gegen eigene Zugeständnisse und Versprechungen gehandelt hatten. Aus der Sicht eines Vertreters einer liberalen Nationalbewegung muß es auch ein Verstoß gegen natürliches nationales Recht sein, wenn die Fürsten ohne Mitsprache des Bürgertums, also des Volkes im Sprachgebrauch Pfizers, die alte Bundesverfassung restituieren und damit sowohl der nationalen Einigung wie auch der konstitutionellen Bewegung eine Absage erteilen. Ziel dieser Politik der reaktionären Beseitigung revolutionärer Errungenschaften war dabei nicht die Einbindung liberaler Forderungen in ein fürstliches Herrschaftssystem, sondern die Erneuerung der alten obrigkeitsstaatlichen Ordnungen. Der Deutsche Bund fungierte dabei gleichsam als Instrument, die Reaktion durchzusetzen, so daß sich Pfizers Wort vom "Bundesjoch" erklären läßt.

Pfizers Vorwurf rechtswidriger Erneuerung des Bundesrechts trifft allerdings nur bedingt zu, da die Verfassung von 1849 so ohne weiteres nicht als geltendes Recht angesehen werden konnte. Andererseits kann man seiner Beurteilung zustimmen, wenn man die Lage in vielen Einzelstaaten betrachtet, wo die Verfassungsänderungen von 1848 mit meist illegalen Maßnahmen zurückgenommen wurden. Die neuen oktroyierten Verfassungen waren zwar teilweise Rückfälle in die Zeit der Restauration, zum Teil aber bewahrten sie liberale Elemente, die jedoch durch die antiliberalen Verwaltungssysteme unterdrückt wurden.

Pfizer macht es sich andererseits aber ein wenig zu leicht, wenn er für das Scheitern der Revolution und den Rückfall in die Reaktion nur die Fürsten und die Wiederbelebung des Deutschen Bundes verantwortlich macht.

Gescheitert ist die Revolution darüber hinaus auch an der Zersplitterung des Reiches und der damit verbundenen Vielzahl politischer Einheiten mit unterschiedlichen Traditionen. So entstanden auch für die Revolution derart unterschiedliche Rahmenbedingungen und Ansatzpunkte, daß ein einheitlicher revolutionärer Prozeß unmöglich war. Beispielsweise hatte der Liberalismus in den südwestdeutschen Gebieten eine ganz andere Tradition als der in Preußen oder Bayern. Auch die konfessionellen Gegensätze zwischen Nord und Süd oder die verschiedenen außenpolitischen Orientierungen im frankophilen Westen und im preußischen Osten oder im österreichischen Vielvölkerstaat dürfen als erhebliche Belastungen für eine erfolgreiche Revolution nicht unterschätzt werden. Die kulturellen, landsmannschaftlichen und historischen Unterschiede haben auch die Interessenlagen der Abgeordneten der Paulskirche mitbestimmt. Berücksichtigt man darüber hinaus, daß es bei den Verhandlungen der Verfassungsfragen nicht nur darum ging, einen liberalen und in Ansätzen demokratischen Konsens und eine praktikable Staatsform zu finden, sondern auch die nationale Frage zu lösen, dann mußten die Abgeordneten daran scheitern, sobald der revolutionäre Elan in gleichem Maße erlahmte wie die Erstarrung der fürstlichen Herren sich löste und einer aktiven reaktionären Gegenoffensive wich. Die Uneinigkeit der Revolutionäre oder zumindest derer, die Veränderungen wollten, zeigte sich auch noch nach dem Scheitern der Paulskirche an der Ablehnung der preußischen Unionspläne für die Bildung eines verfassunggebenden Parlaments in Erfurt. Die dort verabschiedete Verfassung, eine konservative Variante der Paulskirchen-Verfassung von 1849, trat dann jedoch ebenfalls nicht in Kraft, da Österreich entschieden dagegen opponierte und Preußen zur Aufgabe seiner Unionspläne zwang.

4 Der Prager Frieden nach dem Krieg von 1866 hatte die Bedingungen für eine Klärung der deutschen Frage spürbar verändert. Die Zersplitterung in Deutschland war durch die Expansion Preußens verringert, Österreich war im Grunde aus dem deutschen Einigungsprozeß herausgedrängt. Bismarck mußte sich allerdings begnügen mit der Konstruktion des norddeutschen Bundes unter preußischer Führung aus Rücksicht auf die mißtrauischen europäischen Großmächte, vor allem Frankreich, mußte folglich die Selbständigkeit der süddeutschen Staaten anerkennen.

Aber es war abzusehen, daß die vor allem ökonomische Sogwirkung des Nordens auf Dauer auch die süddeutschen Staaten zur Integration zwingen würde. Besonders der neu gestaltete **Zollverein** wurde zum Steuerungs-Instrument preußischer Politik. Die 1867 erlassene Verfassung des norddeutschen Bundes war im Grunde schon die Reichsverfassung von 1871, bereitete also den Rahmen für die Erweiterung des Bundes zum Reich, obwohl die süddeutschen Staaten in dieser Verfassung noch nicht erwähnt wurden.

In Süddeutschland waren die Ressentiments gegen Preußen immer noch so groß, daß bei den Wahlen zum Zollparlament 1867/68 die Anhänger einer kleindeutschen Einigung unter preußischer Führung große Verluste erlitten, aber auf Dauer suchte nun ein Großteil des liberalen Bürgertums sich mit Bismarck und dem preußischen Staat zu arrangieren, da man nur so das notwendige Ziel der nationalen Einheit zu erreichen glaubte. Die Gründung der Nationalliberalen Partei 1867 war dafür ein starkes Indiz.

Wie sehr die Reichsgründung von 1871 auf wirtschaftlichem Gebiet schon vorweggenommen wurde, beweist die Zusammenarbeit im Zollparlament, wo seit 1868 süddeutsche Abgeordnete zusammen mit den Vertretern des norddeutschen Bundes wichtige Weichenstellungen zur Schaffung eines einheitlichen Wirtschaftsraumes leisteten, etwa die Vereinheitlichung der Maße und Gewichte, die Koordination des Handelsrechtes und die Verfügung einer einheitlichen Gewerbeordnung. Es gab aber auch massive Opposition des Südens gegen die Freihandelspolitik des Nordens.

Neben die wirtschaftlichen Gründen traten starke sicherheitspolitische Notive für die süddeutschen Staaten, sich Preußen anzunähern. Es wurden Schutz- und Trutzbündnisse zwischen Preußen und den süddeutschen Staaten geschlossen, die vor allem gegen Gebietsforderungen Frankreichs gerichtet waren. Napoleon III. hatte seit der Niederlage Österreichs gegen Preußen immer wieder versucht, als Kompensation für die Gebiets- und Machterweiterung Preußens selbst sein Territorium zu vergrößern, hoffte auf die Zustimmung Preußens zur Annektierung Luxemburgs. Als diese jedoch daran scheiterte, daß 1867 im Londoner Vertrag die Neutralität Luxemburgs garantiert wurde, schien der Krieg zwischen Preußen und Frankreich kaum noch vermeidbar.

Der schwelende Konflikt brach dann aus über der Frage der spanischen Erbfolge, als das spanische Parlament einem Hohenzollern-Sigmaringer den spanischen Thron anbot. Napoleon konnte dies nicht akzeptieren, selbst wenn machtpolitisch kaum reale Gefahren bestanden. In einer geschickten Intrige suchte nun Bismarck Frankreich zu immer aggressiveren Stellungnahmen zu provozieren, bis es schließlich nach der Emser Depesche vor die Alternative demütigendes Nachgeben oder Kriegserklärung gestellt war.

Der **Krieg mit Frankreich** war durch die diplomatischen "Vorbereitungen" Bismarcks zu einem Krieg um die deutsche Einheit geworden, so daß den süddeutschen Staaten gar nicht die Wahl blieb, neutral zu sein. Die anderen europäischen Mächte sahen nach den aggressiven, von Bismarck auch verstärkten Tönen aus Paris auch keine Veranlassung einzugreifen. So kam es zu einem schnellen und vollkommenen Sieg der technisch und strategisch überlegenen preußisch-deutschen Armee gegen einen Gegner, der nicht vorbereitet war.

Am 18. Januar 1871 wurde schließlich in Versailles das Deutsche Kaiserreich proklamiert, nachdem in zähen Verhandlungen die süddeutschen Staaten davon überzeugt worden waren, daß es eine Alternative nicht gab.

Die Frage, ob und inwieweit "die Nation in freier Selbstbestimmung" an der Einigung beteiligt war, kann nicht eindeutig beantwortet werden. Unstrittig dürfte sein, daß der Einigungsprozeß seit 1867 in weiten Teilen der politischen Öffentlichkeit, insbesondere des Bürgertums, mit Zustimmung rechnen konnte. Neben handfesten wirtschaftlichen Interessen war es die nationale Gesinnung, die dann auch im Krieg gegen Frankreich und der anschließenden Reichsgründung ihren euphorischen Höhepunkt erfuhr.

Als Beleg für einen Akt freier Selbstbestimmung könnten auch die allgemeinen, freien, gleichen, geheimen und unmittelbaren Wahlen zum Reichstag 1871 gelten.
Stärkeres Gewicht scheinen jedoch Begleitumstände zu haben, die gegen eine freie **Selbstbestimmung der Nation** sprechen. So muß der Einigungsprozeß insgesamt doch gesehen werden als Strategie der preußischen Machtpolitik, wie Bismarck sie verstand. Der nationale Wille diente ihm dabei oft nur als Instrument, nicht so sehr als Legitimation. Erkennbar wird das am Intrigenspiel vor dem deutsch-französischen Krieg wie auch an den Geheimverhandlungen, die letztlich dazu führten, daß der bayerische König Ludwig II. gegen Zahlung einer beträchtlichen Summe sich bereit erklärte, dem preußischen König die Kaiserkrone anzutragen.
Ein Symbol war es sicherlich auch, daß die Reichsproklamation unter Ausschluß des Volkes stattfand, vielmehr als Ergebnis von Entscheidungen der Fürsten gefeiert wurde, mehr oder weniger gesteuert von Bismarck.

Die Verfassung des neuen Reiches billigte dem Volke zwar eine Vertretung zu, den Reichstag, aber im Kräftespiel der verschiedenen Organe war der Macht- und Souveränitätsanspruch der Fürsten dominant. Im Bundesrat hatten die fürstlichen Regierungen der Länder ein starkes Mitwirkungsrecht, die Exekutive lag eindeutig beim Kaiser und seinem nur ihm verantwortlichen Kanzler, eine eigene Reichsverwaltung gab es nicht, sondern die Regierung stützte sich auf die ehemals königliche, jetzt kaiserliche preußische Verwaltung.

5 Bei der **Entstehung der Bundesrepublik Deutschland und des Grundgesetzes** wirkte das deutsche Volk trotz zwingender Vorgaben der alliierten Siegermächte entscheidend mit. Ermöglicht wurde dies schon dadurch, weil der Aufbau des politischen Lebens nach dem Zusammenbruch 1945 in der amerikanischen und britischen Zone von unten nach oben erfolgte. Die Demokratie und die demokratische politische Kultur wurden zunächst auf kommunaler und Länderebene entwickelt, zwar in von den Besatzungsmächten vorgegebenen anfangs engen Grenzen, aber doch in der Praxis gestaltet von den Deutschen selbst unter zunehmend mehr Gestaltungsraum.

Die eigentliche Gründungsphase der Bundesrepublik als Reflex auf die wirtschaftlichen und sicherheitspolitischen Folgen des beginnenden Ost-West-Konflikts beginnt mit der Londoner Sechs-Mächte-Konferenz. Dort einigten sich die drei Besatzungsmächte und die drei Benelux-Staaten auf grundlegende Richtlinien für einen zukünftigen deutschen Weststaat. Diese Londoner Empfehlungen, im Schlußkommunique der Londoner Konferenz am 7. Juni 1948 veröffentlicht, wurden am 1. Juli 1948 als "**Frankfurter Dokumente**" den elf westdeutschen Ministerpräsidenten übergeben mit dem Auftrag, auf der Basis dieser Dokumente die zukünftige politische Gestaltung Deutschlands zu organisieren. In den folgenden Wochen diskutierten die Ministerpräsidenten die Dokumente auf mehreren Konferenzen, zum Teil mit den alliierten Militärgouverneuren gemeinsam, bis am 26. Juli 1948 eine vorläufige Einigung erzielt wurde. Bereits diese Konferenzen und die Einwände der Ministerpräsidenten zeigten, daß sich die deutschen Vertreter nicht als Befehlsempfänger verstanden, sondern als verantwortliche Repräsentanten des deutschen Volkes. So ist auch zu erklären, daß man die Dokumente erst nach Beratungen in den Landtagen kommentieren wollte. Die Beratungen bei den Konferenzen im Juli 1948 waren begleitet von Diskussionen in den Parteizentralen, so daß durchaus von einer öffentlichen Diskussion gesprochen werden kann. Die zunächst eher skeptische und zögerliche Reaktion der Deutschen auf die Dokumente, die besonders von amerikanischer Seite heftig kritisiert wurde, betraf vor allem die Differenzen über den staatlichen Charakter des zu schaffenden politischen Gebildes, da man aus deutscher Sicht mit der Gründung eines eigenen Weststaates die Einheit zu gefährden glaubte. Schließlich einigte man sich darauf, die von den Besatzungsmächten geforderten Schritte zu tun, aber die Vorläufigkeit der Staatsgründung zu betonen.

Im August 1948 wählten die Länderparlamente schließlich die Abgeordneten für den **Parlamentarischen Rat** in Bonn, insgesamt 65 Delegierte sowie fünf Berliner Abgeordnete ohne Stimmrecht. Am 1. September 1948 wurde der Parlamentarische Rat eröffnet, der zwar in seinen Entscheidungen nicht souverän sein konnte in einem besetzten Land, der sich aber auch nicht als ausführendes Organ des alliierten Willens verstand, sondern als Repräsentationsorgan des deutschen Volkes, das Vereinbarungen mit den Siegern traf. Wie wenig sich der Parlamentarische Rat als Vollzugsorgan allierter Wünsche verstand, wird erkennbar am deutsch-alliierten Verfassungsstreit, in dem es vorrangig um die Verteilung der Zuständigkeiten in Steuerangelegenheiten zwischen dem Bund und den Ländern, also um das Maß an Föderalismus ging und um die Information über das Besatzungsstatut. Am 25. April 1949 einigte man sich auf einen Kompromiß, nachdem die westlichen Außenminister auf einer Konferenz in Washington sich auf Konzessionen gegenüber den deutschen Positionen verständigten. Am 8. Mai 1949 fand im Parlamentarischen Rat die Schlußabstimmung über das Grundgesetz statt, das mit 53 gegen 12 Stimmen angenommen wurde. U. a. stimmten die CSU-Vertreter aus Bayern dagegen, weil sie im GG zu wenig föderalistische Elemente sahen. Bayern war dann auch das einzige Land, in dem der Landtag gegen das Grundgesetz stimmte. Der bayerische Landtag entschied aber mit Mehrheit, auch für Bayern das Grundgesetz zu akzeptieren, wenn zwei Drittel der Länder dafür sein sollten. Am 23. Mai 1949 wurde das Grundgesetz feierlich verkündet und trat mit Ablauf des Tages in Kraft.
Mit den freien Wahlen zum 1. Deutschen Bundestag findet die Gründung der Bundesrepublik auch aus dem souveränen Willen des Volkes heraus ihren Abschluß.

Der deutsche Einigungsprozeß 1989/90 ist ebenfalls nur erklärbar als ein Zusammenwirken von günstigen internationalen Bedingungen und dem Willen des Volkes. Erst die ökonomische Krise der Sowjetunion und die Reformpolitik Gorbatschows führten zu einer derartigen Destabilisierung des Ostblocks, daß die oppositionellen Gruppen in den osteuropäischen Staaten, auch in Berufung auf die KSZE-Schlußakte, nicht mehr zu unterdrücken waren. In der DDR dauerte es vergleichsweise lange, bis die Oppositionsbewegung vor allem in der evangelischen Kirche zur echten Herausforderung für das Regime werden konnte. Beginnend mit einer starken Ausreisewelle, mit der Besetzung der bundesrepublikanischen Botschaften in den Nachbarstaaten und Massendemonstrationen v. a. in Leipzig steigerte sich die Dynamik der friedlichen Revolution, bis das DDR-Regime ohnmächtig die Mauer öffnen mußte und zusammenbrach.

Die ursprüngliche Zielsetzung einer Reform des Systems und des freien Verkehrs zwischen den beiden deutschen Staaten wurde bald ersetzt durch weitergehende Forderungen nach Vereinigung. Die Bonner Regierung, voran der Kanzler Kohl, zögerte nicht und nutzte die Gunst der Stunde, zumal die für eine Lösung der deutschen Frage zuständigen Siegermächte des Zweiten Weltkrieges Zustimmung zu einem Vereinigungsprozeß signalisierten. Die Zwei-Plus-Vier-Gespräche und die sich daraus ergebenden Verträge vollzogen dann, was von der überwiegenden Mehrheit der Menschen in beiden deutschen Staaten plebiszitär ("Wir sind das Volk!") oder repräsentativ als Wille artikuliert worden war. So sahen es auch die Außenminister der vier Siegermächte in ihrer Bonner Erklärung am 5. Mai 1990: "Der Wille der Deutschen, ihre Vereinigung ordnungsgemäß und ohne Verzögerung zu vollziehen, wurde von allen Teilnehmern anerkannt."
Die deutsche Einigung wurde dann besiegelt durch die ersten gesamtdeutschen Wahlen am 2. Dezember 1990.

Leistungskurs Geschichte (Bayern) 1994 – Aufgabe II
Die Industrialisierung als historisches Phänomen: Bedingungen und Folgen in Staat und Gesellschaft

		BE
1	Erarbeiten Sie aus der folgenden Bittschrift von 1819, welche Forderungen erhoben werden, und überprüfen Sie, inwiefern sich darin liberales Gedankengut findet!	10
2	Stellen Sie die wichtigsten Stationen auf dem Weg zur Überwindung der Zollschranken innerhalb des Deutschen Bundes bis 1866 dar, und bewerten Sie die wirtschaftliche und politische Bedeutung dieser Entwicklung!	14
3	Untersuchen Sie die Gründe und Motive, deren Zusammenwirken 1878/79 zu einer Änderung der deutschen Zollpolitik führte!	12
4	Erörtern Sie anhand von Beispielen, inwieweit die nationalsozialistische Wirtschafts- und Sozialpolitik zwischen 1933 und 1939 in die bestehende Wirtschaftsordnung eingriff!	14
5	Zeigen Sie, inwieweit die "soziale Marktwirtschaft" der Bundesrepublik Deutschland auf liberalen Grundsätzen beruht!	10

Aus der "Bittschrift an die Bundesversammlung" vom 14. April 1819 der zur Ostermesse in Frankfurt am Main versammelten deutschen Kaufleute und Fabrikanten:

"[...] In einem Lande[1], wo notorisch die Mehrzahl der Fabriken entweder eingegangen ist oder ein sieches Leben kümmerlich dahinschleppt, wo die Messen und Märkte mit Waren fremder Nationen überschwemmt sind, wo die Mehrzahl der Kaufleute fast untätig geworden ist, bedarf es da noch näheren Beweises, daß das Übel den höchsten Grad erreicht habe? [...] Einzig in den Mängeln der gesellschaftlichen Ordnung in Deutschland suchen und finden wir die Ursache des Übels. Vernünftige Freiheit ist die Bedingung aller physischen und geistigen Entwicklung des Menschen. Wie der menschliche Geist niedergehalten wird durch Bande des Gedankenverkehrs, so wird der Wohlstand der Völker gebeugt durch Fesseln, welche der Produktion und dem Verkehr materieller Güter angelegt werden. Nur alsdann werden die Völker der Erde den höchsten Grad des physischen Wohlstands erreichen, wenn sie allgemeinen, freien, unbeschränkten Handelsverkehr unter sich festsetzen. Wollen sie sich aber gegenseitig recht schwächen, so müssen sie nicht nur die Ein- und Ausfuhr und den Durchgang fremder Güter durch Verbote, Auflagen, Sperrung der Schiffahrt usw. erschweren, sondern die gegenseitige Kommunikation ganz aufheben. [...]

Umgürtet von englischen, französischen, niederländischen usw. Douanen[2], tut Deutschland als Gesamtstaat nichts, was jene nötigen könnte, zur allgemeinen Handelsfreiheit, durch welche Europa allein den höchsten Grad der Zivilisation erreichen kann, die Hände zu bieten. Dagegen beschränken aber die Deutschen sich selbst um so mehr. Achtunddreißig Zoll- und Mautlinien in Deutschland lähmen den Verkehr im Innern und bringen ungefähr dieselbe Wirkung hervor, wie wenn jedes Glied des menschlichen Körpers unterbunden wird, damit das Blut ja nicht in ein anderes überfließe. Um von Hamburg nach Österreich, von Berlin in die Schweiz zu handeln, hat man zehn Staaten zu durchschneiden, zehn Zoll- und Mautordnungen zu studieren, zehnmal Durchgangszoll zu bezahlen. Wer aber das Unglück hat, auf einer Grenze zu wohnen, wo drei oder vier Staaten zusammenstoßen, der verlebt sein ganzes Leben mitten unter feindlich gesinnten Zöllnern und Mautnern; der hat kein Vaterland.

Trostlos ist dieser Zustand für Männer, welche wirken und handeln möchten; mit neidischen Blicken sehen sie hinüber über den Rhein, wo ein großes Volk vom Kanal bis an das Mittelländische Meer, vom Rhein bis an die Pyrenäen, von der Grenze Hollands bis Italien auf freien Flüssen und offenen Landstraßen Handel treibt, ohne einem Mautner zu begegnen. Zoll und Maut können, wie der Krieg, nur als Verteidigung gerechtfertigt werden. [...]

Endlich erheischt die Natur des Deutschen Bundes unerläßlich die von uns vorgeschlagenen Maßregeln. [...]

Ein Staatenbund, wie jede andere bürgerliche Gesellschaft, wird immer nur der Form, nie dem Wesen nach bestehen, wenn derselbe nicht auf der Einheit der Interessen aller Individuen beruht. Daher halten wir die Zoll- und Mautlinien im Innern Deutschlands, welche die Bewohner der übrigen deutschen Staaten und fremde Nationen gleich behandeln, für Bande, welche, solange sie in Deutschland bestehen, weder Nationalwohlstand noch Nationalgefühl aufkommen lassen. [...]

Die alleruntertänigst Unterzeichneten [...] wagen es demnach, einer hohen Bundesversammlung die alleruntertänigste Bitte vorzutragen:

1. Daß die Zölle und Mauten im Innern Deutschlands aufgehoben, dagegen aber
2. ein auf dem Grundsatz der Retorsion[3] beruhendes Zollsystem gegen fremde Nationen aufgestellt werden möchte, bis auch sie den Grundsatz der europäischen Handelsfreiheit anerkennen. [...]"

[1] gemeint ist Deutschland
[2] Douanen: Zollschranken
[3] Retorsion: Vergeltungsmaßnahme

Aus: E. v. Beckerath u. a. (Hrsg.): Friedrich List: Schriften, Reden, Briefe, Bd. 1, II. Durchgesehener Neudruck der Ausgabe Berlin 1933. Aalen 1971, S. 491 ff.

Lösungen

1 Am Ende des Textes formulieren die Unterzeichner konkrete Forderungen: Beseitigung der Zölle im Inneren Deutschlands und Erhebung von Außenzöllen als Vergeltungsmaßnahme und als Instrument zur Schaffung einer möglichst weitgehenden Handelsfreiheit zwischen den europäischen Staaten.

Im Text finden sich weitere Forderungen, beginnend mit dem allgemeinen Bekenntnis zur "vernünftigen Freiheit" als Voraussetzung für die "physische und geistige Entwicklung des Menschen". Konkretisiert wird die Forderung nach allgemeiner bürgerlicher Freiheit insbesondere in dem Ruf nach freiem Güterverkehr zwischen allen Völkern, also nach freiem Welthandel, durch Beseitigung der "Verbote, Auflagen, Sperrung der Schiffahrt". Im Falle Deutschlands sehen die Autoren einen engen Zusammenhang zwischen Freihandel und Überwindung der Kleinstaaterei, fordern also die Stärkung des Nationalgefühls. Nicht zufällig wird dabei Frankreich als Vorbild angesprochen.

Daß die Argumentation des Textes an **liberales Denken** anknüpft, wird schon daran sichtbar, daß die Beweisführung von der Grundprämisse ausgeht, "vernünftige Freiheit" sei "die Bedingung der physischen und geistigen Entwicklung des Menschen". Freiheit, verstanden im Sinne der Aufklärung auch als die Fähigkeit zu vernünftigem Handeln, ist also Voraussetzung für die Entfaltung des Menschen.

Sehr schnell kommen die Verfasser allerdings von der philosophischen Grundaussage des Liberalismus zu ihrem eigentlichen Anliegen, der Forderung nach Rahmenbedingungen für den freien Handel. Hier wird die Grundformel des Wirtschaftsliberalismus der damaligen Zeit aufgegriffen, wonach erst der freie Handel zwischen den Staaten einen allgemeinen Aufschwung fördert und damit den nationalen Wohlstand.
Ganz im Sinne liberalen Denkens ist auch der Hinweis auf den Zusammenhang von Krise der Unternehmen und Untätigkeit der Kaufleute. Die fehlende Handelsfreiheit wird dabei verantwortlich gemacht für die Lähmung der Unternehmerinitiative. Dies ist mit anderen Worten die liberale Grundtheorie, daß freie Individuen erst in einem freiheitlichen System sich optimal entfalten können, daß der Aufschwung in der Wirtschaft durch aktives, freies Unternehmertum garantiert wird.
Vom Grundsatz her hat die Forderung nach nationaler Einheit, verbunden mit der Hoffnung auf einen deutschen Nationalstaat als der für den freien Handel günstigsten politischen Organisationsform, mit der liberalen Theorie selbst wenig zu tun. Es zeigt sich hier jedoch die für die Entwicklung in Deutschland kennzeichnende Einheit von nationalem und liberalem Denken. Dabei wird die staatliche Einheit der Nation nicht nur gesehen als notwendiger größerer Rahmen einer konkurrenzfähigen Wirtschaft, sondern in den Bitten am Ende des Textes wird indirekt spürbar die Hoffnung, daß die Schaffung eines größeren Wirtschaftsraumes durch Beseitigung der Zollgrenzen ein erster Schritt zur nationalen Einigung sein könne.

Ein offensichtlicher Widerspruch gegen liberales Denken liegt vor bei der Forderung nach Zollgrenzen gegenüber dem Ausland. Versteht man solche Zölle jedoch wie die Unterzeichner als Kampfzölle für die schrittweise Einführung eines weltweiten Freihandels, so löst sich dieser Widerspruch zumindest teilweise.

2 Die Lagebeurteilung im Text weist darauf hin, daß nach der Neuordnung auf dem Wiener Kongreß die Hoffnungen auf einen Abbau der Handelshemmnisse durch einen gemeinsamen deutschen Markt sich nicht erfüllt hatten. Die deutsche Wirtschaft, insbesondere Handel und Industrie gerieten gegenüber den führenden Industrie- und Nationalstaaten England und Frankreich mehr und mehr ins Hintertreffen.

In Artikel 19 der Bundesakte des 1815 gegründeten **Deutschen Bundes** wird als Ziel auch die Vereinheitlichung von Handel und Verkehr fixiert, ohne daß dies jedoch zunächst spürbare Folgen hatte, zumal besonders Bayern gegen weitergehende Pläne war. Ein erster wichtiger Impuls für die Schaffung eines großen deutschen Wirtschaftsgebiets kam dann auch aus dem Norden. Preußen war schon deshalb Vorreiter einer **Beseitigung von Zollgrenzen**, da die eigene territoriale Ausweitung und Zersplitterung eine integrative Klammer durch ein einheitliches Wirtschaftsgebiet forderten. Diesem Ziel sollte das Zollgesetz von 1818 dienen. Mit den dort festgelegten hohen Durchfahrzöllen für "ausländische Waren" wollte man die von preußischem Gebiet umgebenen Territorien zu einem Beitritt zum eigenen Zollgebiet praktisch erpressen. Die vorliegende Bittschrift des neu gegründeten "Handels- und Gewerbeverbandes" war eine Reaktion auf diese preußische Zollpolitik.

Der preußische Alleingang provozierte bei den übrigen Staaten des Deutschen Bundes zunächst heftige Kritik, dann aber Bemühungen um eigene Zollvereinigungen. Zwar schlossen einige süddeutsche Staaten, u. a. Bayern, 1820 einen Zollvertrag, doch zu echten Vereinigungen kam es nicht, da Bayern seine Zollhoheit nicht aufgeben wollte.

In Preußen verfolgte dagegen Friedrich von Motz, seit 1825 Finanzminister, eine Politik der Zollvereinigung schon mit Blick auf eine nationale Einigung, da er nicht an die Möglichkeit glaubte, im Rahmen von Klein- und Mittelstaaten die wirtschaftlichen und sozialen Probleme der Zeit zu lösen. Zolleinigung war für ihn ein erster Schritt zur staatlichen Einigung. Es gelang, den von Preußen geführten Zollverein auf Anhalt und 1828 auf Hessen-Darmstadt auszudehnen, also nach Süden vorzudringen.

Gegen die preußischen Initiativen kam es, auch mit Unterstützung Österreichs, zur Bildung eines Mitteldeutschen Zollvereins 1828 mit Mitgliedern, die sich handelspolitisch von Preußen besonders bedroht fühlten, etwa Hannover, Kurhessen, Nassau, Sachsen oder auch Bremen und Braunschweig. Im gleichen Jahr schlossen sich Bayern und Württemberg zu einem eigenen Zollverein zusammen.

Die wirtschaftliche und politische Überlegenheit Preußens zwang jedoch die anderen Vereinigungen von vornherein in die Defensive, so daß schließlich die süddeutschen Staaten 1829 einen Vertrag mit Preußen zu schließen bereit waren. Diese zunächst lokkere Verbindung wurde dann 1833 zu einem festen Verbund des preußisch-hessischen und des bayerisch-württenbergischen Zollvereins weiterentwickelt. Für dieses neue System wurde der Begriff "Deutscher Zollverein" üblich, der 1834 dann offiziell mit dem Fall der Zollschranken Realität wurde und sich in den folgenden Jahren schrittweise erweiterte. Ausgeschlossen aus dem Zollverein blieb allerdings Österreich.

Die Bedeutung des **Deutschen Zollvereins** ist zunächst wirtschaftlich zu bewerten. Ganz im Sinne Friedrich Lists, eines der Verfasser der Denkschrift, schuf der Zollverein mit einem großen einheitlichen Wirtschaftsraum und damit auch einem erheblich vergrößerten Binnenmarkt Grundvoraussetzungen für eine zügige Industrialisierung. Der ungehinderte Warenverkehr und vor allem die großräumige Planung und Realisierung der Infrastruktur trugen erheblich dazu bei, daß die Wirtschaft in Deutschland gegenüber England von nun an aufholen konnte. Es erfüllte sich auch die Prognose der Bittschrift, wonach der Fall der Zollgrenzen die unternehmerischen Aktivitäten beleben würde. Im vergrößerten deutschen Wirtschaftsraum verbesserten sich die Möglichkeiten der Kapitalbildung und damit wuchs das Investitionspotential.

Die politische Bedeutung der Vereinheitlichung des Wirtschaftsgebietes im Zollverein wird in erster Linie am Ausschluß Österreichs erkennbar. Preußen hatte über die Dominanz im Zollverein die Weichen gestellt für eine Entscheidung des Dualismus mit Österreich zu seinen Gunsten. Somit war die Richtung für eine kleindeutsche Lösung unter Preußens Führung bereits handelspolitisch vorgegeben.

Es darf in diesem Zusammenhang jedoch nicht übersehen werden, daß die zollpolitischen Bemühungen Preußens weniger motiviert waren von dem Wunsch nach nationaler Einheit oder gar nach demokratischen Strukturen in einem liberalen Wirtschaftsraum. Im Zollverein galt, besonders auch von Preußen gewollt, nach wie vor die Souveränität der Fürsten, eine nationalstaatliche Einheit im Sinne liberalen Bürgertums lag ganz und gar nicht im Interesse der beteiligten Staaten.

Man darf also zusammenfassend feststellen, daß die Vereinheitlichung des deutschen Wirtschaftsraumes ohne Österreich zwar die spätere Nationalstaatslösung vorzeichnete, aber nicht mit dieser Intention entstanden war.

3 1878/79 kam es im Deutschen Reich zu einem grundlegenden Wandel der Wirtschaftspolitik von einer liberalen Freihandelspolitik zur **Schutzzollpolitik**, verbunden mit einem "Koalitionswechsel" Bismarcks von den Nationalliberalen zu den Konservativen und zum Zentrum.

Die naheliegenden Motive für den Kurswechsel sind aus der wirtschaftlichen Entwicklung seit der Reichsgründung von 1871 zu erschließen. Die Gründung des deutschen Nationalstaates ebenso wie der Güterbedarf in der Folge des deutsch-französischen Krieges hatten ökonomisch starke Impulse gesetzt, der rasante Ausbau der Produktionskapazitäten hatte ein Überangebot bewirkt, verbunden mit Preisverfall und Wachstumsabschwächung. Zumindest krisenverschärfend dürfte sich auch der Kapitalzufluß auf den deutschen Markt durch die französischen Reparationszahlungen ausgewirkt haben. Für viele Unternehmen, die zu sehr auf dynamisches Wachstum gesetzt hatten und die in der Phase der Abschwächung nicht die nötige Substanz besaßen, kam das Aus. 1873 erschütterte die "Gründerkrise" die deutsche Wirtschaft. In den folgenden Jahren schwächte sich die Konjunktur erheblich ab, zumal auch im Ausland wegen des weltweiten Warenüberangebots kaum Absatzchancen zu vernünftigen Preisen bestanden. Vielmehr drängten billige Importe auf den Binnenmarkt und verringerten die Marktchancen der deutschen Unternehmen zusätzlich. Der Ruf nach staatlichem Schutz der deutschen Anbieter durch Verteuerung der Importe wurde immer lauter.

Dem Staat kamen solche Forderungen nicht ganz ungelegen, ließen sich doch durch erhöhte Zolleinahmen die finanziellen Möglichkeiten des Reiches steigern, zumal die Finanzverfassung die Zentralregierung gegenüber den Ländern deutlich benachteiligte. Das Reich, als "Kostgänger" der Länder, sah in Zolleinnahmen einen attraktiven Weg aus der Abhängigkeit.

Die Wende von der liberalen Freihandelspolitik zur später als Neomerkantilismus bezeichneten Schutzzollpolitik läßt sich mit wirtschaftlichen Gründen allein nicht erklären, zumal der Staat außer der Zollerhöhung keine entsprechende Wirtschaftspolitik betrieb. Motive werden deshalb auch im gesellschaftlichen und politischen Bereich zu finden sein. Nicht zufällig fällt der Beginn der Schutzzollpolitik zusammen mit der Kampfpolitik gegen die Arbeiterschaft, genauer gegen die politisch organisierte Arbeiterschaft. Bismarck und die herrschenden Eliten des Reiches sahen in der erstarkenden Sozialdemokratie eine Bedrohung der bestehenden Ordnung, so daß es nötig schien, dagegen eine gemeinsame Front aufzubauen. So lag es innen- und gesellschaftspolitisch nahe, sich der Loyalität der neu entstehenden wirtschaftlichen Interessenverbände auf Arbeitgeberseite zu versichern durch eine entsprechende Politik. Die Zusammenarbeit mit industriellen Arbeitgeberverbänden oder auch Bauernvereinen in der Schutzzollpolitik diente den ökonomischen Interessen der Lobbyisten ebenso wie den innenpolitischen Interessen des Staates. Das Bündnis Bismarcks mit den konservativen Kräften aus Industrie und Landwirtschaft gegen die Sozialdemokratie war schon deshalb notwendig, da der Kanzler angesichts des wirtschaftspolitischen Richtungswechsels die Unterstützung der Liberalen verlor, die er nach Beendigung des Kulturkampfes gegen das Zentrum und die katholische Kirche auch nicht mehr umwerben mußte. So mag die Wende zur Schutzzollpolitik zwar nicht durch machtpolitische Erwägungen Bismarcks verursacht worden sein, erleichtert und gefördert wurde sie dadurch mit Sicherheit.

4 Geht man von den programmatischen Äußerungen der NSDAP vor 1933 aus, so wären massive Eingriffe in die Wirtschafts- und Sozialordnung zu erwarten gewesen. Starke antikapitalistische Passagen, auch in Hitlers "Mein Kampf", deuteten auf Verstaatlichung weiterer Bereiche der Großindustrie und Enteignungen hin, wenn z. B. Formeln wie "Gemeinnutz geht vor Eigennutz" (Grundsatzprogramm der NSDAP) auf "sozialistische" Ziele hinwiesen.

Nach 1933 war von solchen tiefgreifenden Korrekturen im Sinne einer antikapitalistischen oder gar sozialistischen Wirtschaftsordnung nicht mehr die Rede. Allerdings verwirklichte Hitler umgehend eines seiner grundlegendsten Ziele, nämlich die Unterordnung der Wirtschaft unter die eigenen politischen Ziele, also Durchsetzung totalitärer Machtstrukturen gegen pluralistische Interessenvielfalt, Vorbereitung des Krieges durch Aufrüstungspolitik und Autarkiepolitik vor allem durch Förderung der Landwirtschaft.

Im einzelnen läßt sich die **NS-Wirtschaftspolitik** in ihrer Widersprüchlichkeit zwischen programmatischem Anspruch und realisierter Praxis belegen an der Gestaltung des elementaren Spannungsfeldes Kapital und Arbeit, also an der Beziehung zwischen Arbeitgeber und Arbeitnehmer. Die Nationalsozialisten beließen es beim Privatbesitz und bei der Verfügungsgewalt der Unternehmer über das Kapital, sieht man einmal von den erheblichen Enteignungen jüdischer Unternehmer und Geschäftsleute ab. Andererseits beseitigte jedoch das neue Regime fundamentale Prinzipien eines freien und gleichberechtigten Interessenausgleichs mit der Zerschlagung der freien Gewerkschaften. Die Tarifautonomie wurde ersetzt durch staatliche Steuerung der Tarif- und Lohnpolitik über die "Treuhänder der Arbeit", Parteifunktionäre, die letztlich die Arbeitsverträge abschlossen. Sehr bald wurde dann die "Deutsche Arbeitsfront", eine Zwangsvereinigung der Arbeitnehmer und Arbeitgeber, zum Lenkungs- und Kontrollinstrument, mit dem die NSDAP die Beziehungen zwischen Arbeitgebern und Arbeitnehmern zentral regelte. Abgeschlossen war diese Gleichschaltung der Arbeitswelt bereits im Mai 1933. Im Grunde war mit dem "Gesetz über Treuhänder der Arbeit" vom 19. Mai 1933 die schrittweise Durchsetzung des Führerprinzips begonnen worden, begleitet von Terroraktionen gegen oppositionelle Betriebsräte, die aufgrund eines "Gesetzes über Betriebsvertretung und wirtschaftliche Vereinigung" entlassen werden konnten, wenn der "Verdacht staatsfeindlicher Betätigung" bestand.

In ganz anderer Weise griff der Staat in die Wirtschaft ein über die **Finanzpolitik**, für die Hjalmar Schacht, seit 1923 mit Unterbrechung Reichsbankpräsident, verantwortlich war. Er unterstützte die Aufrüstungspoltik Hitlers mit einer Politik der Verschuldung durch die sog. "Mefo-Wechsel" (Metall-Forschungs-GmbH). Das Versprechen der Reichsbank, die Wechsel nach 5 Jahren mit großem Gewinn zurückzuzahlen, brachte riesige Geldmengen in die Staatskasse, ohne daß durch Druck von Geld inflationäre Tendenzen erzeugt wurden. Als die Rückzahlungen später fällig waren, verhinderte Hitler durch Verlängerung die Auszahlungen. Die Staatsverschuldung stieg derart drastisch an, daß nur noch ein Krieg den Zusammenbruch verhindern konnte. Schacht sah dies und wurde wegen seiner Kritik entlassen.

Nicht nur die Finanzpolitik steuerte ganz bewußt auf die "Lösung" durch einen Krieg hin, auch der erste Vierjahresplan für die Wirtschaft war eindeutig auf eine Umorientierung der Produktion von der Konsumgüterindustrie zu kriegswichtigen Gütern geprägt: "Kanonen statt Butter". Am Ende des 1936 konzipierten Vier-Jahres-Planes sollte die deutsche Armee für den Krieg um Lebensraum im Osten, dem erklärten Endziel aller Hitlerschen Politik, bereit sein.

Als ein besonderes Verdienst wurde von den Zeitgenossen die erfolgreiche Bekämpfung der Massenarbeitslosigkeit angesehen. Abgesehen davon, daß dabei der Verlust der Organisations- und Tarifautonomie der Arbeiterschaft übersehen wurde, war die Bekämpfung der Arbeitslosigkeit deshalb rasch erfolgreich, weil weltweit nach der Krise von 1929 die Arbeitslosigkeit zurückging und zusätzlich in Deutschland durch Arbeitsbeschaffungsprogramme der Arbeitsmarkt politisch stark beeinflußt wurde. Ein Teil der Programme diente dabei der Aufrüstung bzw. Kriegsvorbereitung.

Nicht alle Maßnahmen waren übrigens vernünftige Strategien zur Bekämpfung der Arbeitslosigkeit, da beispielsweise Arbeitsdienst und Arbeitsbeschaffungsprogramme nicht an der ökonomischen Rentabilität gemessen wurden, sondern nur dazu dienten, eine reale Arbeitslosigkeit künstlich zu verschleiern, wie dies beispielsweise in den Volksdemokratien nach 1945 ebenfalls praktiziert wurde mit dem Ergebnis zunehmender Produktivitätsverluste der Volkswirtschaft.

Daß sich die nationalsozialistische Wirtschafts- und Sozialpolitik weniger an ökonomischen oder gar sozialen Werten orientierte, sondern fast ausschließlich an ideologisch-politischen Zielsetzungen, läßt sich mühelos auch an der Agrarpolitik demonstrieren. Die politische Zielvorgabe war dabei, eine möglichst große Autarkie zu erreichen, mit Blick auf den von Hitler für unvermeidbar gehaltenen Krieg. Entsprechend wurde versucht, die Landwirtschaft so zu organisieren, daß sie Deutschland in die Lage versetzen würde, sich selbst zu ernähren. Verbrämt mit der abstrusen Blut- und Boden-Mythologie wurden gesetzliche Regelungen zur Erhaltung und Aufwertung des "Bauernstandes" erlassen, etwa das Erbhofgesetz. Die zunehmende Isolierung Deutschlands von den Weltmärkten führte allerdings auch zu unsinnigen Preiserhöhungen, vor allem bei Getreide.

Es lassen sich im Bereich der Wirtschafts- und Sozialpolitik sehr viele Beispiele finden, die belegen, daß der wirtschaftliche Aufstieg oder soziale Errungenschaften, die Hitler und seiner Partei als Erfolg zugeschrieben wurden und unter anderem für seine große Akzeptanz bei der Bevölkerung verantwortlich waren, im Grunde teuerste Investitionen auf die Zukunft waren oder propagandistisch ausgeschlachtete und verschleierte Instrumente zur totalen Gleichschaltung der Gesellschaft.

Zusammenfassend läßt sich darüber hinaus feststellen, daß die Wirtschafts- und Sozialpolitik nicht wesentlich verändernd in die bestehende Ordnung eingegriffen hat, daß aber durch die intensive Förderung der Rüstungsindustrie und -technologie innovative Impulse gesetzt wurden, die über das "Dritte Reich" hinaus wirkten.

5 Die "**soziale Marktwirtschaft**" der Bundesrepublik Deutschland ist zu verstehen als eine Fortentwicklung der freien Marktwirtschaft aufgrund der historischen Erfahrungen mit der sozialen Frage im 19. Jahrhundert und der totalitären Gefährdungen liberaler Systeme im 20. Jahrhundert sowie dem Erstarken der Arbeiterbewegung.

Die Grundsätze des Wirtschaftsliberalimus gelten auch in der sozialen Marktwirtschaft. Danach ist ein freier Markt das ökonomisch effiziendeste und im Prinzip auch gerechteste Steuerungsinstrument für die Verteilung der Güter. Da der Markt diese zentrale Funktion allerdings nur dann erfüllen kann, wenn Anbieter und Nachfrager unbeeinflußt vom Staat agieren und entscheiden können, ergeben sich aus diesem Grundansatz ordnungspolitische Konsequenzen.

Die Wirtschaftssubjekte, Konsumenten wie Produzenten, müssen die freie Verfügung über ihr Eigentum haben, da sie nur dann bereit und fähig sind, sich wirklich ökonomisch vernünftig zu verhalten und damit auch produktiv zu arbeiten. Eigennutz wird zur Antriebsfeder für ökonomische Leistung.

Die Freiheit, Eigentum zu schaffen und zu nutzen, hat nach liberaler Auffassung andere Freiheiten zur Folge, vor allem Gewerbefreiheit, Produktions- und Handelsfreiheit sowie Konsumfreiheit. Durchgesetzt wurden diese Freiheiten gegen hindernde staatliche oder gesellschaftliche Beschränkungen wie Zunftzwänge, staatliche Handelsverbote oder -beschränkungen, planwirtschaftliche Verordnungen oder auch kirchliche Sanktionierungen, wenn man etwa an die "Verteufelung" des Luxus denkt. In diesem Sinne ist die liberale Wirtschaft ein Akt der Befreiung des homo oeconomicus aus sozialen, religiösen und staatlichen Fesseln. Besonders wird dies an der Garantie der Freiheit der Berufs- und Arbeitsplatzwahl sichtbar, die den einzelnen aus den oft beengenden Fesseln ungünstiger sozialer Lebenslagen befreien hilft und so die Entfaltung seiner individuellen Fähigkeiten fördert.

Da der Markt, also im wesentlichen der freie Markt, erst das Funktionieren einer liberalen Wirtschaft ermöglicht, ist eine Grundvoraussetzung auch die Wettbewerbsfreiheit, die zu sichern und zu schützen ist. Hier liegt wesentlich auch die Rolle des Staates in einem wirtschaftsliberalen Ordnungsmodell. Er muß, gleichsam als Wächter, dafür sorgen, daß die Spielregeln eingehalten werden, vor allem diejenigen, die zur Sicherung der erwähnten Freiheiten notwendig sind.

Im Laufe der Entwicklung seit dem 19. Jahrhundert stellte sich jedoch heraus, daß diese "Nachtwächterrolle" des Staates nicht verhindern konnte, daß sozial Schwächere, am Markt benachteiligte Individuen und Gruppen ihre Freiheit verlieren, wenn der Staat nicht korrigierend eingreift. Solche Korrekturen sind z. B. nötig, wenn durch übermäßig starke Kräfte der freie Markt, die freie Konkurrenz gefährdet erscheint oder wenn aufgrund konjunktureller Krisen langfristig unerwünschte Folgen auftreten. So ist es beispielsweise im Sinne einer sozialen Marktwirtschaft notwendig, Standort- oder Branchenkrisen abzufedern. Als Beispiel kann hier die Grenzlandpolitik dienen, in der es darum ging, die vom Eisernen Vorhang schwer geschädigten Wirtschaftsregionen entweder umzustrukturieren oder für die Zukunft leistungsfähig zu halten.

Zu einer wesentlichen sozialen Korrektur der reinen Marktwirtschaft gehört es auch, den Markt dann zu reglementieren, wenn sozial unerwünschte oder gar volkswirtschaftlich unsinnige Folgen auftreten. Insbesondere die Umweltschutzgesetze sind heute ein wichtiges Steuerungselement, um langfristig nicht mehr bezahlbare Schäden zu vermeiden.

Von besonderer Bedeutung für Geschichte und Ausgestaltung der sozialen Marktwirtschaft wurde die Idee der Gerechtigkeit und Sicherheit. Die freie Marktwirtschaft führte am Beginn der Entwicklung dazu, daß eine immer größere Zahl von Menschen sich als zu schwach erwiesen, um dem Eigennutz der Starken gegenüber die eigene Freiheit zu erhalten. Zum Schutz der Freiheit auch der ökonomisch Schwachen genügte der Appell an die Selbstbeschränkung der Starken nicht, der Staat mußte hier eingreifen. Die Steuerpolitik erwies sich dabei als ein wirksames, wenn auch nicht immer sinnvolles Instrument, um die Lasten gerechter zu verteilen, etwa durch die Unterstützung kinderreicher Familien auf Kosten kinderloser Ehepaare. Auch die Sicherung der Frauen in einer Ehe, wo nur der Mann arbeitet, ist eine solche über Steuergesetze mögliche Leistung des Sozialstaates.

In einer reinen, also von staatlichen Einflußnahmen freien Marktwirtschaft würden die sozialen Sicherungssysteme sich auf freiwillige Versicherungen beschränken, bestenfalls kämen kollektiv organisierte Systeme hinzu. Die Zwangsversicherung, wie sie in Gestalt der Sozialversicherungspflicht heute für einen Großteil der Bevölkerung gilt, ist eine Errungenschaft der sozialen Marktwirtschaft. Der Staat greift hier gesetzgeberisch ein, um sowohl verschuldeten wie unverschuldeten Notlagen vorzubeugen.

Am letzten Beispiel läßt sich ein Grundprinzip der sozialen Marktwirtschaft erkennen. Während die Vertreter der freien Marktwirtschaft von einem freien, gleichen und vernünftigen Individuum ausgehen, also auch von gleichen Chancen am Markt, haben die Vertreter der sozialen Marktwirtschaft ein eher skeptisches Menschenbild, fordern deshalb staatliche Eingriffe, um Mißbrauch der Freiheit zu verhindern und ein Minimum an Freiheit auch denen zu garantieren, die zu schwach sind, um sie selbst zu entfalten, etwa Kinder, Kranke oder auch alte Menschen.

Leistungskurs Geschichte (Bayern) 1994 – Aufgabe III
Von der europäischen Gleichgewichtspolitik zur Weltpolitik –
Internationale Politik im 20. Jahrhundert

		BE
1	Erarbeiten Sie aus dem vorliegenden Text die Einschätzung der internationalen Lage durch Bethmann Hollweg!	8
2	Erläutern Sie unter Bezugnahme auf den Text die österreichische Balkanpolitik seit dem Berliner Kongreß!	10
3	Untersuchen Sie die Entwicklung der deutsch-britischen Beziehungen unter Wilhelm II. bis zum Beginn der Julikrise 1914! Berücksichtigen Sie dabei ebenfalls die Ausführungen im Text!	10
4.1	Geben Sie Ereignisse der Julikrise 1914 gegliedert wieder!	
4.2	Beurteilen Sie, inwieweit während dieser Krise die traditionellen Methoden des 19. Jahrhunderts zur Aufrechterhaltung der europäischen Ordnung Anwendung fanden, und diskutieren Sie, aus welchen Gründen diese Methoden schließlich versagten!	20
5	Charakterisieren Sie die außen- und innenpolitische Situation der Weimarer Republik in ihrer Anfangsphase, und erörtern Sie, welche außenpolitischen Perspektiven sich für die Republik daraus bis 1923/24 ergaben!	12

Aus einem Brief Bethmann Hollwegs an Graf Berchtold, 1912 – 1915 österrreichisch-ungarischer Außenminister:

"Berlin, 10. Februar 1913

[...] Wie ich die Lage auf Grund von zuverlässigen Informationen kenne, werden die Kräfte, die hinter der panslawistischen Hetze stehen, die Oberhand gewinnen, wenn Österreich-Ungarn in einen Konflikt mit Serbien hineintreiben sollte. Daran würde auch ein größeres oder geringeres Verständnis für die Gesichtspunkte voraussichtlich nichts ändern, die in einem solchen Falle für das Vorgehen der k. und k. Regierung maßgebend sein würden. Auch muß man bei objektiver Prüfung zu dem Ergebnis kommen, daß es für Rußland bei seinen traditionellen Beziehungen zu den Balkanstaaten beinahe unmöglich ist, ohne einen ungeheuren Verlust an Prestige einem militärischen Vorgehen Österreichs-Ungarns gegen Serbien tatenlos zuzusehen. [...] Die Folgen des russischen Eingreifens liegen aber offenbar zu Tage. Sie würden auf einen kriegerischen Konflikt des von Italien voraussichtlich nicht mit großem Enthusiasmus unterstützten Dreibundes gegen die Mächte der Tripelentente hinauslaufen, bei dem Deutschland das ganze Schwergewicht des französischen und englischen Angriffes zu tragen hätte. Euere Exzellenz werden es verstehen, daß diese Perspektive es mir zur Pflicht macht, an Eure Exzellenz die Bitte zu richten, mich über die Wege gütigst unterrichten zu wollen, die die Politik der k. und k. Regierung im weiteren Verlauf dieser Krisis zu gehen beabsichtigt. Ich möchte nicht unterlassen, bei dieser Gelegenheit auf ein Symptom hinzuweisen, das meines Dafürhaltens die allerernsteste Betrachtung verdient: Ich meine die Haltung der englischen Politik in der letzten Zeit. Während der Annexionskrisis stand England als treibendes Element hinter Rußland und verfolgte eine Prestigepolitik, die einen friedlichen Ausgleich damals auf das äußerste erschwerte. Heute bildet England ein vermittelndes Element, durch welches wir immer wieder vermocht haben, einen beruhigenden und hemmenden Einfluß auf Rußland auszuüben. Ich möchte das gegenüber den Stimmen betonen, die, wie ich weiß, laut geworden sind und unserem Streben, die enge Fühlungnahme mit England nicht zu verlieren, egoistische Motive unterschieben. Die englische Haltung gesellt sich den mancherlei Anzeichen zu, die darauf hindeuten, daß die Ententepolitik ihren Höhepunkt überschritten hat und daß wir einer Neuorientierung der englischen Politik entgegensehen dürfen, wenn es uns gelingt, ohne Konflikte aus der gegenwärtigen Krisis herauszukommen."

Zitiert nach: E. Hölzle (Hrsg.): Quellen zur Entstehung des 1. Weltkrieges (Ausgewählte Quellen zur deutschen Geschichte der Neuzeit, Bd. 27). Darmstadt 1978, S. 141f.

Lösungen

1 Reichskanzler Bethmann Hollweg beurteilt in seinem Schreiben an den Außenminister Österreich-Ungarns die **Vorkriegslage** überaus realistisch, wenn er davon ausgeht, daß eine Verschärfung der Spannungen zwischen der Donaumonarchie und Rußland fast zwangsläufig zu einem europäischen Krieg führen werde. Damit sei aber auch das Deutsche Reich nicht nur tangiert, es müsse vielmehr "das ganze Schwergewicht des französischen und englischen Angriffs tragen".

Die Argumentation Bethmann Hollwegs erscheint dabei zwingend:
Ein verschärfter Konflikt zwischen Österreich-Ungarn und Serbien, den der Reichskanzler auch als provozierte Folge "panslawistischer Hetze" verstanden wissen will, läßt Rußland gar keine Wahl, "tatenlos zuzusehen". Eine Eskalation des Konflikts durch das Eingreifen Rußlands würde dann aufgrund der gegenseitigen Bündnisverpflichtungen nach Einschätzung des Reichskanzlers eine kriegerische Auseinandersetzung zwischen dem Dreibund (Deutschland, Österreich, Italien) und der Tripelentente (England, Frankreich, Rußland) zur Folge haben, wobei er die Hilfe Italiens eher skeptisch beurteilt. Für das Deutsche Reich befürchtet Bethmann Hollweg dann die große Gefahr, daß es einem gemeinsamen Angriff von Frankreich und England gegenüberstehen könnte.

Der Reichskanzler sieht nur einen Ausweg aus dem Dilemma, nämlich Zeit zu gewinnen und England als Vermittler einzuschalten. Sollte Österreich-Ungarn seinen Konflikt mit Serbien friedlich lösen können, glaubt Bethmann Hollweg an eine "Neuorientierung der englischen Politik" weg von der engen Bindung an Frankreich und Rußland.

2 Auf dem **Balkan**, der schon das gesamte 19. Jahrhundert hindurch ein Unruheherd war, standen sich machtpolitische Interessen des expansiven, zum Mittelmeer drängenden Rußland und Österreich-Ungarns gegenüber, das seit 1866 mehr und mehr nach Südosten "abgedrängt" wurde. Verschärft wurden die Spannungen zusätzlich durch nationale Separatismusbestrebungen und panslawistische Großreichideen. Unter der Regie Bismarcks hatten die europäischen Mächte auf dem Berliner Kongreß 1878 versucht, die erste große Balkan-Krise mit den bewährten Mitteln des "europäischen Konzerts" zu lösen. Doch die Ergebnisse des Kongresses können nicht als dauerhafte Friedensregelung für den Balkan angesehen werden, zumal Rußland verstimmt war, da die militärischen Erfolge gegen die Türkei und die entsprechenden Vereinbarungen des Friedens von San Stefano von den anderen Mächten nicht akzeptiert wurden.

Die Spannungen zwischen Rußland und Österreich-Ungarn wurden durch den Kongreß sogar noch verschärft, da die Donaumonarchie die **Verwaltung Bosniens und der Herzegowina** zugesprochen bekam. Im Grunde wird hier bereits eine Politik erkennbar, die vor allem auch im Interesse Englands liegen mußte, nämlich das Vordringen Rußlands auf dem Balkan zu verhindern. Da der "kranke Mann am Bosporus", die Türkei, dies offensichtlich nicht mehr wie bisher verhindern konnte, mußte nun Österreich als Bollwerk gegen russische und panslawistische Expansionsbestrebungen dienen. Das Ziel, den Status quo im Mittelmeer zu erhalten und also auch den Schutz der Türkei vor weiteren Angriffen Rußlands zu garantieren, verfolgte auch das Mittelmeerabkommen, mit dem sich England, Österreich und Italien zum Orient-Dreibund zusammenschlossen.

Der labile Zustand auf dem Balkan wurde erneut gefährdet durch die Schwäche des Osmanischen Reiches, das 1908 von der Jungtürkischen Revolution erschüttert und in einen Verfassungsstaat umgewandelt wurde. Diese Veränderung provozierte bei den Nachbarn Versuche, sich auf Kosten der Türkei zu bereichern. Österreich, das befürchten mußte, die auf dem Berliner Kongreß beschlossenen Verwaltungsmandate über Bosnien und Herzegowina zu verlieren, annektierte nach einer Geheimabsprache mit Rußland die beiden Provinzen, wohl auch aus Angst vor einem serbischen Großreich. Da Rußlands Bemühungen um den geplanten Vorstoß ans Mittelmeer von Österreich, wie zunächst aufgrund der Geheimabsprachen erhofft, nicht gebilligt wurden und am Widerstand Englands scheiterten, stellte sich Rußland endgültig gegen Österreich und hinter die serbischen Pläne.

Die Annexion Bosniens und der Herzegowina führte zu erheblichen Protesten und diplomatischen Aktivitäten. So forderte England eine internationale Konferenz, die jedoch von Österreich abgelehnt wurde, da man befürchtete, die annektierten Gebiete zu verlieren und damit die Sache Serbiens zu fördern. Mehr und mehr geriet die Donaumonarchie in die Isolierung, nur das Deutsche Reich stand in "Nibelungentreue" zum östlichen Nachbarn.

Für Österreich stellte sich das Problem auf dem Balkan nun in mehrfacher Hinsicht. Einmal mußte es versuchen, die Expansion Rußlands zu verhindern, zum anderen aber auch die serbischen Großreichspläne, die den eigenen territorialen Bestand in Frage stellten, im Keim ersticken. Alle gegen die Türkei gerichteten nationalen Autonomiebestrebungen waren schließlich auch für Österreichs Vielvölkerstaat eine drohende Gefahr. In Wien glaubte man, die Ordnung im europäischen Südosten am ehesten mit einer Habsburgischen Monarchie erhalten zu können, die sich in Zukunft auf drei Völker stützen sollte: Deutsche, Ungarn, Slawen. In diesem Sinne war die Annexion der ehemals türkischen Gebiete ein letzter Versuch, eine wohl nicht mehr zeitgemäße Ordnungsidee zu retten.

3 Bethmann Hollweg weist in seiner Analyse der Situation vom Februar 1913 England eine gewisse Schlüsselrolle zu, wenn er hofft, daß die Umorientierung weg von der engen Bindung an Frankreich und Rußland eine Chance eröffnet, die gefährliche Krise zu bewältigen.

Die Annäherung Englands an Frankreich und Rußland bis hin zur sog. Tripelentente kann nicht unbedingt als die historisch naheliegende Bündnisoption für England angesehen werden, vielmehr als Folge diplomatischer Fehler und politischer Fehleinschätzungen der wilhelminischen Außenpolitik. Ursprünglich waren die **deutsch-englischen Beziehungen** frei von tiefgreifenden Interessenkonflikten, im Gegensatz zu den englisch-französischen oder englisch-russischen Beziehungen, die durch erhebliche Spannungen aufgrund konkurrierender Interessen im weltweiten Kampf um Kolonien und Einflußgebiete bestimmt waren. Die These Bismarcks vom saturierten Reich und die zurückhaltende Kolonialpolitik des Reiches vor 1890 trugen zusätzlich zu einem eher konfliktfreien Klima zwischen England und Deutschland bei. Dies manifestierte sich auch in konkreten politischen Vereinbarungen, etwa dem Helgoland-Sanisbar-Vertrag von 1890, der 1892 vollzogen wurde: Deutschland erhielt Helgoland von England im Tausch gegen die Insel Sansibar, ein von Kolonialpolitikern heftig kritisiertes "Geschäft".

Für die Möglichkeiten guter Beziehungen zu England sprach neben den verwandtschaftlichen Bindungen der Herrscherhäuser – Wilhelms II. Mutter stammte aus dem englischen Königshaus – um die Jahrhundertwende auch das Bemühen Englands, seine Politik der "splendid isolation" aufzugeben und sich einem europäischen Partner anzunähern. Das Deutsche Reich bot sich dabei an.

Doch eben in dieser Zeit vorsichtiger Angebote Englands erweist sich die deutsche Politik als ungeschickt, geht vor allem von falschen Prämissen aus. Der eigentliche Ideengeber der deutschen Außenpolitik jener Tage war Bernhard von Bülow, der die Ansicht vertrat, England habe zum Bündnis mit Deutschland keine Alternative, man müsse also auf englische Empfindlichkeiten keine Rücksicht nehmen.

Diese Fehleinschätzung dürfte mit ein Grund dafür gewesen sein, daß schwerwiegende diplomatische Fehler gemacht wurden. So demonstrierte der Kaiser 1896 in einer Depesche an den Burenführer Ohm Krüger, der einen englischen Vorstoß in die Republik Transvaal abgewehrt hatte, seine Sympathie mit den Buren gegen die Einkreisung des Burenstaates durch die Engländer. Auch die kurzzeitige Zusammenarbeit mit Rußland in Ostasien rief in London Mißtrauen hervor.

Waren solche diplomatischen "Schnitzer" im Grunde noch Anlässe für im schlimmsten Fall kurzzeitige Verstimmungen, so erwies sich die **deutsche Flottenpoltik** als eigentliches Hindernis für eine deutsch-englische Annäherung. Im Zusammenhang mit dem deutschen Vordringern im Nahen Osten durch den Bau der Bagdad-Bahn und der Bemühung um Flottenstützpunkte in Afrika und China mußten die deutschen Pläne als Angriff auf die englische See-Hegemonie verstanden werden.

Nachdem es entgegen der Einschätzung von Bülows in den folgenden Jahren doch zu einer Annäherung Frankreichs, Rußlands und Englands gekommen war, boten dennoch die **1. Marokko-Krise und die "Annexionskrise"** auf dem Balkan erneut Möglichkeiten einer Annäherung an England, die aber vom Reich nicht genutzt wurden, im Gegenteil.

In der 1. Marokkokrise 1905 glaubte der Reichskanzler von Bülow die Schwäche der Triple Entente nach der russischen Niederlage im Krieg gegen Japan nutzen zu können, indem er in Nordafrika intervenierte gegen das dortige Vordringen Frankreichs. Der durch die Reise Wilhelms II. nach Tanger verschärfte Konflikt wurde auf der Konferenz von Algeciras mit einer eindeutigen Stellungnahme gegen Deutschland beigelegt.

Die Krise aus Anlaß der Annexion Bosniens und der Herzegowina durch Österreich, das von Deutschland zwar nicht ermuntert, aber auch nicht gebremst wurde, führte 1908/09 zu einer weiteren Annäherung zwischen Rußland und England.

Als schließlich 1911 die deutsche Regierung den drohenden militärischen Konflikt zwischen Frankreich und marokkanischen Aufständischen zum Anlaß nahm, ein Kanonenboot nach Agadir zu schicken, auch als Demonstration deutscher Flottenstärke, wurde die Stimmung zwischen England und Deutschland immer unversöhnlicher.

Einen letzten Versuch, den eigentlichen Konfliktbereich Flotten-Wettrüsten zu beseitigen, unternahm England mit dem Angebot des Kriegsministers Haldane, den Flottenbau vertraglich zu begrenzen. Doch der Glaube an die eigene Stärke und die Hoffnungen auf die ökonomischen Möglichkeiten einer Weltmachtpolitik waren zu diesem Zeitpunkt bei den herrschenden Eliten in Deutschland offensichtlich stärker als die politische Vernunft. Das Angebot Haldanes wurde ebenso abgelehnt wie Schritte einer notwendigen Distanzierung gegenüber Österreich, die eine Voraussetzung gewesen wären, um zusammen mit England doch noch den Krieg zu verhindern. Anzeichen für die Möglichkeit eines gemeinsamen Krisenmanagements gab es selbst 1914 noch, als man sich mit England über das Flottenproblem einigte. Doch das Festhalten der Deutschen an der "Nibelungentreue" zu Österreich machte auch diese letzte Chance zunichte, die ja auch Bethmann Hollweg in seiner Analyse sah.

4.1 Die **Julikrise von 1914**, also die Ereignisfolge, die unmittelbar zum Ersten Weltkrieg führte, wurde ausgelöst durch das Attentat auf den österreichischen Thronfolger in Sarajewo, der Hauptstadt Bosniens.

Die ersten Tage nach dem Attentat waren gekennzeichnet durch Bemühungen der europäischen Mächte, Österreich von einer überharten Reaktion gegenüber Serbien abzuhalten. Den Serben wurde von Wien vorgeworfen, hinter dem Attentat zu stecken. Grundsätzlich billigten die europäischen Mächte, auch Rußland, der Habsburger Monarchie zu, maßvolle Forderungen gegenüber Serbien zu stellen, doch warnten die Regierungen auch davor, das Attentat als Vorwand zu benutzen, um den Konflikt mit Serbien militärisch auszutragen. Für Österreich stellte sich schließlich die Frage, wie die deutsche Regierung auf eventuelle Kriegspläne der Donaumonarchie reagieren würde, war ohne deutsche Rückendeckung ein militärisches Vorgehen doch kaum möglich. In Berlin war die Einschätzung der Lage zunächst widersprüchlich, doch setzte sich schließlich der Kaiser zusammen mit dem Generalstab gegen auf Mäßigung drängende Politiker, etwa Reiskanzler Bethmann Hollweg, durch. Dem österreichischen Botschafter sagte der Kaiser am 5. Juli 1914 zu, die Donaumonarchie in einem Krieg gegen Serbien zu unterstützen, falls Rußland eingreifen würde. Deutschland nahm also bewußt das Risiko eines europäischen, ja Weltkriegs in Kauf, wenn auch in der Hoffnung, Rußland würde wegen Serbien einen solchen Krieg nicht riskieren.

Der deutsche "Blankoscheck" und Hinweise aus Berlin, die ein schnelles Reagieren Österreichs forderten, führten zu einer härteren Linie der österreichischen Regierung, die zunächst selbst eher zögerte. Österreich-Ungarn entschloß sich nach heftigen Diskussionen über Möglichkeiten einer sofortigen Kriegserklärung für ein Ultimatum an Serbien, das so formuliert werden sollte, daß es von den Serben nicht angenommen werden konnte. Die Entscheidung für Krieg war also im Grunde bereits gefallen. Daß das Ultimatum dann erst am 23. Juli an Serbien übermittelt wurde, lag an der Absicht Wiens, für den bevorstehenden Krieg Zeit zu gewinnen. Der 23. Juli wurde deswegen gewählt, weil vom 20. bis 23. Juli der französische Präsident Poincare in St. Petersburg zum Staatsbesuch weilte und weil man verhindern wollte, daß sich Frankreich und Rußland vorzeitig koordinieren konnten. Die deutsche Regierung wurde über das geplante Vorgehen laufend informiert. Die übrigen Mächte erhielten über Andeutungen und geheime Kanäle ebenfalls eine gewisse Klarheit über die Absichten Österreichs. In den Tagen unmittelbar vor dem 23. Juli kam es zu hektischen diplomatischen Aktivitäten zwischen allen europäischen Regierungen, da man nun ernsthaft die Gefahr eines großen Krieges erkannte.

Das **Ultimatum an Serbien**, das am 23. Juli 1914 um 18 Uhr übergeben wurde, forderte von den Serben, mit einer Antwort binnen 48 Stunden, die Bekämpfung und Bestrafung des gegen Österreich-Ungarn gerichteten Terrors. Der Text war dabei so formuliert, daß er von den Serben nicht angenommen werden konnte, auch die Entente-Mächte sahen keine Möglichkeit, das Ultimatum zu akzeptieren. Dennoch bemühte man sich auf Drängen Rußlands zumindest um eine Fristverlängerung, zumal die europäischen Mächte außer Deutschland erst am 24. Juli über den Inhalt des Ultimatums informiert wurden. Gleichzeitig suchte man bei der Regierung in Belgrad zu erreichen, die Forderungen Österreichs so weit möglich bis zum 25. Juli zu erfüllen, da sich auch der Verdacht erhärtete, daß serbische Beamte an der Vorbereitung des Attentats beteiligt gewesen sein könnten. Da Österreich die geforderte Fristverlängerung ablehnte, Deutschland auch nicht bereit war, zwischen Wien und Belgrad zu vermitteln, mußte Serbien am 25. Juli das Ultimatum beantworten. In vielen Punkten gab die serbische Regierung den Forderungen Österreichs nach, sogar der nach Einsetzung einer gemischten Untersuchungskommission, dies allerdings mit Vorbehalten, um nicht die eigene Souveränität aufgeben zu müssen. Österreich lehnte die Antwort Serbiens als unbefriedigend ab und brach am 25. Juli 1914 die diplomatischen Beziehungen zu Belgrad ab.

Nach diesem Schritt der Regierung in Wien konnte es nur noch darum gehen, den bevorstehenden Krieg möglichst zu lokalisieren. Berlin drängte auf eine schnelle Kriegserklärung Österreichs an Serbien, um in einer Art Blitzkrieg die Gefahr der Ausweitung möglichst gering zu halten. Wien folgte dem Rat und erklärte am 28. Juli 1914 an Serbien den Krieg.

Die englische Regierung versuchte mit dem Vorschlag einer Konferenz der vier am Konflikt nicht unmittelbar beteiligten Mächte den großen Krieg ebenfalls zu verhindern, doch Deutschland lehnte ab. Es zeigte sich, daß Deutschland offensichtlich den lokalen Krieg Österreichs gegen Serbien für notwendig hielt, während vor allem England die Gefahr sah, daß der "kleine" Krieg sich nicht lokalisieren lasse.

Die letzte Phase nach dem 28. Juli 1914 wurde nun weitgehend bestimmt von den Vorbereitungen der Mächte auf den bevorstehenden Krieg. Die Militärs bestimmten mit ihren strategischen und taktischen Überlegungen mehr und mehr das Geschehen. Am 29. Juli ordnete die russische Regierung eine Teilmobilmachung an, der am 30. Juli die Generalmobilmachung folgte. Auf Drängen des deutschen Generalstabs beschloß auch Österreich-Ungarn am 31. 7. die Generalmobilmachung, während Deutschland am gleichen Tag den "Zustand drohender Kriegsgefahr" verkündete, obwohl der Reichskanzler Bethmann Hollweg, durchaus im Sinne seiner Analyse von 1913, noch versuchte, England zu einem Verzicht auf Intervention zu bewegen. Auch aus diesem Grund wollte er, daß das Deutsche Reich nicht sofort die Generalmobilmachung verkündete, sondern Rußland als erster diesen Schritt tun sollte. Am 29. Juli hatte jedoch England der deutschen Regierung mitgeteilt, daß es nicht neutral bleiben werde.

Als Rußland und Frankreich auf ultimative Forderungen Deutschlands nach Neutralität nicht antworteten, kam es am 1. August 1914 zur Mobilmachung der deutschen Armee und zur Kriegserklärung an Rußland, am 3. August erklärte Berlin auch Frankreich den Krieg. Nach dem Einmarsch deutscher Truppen in Belgien, das ein Durchmarschrecht bereits am 29. Juli abgelehnt hatte, forderte England am 4. August ultimativ die Achtung der belgischen Grenzen. Nachdem aber deutsche Truppen schon in Belgien einmarschiert waren, war das gleichbedeutend mit einer Kriegserklärung. Die Kriegserklärungen Serbiens an Deutschland am 6. 8., Österreichs an Rußland ebenfalls am 6. 8., Frankreichs an Österreich am 11. 8. und Englands an Österreich am 12. 8. waren nur noch formale Akte am Beginn des großen europäischen Krieges, der sich schließlich mit dem Kriegseintritt der USA 1917 zum Weltkrieg ausweitete.

Das Eigentümliche der Juli-Krise von 1914 läßt sich unter Umständen sichtbar machen durch eine genauere Betrachtung der Reaktionen der Mächte auf das Attentat und die Aktionen der anderen Mächte. Fragt man sich dabei nach den Alternativen, die getroffen wurden oder zur Verhinderung des Krieges hätten getroffen werden können, so könnten folgende Zusammenhänge exemplarisch aufgezeigt werden:

Österreichs Reaktion auf das Attentat war zunächst unsicher, zögerlich, hätte also durchaus eine maßvolle, am Status quo orientierte Reaktion nicht ausgeschlossen. Selbst der Außenminister Berthold, sowieso der Kaiser, waren zunächst gegen eine harte Haltung. Erst der "Blankoscheck" aus Berlin führte zu einer gemeinsamen Festlegung auf eine harte, ultimative Politik.

Deutschlands Reaktion war, durch mehr oder weniger spontane Äußerungen des Kaisers vorbereitet und gelenkt, sehr früh auf bedingungslose Bündnistreue zu Österreich fixiert, wobei eine Rolle gespielt haben mag, daß das Reich einen begrenzten Krieg für möglich, vielleicht sogar einen großen Krieg für wünschenswert hielt, um den Status quo zu seinen Gunsten zu verändern. Die Reaktion der deutschen Regierung war aber sicherlich nicht zwangsläufig, die Beschwichtigung Österreichs und einschränkende Ausagen zur Bündnisverpflichtung hätten vermutlich Wien von einer Diplomatie des "Alles oder Nichts" gegenüber Serbien abhalten können.

Rußlands Reaktion kann ähnlich gesehen werden. Zwar wurden die Serben nicht bedingungslos unterstützt, zwischenzeitlich sogar zu weitgehenden Zugeständnissen gedrängt, aber im entscheidenden Moment wurde doch eine Unterstützung gegen Österreich signalisiert. Auch Rußland wollte den Krieg nicht unbedingt verhindern, vielleicht um vor inneren Schwierigkeiten des Zarenreiches abzulenken.

England kann man wohl am wenigsten vorwerfen, frühzeitig auf Krieg gesetzt zu haben. Aber auch die Briten betrieben zu lange eine eher passive, zurückhaltende Politik des Abwartens. Ein Krisenmanagement durch aktive Konferenzpolitik wurde zu spät versucht, als die Militärs bereits das Gesetz des Handelns bestimmten.

4.2 Die Frage, ob ein rechtzeitiges Krisenmanagement über Kongresse im Stil der traditionellen **europäischen Kabinettspolitik** den Krieg hätte verhindern können, ist im Grunde die Frage nach der Tauglichkeit der klassischen Mittel der Diplomatie im Zeitalter des Imperialismus. Die europäische Konferenzpolitik des 19. Jahrhunderts war vor allem deshalb erfolgreich, weil ein weitgehender Konsens bei den Großmächten bestand, den Status quo in Europa nicht zu verändern. Kriege wurden dabei gesehen als die Fortsetzung einer solchen Politik mit anderen Mitteln. So können die Kriege im Vorfeld der Reichsgründung als Beispiel dafür dienen, wie militärische Aktionen kalkuliert und dosiert eingesetzt werden können. Möglicherweise ist der Irrtum der Diplomaten, auch ein österreichisch-serbischer Krieg könne lokalisiert und zeitlich begrenzt werden, auf diese Erfahrungen zurückzuführen. In den Krisen vorher war es zudem noch gelungen, durch europäische Kongresse, etwa nach dem Krim-Krieg oder den Marokko-Krisen, Konflikte kurzzeitig beizulegen.

Daß die alten Methoden in der Juli-Krise versagten, hat sicherlich mehrere Gründe. Wesentlich erscheint, daß mit der zunehmenden Verbreitung nationalen Denkens und der gesteigerten Aggressivität nationaler Bewegungen Kräfte die Politik bestimmten, die mit den Mittel einer Geheimdiplomatie oder gar verwandtschaftlicher Beziehungen zwischen den Dynastien nicht mehr zu kontrollieren waren. Auch kleinere Staaten wie Serbien konnten nun nicht mehr benutzt werden, um als Beute zwischen den Großmächten aufgeteilt einen Konflikt zu befrieden. Durch die **Sprengkraft des Nationalgedankens** und seine nationalistische Militanz gerieten auch die für die Erhaltung der traditionellen Mächteordnung in Europa wichtigen "supranationalen" Gebilde wie die Donaumonarchie, das Osmanische Reich, ja selbst das Zarenreich in eine existentielle Gefahr. Österreich-Ungarn und Rußland sahen den Krieg möglicherweise nicht so sehr als Gefahr für die alte Ordnung, sondern als Chance, die Ordnung gegen die neuen Kräfte zu behaupten. Zusammen mit dem Hegemoniestreben einzelner Mächte, wie etwa Deutschland oder Frankreich, in kleinerem Maße auch Serbien, traten demgegenüber Motive in den Vordergrund, die nicht mehr auf Erhaltung und Bewahrung gerichtet waren, sondern auf Veränderung. Damit entfiel ein die Mächte verbindendes Interesse an der Erhaltung des Status quo.

Die im 19. Jahrhundert im Kampf gegen das revolutionäre Frankreich oder gegen nationalliberale Bewegungen gepflegte Solidarität der Großmächte war im Zeitalter des Imperialismus zerstört worden, an die Stelle traten interessenbedingte Zweckbündnisse.

Die Tage seit der Entscheidung Wiens für den Krieg in der zweiten Juli-Woche zeigen noch einen weiteren Grund für das Versagen traditioneller Methoden der Konfliktregelung. Noch im 19. Jahrhundert entschieden letztlich Politiker über Krieg und Frieden. Die industriell-technischen Veränderungen, der "ökonomisch-militärische" Komplex hatten aber in der Zwischenzeit ein so großes Gewicht erhalten, daß das militärisch-strategische Kalkül schon frühzeitig neben politische Überlegungen trat, von einem bestimmten Eskalationsgrad der Krise an allein bestimmend wurde.

Bleibt als letzter gravierender Unterschied die Kriegsbereitschaft der Bevölkerung. Auch die zunehmende Öffentlichkeit der Politik, die starke Emotionalisierung der Bevölkerung durch nationale Propaganda in allen Staaten nahm mäßigenden politischen Stimmen oder gar diplomatischen Versuchen, den Krieg zu verhindern oder zu begrenzen, die Chance, sich gegen die kriegsbereiten Militärs und kriegsbereite Weltmachtpolitiker durchzusetzen.

5 Die Lage Deutschlands nach der Katastrophe des verlorenen Krieges und dem unversöhnlichen Friedensvertrag von Versailles stellte sich außen- wie innenpolitisch denkbar ungünstig dar.

Außenpolitisch war die **Weimarer Republik** isoliert, was auch die Demokraten enttäuschte, da man angesichts der Abdankung des Kaisers und der demokratischen Revolution auf mehr Entgegenkommen von Seiten der Siegermächte gehofft hatte. Ohne Verständnis stand man vor allem dem Kriegsschuldparagraphen gegenüber, der dem Deutschen Reich die Alleinschuld zusprach, in erster Linie, um einen Anspruch auf Reparationszahlungen zu legalisieren. Für die Weimarer Republik hieß das jedoch, daß sie aus dem internationalen Mächtesystem ausgeschlossen wurde, dem neu geschaffenen Völkerbund nicht beitreten durfte.

Eine zusätzliche und angesichts der geringen Handlungsmöglichkeiten schwerwiegende Belastung waren auch die zahlreichen deutschen Minderheiten in den Nachbarstaaten, die durch Gebiebtsabtretungen zum Problem geworden waren.

In den ersten Jahren der Republik waren die außenpolitischen Probleme aber eher noch bescheiden verglichen mit den **innenpolitischen**. Der lange Krieg und die erheblichen Lasten, die den Deutschen in den Pariser Vorortverträgen auferlegt worden waren, führten zu einer tiefgreifenden wirtschaftlichen Krise mit den daraus folgenden sozialen Verwerfungen, wenn durch hohe Inflation vor allem auch die kleinen Leute ihre Sicherheiten verlieren.

Doch der Krieg war nicht nur wirtschaftlich für Deutschland eine Katastrophe, sondern erwies sich auch politisch als ein Schock. Die Kriegspropaganda der OHL und die Tatsache, daß deutsche Truppen auch bei Kriegsende noch jenseits der Grenzen standen, hatte in der Bevölkerung wenig Zweifel am deutschen Sieg aufkommen lassen. Umso schlimmer kamen das Ende und die beschämende Erkenntnis, wie schwach und hohl das Kaiserreich geworden war. Die zusätzliche Demütigung durch den Friedensvertrag und die damit verbundene Schwächung der demokratischen Kräfte führten zu einem dauernden Verteidigungskampf der Weimarer Mitte gegen Erhebungen und Putschversuche von rechts und von links. Der parlamentarisch-demokratische Konsens war zu gering, da die Parteien im Kaiserreich zu wenig Gelegenheit erhielten, im Zuge politischer Mitgestaltung einen solchen Konsens zu entwickeln.

Stark belastet wurde die Innenpolitik auch durch das **revanchistische Denken** in weiten Kreisen der Bevölkerung, das sich insbesondere gegen Frankreich richtete, zumal der westliche Nachbar sich unversöhnlich zeigte, was nicht nur mit berechtigten Sicherheitsinteressen zu erklären sein dürfte.

Für die Außenpolitik der Weimarer Republik ergaben sich aus dieser Lage heraus zwei grundsätzlich verschiedene Perspektiven.

Der (rechts-)radikale Weg zielte auf eine Revision des Versailler Vertrags und eine Wiederherstellung deutscher Macht und Größe mit allen Mitteln, letztlich auch mit einem Revanchekrieg.

Der alternative Weg mußte die Wiederherstellung Deutschlands als gleichberechtigte Macht mit friedlichen Mitteln versuchen, wobei selbst die auf Ausgleich und Versöhnung ausgerichteten Politiker wie beispielsweise Stresemann Korrekturen und Revisionen der Friedensvertragsregelungen für unabdingbar hielten. Vor allem im Osten schien für die Weimarer Politiker die Nachkriegsgrenze nicht akzeptabel, auch die ruinös hohen Reparationszahlungen konnte und wollte man nicht akzeptieren. Revisionspolitik war also nicht nur eine Forderung der Rechten.

Ein Ausweg aus der außenpolitischen Isolation bot sich über Kontakte zur Sowjetunion an, die nach der Revolution ebenfalls isoliert war und ihre Fühler Richtung Berlin ausstreckte. Schon sehr früh bestanden dabei über die Armeeführungen mehr oder weniger enge Kontakte, die auch politisch genutzt wurden. Aus den bereits erwähnten Gründen gelang es jedoch bis 1923 nicht, auf dem Weg einer friedlichen, auf Verständigung vor allem auch mit Frankreich ausgelegten Außenpolitik Erfolge zu erzielen.

Leistungskurs Geschichte (Bayern) 1994 – Aufgabe IV
Das Deutschlandproblem seit 1945

1 Stellen Sie anhand des folgenden Textes* knapp und präzise dar, welche Ziele der amerikanischen Regierung 1943 für die Neuordnung Deutschlands nach dem Sieg über den Nationalsozialismus aufgezeigt und welche Maßnahmen dafür empfohlen werden!
Ermitteln Sie aus dem Text, wie beides begründet wird! 8

2 Überprüfen Sie, inwiefern und auf welche Weise die USA die Verwirklichung dieser Ziele in ihrer Besatzungspolitik 1945 – 1949 angestrebt und erfolgreich umgesetzt haben! 10

3 Untersuchen Sie, ob und gegebenenfalls inwieweit sich die Sowjetunion zwischen 1945 und 1949 in ihrer Deutschlandpolitik "der Macht des deutschen Kommunismus ... bedienen" konnte, um für ihre Interessen Vorteile zu erlangen! 14

4 "Das Komitee gibt sich keinen Illusionen hin über die Schwierigkeiten, in Deutschland eine lebensfähige Demokratie aufzubauen." Setzen Sie sich mit der Berechtigung dieser Einschätzung auseinander, indem Sie erläutern, welche Erscheinungsformen des politischen Lebens in Deutschland im 20. Jahrhundert zu einer solchen Einschätzung geführt haben können! 14

5 Erörtern Sie anhand von Beispielen, inwiefern die deutsche Teilung zwischen 1949 und 1989 die im Text befürchtete "Bitterkeit wach(ge)rufen", "Gewaltmaßnahmen zu ihrer Aufrechterhaltung notwendig (gemacht)" und eine "ernste Gefahr" für die internationale Ordnung bedeutet hat! 14

* Der Text, ein Memorandum, wurde der amerikanischen Regierung vom Advisory Committee on Post-War Foreign Policy, vorgelegt, das zwischen Ende 1941 und Herbst 1943 die amerikanische Regierung beriet.

Aus dem Memorandum des Advisory Committee on Post-War Foreign Policy vom September 1943:

"I. Teilung:

Der Unterausschuß für Deutschland empfiehlt einstimmig der amerikanischen Regierung, sich einer erzwungenen Teilung Deutschlands als Teil der Friedensordnung zu widersetzen.

Der Ausschuß begründet seine Empfehlung mit folgenden Überlegungen:

1. Das entscheidende Mittel, um für einige Zeit Sicherheit vor einer künftigen deutschen Aggression zu erlangen, wird die Kontrolle zur Sicherung der militärischen und ökonomischen Abrüstung sein. Wenn diese Kontrolle wirksam durchgeführt wird, ist Deutschland nicht in der Lage, Krieg zu führen.

2. Diese Maßnahmen werden ohnehin beibehalten werden müssen, ob Deutschland geteilt ist oder nicht. Die Teilung würde weder für die Besetzung noch für die Durchführung der entscheidenden Überwachung einen sinnvollen Beitrag liefern. Sie könnte im Gegenteil die Verwaltung erschweren und durch die Festlegung getrennter Staatsgebiete zu Spannungen zwischen den Siegermächten bezüglich der Prinzipien der Besetzung und bezüglich der Behandlung jener Staatsgebiete führen.

3. Wegen der starken wirtschaftlichen, politischen und kulturellen Integration in Deutschland ist vorauszusehen, daß die Teilung nur durch äußere Gewalt durchgesetzt und aufrechterhalten werden könnte und daß eine derartige Maßnahme stärkste Verbitterung beim deutschen Volk zum Schaden seiner letztlich notwendigen Versöhnung mit der Friedensregelung hervorrufen würde.

4. Eine aufgezwungene Teilung würde neben der wesentlichen militärischen und wirtschaftlichen Überwachung die Durchführung umfassender Maßnahmen erfordern, um heimliche Zusammenarbeit der Teilstaaten zu verhindern und das nationale Streben nach Wiedervereinigung zurückzuhalten. Die Siegermächte würden sich folglich durch die Teilung eine Last selbst aufbürden, die für den Gewinn von Sicherheit nicht notwendig ist, und den Deutschen – ebenfalls ohne Notwendigkeit – auf Kosten des Friedens ein gebrauchsfertiges Programm nationaler Wiederauferstehung in die Hand geben.

5. Nach Prüfung von Wirksamkeit, Durchführbarkeit und dauerhafter Annehmbarkeit der Teilung für Sieger wie für Besiegte ergibt sich, daß die Teilung keinen Beitrag zur Sicherheit leisten würde; sie würde im Gegenteil derartige Bitterkeit wachrufen und derartige Gewaltmaßnahmen zu ihrer Aufrechterhaltung notwendig machen, daß sie eine ernste Gefahr für die künftige Weltordnung darstellen würde.

II. Demokratie:

[...] Das Komitee ist der Meinung, daß auf weite Sicht die am meisten erwünschte Regierungsform in Deutschland eine breit fundierte Demokratie wäre, die an eine die allgemeinen Menschenrechte garantierende Verfassung gebunden wäre. Das Komitee gibt sich keinen Illusionen hin über die Schwierigkeiten, in Deutschland eine lebensfähige Demokratie aufzubauen. Unter drei Bedingungen könnte ein neuer demokratischer Versuch Erfolg haben:

1. bei einem annehmbaren Lebensstandard;

2. bei einem Minimum an Anfechtbarkeit der Friedensbestimmungen, damit – soweit als möglich – Anreize für künftige nationalistische Ausbrüche im Innern und für Unruhen im Ausland vermieden werden. [...]

3. bei einer politischen Übereinstimmung zwischen der britischen und der amerikanischen Regierung einerseits und der sowjetischen andererseits. Im Falle von Span-

nungen zwischen ihnen würde Deutschland in der Lage sein, die Siegermächte gegeneinander auszuspielen, was katastrophale Folgen für die Einhaltung des Friedensvertrages als auch für die innere politische Stabilität haben könnte. Die sowjetische Regierung wiederum würde in die Lage kommen, sich der Macht des deutschen Kommunismus zu bedienen – zum großen Nachteil des innerdeutschen politischen Friedens und zum entsprechend großen Vorteil für die russischen Interessen. [...]"

Zitiert nach: W. Marienfeld: Konferenzen über Deutschland. Die alliierte Deutschlandplanung und -politik 1941 – 1949. Hannover 1963, S. 53 ff.

Lösungen

1 In dem Gutachten des "Advisory Committees" für die **Gestaltung der Nachkriegsordnung** werden zwei Ziele bezüglich Deutschlands formuliert.

In der Frage der Teilung, die zwischen den Alliierten auf den Kriegskonferenzen seit 1943 diskutiert wurde, plädierte das amerikanische Beratergremium eindeutig gegen Teilungsvorschläge, wie sie von der amerikanischen Regierung noch 1943/44 favorisiert wurden. Als Maßnahme der Besatzungspolitik wird in diesem Zusammenhang auf die in einem einheitlichen Deutschland notwendige "Kontrolle der ökonomischen und militärischen Abrüstung" hingewiesen. Eine Teilung Deutschlands würde, so befürchten die Verfasser, die Verwaltung und Überwachung erschweren, zumal der Widerstand der Deutschen gegen eine Teilung vorherzusehen sei, was wiederum zusätzliche Kontrollen und Zwangsmaßnahmen nach sich ziehen würde. Die Meinung der Kommission ist da wohl als Gegenposition zu verstehen gegen die Ansicht, eine Teilung Deutschlands diene der endgültigen Beseitigung der deutschen Gefahr für Europa.

Als zweites wichtiges Ziel wird die Entwicklung einer "breit fundierten Demokratie" gefordert, gebunden "an eine die allgemeinen Menschenrechte garantierende Verfassung", also wohl eine rechtsstaatliche Demokratie nach westlich-liberalem Muster.

Als Maßnahmen auf dem Weg zu diesem Ziel werden die Herbeiführung eines "annehmbaren Lebensstandards" und die Vereinbarung von Friedensbestimmungen mit einem "Minimum an Anfechtbarkeit" vorgeschlagen. Dabei spielen sicherlich die Erfahrungen nach dem Ersten Weltkrieg eine Rolle, als insbesondere die wirtschaftlichen Probleme und die demütigenden Bestimmungen des Versailler Vertrages zu einer erheblichen Belastung für die sich entwickelnde deutsche Demokratie wurden.

Wichtig scheint dem Ausschuß darüber hinaus auch eine möglichst große Übereinstimmung der Siegermächte, um zu verhindern, daß die Deutschen die Besatzungsmächte gegeneinander ausspielen könnten.

Begründet werden das Ziel der Demokratisierung und die entsprechenden Maßnahmen mit der stabilisierenden Wirkung der Demokratie, die als auf lange Sicht einzig geeignete Regierungsform auch den Frieden sichern könne, vor allem dann, wenn die Deutschen im Gegensatz zur Weimarer Republik keinen Grund hätten, eine den Frieden gefährdende revanchistische Politik zu betreiben.

2 Die **USA** ließen unmittelbar nach Kriegsende keinen Zweifel daran, daß sie mit ihrer **Besatzungspolitik** an den im Gutachten empfohlenen Zielen der Einheit Deutschlands und dem Aufbau einer demokratischen Grundordnung festhalten wollten.

Nachdem mit der "Berliner Deklaration" vom 5. Juli 1945 die vier Oberbefehlshaber der Alliierten die Regierungsgewalt in Deutschland übernommen hatten, war im Grunde bereits eine gemeinsame Verantwortung der Sieger für Deutschland dokumentiert.

Andererseits hatten die einzelnen Besatzungsmächte in den von ihnen besetzten Gebieten schon Weichenstellungen vorgenommen, ganz im Sinne der Stalinschen These: "Jeder führt sein eigenes System ein, so weit seine Armee vordringen kann."

Daß man aber zumindest staatsrechtlich an der **Einheit Deutschlands** festhalten wollte, wurde im Schlußdokument der **Potsdamer Konferenz** (17. Juli – 2. August 1945), dem Potsdamer Abkommen, deutlich. Dort wurde zunächst das Ziel der Demokratisierung ausdrücklich festgeschrieben: "Die Alliierten wollen dem deutschen Volk die Möglichkeit geben, sich darauf vorzubereiten, sein Leben auf einer demokratischen und friedlichen Grundlage von neuem wiederaufzubauen." Mehrfach wird dann angedeutet, daß man von einem einheitlichen Deutschland ausging. So heißt es, "die Behandlung der deutschen Bevölkerung in ganz Deutschland" müsse gleich sein, es wird die Errichtung "zentraler deutscher Verwaltungsabteilungen" angekündigt, vor allem aber wird programmatisch betont: "Während der Besatzungszeit ist Deutschland als eine wirtschaftliche Einheit zu betrachten."

Man darf davon ausgehen, daß diese Zielformulierungen auch auf Initiative der amerikanischen Regierung zurückgingen, die sich schon vor Potsdam eindeutig gegen eine Teilung festgelegt hatte.

Wie lange die USA an der Vorstellung der Einheit trotz der Auseinanderentwicklung in den vier Besatzungszonen festhielten, ist nicht ganz klar zu sagen. Oft wird die Entscheidung zur Vereinigung der amerikanischen mit der britischen Zone zur Bizone als Beleg dafür gewertet, daß Ende 1946 die USA schon die Einheit aufgegeben hatten. Andererseits waren es gerade die USA, die immer wieder versuchten, die im Potsdamer Abkommen geforderte Einheit Deutschlands als Wirtschaftsgebiet gegenüber den anderen Besatzungsmächten durchzusetzen, um die immer drängenderen Versorgungsprobleme zu lösen. In einem Bericht an seine Regierung wies Lucius D. Clay, der stellvertretende Militärgouverneur in Deutschland, auf die dringende Notwendigkeit hin, zonenübergreifende Regelungen zu treffen, um einen freien Handel zu ermöglichen.

Clay sah aber in der Praxis wenig Möglichkeiten, eine gemeinsame Verwaltung aller vier Mächte zu erreichen, da die Sowjetunion und vor allem Frankreich solche Versuche blockierten. So plädierte er für ein Provisorium, nämlich die enge wirtschaftliche Verknüpfung der britischen und der amerikanischen Zone, die dann nach längeren Planungen und einigen Rückschlägen am 1. Januar 1947 auch in Form der Bizone verwirklicht wurde. Vorher war der letzte Versuch, die vier Zonen zu fusionieren, auf der Pariser Außenministerkonferenz im Juli 1946 gescheitert.

Auch in der berühmten Stuttgarter Rede des amerikanischen Außenministers Byrnes am 6. September 1946 wurde ausdrücklich an der wirtschaftlichen Einheit gemäß Potsdamer Abkommen festgehalten. Spürbar war aber auch, daß man nicht mehr an eine Übereinkunft mit der Sowjetunion glaubte.

Mit Sicherheit im Frühjahr und Sommer 1947 vollzog dann die amerikanische Deutschlandpolitik eine Kurskorrektur. Man leistete nun dem ideologischen und machtpolitischen Vordringen der Sowjetunion nicht nur in Deutschland aktiven Widerstand. Auf der Moskauer Außenministerkonferenz (10. März bis 24. April) war nach der Verkündung der Truman-Doktrin am 12. März und der damit initiierten **Containment-Politik** an gemeinsame Entschließungen zur deutschen Frage nicht mehr zu denken. Mit dem im Juni 1947 entwickelten Marshall-Plan, einem Wiederaufbauprogramm für die westeuropäischen Länder, wurden für die neue amerikanische Deutschlandpolitik die wesentlichen Rahmenbedingungen fixiert. Von nun an war die Besatzungspolitik in der amerikanischen Zone ausgerichtet auf eine Vereinigung der drei westlichen Zonen zunächst im ökonomischen Bereich. Als wichtige Voraussetzung für eine wirtschaftliche Gesundung wurde neben der Einbettung der Bizone und der französischen Zone in die OEEC, der zur Realisierung des Marshall-Planes geschaffenen "Organization for European

Economic Cooperation", eine Währungsreform vorbereitet, die dann am 18. Juni 1948 durchgeführt wurde. Wie erwartet lehnte die sowjetische Besatzungsmacht die Gültigkeit der neuen Währung in ihrer Zone und in ihrem Sektor Berlins ab, so daß die wirtschaftliche Trennung vollzogen war. Durch die Einführung der neuen DM in den Westsektoren Berlins wurde die Teilung Berlins für die Bewohner der Stadt endgültig Realität.

Das zweite Ziel der **Demokratisierung** wurde von der amerikanischen Besatzungsmacht nach anfänglichem Zögern bis 1949 konsequent beibehalten. Die Direktive JCS 1067, die seit April 1945 gleichsam die Handlungsgrundlage der amerikanischen Besatzungsmacht darstellte, sah zwar keinerlei Zusammenarbeit mit den Deutschen vor, enthielt auch das berühmte Fraternisierungsverbot, doch übertrugen die amerikanischen Militärs sehr schnell die Verantwortung auf kommunaler Ebene an deutsche Stellen. Im übrigen akzeptierten die Amerikaner die territorialen Gliederungen, etwa Bayern, oder schufen weiträumige Ländereinheiten, wo es durch die Zonenteilungen nötig war (Baden-Württemberg). Die vorhandenen Parteien wurden geduldet, so daß sich der Aufbau der Demokratie von unten sehr schnell vollziehen konnte. Am 20. September 1945 genehmigte Eisenhower die Zulassung politischer Parteien auch offiziell. Überall entwickelte sich in der Folge ein pluralistisches Parteiensystem, im Mittelpunkt standen dabei die vier klassischen Lizenzparteien der SPD, der CDU, in Bayern der CSU und der FDP.

Im Januar 1946 fanden in den Ländern der US-Zone Gemeindewahlen statt, die Regierungschefs der Länderregierungen wurden danach beauftragt, Länderverfassungen auszuarbeiten, die im November und Dezember per Volksabstimmung bestätigt wurden. Da es zwischen den gewählten Länderparlamenten und den daraus gebildeten Regierungen und der amerikanischen Besatzungsmacht eher geringe Konflikte gab, übergaben die amerikanischen Stellen immer mehr Kompetenzen an die Parlamente und Regierungen, zumal die US-Stellen gar nicht auf die vielfältigen Verwaltungsaufgaben einer Besatzungsmacht vorbereitet war.

Die Bemühungen um eine demokratische Grundordnung mündeten dann ein in die sehr stark von den USA forcierten Verhandlungen zur Gründung eines Weststaates auf der Londoner Sechs-Mächte-Konferenz zu Beginn des Jahres 1948. Die dort einvernehmlich beschlossenen Empfehlungen für den demokratischen Aufbau der späteren Bundesrepublik Deutschland wurden als Frankfurter Dokumente den Ministerpräsidenten der Westzonen übergeben und bildeten das Rahmenkonzept für das Grundgesetz.

3 Überaus weitsichtig werden in dem Memorandum schon die Strategien der **sowjetischen Deutschland- und** wohl auch **Europapolitik** vorausgesehen. Wenn auf die Gefahr für die USA hingewiesen wird, die von einer "Macht des deutschen Kommunismus" im Dienste der Sowjetunion ausgehen könnte, dann ist einmal zu überprüfen, ob der deutsche Kommunismus eine solche Macht 1945 tatsächlich besessen hat, und andererseits wäre zu fragen, ob die Sowjetunion eine solche Macht für ihre eigenen Interessen benutzt hat.

Die Macht des deutschen Kommunismus, genauer gesagt der 1945 aktiven Kommunisten, beruhte teilweise auf dem hohen moralischen Ansehen, das sich viele Mitglieder der KPD durch ihre Beteiligung am Widerstand und durch ihr Leiden in den Konzentrationslagern erworben hatten. Es war deshalb auch kein Zufall, daß gegen Ende des Krieges, als sich die deutsche Niederlage und die Besetzung abzeichneten, sich gerade die kommunistischen und sozialistischen Gruppen sehr schnell wieder organisierten und Pläne für die Nachkriegsordnung Deutschlands artikulierten. Zu Anfang gingen dabei die Mitglieder der SPD und die der KPD meist noch gemeinsame Wege, um die gegen Hitler geübte Solidarität auch in die Zeit nach dem Krieg hinüberzuretten.

Nach dem Verbot der organisierten politischen Arbeit durch die Siegermächte entwikkelte sich der Kommunismus in den drei westlichen Zonen und in der sowjetischen Zone sehr verschieden. Während im Westen die kommunistischen Kräfte in den Gewerkschaften und die kommunistische Partei in der offenen Auseinandersetzung mit den übrigen politischen Parteien eher zu einer Minderheitserscheinung wurden, wuchs die **Macht des Kommunismus in der SBZ** zusehends. Die sowjetische Militärverwaltung (SMAD) hatte noch im Krieg damit begonnen, deutsche Kommunisten in Moskau auf ihre Aufgaben im Nachkriegsdeutschland vorzubereiten.

Mit dem Befehl Nr. 2 erlaubte die SMAD am 10. Juni 1945 die Gründung der Parteien und Gewerkschaften, am 13. Juni gründete sich die KPD. Dreizehn der sechzehn Funktionäre, die den Gründungsaufruf unterzeichnet hatten, waren kurz vorher aus Moskau gekommen. Eine der wesentlichen Programmpunkte war die Bildung eines "Blocks der antifaschistischen, demokratischen Parteien". Die drei Gruppen, die zur Durchsetzung des Programms aus Moskau angereist waren, unter anderem auch die "Gruppe Ulbricht", hatten zunächst große Schwierigkeiten, ihre Vorstellungen innerhalb der KPD durchzusetzen, da offensichtlich die Ziele Moskaus nicht mit denen alter KPD-Aktivisten aus der Weimarer Zeit übereinstimmten. Die erste wirkliche Programmatik der neuen KPD formulierten dann Ulbricht, Anton Ackermann und Gustav Sobottka, die Führer der drei Initiativgruppen, in Moskau zusammen mit Wilhelm Pieck. Auch daran wird sichtbar, wie intensiv und wie planvoll die Sowjetunion die Macht der komunistischen Bewegung in Deutschland zu steigern und zu steuern versuchte.

Da jedoch die personelle Basis der kommunistischen Partei viel zu gering war gegenüber der konkurrierenden SPD, wurde schon frühzeitig die Vereinigung der beiden Parteien vorbereitet. Interessant ist, daß erste Gesprächsangebote der SPD von der Führung der KPD nicht beachtet wurden, wohl aus Angst vor der Stärke der SPD und angesichts der eigenen inneren Probleme. Am 19. Juni 1945 wurde dann die KPD aktiv und stellte die Weichen für die Bildung einer Einheitsfront zu ihren Bedingungen, also denen einer kommunistischen Kader-Partei. In der SPD der Westzonen hatte mittlerweile Kurt Schuhmacher einen strikt antikommunistischen Kurs durchgesetzt, so daß sich die Situation der Ost-SPD verschlechterte, der Druck der von der SMAD unterstützten KPD wurde immer größer. Am 21. und 22. April 1946 fand dann der **Gründungsparteitag der SED** in Ost-Berlin statt, gegen den Willen vieler Mitglieder vor allem der SPD, die die Gefahr einer kommunistischen Vereinnahmung durch die KPD mit Hilfe der sowjetischen Militärverwaltung sahen und mit der Strategie des vereinigungsbereiten Zentralausschusses der Berliner SPD nicht einverstanden waren. Von nun an wirkten die gut vorbereiteten kommunistischen Kadergruppen innerhalb der SED mit Unterstützung der SMAD in Richtung der Umgestaltung der neuen Partei zu einer totalitären Staatspartei am Zügel der Moskauer Zentrale.

Die Interessen der Sowjetunion waren dabei schon sehr bald klar und auch für viele alte SPD-Mitglieder sichtbar, ohne daß sie mit ihrem Widerstand eine Chance gehabt hätten. Die SU wollte ihre eigene Zone zügig in eine Volksdemokratie nach sowjetischem Muster umwandeln. Die SBZ sollte zu einem weiteren Satellitengebilde in Osteuropa werden. Besonders wichtig war die zentrale Steuerung der eigenen Besatzungszone auch deshalb, weil sie Moskau die Möglichkeit bot, über die Besatzungs- und Deutschlandpolitik den eigenen Einfluß in Mitteleuropa zu erweitern.

Zusammenfassend läßt sich also feststellen, daß die Sowjetunion durchaus die kommunistische Partei benutzte, um ihre Interessen in Deutschland und in Europa durchzusetzen. Allerdings reichte die Macht des organisierten Kommunismus dazu keinesfalls aus, so daß Moskau über die Kadergruppen zunächst einmal die Basis der KPD mit der Zwangsvereinigung erweitern mußte, um dann durch die von der SED gesteuerten Massenorganisationen wie den Freien Deutschen Gewerkschaftsbund oder die Freie Deutsche Jugend einen "demokratischen Zentralismus" zu installieren, mit dem die von Moskau gewünschten sozialen und ökonomischen Umgestaltungen organisiert werden konnten. Die SED und ihre Massenorganisationen waren in der Folgezeit, unter starker Kontrolle der SMAD, Instrumente zur Durchführung der Verstaatlichung der Großindustrie, der Boden-, Justiz- und Schulreform, jeweils unter der teilweise propagandistischen Flagge der Entnazifizierung und des antifaschistischen Kampfes.

4 Die Schwierigkeiten beim **Aufbau einer Demokratie in Deutschland**, von denen das Advisory Committee im Memorandum spricht, beziehen sich wohl in erster Linie auf das Scheitern der **Demokratie in Weimar**.

Diese erste wirkliche Demokratie in Deutschland hatte zu kurz gedauert, um ein demokratisches Bewußtsein in der Bevölkerung wachrufen zu können, konnte vor allem nicht auf dem demokratischen Geist seiner Eliten aufbauen. In den Kreisen der Militärs, insbesondere des adeligen Offizierskorps, sowie bei weiten Teilen des Berufsbeamtentums herrschte auch nach 1918 noch der obrigkeitsstaatliche Geist der Wilhelminischen Zeit. Hier lag dann auch das Dilemma des Paktes zwischen der SPD und diesen alten Herrschaftseliten am Beginn der Republik, daß die antidemokratischen Einstellungen nicht zu einem ungefährlichen Minderheitenphänomen wurden, sondern daß sie übermächtig blieben. Auf der anderen Seite fehlte dem deutschen Bürgertum wie vor allem auch den Parteien der Mitte die notwendige demokratische bzw. parlamentarische Tradition nach dem Scheitern von 1848 und dem autoritären Stil Bismarcks und Wilhelms II.

Der Parlamentarismus und die Parteiendemokratie hatten zu Beginn der Weimarer Republik eigentlich nur in der Arbeiterschaft und bei einigen Teilen des Bildungsbürgertums den Rückhalt, der für eine dauerhafte Demokratie nötig erscheint. Daß die Einstellung der Deutschen gegenüber einem demokratischen System sich nicht schnell genug verbessern konnte, daran waren auch die Sieger des 1. Weltkriegs nicht ganz unschuldig, belasteten sie doch die junge Demokratie mit Bestimmungen im Versailler Vertrag, die Wasser auf die Mühlen der antidemokratischen, nationalistischen Gegner der Republik waren.

Im Zangengriff der immer stärker werdenden radikalen Rechten und der revolutionären Linken konnte sich die Demokratie in Deutschland nur für kurze Zeit erfolgreich behaupten, bevor die Weltwirtschaftskrise und die sozialen und ökonomischen Folgen in Deutschland der "Demokratie ohne Demokraten" den Todesstoß versetzten. Gerade **in den Jahren 1929 bis 1933** zeigte sich deutlich, wie wenig Rückhalt das demokratische und parlamentarische System in den für die Macht wichtigen Bereichen des Militärs, der Verwaltung und der Wirtschaft gefunden hatte. Der Traum vom starken Staat, von der starken Führerpersönlichkeit korrespondierte mit einem Untertanengeist in weiten Teilen der Bevölkerung, so daß sich kaum Widerstand regte bei der zunehmenden Entmachtung des Parlaments und der damit verbundenen Umwandlung der Demokratie in eine Präsidialdiktatur. Selbst die demokratischen Parteien schienen mehrheitlich den Kampf für eine parlamentarische Demokratie aufgegeben zu haben, zumal sie bei Wahlen immer mehr Boden verloren. Der Anti-Parteien-Effekt, in der Tradition Bismarcks und Wilhelms II., war ein deutlicher Beleg, wie wenig demokratischer Geist bei den Bürgern vorhanden war.

So stieß nach 1933 die umfassende Gleichschaltung des totalitären NS-Staates auch auf geringen Widerstand, wurde in weiten Teilen sogar als Wiederherstellung der nationalen Würde und der Volksgemeinschaft begrüßt, auch in Kreisen des Bildungsbürgertums, das mit Blick auf die Weimarer Republik nicht selten von einem "undeutschen Staat" gesprochen hatte.

5 Die **Gefahr einer deutschen Teilung** wird im Memorandum darin gesehen, daß bei den Deutschen "Bitterkeit wachgerufen" werden könnte, die dann "Gewaltmaßnahmen zu ihrer Aufrechterhaltung" hervorrufen und damit eine Friedensgefahr darstellen könnte. In der Tat wurde die deutsche Teilung nach 1945, die zwar nicht in Potsdam beschlossen, die aber aufgrund des Ost-West-Gegensatzes historische Realität geworden war, zu einer schmerzlichen Folge des Krieges, mit der man sich nicht abfinden wollte und konnte. Zwar schienen die Deutschen nach 1945 wie gelähmt, aber im Laufe der Zeit führten die Erfahrungen von Familientrennungen, Verlust des Besitzes und der Heimat zu Leid und Verbitterung. Als sich dann abzeichnete, daß die Trennung zwischen den beiden deutschen Staaten immer härter und immer dauerhafter wurde, regte sich tatsächlich der Widerstand, der die im Memorandum befürchteten Gewaltmaßnahmen provozierte.
So mußte am 17. Juni 1953 die sowjetische Militärmacht einen Aufstand der ostdeutschen Arbeiter gegen ihr System und teilweise gegen die Teilung mit brutaler Gewalt niederschlagen.

Als Gefahr für den Frieden in Europa entwickelte sich besonders auch die **Teilung Berlins**, vor allem dadurch, daß angesichts der unterschiedlichen ökonomischen Entwicklungen in den beiden deutschen Staaten die Bürger der DDR Berlin als günstige Fluchtmöglichkeit nutzen konnten. Erneut mußte mit Gewalt die Teilung stabilisiert werden: Am 13. August 1961 wurde die Mauer gebaut, um in Berlin und an der gesamten Westgrenze der DDR die Teilung zu vertiefen. Die dabei notwendige Gewalt eskalierte mehr und mehr von einer bewachten Stacheldrahtgrenze bis zu einem tödlichen Grenzsystem mit Todesstreifen, Schießbefehl, Minen und Selbstschußanlagen.
Daß die deutsche Teilung tatsächlich nur mit Gewalt aufrechterhalten werden konnte, wurde spätestens zu dem Zeitpunkt sichtbar, als diese Gewalt nicht mehr "funktionierte", weil die Sowjetunion nicht mehr bereit war, sie einzusetzen. Innerhalb kürzester Zeit konnte gewaltfrei die Teilung überwunden werden.
Daß sich die Deutschen im Westen und im Osten vor allem seit 1961 weitgehend mit der Teilung abgefunden hatten, lag in erster Linie an der Einsicht, daß sie Ergebnis und Ausdruck eines weltweiten Gegensatzes, einer weltweiten "Teilung" von Einflußsphären war. In diesem Zusammenhang ist auch zu klären, inwiefern sie, wie im Memorandum vorausgesehen, eine Gefahr für den Frieden darstellte.

Sieht man Frieden als einen Zustand des vertrauensvollen Miteinander, so war im **Zeitalter des Ost-West-Gegensatzes**, des "Kalten Krieges", die deutsche Teilung ein dauernder Konfliktherd, vor allem natürlich Berlin, also eine Gefahr für den Frieden. An der deutsch-deutschen Grenze standen sich die Truppen der NATO und des Warschauer Paktes hochgerüstet direkt gegenüber, das mitten in Deutschland gelagerte atomare Potential stellte eine eminente Gefahr für den Frieden dar.
Versteht man Frieden jedoch mehr als einen Zustand ohne militärische Handlungen, so kann die deutsche Teilung nicht als ernsthafte Gefährdung eines solchen Friedens angesehen werden. Die militärische Strategie der Abschreckung, die in Mitteleuropa angesichts des drohenden Einsatzes von atomaren Waffen jede militärische Aktion zum "Selbstmord" hätte werden lassen, erhielt durch die deutsche Teilung eine zusätzliche Wirksamkeit.

Paradoxerweise war es vor allem der Mauerbau, also die Vertiefung und Erhärtung der deutschen Teilung, der den Frieden in Europa sicherer machte. Seit dieser Zeit respektierten die beiden Großmächte und ihre Blockpartner die gegenseitigen Machtsphären, richteten ihre Politik verstärkt auf Sicherung des Status quo aus. Diese Beruhigung und Entschärfung gab dann auch den Raum für neue Impulse in der internationalen Politik, so daß ab der zweiten Hälfte der 60er Jahre eine Politik der Entspannung den Rahmen schuf für eine schrittweise Normalisierung der Beziehungen im geteilten Deutschland, ohne daß man jedoch vor 1989 von Normalität reden könnte.

Leistungskurs Geschichte (Bayern) 1995 – Aufgabe I
Die Auseinandersetzung mit nationalstaatlichen und freiheitlich-demokratischen Ordnungsvorstellungen in Deutschland

		BE
1	Charakterisieren und belegen Sie das Verhältnis zwischen politischer und militärischer Führung in Deutschland ab 1914 bis zum Beginn von Hitlers Kanzlerschaft!	12
2	Beurteilen Sie vor dem Hintergrund der politischen Entwicklung vom Herbst 1932 bis zum 30. Januar 1933 die folgende These des Politikwissenschaftlers Albrecht Tyrell: "Die Kanzlerschaft hatte Hitler nicht ergriffen oder erobert; sie war ihm ausgeliefert worden, ohne daß das bis in die letzten Tage hinein unabwendbar gewesen wäre."	12
3	Charakterisieren Sie kurz Hitlers Wirtschaftspolitik, und zeigen Sie, inwieweit es ihm zwischen 1933 und 1939 gelang, die deutsche Wirtschaft in den Dienst seiner Kriegsvorbereitungen zu stellen!	12
4	Skizzieren Sie die Grundzüge der nationalsozialistischen Kirchenpolitik, und erläutern Sie am Beispiel der großen christlichen Konfessionen Formen der Reaktion auf diese Politik!	12
5	Prüfen Sie, inwiefern der Prozeß der Monopolisierung der politischen Macht im ersten Jahrfünft der DDR mit demjenigen im "Dritten Reich" 1933/34 zu vergleichen ist!	12
		60

Lösungen

1 **Das Verhältnis zwischen militärischer und politischer Führung** ist in der Zeit des Kaiserreiches, also vor allem im Krieg und in der Endphase des Reiches, wesentlich bestimmt von einer Dominanz der militärischen Führung.

Dies kann schon deshalb nicht verwundern, da vor dem 1. Weltkrieg in der Wilhelminischen Gesellschaft das Militär eine beherrschende Stellung besaß, sich als staatstragende Elite verstand, weitgehend rekrutiert aus der traditionellen, vorindustriellen Führungsschicht des Adels.

Daß das Militär die eigenen Interessen und strategischen Konzepte über die politischen Alternativen setzte, wird besonders deutlich in der Juli-Krise des Jahres 1914. Nicht nur, daß die Militärs den Krieg als Möglichkeit der eigenen Statuserhöhung und eines erneuten großen Triumphes nach 1871 ansahen, darin kaum anders denkend als Militärs in anderen Staaten, gründeten sie ihre Strategie auf eine frühzeitigen Ablösung politischer Konfliktregelung durch militärische. Der **Schlieffen-Plan** der deutschen militärischen Führung setzte eindeutig auf den Vorrang einer schnellen und überraschenden Angriffsaktion gegenüber geduldigen und zähen diplomatischen Verhandlungen. In dem Moment, wo die Mobilmachungsmechanismen in Gang gesetzt wurden, hatten die Militärs nicht nur in Deutschland den Politikern das Heft aus der Hand genommen, um taktische Zeitvorteile nicht zu gefährden. Ihr dominierender Einfluß läßt sich auch an der Kriegsbegeisterung vor allem in Deutschland ablesen, sicherlich auch eine Folge der Überbetonung des militärischen Obrigkeits-Denkens über politisch-demokratische Streitkultur im Kaiserreich.

Im Krieg selbst war der Primat des Militärs gegenüber der Politik unumstritten, die Exekutive ging ohne jeden Zweifel auf die OHL, die Oberste Heeresleitung, über, zumal selbst die Sozialdemokratie ihre Bedenken gegen den Krieg mit der Zustimmung zu den Kriegskrediten aufgegeben hatte.

Mit dem **"Gesetz über den Kriegszustand"**, das erst Ende 1916 in Kraft trat, wurde im Grunde auch die Gesetzgebungsbefugnis weitgehend an die militärische Führung abgegeben. Als dann Wilhelm II. im August 1916 die siegreichen Generäle **Hindenburg und Ludendorff** unter dem Druck der Öffentlichkeit an die Spitze der OHL stellen mußte, war die staatliche Gewalt endgültig in militärische Hände übergegangen, eine "Diktatur" der Militärs entstanden. Hindenburg war der neue "Kaiser", Ludendorff der faktische Regierungschef. Von nun an entschieden die beiden im Grunde alle wichtigen Fragen, der Kaiser war de facto entmachtet.

Erst als der Krieg in den Gräben der Westfront steckenblieb und die Kritik in der Öffentlichkeit wegen der Opfer und der schwierigen Versorgungslage wuchs, insbesondere nach dem Kriegseintritt der USA, regte sich im Reichstag Widerstand gegen die OHL. Sozialdemokratie, Zentrum und linksliberale Abgeordnete formulierten eine **Friedensresolution** und bildeten einen Ausschuß, der sich mit einer Verfassungsänderung im Sinne einer Parlamentarisierung der Regierung beschäftigen sollte. Doch nach wie vor besaß die OHL genügend Autorität und Macht, um diesen Prozeß zu verhindern.

Zum Umschwung kam es Ende September 1918, als die OHL angesichts der bevorstehenden Niederlage selbst forderte, ein Waffenstillstandsangebot zu unterbreiten und die **Parlamentarisierung des Regierungssystems** einzuleiten. In der Stunde der Niederlage stahl sich die militärische Führung aus der Verantwortung und überließ das Feld den politischen Kräften, die darauf kaum vorbereitet waren.

In der **Revolution des Jahres 1918** spielte die militärische Führung zunächst keine Rolle. Erst als die gemäßigten Kräfte, an der Spitze die Sozialdemokratie, es für unverzichtbar hielten, gemeinsam mit der OHL die akuten Probleme der Beendigung des

Krieges, der Ernährung der Bevölkerung und der ökonomischen Stabilisierung zu lösen, wurde die militärische Führung im **"Ebert-Gröner-Pakt"** zum gleichberechtigten Verbündeten der zivilen Politiker, ohne jedoch in dieser Phase einen Führungsanspruch geltend machen zu können. Allerdings ebneten die sozialdemokratischen Volksbeauftragten der alten miltärischen Elite den Weg, sich nahezu unbeschadet in die neue Republik hinüberzuretten.

In den **Krisenjahren der Weimarer Republik** spielte das Miltär dann eine zwiespältige Rolle. Man verteidigte die Republik zwar engagiert gegen linke Angriffe und verhinderte damit eine Fortsetzung oder gar Radikalisierung der Revolution. Den Angriffen der Rechten auf die ungeliebte Republik stand die militärische Führung der Reichswehr dagegen eher zurückhaltend gegenüber. Die unselige These des Generals von Seeckt, wonach Reichswehr nicht auf Reichswehr schieße, gesprochen im Zusammenhang mit dem Kapp-Putsch, ist deutliches Zeichen für die überaus reservierte Haltung der militärischen Führung gegenüber der demokratischen Republik. Mehr und mehr schlossen sich in den Krisenjahren auch die adeligen Führungseliten den Gruppen an, die massive Kritik an der Republik äußerten. Ludendorffs Nähe zu Hitler in der Zeit des gescheiterten Putsches in München ist dafür ein Beispiel.

Die militärische Führung unterstützte die **Legenden vom "Dolchstoß"**, also dem Verrat der Militärs durch die Politiker, weil dadurch das eigene Versagen kaschiert und die Schuld den "Novemberverbrechern" zugeschoben werden konnte.

Nach den Krisenjahren der Republik, in der Zeit des kurzen Aufschwungs, trat die **Reichswehr**, schon aufgrund der im Versailler Vertrag festgeschriebenen Beschränkung auf 100 000 Mann, zumindest nach außen hin zurück, ordnete sich formal den politischen Eliten unter. Das Primat der Politik war zumindest bis 1929 unstrittig, auch wenn im Hintergrund und durch die informellen Möglichkeiten über den Reichspräsidenten Hindenburg der Einfluß der Militärs sehr stark blieb. Dafür kann auch das Interesse der militärischen Führung an der **Rapallo-Politik** als Beleg gelten. Die Reduzierung der Armee und die "Zivilisierung" des öffentlichen Lebens führten jedoch in einer Art Gegenreaktion zu einer inneren Abschottung des Offizierskorps und zur Pflege des gefährdeten Elitebewußtseins. Die Reichswehr entwickelte sich mehr und mehr zu einem "Staat im Staate".

Zu einem echten Machtfaktor wurde die Reichswehr dann erneut, als **General von Schleicher** mit der Armee im Rücken die Staatsstreichpläne von Papens zu verhindern versuchte, um eine eigene Strategie zur Beseitigung der Parteiendemokratie zu verfolgen, mit der er jedoch scheiterte. Sein Rücktritt im Januar 1933 öffnete dann Hitler den Weg ins Zentrum der Macht.

2 Der "politische" Herbst des Jahres 1932 war zunächst bestimmt von den doch eher überraschenden Stimmenverlusten der NSDAP bei den **Reichstagswahlen im November 1932**. Gegenüber den Sommerwahlen vom 31. Juli hatte die NSDAP einen Stimmenverlust von 4,2 Prozent hinnehmen müssen, die Zahl der Mandate ging von der Rekordhöhe von 230 Sitzen auf 196 Sitze zurück. Aber nicht so sehr die Zahlen lösten innerhalb der Parteiführung eine Krise aus, sondern vor allem die Erkenntnis, daß offensichtlich auf dem Weg freier Wahlen die Macht nicht zu gewinnen war, zumal sich weltweit auch wirtschaftliche Konsolidierungssignale häuften.

Als die Koalitionsverhandlungen mit **von Papen**, der von den Deutschnationalen gestützt wurde, wie schon nach den Juli-Wahlen scheiterten, versuchte dieser über seinen Einfluß beim Reichspräsidenten eine radikale Lösung. Er wollte Hindenburg und dessen Berater gewinnen für eine tiefgreifende Verfassungsänderung und die Entmachtung des Parlaments. Einen derartigen Staatsstreich wollte Hindenburg jedoch nicht unterstützen und ernannte den Reichswehrgeneral Kurt von Schleicher zum neuen

Kanzler. Dessen Versuch, die NSDAP zu spalten und mittels einer weitgespannten Versöhnungspolitik bis hin zu den Gewerkschaften eine stabile Mehrheit zu organisieren, schlug ebenso fehl wie die Ausrufung des Staatsnotstands und die Auflösung des Reichstags auf unbestimmte Zeit. Hindenburg versagte auch Schleicher die Unterstützung, so daß dieser Ende Januar zurücktreten mußte.

Zwischen den Deutschnationalen und der NSDAP war es mittlerweile erneut zu Verhandlungen gekommen, wobei vor allem von Papen sich für eine **Kanzlerschaft Hitlers** stark machte, wohl in der Hoffnung, als starker Mann im Hintergrund die Fäden in der Hand halten zu können. Da auch Hitler von radikalen Forderungen abging, aus der Erfahrung der Wahlverluste vom November, erzielten von Papen und Hitler eine Einigung über eine Regierung, die im Parlament Mehrheiten hatte. Mit Hilfe der Umgebung Hindenburgs, der "präsidialen Kamarilla", gelang es schließlich, Hindenburg dazu zu bewegen, den "böhmischen Gefreiten" zum Kanzler zu ernennen.

Geht man von dieser politischen Entwicklung aus, dann wird man der These Tyrells zustimmen müssen: Hitler hat in den Monaten vor der Machtübernahme im Grunde eher reagiert auf die Schwäche und das Versagen der politischen Kräfte und der letzten Versuche von Papens und von Schleichers, die Republik in ein autoritäres System umzuwandeln. Die Macht wurde ihm überlassen, da die demokratischen Parteien keine Regierung mehr zustandebrachten und die konservativen Präsidialkabinette an gegenseitigen Intrigen scheiterten.

Neben der politischen Entwicklung gibt es weitere Aspekte, die für die Würdigung der These Tyrells von Bedeutung sind. Daß Hitlers NSDAP eine so starke Kraft im Reichstag und im politischen Machtspiel werden konnte, lag wesentlich auch daran, daß **antidemokratische Parolen und Strategien** in der Gesellschaft, vor allem bei den militärischen und politischen Eliten, einen günstigen Nährboden fanden. Adel und Reichswehrführung, aber auch Teile der Industrie waren sicherlich nicht unmittelbar für Hitler und seine Partei, sahen in ihm aber einen Bundesgenossen im Kampf gegen die Republik und gegen die demokratischen Kräfte.

So dürfte auch das **"Zähmungskonzept"** der nationalkonservativen Kreise um von Papen und Hindenburg zu verstehen sein als ein Versuch, Hitler vor den eigenen Wagen zu spannen, um eine Sammlungsbewegung auf der Linken zu verhindern und Hitler nach der Beseitigung der Republik zu entmachten.

Auch diese Aspekte sprechen eher dafür, die Kanzlerschaft Hitlers nicht als Folge nationalsozialistischer Erfolge zu sehen, sondern als Fehleinschätzung der Gefahr Hitler durch die tonangebenden Eliten.

Tyrells These dürfte auch gestützt werden durch die erkennbare **Schwäche der NSDAP** zum Zeitpunkt der Machtübernahme. In der Partei, auch bei Hitler selbst, hatten sich zunehmend Zweifel erhoben, ob es nach dem Überschreiten des Zenits der Juli-Wahlen noch einmal gelingen könnte, an die Macht zu kommen. Viele sahen den Höhepunkt überschritten und forderten eine Änderung der Strategie, z. B. eine stärkere Betonung der sozialen Elemente. Die sichtbaren Flügelkämpfe in der NSDAP und ein durchaus vorhersehbarer Erosionsprozeß bei den Anhängern angesichts besserer Wirtschaftsdaten hätten die Partei kaum an die Macht geführt, wenn ihr diese nicht "ausgeliefert" worden wäre. Eine zwingende Notwendigkeit gab es keinesfalls, da weder programmatisch noch personell Hitler und seine Partei Konzepte anzubieten hatten, zu denen es keine Alternativen gegeben hätte.

In einer ungewollten und unseligen "konzertierten Aktion" hatten die demokratischen Parteien, die Gewerkschaften und die rechtskonservativen Republikgegner die Macht aus der Hand gegeben bzw. sich geweigert, sie in die Hand zu nehmen. So war sie tatsächlich, wie Tyrell feststellt, an Hitler "ausgeliefert worden".

3 Die **wirtschaftspolitischen Vorstellungen der Nationalsozialisten**, soweit sie in Parteiprogrammen fixiert sind, erscheinen eher verschwommen, zumal Hitler selbst von Wirtschaftspolitik wenig hielt. In einem **Grundsatzprogramm von 1920** ist immerhin ein stark antikapitalistischer Zug erkennbar, wenn gegen die Zinsknechtschaft polemisiert und für die Verstaatlichung von Trusts Partei ergriffen wird. Selbst die Beseitigung der bestehenden Währungsverfassung mit der Goldwährung als Basis wurde diskutiert.

Von diesem Programm war jedoch unmittelbar vor der Machtergreifung nicht mehr die Rede, vielmehr stellte die NSDAP seit 1932 ein Arbeitsbeschaffungsprogramm in den Mittelpunkt ihrer wirtschaftspolitischen Wahlkampfparolen, formuliert von einem innerparteilichen Konkurrenten Hitlers, von **Gregor Strasser**. In seinem Sofortprogramm war von einer Beseitigung des Marktes oder auch nur teilweise antikapitalistischen Vorhaben nicht mehr die Rede, so daß anzunehmen ist, daß die Partei damals keine eigene sozialistische Wirtschaftsordnung installieren wollte.

Die ersten Jahre der NS-Herrschaft waren geprägt von **zunehmenden staatlichen Eingriffen in das Wirtschaftsleben**, ohne dabei allerdings den Markt an sich oder gar die Eigentumsordnung grundlegend zu beseitigen bzw. zu ändern. Zwar wurde ein staatlicher Preiskommissar eingesetzt, doch war es nicht seine Aufgabe, von Staats wegen Preise festzusetzen. Allerdings zielten die Einzelmaßnahmen der NS-Wirtschaftspolitik auf eine zunehmende Schwächung kleinerer und mittlerer Unternehmen zugunsten größerer Kartelle oder Dachorganisationen, nicht um den Markt zu beseitigen, sondern um konjunkturelle Krisen zu verhindern. Die gesetzlichen Regelungen führten schließlich zu einer Organisationsstruktur mit einer Reichswirtschaftskammer an der Spitze und sechs Reichsgruppen, die in sich wiederum in Untergruppen organisiert waren.

So wurde zwar die Marktautonomie der Wirtschaft nicht beseitigt, aber es wurden Möglichkeiten für eine immer stärkere staatliche Einflußnahme geschaffen. Am stärksten war davon der **Außenhandel** betroffen, da die Regierung angesichts des Defizits in der Außenhandelsbilanz befürchtete, die v. a. für die Rüstung wichtigen Rohstoffe nicht mehr bezahlen zu können. Vom September 1934 an trat der von **Hjalmar Schacht** formulierte "Neue Plan" zu einer totalen Devisenbewirtschaftung in Kraft.

Neben der Devisenwirtschaft wurde schon frühzeitig auch die **Landwirtschaft** einer totalen staatlichen Lenkung unterworfen, letztlich aber auch begründet in dem Bemühen um eine möglichst weitgehende außenwirtschaftliche Unabhängigkeit. Die "Nahrungsfreiheit des deutschen Volkes" wurde als Grundlage der politischen Freiheit propagiert. Am tiefsten war der Einschnitt durch das "Reichserbhofgesetz" von 1933, in dem für den Bereich landwirtschaftlicher Nutzflächen das Recht auf Privateigentum aufgehoben wurde.

Getreu ihren Wahlkampfparolen mußte die NSDAP natürlich auch den **Arbeitsmarkt** dirigistisch steuern. Schon unter Brüning war die Lohn- und Tarifautonomie stark eingeschränkt worden, doch die Nationalsozialisten beseitigten die Institutionen eines freien Arbeitsmarktes völlig, als sie die Freien Gewerkschaften zerstörten und die bisherigen Tarifparteien in der "Deutschen Arbeitsfront" zusammenfaßten.

So hatte das NS-Regime sehr bald organisatorische Rahmenbedingungen geschaffen, um entscheidende Maßnahmen zur Belebung der Konjunktur und vor allem zur Beseitigung der Massenarbeitslosigkeit durchzuführen. Der "freiwillige" Arbeitsdienst, also die Verpflichtung zur Arbeit gegen einen minimalen Lohn, hatte zwar zusammen mit dem Aktionsprogramm der "Landhelfer" und der "Notstandsarbeiten" den Effekt, daß die Zahl der Arbeitslosen um etwa 850 000 Mann gesenkt werden konnte, aber von einer ökonomisch sinnvollen Arbeitsmarktpolitik kann dabei kaum die Rede sein. Sichtbar wird das auch an der Art der Finanzierung solcher Programme. Der Finanzminister Hitlers, Reichsbankpräsident Schacht, hatte kaum Bedenken, die staatlichen Ausgaben über Schulden zu finanzieren, ohne die Währung zu gefährden. Sein Auswaeg waren die sog. **"Mefo-Wechsel"**, genauer "Metall-Forschungs-GmbH-Wechsel". Diese Wechsel wurden mit großem Erfolg an die Bevölkerung verkauft, da der Staat sich verpflichtete, sie jederzeit zurückzukaufen und nach 5 Jahren die Anleihe mit großem Gewinn für die Käufer zurückzuzahlen. Da diese Wechsel seit 1934 liefen, hätte 1939 mit der Rückzahlung begonnen werden müssen, doch entschied Hitler, daß die Wechsel verlängert werden müßten.

Nicht zuletzt das über die Mefo-Wechsel verfügbare Kapital erlaubte es, einen **industriellen Aufschwung** mit entsprechenden Investitionen zu organisieren. Im Oktober 1936 verkündete die Regierung einen **2. Vierjahresplan**, in dem die Nationalsozialisten auf eine drohende **Devisen- und Rohstoffkrise** mit einer deutlichen Verlagerung von der Konsumgüterindustrie zur Rüstungsindustrie reagierten. Vor allem sollten die Eisen- und Stahlindustrie angekurbelt und die Versorgung mit Treibstoff sichergestellt werden. Von nun an erschien die Wirtschaftspolitik des NS-Staates weniger punktuell und reaktiv als vor 1936, sondern schuf systematische Rahmenbedingungen für eine konsequente Durchsetzung der staatlichen Ziele Rüstung und Sicherung der Binnenkonjunktur. Beispielsweise wurde dem angesichts der Vollbeschäftigung seit 1936 erkennbaren Lohnauftrieb nicht durch verstärkte Konsumgüterproduktion wirtschaftspolitisch sinnvoll begegnet, sondern durch einen **Preis- und Lohnstopp ab dem 17. Oktober 1937**. Auch die Finanz- und Währungspolitik wurde im Zuge des neuen Vierjahresplanes vollkommen der zentralen Steuerung unterstellt, die Reichsbank verlor ihre Unabhängigkeit, nach dem Rücktritt Schachts hatte Hitler auch keinerlei Hemmungen mehr, die Finanzierung seines Rüstungsprogramms über die Notenpresse zu bewerkstelligen.

Die starken und immer umfassenderen Eingriffe des Staates in die nach wie vor marktwirtschaftlich organisierte Wirtschaft führten seit 1936 verstärkt zu Ungleichgewichten zwischen Nachfrage und Angebot bei Konsumgütern. So mußte 1939 eine Rationierung wichtiger Güter eingeführt werden, zu denen nahezu alle Lebensmittel gehörten. Der beginnende Krieg zwang dann die Regierung, die letzten Grundlagen der Marktwirtschaft zu beseitigen. Mit der **"Verordnung über den Warenverkehr"** vom 18. August 1939 wurde die Marktwirtschaft ersetzt durch eine Zentralverwaltungswirtschaft.

Der Überblick über die Wirtschaftspolitik des nationalsozialistischen Regimes zeigt, daß es von Anfang an um eine steuernde staatliche Einflußnahme ging mit den Zielen einer möglichst weitgehenden Unabhängigkeit vom Ausland und einer verstärkten Produktion von kriegswichtigen Gütern. Dabei wurde die Wirtschaft nur zögernd gleichgeschaltet, da den Nazis offensichtlich eine sinnvolle Alternative zur Marktwirtschaft fehlte und die Mitarbeit der deutschen Unternehmer notwendig war.

Die deutsche Industrie wiederum unterstützte Hitlers Politik, da sowohl die finanzpolitischen und arbeitsmarktpolitischen Maßnahmen zur Belebung der Konjunktur als auch die Aussicht auf Gewinne aus der Aufrüstung schwerer wogen als manche Eingriffe in die unternehmerische Entscheidungsfreiheit.

Mit dem 2. Vierjahresplan änderte sich die Einstellung der Nationalsozialisten zur Wirtschaft. Die bisherige Kooperation mit vorsichtigen und punktuellen staatlichen Eingriffen wurde ersetzt durch eine zunehmende Unterordnung der gesamten Wirtschaft unter die Kriegs- und Expansionsziele Hitlers, ohne daß jedoch 1939 die Vorbereitungen für den Angriffskrieg abgeschlossen waren.

4 Die **nationalsozialistische Kirchenpolitik** kann sicherlich nur erklärt werden vor dem Hintergrund eines elementaren Widerspruchs zwischen der totalitären Ideologie des Nationalsozialismus und dem Anspruch der christlichen Kirchen auf Glaubensfreiheit und religiöse Bindung.

Zu Beginn seiner Herrschaft glaubte Hitler noch nicht stark genug zu sein, um den Kampf gegen die Kirchen wagen zu können, zumal er insbesondere **die katholische Kirche** mit ihrer Geschlossenheit und organisatorischen Kraft fürchtete und bewunderte, während er die **evangelische Kirche** in ihrer Gespaltenheit und inneren Zerrissenheit für leicht beherrschbar hielt.

Obwohl die **katholische Kirche** vor 1933 den Nationalsozialismus ablehnte und es ihren Gläubigen verbot, in die NSDAP einzutreten, vollzogen die deutschen Bischöfe 1933 einen Kurswechsel, nachdem die Zentrumspartei dem Ermächtigungsgesetz zugestimmt hatte, nicht zuletzt deswegen, weil Hitler weitgehende Zugeständnisse an die katholische Kirche signalisiert hatte. Die wenigen Kritiker innerhalb des katholischen Episkopats wurden schließlich zum Schweigen gebracht durch den **Abschluß des Konkordats** zwischen Hitler und dem Vatikan, das am 22. Juli 1933 unterzeichnet wurde und der katholischen Kirche weitgehende Freiheiten im Schulbereich und im Vereinsleben zugestand, die dann aber von den Nazis mehr und mehr mißachtet wurden. Schon im Juni 1933 hatte die politische Polizei in München ein Treffen von Kolping-Vereinen zu verhindern versucht, auch nach dem Abschluß des Konkordats blieb die Politik der Nazis kirchenfeindlich. So wurde am 29. Juli 1933 per Erlaß eine Doppelmitgliedschaft in der HJ oder im BdM einerseits und in konfessionellen Jugendverbänden verboten, in der Folge wurden Vereinsarbeit und öffentliches Auftreten zunächst behindert, dann offen verboten, vor allem in Bayern. Unter dem Schlagwort einer **"Entkonfessionalisierung des öffentlichen Lebens"** wurden seit dem Herbst 1933 die konfessionellen Zeitungen behindert bis hin zum Berufsverbot für kirchlich gebundene Journalisten. Selbst die im Konkordat zugestandenen Rechte der Kirche in den Schulen wurden zwar nicht von der Spitze selbst, aber auf unteren Ebenen beseitigt, als z. B. die zugestandenen Bekenntnisschulen mehr und mehr durch Gemeinschaftsschulen ersetzt wurden, wobei mit dem Willen der Mehrheit argumentiert wurde.

Der sich verschärfende und zunehmend offenere Kampf Hitlers gegen die katholische Kirche zwang die Bischöfe zu einer Überprüfung ihrer vor allem seit dem Konkordat eher zustimmenden Position. Zwar wurde von Anfang an von mutigen Priestern von der Kanzel **Widerstand** gepredigt, besonders von **Bischof Faulhaber** in seinen Adventspredigten 1933 in München, aber die Mehrheit der katholischen Bischöfe war nach wie vor für eine Tolerierung oder gar Unterstützung des Regimes, zumal die Nazis im Vorfeld der Volksabstimmung zum Austritt aus dem Völkerbund (November 1933) ihren Kampf gegen die Kirche abgeschwächt hatten. Als im Zusammenhang mit dem sog. Röhm-Putsch auch führende katholische Laien ermordet wurden, distanzierte sich schließlich auch die Mehrheit der Bischöfe vom Regime und verkündete ein Konzept der permanenten Nicht-Anpassung, da offener Widerstand nicht mehr sinnvoll erschien und individueller Widerstand kaum verkündet werden konnte, zumal ein offenes Bekenntnis eines führenden Vertreters der Kirche auf dem katholischen Kirchentag 1934 zu seiner Ermordung am 30. Juli führte.

Der Kampf Hitlers und seiner Terrororgane gegen die katholische Kirche verschärfte sich dann zu einer hemmungslosen und brutalen Verfolgung, als der Papst 1937 in einer **Enzyklika "Mit brennender Sorge"** die Rassenlehre ohne Wenn und Aber verurteilte. SS und Gestapo bekämpften von da an die katholische Kirche, jedoch nicht in einer offenen Vernichtungsaktion, sondern in einem widerlichen Kriminalisierungs- und Ausgrenzungsverfahren gegenüber Geistlichen und Lehrern.

In der **evangelischen Kirche**, in der Hitler weniger Widerstand vermutet hatte, kam es schon bald nach der Machtübernahme zu einer breiten Widerstandsbewegung, initiiert von **Pastor Neimöller im Pfarrernotbund**. Um diese Gruppe bildete sich dann im Laufe der Zeit die **"Bekennende Kirche"**, die dem totalitären Anspruch der Nationalsozialisten den konsequenten Widerstand bekenntnistreuer Christen entgegensetzte. Der Theologieprofessor **Karl Barth** hatte maßgeblichen Anteil an der Verteidigung theologischer Prinzipien gegen starke Tendenzen, den Protestantismus in einer Reichskirche neu zu organisieren und Hitler die evangelische Kirche als zusaätzliches Machtinstrument auszuliefern. Diese als **"Deutsche Christen"** organisierten Anhänger der nationalsozialistischen Machtübernahme hatten die Mehrheit der Bischöfe auf ihrer Seite und stellten sich schon bald als "Reichskirche" unter einem Reichsbischof ganz in den Dienst Hitlers. Die Gleichschaltung der evangelischen Kirche schien zu gelingen, als am 11. Juli 1933 eine neue Kirchenverfassung vorgelegt wurde und für den 23. Juli Kirchenwahlen angekündigt wurden.

Im Wahlkampf polarisierten sich die Deutschen Christen und die kirchliche Widerstandsbewegung, in der Wahl triumphierten die von Hitler massiv unterstützten Deutschen Christen, ihr Führer Ludwig Müller wurde im September 1933 zum Reichsbischof gewählt. Doch als die völkisch-nationalen Töne innerhalb dieser Reichskirche immer stärker wurden, organisierte sich auch die oppositionelle Gegenposition, der Kampf innerhalb der evangelischen Kirchen entbrannte neu. Mehr und mehr gewann dabei die Bekennende Kirche an Boden, die zwar keine politische Opposition gegen Hitler sein wollte, den nationalsozialistischen Staat vielmehr als rechtmäßige Obrigkeit akzeptierte, aber immer dann Widerstand leistete, wenn die Unabhängigkeit der Kirche angetastet wurde.

Die **Bekenntnissynode in Wuppertal** Ende Mai 1934 und das dort veröffentlichte Bekenntnis der Kirchen zur Lage der evangelischen Kirche wurden richtungsweisend für das Verhältnis des Protestantismus zum Nationalsozialismus. Von nun an standen sich die offiziell anerkannte Reichskirche als Deutsche Evangelische Kirche und die Bekennende Kirche gegenüber, bis schließlich die Reichskirche wegen der gescheiterten brutalen Gleichschaltungsversuche ihrer "Führer" Müller und Jäger derart an Bedeuung verlor, daß die Bekennende Kirche sich am 22. November 1934 mit der Einsetzung einer "Vorläufigen Kirchenleitung" zum einzig legitimen Sprachrohr der evangelischen Christen in Deutschland erklärte, ohne daß es organisatorisch zu einer Kirchenpaltung kam, da die Pfarrer der Bekennenden Kirche nach wie vor Mitgleider der offiziellen Landeskirchen blieben.

Auch gegenüber der evangelischen Kirche war also Hitlers Versuch der Gleichschaltung gescheitert, da sich die Landeskirchen nicht zu einer zentralistischen Reichskirche vereinigen ließen, wie es 1933 noch möglich schien, und da sich die "völkischen" Deutschen Christen mit ihrer völligen Einordnung in nationalsozialistisches Gedankengut und Unterordnung unter das Führerprinzip nicht durchsetzen konnten.

5 Ein Vergleich der **Prozesse der Machtmonopolisierung in der DDR und im Dritten Reich** wird zunächst offensichtliche Parallelen ergeben.

In beiden Fällen war es ein wichtiger Schritt, die Vielfalt der organisierten politischen Interessen zu beseitigen und die **Herrschaft einer Partei** zu installieren. Im Falle des Nationalsozialismus geschah dies durch eine Mischung aus innerer Schwäche des alten Parteiensystems und brutalem Terror der NSDAP bzw. ihrer militanten Unterorganisationen, in der Sowjetischen Besatzungszone war es eine Folge eines mehr oder weniger starken Drucks durch die Besatzungsmacht, die den Zusammenschluß bestehender Parteien zur Sozialistischen Einheitspartei und deren institutionelle Führung im Block der Nationalen Front in jedem Fall durchzusetzen gewillt war.

Durchaus vergleichbar ist auch der Prozeß der **Gleichschaltung der staatlichen Organe**, also die Beseitigung der Gewaltenteilung, der horizontalen wie der vertikalen, erkennbar an der Beseitigung der Länder als autonome politische Gebilde.

Fast zwangsläufig war mit der Installierung eines Einparteiensystems und der Zentralisierung des politischen Entscheidungsprozesses auch der **Aufbau eines Kontroll- und Spitzelsystems** verbunden. Dieser Überwachungsapparat aus Gestapo, SS und parteiinternen Spitzelsystemen im Nationalsozialismus und Stasi in der DDR ersetzte den öffentlichen Austrag von verschiedenen Meinungen und Interessen im politischen Entscheidungsprozeß wie im Prozeß der Kontrolle der Regierenden.

Beide Systeme, das nationalsozialistische wie das volksdemokratisch-sozialistische, gründeten sich auf eine **Gleichschaltung auch der ideologischen Fundamente** des gesellschaftlichen Lebens, mußten deshalb auch durch Erziehung und weitreichende propagandistische Beeinflussung aller Bürger versuchen, die einheitliche Ideologie in den Köpfen zu verankern, den "neuen Menschen" zu manipulieren.

So deutlich die Parallelen sind, so wichtig sind auch die **Unterschiede**.

Der Nationalsozialismus war eine Bewegung, die aus der deutschen Gesellschaft heraus entstanden war und die zumindest unmittelbar nach 1933 auf eine breite **Akzeptanz** in der Bevölkerung stieß. Demgegenüber wurde der "demokratische Zentralismus" von der sowjetischen Besatzungsmacht einer Bevölkerung aufgezwungen, die mehrfach bewies, daß von einer breiten Akzeptanz kaum geredet werden kann: Flucht in den Westen, Aufstand am 17. Juni 1953.

Kaum zu vergleichen sind auch die **ideologischen Unterschiede**. Während die Nazis zwar ebenfalls von einer sozialistischen Partei redeten, zeigte ihre Wirtschaftspolitik doch keinerlei Anzeichen einer antikapitalistischen Zielsetzung. Im Gegensatz dazu ist die Bodenreform und die damit verbundene Beseitigung des Privateigentums ein Beleg für die zentrale ideologische Fixierung auf den Marxismus in der DDR; auch die diametralen Gegensätze eines rassischen Nationalismus in Hitlers Ideologie und eines zumindest ideologischen Internationalismus in der DDR dürfen nicht übersehen werden.

Ein nationalistisches Element, das für das Regime Hitlers von fundamentaler Bedeutung war, konnte schon deshalb in der DDR keine große Rolle spielen, da durch die deutsche Teilung, damit durch die politische, ökonomische und ideologische Auseinandersetzung der DDR mit der Bundesrepublik nationalstaatliche oder gar nationalistische Rechtfertigungen ausgeschlossen wurden, während sich das Dritte Reich ganz bewußt gegen andere Nationen zu definieren versuchte.

Schließlich bleibt als Unterschied noch die gegensätzliche Darstellung und **Rechtfertigung der Regime** gegenüber der eigenen und der ausländischen Öffentlichkeit. Während die Nationalsozialisten ganz eindeutig und ungeschminkt der demokratischen Staats- und Lebensform einen totalitären Führerstaat entgegensetzten, waren die Machthaber in der DDR immer bemüht, das eigene System als demokratisch zu legitimieren, durch Wahlen z. B. oder durch eine Verfassung mit der Garantie von Grundrechten.

Insgesamt zeigt der Vergleich, daß die Monopolisierung der Macht in beiden Fällen organisatorisch und systematisch durchaus vergleichbar erscheint, daß aber sowohl die Herrschaftslegitimationen als auch die politischen Rahmenbedingungen sehr unterschiedlich waren, so daß ein echter Vergleich nur bedingt möglich ist, wertende Gleichsetzungen problematisch sein dürften.

Leistungskurs Geschichte (Bayern) 1995 – Aufgabe II
Die Industrialisierung – Bedingungen und Folgen in Staat und Gesellschaft

BE

1 Erarbeiten Sie aus der im folgenden wiedergegebenen Schrift des Kirchenmannes und Landrats Johann Michael Maier* die wirtschaftspolitischen Thesen des Autors und sein Gesellschaftsbild! Vergleichen Sie seine Positionen mit entsprechenden Vorstellungen von Adam Smith! 16

2 Überprüfen Sie sowohl im Hinblick auf die bayerische Entwicklung als auch auf allgemeine Entwicklungstendenzen in Deutschland bis zur Jahrhundertmitte die Behauptung des Autors, die Fabriken hätten zum großen Teil den Ruin und die Auflösung des Gewerbestandes herbeigeführt! 14

3 Zeigen Sie in Grundzügen, wie sich das Handwerk in Deutschland in der zweiten Hälfte des 19. Jahrhunderts wirtschaftlich und sozial entwickelte! 14

4 Erörtern Sie anhand zweier Beispiele, inwieweit im Kaiserreich bei Entscheidungen in politischen Fragen die Interessen der Industrie berücksichtigt wurden! 16

60

* *Johann Michael Maier, Pfarrer, Dekan, Distriktschulinspektor und Landrat in Rügheim bei Haßfurt. Seine Schrift verfaßte er 1849 als Lösungsvorschlag zu einer Preisaufgabe König Maximilians II. von Bayern, wonach zu erörtern war, mit welchen Mitteln die Situation der untersten Volksklassen am ehesten zu bessern sei.*

Johann Michael Maier: Die Noth der untersten Volksklassen und ihre Abhilfe (Auszug)

"(...) Es läßt sich nämlich nicht in Abrede stellen, daß die Fabriken zum großen Teil den Ruin und die Auflösung des Gewerbestandes, dieses eigentlichen Kernes der städtischen Bevölkerung, dadurch herbeigeführt haben, daß dieser mit den Fabriken nicht mehr concurrieren konnte. Dies hat dem Staate fühlbare Nachteile gebracht: nicht nur pecuniäre, indem ein ruinierter Bürgerstand für die Staatslasten nicht mehr beigezogen werden kann; sondern auch noch tiefer gehende sittliche, indem an die Stelle des ehrbaren, stillen, fleißigen Bürgerthums, dem alles an der Erhaltung der Ruhe und Ordnung liegen muß, ein unruhiges, liederliches Fabrikgesindel tritt. Das Heiligthum der Familie löst sich da, die Behaglichkeit des wohlhäbigen Besitzes verschwindet und macht einer zwischen Noth, Entbehrung und Liederlichkeit hin und hergeschleuderten Bevölkerung Platz. Solchen verderblichen Einwirkungen des Fabrikwesens kann der Einzelne nicht mit Erfolg entgegen treten, auch die Association[1] vermag dies nicht; hier kann nur der Staat helfen, indem er den Gewerben der Industrie gegenüber Schutz verleiht. Dies hat zunächst dadurch zu geschehen, daß er die Production nicht über seine eigene Consumtion hinaus begünstigt, oder wenn dies doch der Fall wäre, stets neue Handelswege und Verbindungen für den Absatz zu eröffnen sucht und die eröffneten schützt; dann aber besonders dadurch, daß er den fabrikmäßigen Betrieb für alle Artikel verbietet, die von zünftig bestehenden Gewerben betrieben werden. Dies hat aber zur Voraussetzung, daß die Gewerbe wieder eine Gewerbeordnung erhalten, nicht in der früheren untergegangenen Weise, die sich auch mit aller Macht nicht repristiniren[2] lassen würde; sondern im Geiste einer durch die Zeit gebotenen freieren Richtung. Wenn wir in der Herstellung einer gesunden Gewerbeordnung das Heil für die gewerbliche Industrie erblicken, so wissen wir recht wohl, daß wir damit in doppelter Weise gegen den Geist dieser Zeit angehen, dem einmal alles ein Greuel ist, was irgend nach Zwang riecht, und der ferner eben darum eine unbeschränkte Gewerbefreiheit anstrebt. (...)

[1] Association: hier Zusammenschluß
[2] repristiniren: in den früheren Zustand versetzen

Zitiert nach: Deneke, Bernward (Hrsg.): Geschichte Bayerns im Industriezeitalter in Texten und Bildern (Wissenschaftliche Beibände zum Anzeiger des Germanischen Nationalmuseums. Bd. 7) Stuttgart 1987, S. 15 f.

Lösungen

1 **Johann Michael Maiers wirtschaftspolitische Thesen** fordern **staatliche Eingriffe** in die ökonomische Entwicklung zugunsten des "Gewerbestandes" und gegen das Fabrikwesen, also die Industrie, wobei er Wirtschaftspolitik offensichtlich versteht auch als Mittel der Gesellschaftspolitik: Mit dem mittelständischen, zünftischen Handwerk soll auch der "Bürgerstand" gesichert werden, der durch seine hohen Steuerlasten die Finanzierung des Staates und durch seine Sittlichkeit Ruhe und Ordnung im Staat garantiert.

Im einzelnen fordert Maier deshalb staatliches Handeln, um die Produktion auf dem Stand zu halten, der für den Inlandsverbrauch nötig ist, oder neue Exportmöglichkeiten zu eröffnen, also die Exportwirtschaft aktiv zu unterstützen.

Der Staat soll darüber hinaus das **Handwerk** dadurch schützen, daß er die fabrikmäßige Produktion von solchen Gütern verbietet, "die von zünftig bestehenden Gewerben betrieben werden".

Maier gesteht zwar zu, daß die frühere Gewerbeordnung des Zunftwesens der Vergangenheit angehört und auch nicht mehr restauriert werden kann, aber er will eine neue **Gewerbeordnung** durch den Staat, zwar freier als die alte, aber keinesfalls im Geist einer unbeschränkten Gewerbefreiheit.

Das **Gesellschaftsbild Maiers** läßt sich an seiner Verklärung bürgerlicher Lebensformen und Tugenden erkennen. Das zünftische Bürgertum stellt für ihn die eigentlich staatstragende Schicht dar, die bürgerliche Familie gilt ihm als heilig, bürgerliche Tugenden wie Ehrbarkeit, Fleiß, Ruhe und Ordnung werden als vorbildlich gepriesen.

Das Gegenbild zu diesem idealisierten Bürger ist der **liederliche Fabrikarbeiter**, dem es an der "Behaglichkeit des wohlhäbigen Besitzes" fehlt. In seinen Augen trägt das Fabrikwesen die Schuld an der Entstehung des "Arbeitergesindels" und damit an der Auflösung der moralisch-sittlichen Ordnung.

Vergleicht man Maiers Positionen mit denen **Adam Smiths**, so werden fundamentale Gegensätze sichtbar.

Während Maier die "unbeschränkte Gewerbefreiheit", also die ökonomische Freiheit als Ursache der sozialen Frage und der damit verbundenen Zerstörung von Staat und Gesellschaft sieht, ist **wirtschaftliche Freiheit** für Adam Smith die Voraussetzung für den Wohlstand der Nationen wie auch der Bürger.

Im Konzept des **Wirtschaftsliberalismus nach Smith** muß sich jeder staatliche Eingriff störend auf die ökonomischen Prozesse auswirken, wohingegen Maier staatliche Eingriffe fordert, um den Mittelstand zu schützen gegen die Industrie.

Auch für den Außenhandel formuliert Maier Thesen, die in radikalem Gegensatz zu Adam Smith stehen. Nach Maier verschärfen sich die sozalen Probleme durch eine freie internationale Konkurrenz und durch eine sich dabei entwickelnde internationale Arbeitsteilung, während Smith die Ausdehnung des freien, arbeitsteiligen Marktes auch für den Außenhandel fordert, da für Binnen- wie für Außenmärkte das gleiche Gesetz gilt, daß der freie Handel den Wohlstand sichert.

2 Für die **Entwicklung in Bayern** kann die These vom Ruin des Gerbestandes durch die Fabriken kaum akzeptiert werden, da hier eher von einer **gehemmten Industrialisierung** gesprochen werden kann, oder, wie Karl Bosl es bezeichnet, von einer "geminderten". In der ersten Hälfte des 19. Jahrhunderts war Bayern noch ein Agrarland, die Industrialisierung beschränkte sich auf einige wenige großstädtische Reviere. Selbst am Ende des Jahrhunderts war der Anteil der in der Landwirtschaft tätigen Personen in Bayern im Vergleich zum Reich deutlich höher: 46 % 1895 gegenüber 35 %. Ursächlich

waren der Mangel an Bodenschätzen, die eher gering entwickelte Infrastruktur und ein für die agrarische Gesellschaft kennzeichnendes geringeres Bevölkerungswachstum. Zwar kam es auch in Bayern zu bedeutenden **Fabrikgründungen**, etwa der Eisengießerei und Maschinenfabrik Cramer-Klett in Nürnberg oder der Schnellpressenfabrik von Koenig und Bauer in Oberzell, aber in weiten Bereichen des Landes bestand das Handwerk ungeschwächt fort.

Die von Maier so drastisch geschilderten Folgen der Industrialisierung, also Verarmung und Verelendung oder gar Verwilderung der Arbeiterschaft, gab es in Bayern eigentlich nur in den wenigen industriellen Zentren wie z. B. Nürnberg und Augsburg, später auch München. Die "geminderte" Industrialisierung dämpfte auch die negativen Folgen, so daß keinesfalls von einem Ruin und einer Auflösung des Gewerbestandes gesprochen werden kann, auch wenn schon sehr früh auch in Bayern die zünftische Ordnung zunehmend durch die wenn auch zögerliche Einführung der Gewerbefreiheit aufgelöst wurde.

Für das **Gebiet des Deutschen Bundes**, der hier mit Deutschland gemeint sein dürfte, stellt sich die Entwicklung, wie das Beispiel Bayern zeigt, doch sehr unterschiedlich dar, doch kann generell festgestellt werden, daß im Zuge der Industrialisierung natürlich die handwerkliche Produktion durch Fabriken verdrängt wurde, die mit der kostengünstigen Massenproduktion nicht mithalten konnte. Doch wäre es sicher falsch, den allgemeinen, vor allem aber **sektoralen Niedergang des Handwerks** nur auf die Einführung fabrikmäßiger Produktionsbedingungen zurückzuführen. So dürfte beispielweise auch die eher kleinräumige, wenn nicht lokale Absatzmöglichkeit des Handwerks ein weiterer wichtiger Grund für die mangelnde Konkurrenzfähigkeit der kleinbetrieblichen Produktionsweise gewesen sein.

Zumindest das zünftisch organisierte Handwerk sah sich nicht nur wegen der industriellen Konkurrenz in Gefahr, sondern mußte auch mit den **Folgen der Bauernbefreiung und der Gewerbefreiheit** fertig werden. Die Loslösung der Individuen aus traditionellen Abhängigkeiten und die daraus sich ergebende Erhöhung der sozialen Mobilität mußte auf Dauer zum Aufbrechen der Schutzmauern führen, die das Handwerk sich in seiner Zunftorganisation geschaffen hatte. Die vor allem im städtischen Bereich rapide anwachsende Bevölkerung veränderte nicht nur die traditionelle Gesellschaftsstruktur und führte im Zusammenhang mit der Gewerbefreiheit zur Überbesetzung und damit Verarmung des Handwerks, andererseits verlor das Handwerk ausgebildete Arbeitskräfte an die Industrie. Im Laufe der Zeit trat dabei jedoch ein Ausgleich ein, "überflüssige" oder wenig flexible Handwerksbetriebe verschwanden. Man könnte von einer Art Gesundschrumpfung sprechen, wobei sicherlich eine wesentliche Schwäche bzw Krisenanfälligkeit des Handwerks auch darin begründet liegt, daß sich **die Zünfte** bewußt abschotteten und in ihrem häufig lokal begrenztem Traditionsbewußtsein auf die sozialen, technischen und betriebswirtschaftlichen Herausforderungen und Innovationen eher ablehnend reagierten.

Zusammenfassend kann also festgestellt werden, daß **Maiers eher monokausale Erklärung** vom Niedergang des Handwerks zum einen den Strukturwandel mit dem Begriff "Niedergang" unzulässig vereinfacht und generalisiert, zum anderen die Vielgestaltigkeit der das Handwerk negativ beeinflussenden Faktoren nicht berücksichtigt, schon gar nicht auf die vorindustriellen Krisenerscheinungen des in Zünften organisierten Handwerks eingeht.

3 Kann man für die 1. Hälfte des 19. Jahrhunderts nicht allgemein von einem Niedergang des Handwerks sprechen, so gilt dies in noch höherem Maß für die 2. Hälfte des Jahrhunderts. Der gesamte **Strukturwandel in Wirtschaft und Gesellschaft** trifft natürlich auch das Handwerk, das sich an die neuen sozialen, politischen und ökonomischen Rahmenbedingungen anpassen muß.

Die **veränderten Produktionsbedingungen in der Industrie** und die damit eng verbundenen Veränderungen der Angebots- und Nachfragemärkte ließen dem Handwerk überall dort keine Chance, wo es in unmittelbarer Konkurrenz mit der kostengünstiger produzierenden Fabrik stand. Die industrielle Produktion verdrängte in diesen Bereichen das Handwerk völlig, etwa bei Hutmachern oder der Seifenherstellung, vor allem aber im Bereich der Textilfertigung.

In anderen Bereichen dagegen, in denen die Märkte noch lokal begrenzt waren und eine großindustrielle Fertigung (noch) nicht lohnend oder möglich war, wie z. B. in der Nahrungsmittelindustrie, nahm die Bedeutung des Handwerks sogar zu, da aufgrund der steigenden Bevölkerungszahlen ein deutlich höherer Bedarf entstand. Auch im Baugewerbe stieg die Zahl der Handwerksbetriebe und der im Handwerk Beschäftigten.

Völlig **neue Möglichkeiten** erschlossen sich dem Handwerk im Service- und Reparaturbereich und im Kleinhandel, da die industriellen Produktionsweisen hier neue Nachfrage durch größere Märkte schufen, aber diese Nachfrage aufgrund der spezifischen Bedingungen der Massenproduktion nicht selbst befriedigen konnten. Fabrikproduktion wirkte sich also direkt fördernd auf das Handwerk aus, so daß vor allem im Elektro- und Maschinenbereich völlig neue Handwerkszweige entstanden. Der zunehmend bessere Güteraustausch führte auf dem Land zu einem Rückgang handwerklicher "Selbstversorgung", so daß auch hier neue Möglichkeiten für "landnahe" Handwerkszweige, z. B. Schmiede und Sattler, entstanden.

Die Unhaltbarkeit der These vom Niedergang des Handwerks wird für die 2. Hälfte des 19. Jahrhunderts auch durch Zahlen belegt. Der Anteil der im Handwerk Beschäftigten an der Gesamtzahl der Beschäftigten veränderte sich von 10,5 % um 1800 über 12 % um 1850 bis 13 % um 1900 (nach Henning).

Übrigens war es um die Mitte des Jahrhunderts gar nicht immer ganz einfach, Handwerk und Fabrik klar voneinander zu trennen, da es "Handwerker" gab, die als Zulieferer im Grunde Fabrikarbeiter waren, oder es gab winzige "Fabriken", die im Grunde eher Handwerksbetriebe genannt werden müßten, abhängig davon, ob man die Zahl der Beschäftigten oder die Art der Produktion zum vorrangigen Zuordnungskriterium macht.

Die **soziale Entwicklung des Handwerks** ist ähnlich komplex wie die ökonomische. Ein Teil der Handwerker nutzte die Möglichkeiten, den eigenen Betrieb umzustellen oder das eigene Wissen und Können in größeren Betrieben einzusetzen, und stieg in die Unternehmerschicht auf. In größerem Maß gab es jedoch auch Abstiegsprozesse, wenn Handwerker ihre Selbständigkeit verloren und in die Lohnabhängigkeit von Fabriken gerieten. Man kann hier sogar von einer Proletarisierung von Handwerkern sprechen.

Waren dies oft auch objektive Abstiegsformen, so erlebte das handwerklich tätige Bürgertum auch einen relativen, subjektiven Abstieg durch die neue, sozial aufsteigende Schicht der Angestellten.

Nicht übersehen darf man jedoch, daß die Selbständigkeit des Handwerkers auch in der industrialisierten bürgerlichen Gesellschaft einen hohen Status besaß.

Auch bei Betrachtung des sozialen Strukturwandels ergibt sich kein einfaches und klares Bild, sondern die zunehmende Arbeitsteilung und soziale Differenzierung läßt die Situation des Handwerks recht vielfältig erscheinen.

4 Für eine Klärung und Erörterung der Frage, inwieweit die **Interessen der Industrie** die Politik **im Kaiserreich** unmittelbar beeinflußt haben, erscheint es zunächst wichtig, die Interessenlage der deutschen Industrie im letzten Drittel des 19. Jahrhunderts zu skizzieren.

Durch die **Verzögerung der Industrialisierung in Deutschland** aufgrund historischer, politischer und sozialer Bedingungen und nicht zuletzt durch die gescheiterte Revolution von 1848 war es einerseits zu einem dynamischen Aufholprozeß gekommen und andererseits zu einer **Entpolitisierung des Besitzbürgertums**. Die Arbeitsteilung zwischen den alten Eliten, die nach wie vor die politische und militärische Macht besaßen, und der neuen Unternehmerelite mit der Macht des Kapitals zwang beide Seiten im neu gegründeten Reich zu enger Zusammenarbeit, um den rasanten Aufstieg der deutschen Industrie zu organisieren, ausgelöst nicht zuletzt durch die vom Wirtschaftsbürgertum lang gewünschte Reichsgründung.

Bismarcks Haltung mag hier als Beispiel dienen. Für ihn war sicherlich klar, daß die Stärke des Reiches, vor allem auch die Stärke Preußens, wesentlich auf der Stärke der Industrie beruhte. So war es nicht nur politisches Kalkül der Machterhaltung, daß er zunächst eine liberale Wirtschaftspolitik betrieb, um die ökonomischen Kräfte im neuen Reich zu mobilisieren.

Die auf den Boom nach der Reichsgründung folgende **Gründerkrise** zeigt dann exemplarisch, wie die neu gebildeten industriellen Interessenverbände und die Großagrarier unmittelbar auf die Politik einwirkten. Die schwache Konjunktur und die Konkurrenznachteile v. a. der Agrarunternehmer gegenüber billigen Importen waren Anlaß, Schutzzölle zu fordern, ein aus Sicht der Liberalen unzulässiges Instrument. Doch Bismarck mußte dem Druck der Interessen der Industrie nachgeben, im "Wendejahr" 1878 "kündigte" er die Zusammenarbeit mit den Liberalen auf und betrieb die vor allem von der Eisenindustrie und den Großagrariern geforderte **Schutzzollpolitik**.

Die enge Verzahnung von politischen Entscheidungen mit den Interessen der Industrie läßt sich auch am **Verhältnis des Staates zur Arbeiterschaft**, besonders zur organisierten Arbeiterbewegung feststellen. Die zunehmende Bedeutung der Gewerkschaften und der Aufstieg der Sozialdemokratie führten in den Anfangsjahren des Kaiserreiches zu erheblichen Spannungen und Konflikten zwischen Kapital und Arbeit, zumal auch ideologisch durch den Marxismus die Fronten verhärtet wurden. In dieser Konfliktsituation nahm der Staat häufiger Partei für die unternehmerischen Interessen.Der Höhepunkt dieser Parteinahme waren die **Sozialistengesetze**, mit denen nicht nur die Arbeit der Sozialdemokratie behindert wurde, sondern auch Streiks und andere unternehmerfeindliche Aktionen repressiv verhindert wurden. Als es nach 1880 wieder zu größeren Streiks kam, 1885 sogar zu Massenstreiks, reagierte das preußische Innenministerium mit einem Erlaß, der Streiks in die Nähe von Umsturzaktionen rückte. Allerdings ließ sich mit staatlichen Interventionen die Arbeiterbewegung nicht mehr unterdrücken, so daß der Staat hier nur mehr begrenzt die Interessen der Industrie gegen die organisierte Arbeiterbewegung durchsetzen konnte.

Ganz anders war das im Falle des **Flottenprogramms**. Der Traum von der Weltmachtstellung des Reiches einigte die politischen wie die wirtschaftlichen Eliten, der Bau einer starken Flotte schien dabei ein unverzichtbares Instrument, gedacht als militärisches Machtpotential, aber auch als notwendiges Mittel, um eine überseeische Kolonialpolitik zu betreiben. Kolonialpolitik lag schließlich ganz besonders im Interesse der Industrie, und hier trafen sich erneut die Wünsche zwar nicht aller, aber sehr vieler Politiker mit denen der Unternehmer.

Man muß zwar nicht so weit gehen und das Reich als einen "Klassenstaat" des Besitzbürgertums im Kartell mit dem alten preußischen Adel sehen, aber daß die Interessen der Industrie stärker als die anderer Gruppen im Reich Gehör fanden, dürfte nicht zu bezweifeln sein.

Leistungskurs Geschichte (Bayern) 1995 – Aufgabe III
Von der Europäischen Gleichgewichtspolitik zur Weltpolitik – Internationale Politik im 19. und 20. Jahrhundert

		BE
1	Erarbeiten Sie auf der Grundlage von Inhalt und Argumentation, welchen Zielen die im folgenden wiedergegebene Schulbuchdarstellung von 1944 dient!	10
2	Zeigen Sie, welche Bedeutung großdeutschen Vorstellungen zwischen 1848 und 1919 bei für die deutsche Geschichte wichtigen Ereignissen und Entscheidungen zukam! Setzen Sie sich kritisch mit der in der Schulbuchdarstellung erfolgten Bezugnahme auf die Tradition des "großdeutschen Gedanken(s)" auseinander!	16
3	Stellen Sie die Politik Großbritanniens gegenüber Deutschland zwischen März 1938 und September 1939 vor dem europäischen Hintergrund dar, und bewerten Sie das britische Vorgehen!	12
4	Legen Sie dar, welche Vorstellungen auf den alliierten Kriegskonferenzen ab 1943 hinsichtlich der dauerhaften Verhinderung einer künftigen deutschen Hegemonialpolitik entwickelt wurden!	10
5	Skizzieren Sie die Zielsetzungen der UNO, und untersuchen Sie an einem geeigneten Krisenfall aus der internationalen Politik, von welchen Faktoren die Verwirklichung dieser Zielsetzungen grundsätzlich abhängig ist!	12
		60

Aus einem deutschen Geschichtsbuch für Mittelschulen (1944)

"(...) In dem Diktat von St. Germain mußte die Ostmark auf den Anschluß an das Reich, ja sogar auf den Namen "Deutsch-Österreich", verzichten. Als Gegenleistung für eine Völkerbund-Anleihe erzwang man im Genfer Protokoll vom 4. Oktober 1922 aufs neue eine förmliche Verzichtsleistung auf eine Wiedervereinigung mit dem Reich.

Dennoch blieb der großdeutsche Gedanke in der Bevölkerung der Ostmark lebendig. Sein Träger war die NSDAP in Österreich. Sie war aus der schon vor dem Weltkrieg begründeten Deutschen Nationalsozialistischen Arbeiterpartei (DNSAP) hervorgegangen. Schon im August 1920 fand die erste Begegnung mit dem Führer in Salzburg statt, und es entwickelte sich früh eine enge Zusammenarbeit zwischen der Ostmark und dem Reich, bis sich schließlich die österreichische Organisation im Jahr 1926 der Reichsführung unterstellte. Mit dem Siegeszug der Partei in Österreich erstarkte auch der Anschlußgedanke. Der Bundeskanzler Dollfuß glaubte noch durch ein Verbot der NSDAP im Jahr 1933 diesen Siegeszug aufhalten zu können. Aber an der Macht und dem Wollen der nationalsozialistischen Idee zerbrach aller Widerstand. (...)

Am 13. März 1938 zog der Führer an der Spitze seiner Truppen in seine Heimat ein. Seine Fahrt über Braunau und Linz nach Wien war eine Triumphfahrt und endete auf dem Heldenplatz vor der Hofburg mit dem stolzen Bekenntnis: "Als Führer und Kanzler der deutschen Nation und des Reiches melde ich vor der deutschen Geschichte nunmehr den Eintritt meiner Heimat in das Deutsche Reich." Damit war die Wiedervereinigung bereits vollzogen. Sie wurde durch eine Volksabstimmung vom 10. April 1938 bestätigt. Über 99 v. H. des gesamten deutschen Volkes legten ein stolzes Bekenntnis zum Großdeutschen Reiche ab."

Aus: Hermann Bruch (Hrsg.): Lange-Bruch: Deutsche Geschichte für Mittelschulen. Klasse 6. Rasse, Volk und Staat der Indogermanen, Germanen und Deutschen. München, Berlin 1944, S. 187–189. Zitiert nach: Wilmes, Hermann: Materialien zum Kursunterricht Geschichte. Bd 2. Köln 1992, S. 279 f.

Lösungen

1 Im Schulbuch wird zunächst das **Verbot der Vereinigung Österreichs mit dem Deutschen Reich**, das im Frieden von St. Germain festgelegt und vom Völkerbund 1922 erneuert worden war, als Diktat der Siegermächte und als erzwungener Verzicht charakterisiert. Trotz dieser Entscheidungen sei der Gedanke der Zusammengehörigkeit in einem großdeutschen Staat sowohl im Reich wie in Österreich "lebendig" geblieben, zumal sich die NSDAP, die in Österreich wie die deutsche, als Träger großdeutschen Gedankengutes verdient gemacht hätte.

So konnte dann unter großer Zustimmung der Bevölkerung in Österreich die Vereinigung vollzogen werden. Als letzter Beweis für das Bekenntnis zum Großdeutschen Reich wird das Ergebnis der Volksabstimmung vom April 1938 erwähnt.

Die Argumentation im Schulbuch entspricht sowohl begrifflich wie auch in der "Beweisführung" ganz und gar dem **Stil der nationalsozialistischen Propaganda**.

Da werden zunächst die Entscheidungen der Siegermächte bzw. des Völkerbundes verurteilt; die Nachkriegsregelungen waren im Sprachgebrauch der Nazis als Diktat- oder Schandfrieden längst propagandistisch abgewertet worden.

Gegen das Feindbild der für den Frieden verantwortlichen Sieger und die antideutschen Tendenzen des Völkerbundes stellt das Schulbuch die nationalsozialistische Partei und Hitler als Träger der großdeutschen Idee und als Verteidiger deutscher Interessen.

Die synonyme Verwendung der Begriffe Ostmark und Österreich zeigt ebenfalls charakteristische Züge der NS-Ideologie und -Propaganda. Da wird indirekt Österreich zum historischen Bestandteil eines (mittelalterlichen) Reiches, der Staatenname Österreich wird ersetzt, um zu demonstrieren, daß es einen solchen souveränen Staat Österreich eigentlich gar nicht gibt.

Die **Ziele der Schulbuchdarstellung** liegen auf der Hand. Den Schülern soll klar werden, daß die Sieger nach dem 1. Weltkrieg gegen deutsche Interessen und gegen den Willen vor allem auch der Bevölkerung Österreichs gehandelt haben und daß deshalb der Truppeneinmarsch und der Anschluß Österreichs dem Willen des Volkes entsprach und legitim war.

Wenn in diesem Zusammenhang auf ein Treffen Hitlers mit den Führern der österreichischen Nationalsozialisten schon 1920 hingewiesen wird, so nur aus dem Grund, den Schülern zu suggerieren, daß die Partei und Hitler von Anfang an die richtigen Weichen in der deutschen Nachkriegspolitik stellten und schließlich auch ihre Ziele durchzusetzen vermochten. Der Anschluß Österreichs wird so zum Beispiel eines erfolgreichen Kampfes für Großdeutschland und gegen das feindliche Ausland, das die Rückkehr der Deutschen zur Macht verhindern wollte.

2 Als **1848 in der Frankfurter Paulskirche** die **Frage des zukünftigen Nationalstaates** diskutiert wurde, polarisierten sich die Vorstellungen. Den Anhängern der großdeutschen Lösung, vor allem österreichische und süddeutsche Delegierte, standen die kleindeutschen Vertreter gegenüber, unterstützt vor allem von preußischen Abgeordneten. Die deutsche Frage, die schließlich mit der Proklamation eines kleindeutschen unitarischen Staates gegen die Habsburger-Monarchie Österreich-Ungarn entschieden wurde, erwies sich nach dem Scheitern der Revolution von 1848 als ein Problem, das nur machtpolitisch zwischen den konkurrierenden Mächten Habsburg und Preußen zu lösen war.

Die Entscheidung in diesem **deutschen Dualismus** fiel deshalb nicht durch einen gar nicht vorhandenen deutschen Souverän, sondern im **Krieg zwischen Preußen und Österreich 1866**, der mit dem Sieg Preußens, der Auflösung des Deutschen und der Gründung des Norddeutschen Bundes endete. Österreich-Ungarn schied aus der Entwicklung zu einem deutschen Nationalstaat aus und wurde gezwungen, seine Interessen stärker im europäischen Südosten zu behaupten.

So war, nicht zuletzt wegen der starken wirtschaftlichen Dynamik des industriell entwickelten Preußen, die großdeutsche Idee nicht zu realisieren, da sie sich nicht mit den deutschen Hegemonieinteressen Preußens vereinbaren ließ; sicherlich war auch die supranationale Reichsidee, der sich die Habsburger verpflichtet fühlten, im Zeitalter der Nationalstaaten und eines zunehmend militanten Nationalismus eine politisch nicht mehr durchsetzbare und historisch obsolet gewordene Lösung.

Die **Reichsgründung von 1871** vollzog dann endgültig, was 1866 schon entschieden worden war. "Bismarcks Reich" wurde vom Kanzler selbst als "saturierter Staat" bezeichnet, der also aus preußischem Machtinteresse und auch aus außenpolitischem Kalkül jede Neigung zu großdeutschen "Abenteuern" ausschloß, zumindest für gefährlich hielt. Inwieweit die Proteste gegen die kleindeutsche Beschränkung, die insbesondere aus Süddeutschland kamen, wirklich als Parteinahme für eine großdeutsche Lösung oder nur als Polemik gegen die Vormachtstellung Preußens zu werten sind, kann sicher nicht immer eindeutig entschieden werden.

Eine neue Möglichkeit bot sich allerdings nach dem Untergang des habsburgischen Vielvölkerstaates im 1. Weltkrieg. Die Versuche, das nun herausgelöste Österreich mit dem ebenfalls verkleinerten Deutschen Reich zu vereinigen, scheiterten am Widerstand der Sieger.

Zusammenfassend läßt sich somit feststellen, daß sowohl für die Paulskirche als auch für Bismarcks Reichsgründung die **großdeutsche "Lösung"** der deutschen Frage nicht sinnvoll oder praktikabel erschien, bis zum 1. Weltkrieg in der praktischen Politik auch keine Rolle spielte und danach durch das Verbot der Sieger zumindest politisch erledigt schien.

In den Gedankenspielen konservativer und rechter Ideologen war jedoch **die großdeutsche Idee** immer lebendig, ging dabei nicht selten eine Allianz mit einer antipreußischen Einstellung ein. Preußen wurde in solchen Ideologien verantwortlich gemacht für die Zerreißung Deutschlands, die Verhinderung eines "alldeutschen" Reiches. Insbesondere im Alldeutschen Verband sammelten sich solche Meinungen und wurden im Zeitalter des Imperialismus verstärkt und verzerrt zu nationalistischen und rassischen Rechtfertigungsthesen für eine aggressive Großmachtpolitik.

Betrachtet man also die historischen Entwicklungen des 19. Jahrhunderts und die politischen Möglichkeiten eines deutschen Nationalstaates, so muß der "großdeutsche Gedanke" als "unhistorische" und vorwiegend rechtsradikale ideologische Rechtfertigung für den Anschluß Österreichs angesehen werden. Außerhalb der alldeutschen und nationalistisch-völkischen Bewegung spielte er in der Weimarer Republik nach 1922 keine Rolle, wie z. B. das Konzept der Locarno-Politik Stresemanns beweist, der von gegebenen Tatsachen ausgehend eine vorsichtige Revisionspolitik befürwortete und nationalistisch-aggressive Herausforderungen ablehnte und vermied.

Daß Hitlers Propaganda von der Wiederherstellung eines großdeutschen Reiches jedoch so wirksam war, kann als Beweis für die starke Verankerung eher unpolitischer Vorstellungen von einem solchen Reich als Alternative zu der ungeliebten Nachkriegs-Republik angesehen werden.

3 Die **britische Politik** durchlief **in den Jahren 1938 und 1939** eine radikale Wende von der zunächst praktizierten **Appeasementpolitik** hin zur eindeutigen Frontstellung gegen jeden weiteren Expansionsversuch Hitlers und schließlich zur Kriegserklärung Englands an das Deutsche Reich am 3. September 1939.

Die Appeasement-Politik war aus englischer Sicht verstanden als Versuch, Hitlers Wünschen und Forderungen dann nachzugeben, wenn sie auch nur halbwegs berechtigt erschienen und wenn dadurch ein Krieg vermieden werden konnte. Von **Chamberlain** wurden dabei die deutschen Großmachtinteressen über die Interessen der "kleineren" Nachbarn gestellt, wohl auch deshalb, weil man in Hitler-Deutschland ein Sicherheitsbollwerk gegen expanisve Pläne Stalins sah.

Konnte das Stillhalten Englands beim "Anschluß" Österreichs noch als Eingeständnis einer fehlerhaften Entscheidung nach dem Weltkrieg interpretiert werden, so war Chamberlains "Hilfe" bei der Eingliederung des Sudetenlandes ins Deutsche Reich ein letzter Beweis für die Schwäche der englischen Appeasement-Politik gegenüber den Erpressungsversuchen Hitlers.

Nach dem "Anschluß" Österreichs und dem Geheimbefehl Hitlers an die Wehrmacht zur Zerschlagung der Tschechoslowakei sah sich Chamberlain genötigt, mit Hitler Gespräche zu führen, um den Frieden in Europa zu retten. In der Folge des Treffens zwischen Hitler und Chamberlain in Berchtesgaden kommt es durch britisch-italienische Vermittlung zur **Konferenz in München am 29. September 1938**, die Hitler zunächst nur ungern akzeptiert, da sie seine Kriegspläne durchkreuzt.

England, wie auch Frankreich, gestehen auf der Konferenz Hitler das Recht auf das Sudetenland zu und zwingen praktisch die Tschechoslowakei zum Einlenken. Obwohl es sich hier um einen Verrat an einem kleinen Verbündeten handelte, wurde Chamberlain in London jubelnd begrüßt, ein Gefühl der Erleichterung machte sich breit nach der Kriegsangst der Vormonate. Nur Churchill sprach im Unterhaus von einer "umfassenden Niederlage" Englands.

Hitler verstärkte nach der Münchner Konferenz und nach der **Besetzung des Sudetenlandes** durch deutsche Truppen seine Bemühungen, auch psychologisch den Krieg vorzubereiten, während zwischen Deutschland und England am 30. September eine **Nichtangriffserklärung** vereinbart wurde, nachdem Hitler öffentlich beteuert hatte, daß die Abtretung des Sudetenlandes seine letzte territoriale Forderung gewesen sei. In Wirklichkeit hatte er am 21. Oktober 1938 den **Geheimbefehl zur Erledigung der Rest-Tschechei** gegeben, der dann mit dem Einmarsch deutscher Truppen am 15. und 16. März 1939 vollzogen und mit der Errichtung des "Reichprotektorats Böhmen und Mähren" vollendet wurde. England protestierte am 18. März offiziell, bereits am Tag vorher hatte Chamberlain das Ende der Appeasement-Politik angekündigt. Am 31. März 1939 wurde England aktiv, als es Polen eine Garantieerklärung vorschlug und nach dessen Zustimmung auch im Unterhaus verkündete. England hatte sich nun eindeutig entschieden, keine weiteren Expansionsversuche Deutschlands mehr zu dulden.

Hitler, der bislang in seinen strategischen Überlegungen bis zuletzt mit einem möglichen Bündnis mit England gegen die Sowjetunion spekuliert hatte, sah sich zu einer radikalen Änderung seiner Taktik gezwungen.

Im Sommer hatten Stalin und Hitler Initiativen für Verhandlungen ergriffen, die schließlich am 27. August zum überraschenden **deutsch-sowjetischen Nichtangriffspakt** führten, ergänzt durch ein geheimes Zusatzprotokoll, in dem die beiderseitigen Interessensphären vereinbart wurden. Möglich wurde diese Annäherung, da sich die polnische Regierung geweigert hatte, militärische Vereinbarungen mit der Sowjetunion und den Westmächten gegen Hitler zu treffen.

Für die englische Regierung war nun klar, daß Hitler alle Weichen für einen Angriff auf Polen gestellt hatte, darüber hinaus hatte das Bündnis zwischen Hitler und Stalin der Appeasement-Politik ihre letzte Rechtfertigung eines gemeinsamen Kampfes gegen den Bolschewismus genommen.

Chamberlain reagierte mit einem Schreiben an Hitler, in dem er den "Führer" vor einem Krieg warnte und vor der Fehleinschätzung, England könne in einem solchen Falle untätig bleiben. Zur Demonstration der Entschlossenheit wurden auch die Rüstungsanstrengungen verstärkt. Hitler reagierte gereizt, versuchte jedoch noch einmal, mit England ein Agreement zu treffen, obwohl er im gleichen Moment den Angriffsbefehl auf Polen gab.

Letzte Zweifel an der Entschlossenheit Englands mußte Hitler aufgeben, als die britische Regierung die bisherigen vorläufigen **Beistandsgarantien mit Polen** in einen offiziellen Beistandspakt umwandelte und dies am 25. August verkündete. Doch Hitler ließ sich nur noch dazu bewegen, den Angriffstermin um ein paar Tage zu verschieben. Von da an trat ein militärischer Mechanismus in Gang, der keinen politischen Spielraum mehr ließ. Die englische Note vom 1. September, die Kampfhandlungen gegen Polen einzustellen, beantwortete Hitler zunächst nicht, zwang England schließlich zu einem Ultimatum für den 3. September und nach dessen Ablauf um 12 Uhr zur **Kriegserklärung** an das Deutsche Reich.

Somit war genau das eingetreten, was die britische Regierung seit 1935, seit dem deutsch-englischen Flottenabkommen, immer wieder versucht hatte, mit der Appeasement-Politik zu verhindern: ein europäischer Krieg. Die Regierungen Baldwin und Chamberlain hatten durch ihre **Politik der Beschwichtigung und der Zugeständnisse** Hitler in seiner aggressiven und überfallartigen Expansionspolitik bestärkt und seine Risikobereitschaft erhöht. Allerdings wird man feststellen müssen, daß Hitlers Pläne auch ohne die Politik Englands auf einen Krieg abzielten, möglicherweise hätte nur entscheidend Zeit gewonnen werden können, wenn England früher und stärker Widerstand geleistet hätte. Nach der Münchner Konferenz war Hitler kaum mehr von seinen Kriegsplänen abzubringen, hatten sich England und Frankreich, auch durch unkluge Reaktionen Polens, ihrer diplomatischen und taktischen Möglichkeiten beraubt. Der Hitler-Stalin-Pakt nahm dabei der britischen Regierung die letzte Möglichkeit, gegen Hitler ein überzeugendes Drohpotential aufzubauen.

4 Nachdem sich infolge der immer offensichtlicheren Erfoge der Alliierten gegen die deutschen Truppen vor allem seit Stalingrad die Katatsrophe des Deutschen Reiches abzeichnete, begannen die alliierten Regierungen über die **Zukunft Deutschlands** nachzudenken.

Im Januar 1943 trafen sich der **amerikanische Präsident Roosevelt und der englische Premier Churchill in Casablanca** und einigten sich auf die Forderung einer "unconditional surrender", also einer **bedingungslosen Kapitulation** des Deutschen Reiches wie auch seiner Verbündeten Japan und Italien. Man ging frühzeitig davon aus, daß Deutschland nach dem Krieg besetzt werden müsse, um sein Kriegs- und Gewaltpotential endgültig zu zerschlagen. Churchill begründete eine harte Politik gegen Deutschland und eine Aufteilung des Landes mit der Notwendigkeit, die Welt vor erneuten "räuberischen Überfällen" zu schützen. Für ihn war die **Teilung Deutschlands** beschlossene Sache, nach vorheriger Abtrennung Ostpreußens und der Gebiete östlich der Oder und nach der Zerschlagung Preußens. Bei Konferenzen in Washington und Quebec im Jahre 1943 wurden verschiedene Teilungsmodelle diskutiert, unter anderem die Bildung einer Donauföderation mit Österreich und Teilen Süddeutschlands, u. a. Bayern.

Im Oktober 1943 wurden auf einer **Außenministerkonferenz in Moskau** schon Vereinbarungen getroffen über die Teilung, vor allem einigte man sich auf die Grenzen Deutschlands vom 1. Januar 1937. Auch die vorrangigen Ziele der geplanten Besatzungsherrschaft wurden hier festgelegt: **Entmilitarisierung, Entnazifizierung und Demokratisierung**.

Das erste **Treffen der "großen Drei" Roosevelt, Churchill und Stalin** fand vom 28. November bis 1. Dezember 1943 **in Teheran** statt. Hier wurde erstmals die Westverschiebung Polens diskutiert, die Teilungsvorstellungen wurden diskutiert, ohne wirklich konkrete Grenzlinien zu ziehen.

Seit Januar 1944 arbeitete ein von den Alliierten eingerichteter ständiger Ausschuß an den Plänen für eine Besatzungsherrchaft. Die **"European Advisory Commission"** (EAC) fixierte im Laufe des Jahres 1944 die grundsätzlichen Strukturen der Besetzung und Verwaltung Deutschlands nach der Kapitulation und legte auch die Teilung in drei Zonen fest, die etwa nach Bevölkerungszahl gleich große Gebiete vorsah. Die Gebietsabtretungen, Ostpreußen, Danzig, Schlesien, waren in diesen Plänen bereits "beschlossene" Sache. Als Lenkungsbehörde für ganz Deutschland wurde ein **Alliierter Kontrollrat** vorgeschlagen, auch der Sonderstatus Berlins und die Einteilung in drei Sektoren wurden in der EAC festgelegt. Über die weitere Zukunft Deutschlands gab es jedoch keine konsensfähige Konzeption.

Beim zweiten Gipfeltreffen der großen Drei in **Jalta im Februar 1945** wurde zwar über eine Zerstückelung Deutschlands noch in einem Ausschuß verhandelt, aber vor allem Stalin hatte kein Interesse mehr an einer dauerhaften Zerschlagung Deutschlands. Im Mittelpunkt der Krim-Konferenz standen vielmehr Reparationsfragen und die Pläne Stalins, in Südost- und Osteuropa seinen Einfluß auszudehnen, während Roosevelt seine UNO-Pläne verfolgte.

In Bezug auf Deutschland wurde entschieden, "die vollständige Entwaffnung, Entmilitarisierung und Zerstückelung Deutschlands" sicherzustellen und **Frankreich als vierte Besatzungsmacht** zuzuziehen. Allerdings war die Rede von der Zerstückelung eigentlich kaum mehr als eine Drohung, während für die Entmilitarisierung und auch für die Entnazifizierung in Jalta schon konkretere Vereinbarungen getroffen wurden. Auch die zwischen Churchill und Roosevelt längst beschlossenen Prozesse gegen Kriegsverbrecher wurden in Jalta endgültig besiegelt.

Sicherlich wurde die alliierte Deutschlandpolitik im Krieg bestimmt von dem Bemühen, der verhängnisvollen und militanten deutschen Hegemonialpolitik endgültig einen Riegel vorzuschieben und nach der bedingungslosen Kapitulation entsprechende Maßnahmen zu ergreifen. Churchills starke antipreußische Haltung ist dabei Ausdruck der Erfahrung mit dem vor allem preußischen Militarismus. Als geeignete Mittel erschienen den zukünftigen Sieger- und Besatzungsmächten die Zerschlagung des deutschen Zentralismus und die Beseitigung des Nationalsozialismus, dessen Verbrechen man zwar teilweise schon ahnte oder kannte, aber in ihrem ganzen Ausmaß erst in den letzten Kriegstagen erfahren mußte.

5 Die **Zielsetzungen der Vereinten Nationen** sind in der **UN-Charta** festgelegt, die auf der Atlantik-Charta von 1941 aufbaut und auf der Konferenz von Dumbarton Oaks von August bis Oktober 1944 zwischen den USA, Großbritannien, der UdSSR und China erarbeitet wurde. Vorrangiges Ziel ist danach die **Sicherung des Weltfriedens** durch wirksame Kollektivmaßnahmen und durch Konfliktbereinigung nach den Grundsätzen der Gerechtigkeit und des Völkerrechts. Die UNO soll aber nicht nur versuchen, aufgebrochene Konflikte zu befrieden, sie soll darüber hinaus die internationalen Beziehungen verbessern durch Förderung der Gleichberechtigung und Selbstbestimmung der Völker und durch internationale Zusammenarbeit auf Gebieten, wo möglicherweise

nationale Lösungen nicht mehr greifen. Dabei sollen die Grundsätze der Menschenrechte und der Grundfreiheiten das Verhalten der Mitgliedsstaaten und die Arbeit der UN-Organisationen bestimmen. Genannt sind in der Charta in diesem Zusammenhang wirtschaftliche, soziale, kulturelle und humanitäre Aufgaben. In diesen Vorstellungen wird ein **erweiterter Friedensbegriff** sichtbar, der sich nicht auf die Abwesenheit von Krieg beschränkt, sondern zumindest als Endpunkt eines dynamischen Prozesses einen dauerhaften Zustand friedlicher Koexistenz und sozialer Gerechtigkeit anstrebt. Schließlich wird die UNO auch gesehen als Ort der Begegnung der verschiedenen Staaten, um gemeinsame Ziele aufeinander abzustimmen.

Die Strategie der Friedenssicherung der UNO orientierte sich zunächst an Konzepten der kollektiven Sicherheit, wie sie nach dem 1. Weltkrieg im Völkerbund praktiziert wurden, die sich jedoch als wenig brauchbar erwiesen.

Bei der Gründung der UNO und bei der Einrichtung des ständigen Sicherheitsrates war man von einer weitgehenden Einheit der Interessen der großen Mächte ausgegangen, die sich dann aber sehr bald im beginnenden **Ost-West-Konflikt** als Illusion herausstellte. So war durch das Vetorecht im Sicherheitsrat die Handlungsfähigkeit sowohl bei der Krisenverhütung wie bei der Konfliktbefriedung stark eingeengt. Nur im Koreakrieg zwischen 1950 und 1953 funktionierte die Strategie der gewaltsamen Eindämmung eines Konflikts, da damals die Sowjetunion den Sicherheitsrat boykottierte und die USA den Einsatz der vorwiegend eigenen Truppen unter UN-Flagge durchsetzen konnte.

Als in den fünfziger Jahren das sozialistische Lager in der Generalversammlung durch die Aufnahme vieler "junger" Staaten aus der "Dritten Welt" erstarkte und die Mehrheit der von den USA geführten westlichen Staaten verlorenging, entwickelte der Generalsekretär **Dag Hammarskjöld** die **neue Strategie des "peace-keeping"**. Danach konnte eine friedenssichernde Truppe der UNO, also die sog. Blauhelme, nur eingreifen, wenn alle Konfliktparteien zustimmten.

Der Erfolg der Strategie hängt weitgehend von den **Konfliktbedingungen** ab. Bei Konflikten zwischen Staaten des östlichen und des westlichen Blocks in der Zeit des übergreifenden Ost-West-Konflikts hatte die UNO dann eine Chance, wenn die Supermächte selbst ein Interesse an einer Begrenzung oder gar Beilegung des Konflikts hatten. So konnte die UNO die Kriege zwischen Israel und den arabischen Staaten 1967 und 1973 relativ schnell befrieden und ihr Instrumentarium erfolgreich einsetzen: Friedenstruppen zur Sicherung des Waffenstillstands, Beobachter und Waffenstillstandskommissionen, UN-Vermittler.

Konflikte innerhalb der Lager waren von der UN oft sehr viel weniger erfolgreich zu befrieden, da die Führungsmächte es nicht duldeten, daß über die UN-Resolutionen der globale Gegner sich in "innere" Angelegenheiten einmischen konnte. Beispiel dafür ist die Guatemala-Krise von 1954, wo die USA die Gegner einer linksgerichteten Regierung unterstützte (Nicaragua und Honduras) und gleichzeitig verhinderte, daß die UNO eingreifen konnte. Ein Gegenbeispiel ist der Zypern-Konflikt zwischen Griechenland und der Türkei, also zwei NATO-Ländern. Hier lag es im Interesse der übrigen NATO-Mitglieder, die UNO einzuschalten, weil man selbst nicht Partei ergreifen wollte. Durch Einsatz eines Vermittlers und Entsendung einer Friedenstruppe von 6000 Mann konnte 1964 der Krieg vermieden werden, auch 1974, als türkische Truppen einen Teil der Insel besetzten, erreichten die Vereinten Nationen einen Waffenstillstand.

Konflikte zwischen Blockstaaten und blockfreien Staaten konnten von der UNO immer dann relativ erfolgreich gebändigt werden, wenn es sich um sog. Dekolonisierungskonflikte handelte, etwa die zwischen Ägypten und den Kolonialmächten Frankreich und England um den Suez-Kanal oder die Kongo-Krise. Die UN-Friedenstruppe erreichte beispielsweise 1960 im Kongo den Abzug der belgischen Truppen, sicherte schließlich in der 2. Phase der neuen Zentralregierung auch die Macht.

Kaum Chancen hatte die UNO in Fällen von Kriegen zwischen blockfreien Staaten, sieht man von dem Erfolg der UN-Resolution im Krieg zwischen Indien und Pakistan von 1965 ab. Hier waren sich die USA und die SU einig, was den Erfolg ermöglichte, während der Krieg zwischen Indien und Pakistan von 1971 eine passive UNO sah, weil die Sowjetunion für Indien Partei ergriff, die USA dann zwangsläufig für Pakistan.

Nach dem Ende des Ost-West-Konflikts gibt es zwar Möglichkeiten, ein erfolgreiches Krisenmanagement der UNO durch Einmütigkeit im Sicherheitsrat zu betreiben, wie etwa der erfolgreiche Krieg gegen Irak, vergleichbar der Korea-Aktion, zeigt. Andererseits wird am Krieg im ehemaligen Jugoslawien demonstriert, wie wenig das Konzept des "peace-keeping" taugt, wenn die Konfliktparteien zu keinerlei Konsens mehr fähig sind, weil sie aus irrationalen, ideologischen oder religiösen Motiven fanatisiert sind. Der Wille, bis zum "Endsieg", bis zur völligen Vernichtung des Gegners zu kämpfen, läßt die Chancen einer UN-Friedenspolitik gering erscheinen, gefährdet in der gegenwärtigen Situation im ehemaligen Jugoslawien sogar die UN-Schutztruppen.

Leistungskurs Geschichte (Bayern) 1995 – Aufgabe IV
Deutschland seit 1945

		BE
1	Ermitteln Sie aus dem folgenden Text, welche Schuld der Verfasser dem deutschen Volk am Nationalsozialismus und seinen Verbrechen zumißt und welche Ziele der Alliierten Kriegsverbrecherprozesse er daraus ableitet!	8
2	Stellen Sie kurz die zentralen Anklagepunkte im Hauptkriegsverbrecherprozeß von Nürnberg dar! Erörtern Sie, inwieweit durch den Prozeß dem Anspruch, "Gerechtigkeit nach den Regeln von Recht und Menschlichkeit her(zu)stellen" (Z. 20 f.), genügt werden konnte!	14
3	Skizzieren Sie das Entnazifizierungsprogramm in der amerikanischen Zone, und beurteilen Sie die Art seiner Durchführung!	12
4	Untersuchen Sie, inwieweit in den Westzonen die Entwicklung des Parteiensystems den Aufbau einer demokratischen Ordnung förderte!	12
5	Zeigen Sie anhand zweier Beispiele aus verschiedenen Abschnitten der Geschichte der Bundesrepublik Deutschland bis zur Gegenwart, wie das Parteiensystem auf politische Herausforderungen reagiert hat!	14
		60

Aus der Urteilsbegründung des Richters Michael M. Musmanno (USA) vom 16. April 1947 im Prozeß des US-Militärtribunals in Nürnberg gegen Generalfeldmarschall Erhard Milch

"Es ist klar, daß der Zweck der gegenwärtigen Nachkriegsprozesse nicht die Rache ist. Das erstrebte Ziel (wie in der Kriminaljustiz aller zivilisierten Völker) ist die Auffindung der Wahrheit. Wenn die Schuld erwiesen ist, so muß die auferlegte Strafe allen denen, die gleichen Sinnes sein mögen, als Abschreckungsmittel dienen. Albert Speer, verurteilt im ersten Prozeß, äußerte hier in diesem Gerichtssaal, daß der Zweite Weltkrieg vielleicht hätte verhindert werden können, wenn dem Ersten Weltkrieg Prozesse wie diese gefolgt wären. (...)

Amerika und seine Verbündeten (...) haben das Blut ihrer Jugend geopfert, um die Wurzeln des Baumes der Freiheit und der Toleranz zu gießen, die in der zwölfjährigen Dürre des Nationalsozialismus verkümmert waren. Diese Prozesse sind ins Leben gerufen worden, um aufzudecken, wer und was für das Verdorren dieses Baumes verantwortlich war, und um der Welt zu eröffnen, was die unausbleiblichen Folgen für alle anderen sein würden, die den Boden mit der Fäulnis und dem Gifte der Unterdrückung beflecken. Der gegenwärtige Prozeß ist ein Kapitel in dem Buch, durch das "Mein Kampf" für immer verurteilt werden wird, ein Buch, das dem neuen deutschen Volke einen Band bewiesener Tatsachen vorlegen wird, in welchem jede Seite über das Leid Aufschluß geben wird, das jedem Volke bevorsteht, wenn es einem oder mehreren erlaubt, den Betrug über die Wahrheit, die Macht über das Recht, die Unterdrückung über die Duldsamkeit, den Krieg über den Frieden und Menschen über Gott zu erheben. (...) Diese Prozesse sollen nicht nur Gerechtigkeit nach den Regeln von Recht und Menschlichkeit herstellen, sondern sie verfolgen auch den Zweck, das deutsche Volk mit dem wahren Charakter der falschen Götter bekanntzumachen, die es verehrt hat und denen es blind gefolgt ist. Das deutsche Volk muß aufgeklärt werden über das ganze Ausmaß von Arroganz, Verachtung, Kleinmut und Brutalität, das in der Uniform der SS einherstolzierte. Das deutsche Volk muß lernen, was für Zwerge in den großen schwarzen Stiefeln der Rottenführer, Hauptscharführer, Sturmscharführer und Obergruppenführer daherklirrten (...)."

Zitiert nach: Lautemann, Wolfgang und Schlenke, Manfred (Hrsg.): Die Welt seit 1945. München o. J., S. 118. Ergänzt durch: U. S. Government Printing Office (Hrsg.): Trials of War Criminals before the Nuremberg Military Tribunals under Control Council Law No. 10. Vol. II. Washington D. C. (o. J.), S. 859 (übersetzt).

Lösungen

1 Der Autor des Textes vermeidet zunächst den Eindruck, daß es vor dem amerikanischen Militärtribunal um eine Kollektivschuld des deutschen Volkes gehen könnte, sondern er plädiert für die Aufdeckung individueller Schuld. "Gerechtigkeit nach den Regeln von Recht und Menschlichkeit" soll hergestellt weden, "bewiesene Tatsachen" sollen die entlarven und überführen, die sich schuldig gemacht haben. Schon der internationale Gerichtshof in Nürnberg hatte zwar eine Anklage gegen die SS als verbrecherische Organisation zugelassen, hatte aber von einer Verurteilung nur wegen der Mitgliedschaft abgesehen, vielmehr den Nachweis persönlicher Schuld verlangt.

Für den US-Richter Musmanno liegt die **Schuld des deutschen Volkes** nicht im juristisch zu ahndenden Bereich, sondern auf politisch-moralischem Gebiet: die blinde Gefolgschaft und Verehrung Hitlers und seiner vielen kleinen "Zwerge in den großen schwarzen Stiefeln".

Im einzelnen leitet der Autor folgende **Ziele der Kriegsverbrecherprozesse** ab. In erster Linie ist es natürlich die "Auffindung der Wahrheit" und die dann folgende Bestrafung der Verantwortlichen. Die Bestrafung soll dabei auch als Abschreckungsmittel dienen, um ähnliche Verbrechen in Zukunft zu verhindern. Mit diesen Zielen bewegt sich der Autor noch völlig im Rahmen der üblichen Kriminaljustiz.

Der besondere Fall der Zerstörung der Freiheit und der Toleranz in einem ganzen Volk durch die Nationalsozialisten fordert darüber hinaus jedoch weitergehende Ziele.

Dem deutschen Volk, wie auch der Weltöffentlichkeit, muß in einer umfassenden Dokumentation das gesamte Ausmaß der **NS-Verbrechen** vor Augen geführt werden, um die Ideologie, das politische System und die Herrschaftsstruktur der Nazis, also all das, was in Hitlers "Mein Kampf" angekündigt wurde, zu entlarven als Erhebung des "Betrugs über die Wahrheit, der Macht über das Recht, der Unterdrückung über die Duldsamkeit, des Kriegs über den Frieden und des Menschen über Gott".

Die Kriegsverbrecherprozesse erhalten damit eine wichtige Funktion im Prozeß der Entnazifizierung und Demokratisierung, da sie aufklären sollen über den "wahren Charakter der falschen Götter" und "über das ganze Ausmaß von Arroganz, Verachtung, Kleinmut und Brutalität" der SS-Bonzen.

2 Am 8. August 1945 unterzeichneten die vier Besatzungsmächte das "Abkommen über die Verfolgung und Bestrafung der Hauptkriegsverbrecher der europäischen Achse" und das **"Statut für den Internationalen Militärgerichtshof"**, erfüllten damit die schon am 30. Oktober 1943 von Großbritannien, den USA und der SU verfaßte "Erklärung über Grausamkeiten", in der die Bestrafung der Kriegsverbrecher angekündigt wurde.

Im Artikel 6 des Statuts werden die **Anklagepunkte des internationalen Tribunals** festgelegt. Danach sollen verurteilt werden Verbrechen gegen den Frieden, Kriegsverbrechen und Verbrechen gegen die Menschlichkeit. Als Verbrechen gegen den Frieden wurden dabei die Vorbereitung und die Durchführung eines Angriffskrieges oder eines Krieges unter Bruch internationaler Verträge definiert. Als Kriegsverbrechen listete der Artikel 6 auf: Verletzungen der Kriegsgesetze oder -gebräuche, etwa Mißhandlungen oder Deportation zu Sklavenarbeit, Mord und Folterung von Kriegsgefangenen, Geiseltötung, mutwillige Zerstörung von Städten. Als Verbrechen gegen die Menschlichkeit galten Mord, Ausrottung und Versklavung der Zivilbevölkerung, Verfolgung aus politischen, rassischen oder religiösen Gründen.

Über den Artikel 6 des Statuts hinaus wurde schließlich noch der Punkt "Verschwörung gegen den Frieden" in die Anklage übernommen.

Ob durch den Prozeß dem Anspruch, "Gerechtigkeit nach den Regeln von Recht und Menschlichkeit herzustellen", genügt werden konnte, muß material und formal überprüft werden.

Die Bestrafung der furchtbaren und unvorstellbaren nationalsozialistischen Verbrechen war sicherlich nicht nur in einem höheren, materialen Sinne gerecht, war wohl aus dem sittlichen Empfinden heraus sogar notwendig. Andererseits fanden die Prozesse zu einem Zeitpunkt statt, wo die Deutschen wohl kaum in der Lage waren, den sühnenden und sittlichen Charakter der Anklagen und Urteile zu erkennen, zumal in ihren Augen nicht unabhängige Richter das Recht sprachen, sondern die Sieger.

Damit ist bereits das sehr viel strittigere Feld der **formalen Legalität der Prozesse** angesprochen. Kein Zweifel besteht sicherlich, daß die Art der Prozeßführung rechtsstaatlichen Grundsätzen entsprach, was umso erstaunlicher war, da im Vorfeld die unterschiedlichen Vorstellungen einer anglo-amerikanischen, einer französischen und einer russisch-sozialistischen Strafprozeßordnung harmonisiert werden mußten.

Wenig strittig dürfte auch sein, daß Kriegsverbrechen und Verbrechen gegen die Menschlichkeit als Straftatbestände verfolgt werden konnten, waren sie doch in den Strafgesetzen aller zivilisierten Staaten enthalten. Die eher zurückhaltend-vorsichtige Rechtsprechung der Richter tat dabei ein übriges.

Problematisch war hingegen der Anklagepunkt eines **völkerrechtswidrigen Angriffskrieges**, der vom Gericht damit zu legitimieren versucht wurde, daß man im Völkerbund und im Briand-Kellog-Kriegsächtungspakt entsprechende Änderungen im Rechtsbewußtsein auf internationaler Ebene feststellen könne. Auch diese Erklärung kann jedoch nicht den Vorwurf ausräumen, hier sei gegen den Grundsatz des "nulla poena sine lege" gehandelt worden, denn ein förmliches Gesetz, das den Angriffskrieg unter Strafe stellte und definierte, gab es nicht. Andererseits wird auch von angelsächsischen Juristen vor allem dem Militärgerichtshof eine rechtsschöpferische Kraft zugebilligt, von der man sich besonders nach dem 2. Weltkrieg eine friedenssichernde Ausweitung des Völkerrechts versprach.

Unabhängig von auch berechtigten Zweifeln an der juristischen "Vernunft" der Nürnberger Kriegsverbrecherprozesse bleibt natürlich die Frage der **politischen Bewertung**. Wie schon angedeutet erhoffte man sich von seiten der Sieger einen deutlichen Impuls für eine friedliche und gerechte Nachkriegsordnung, für die Ausgestaltung eines neuen Völkerrechts. Der Internationale Gerichtshof wurde als eine Art Weltgericht gefeiert. Allerdings gelang es auch in den folgenden Jahren nicht, eine internationale Einigung über den Straftatbestand "Angriffskrieg" zu erzielen, obwohl die UNO dies versuchte.

In der deutschen Bevölkerung trug die Ausweitung der Straftatbestände auf vorher nicht kodifizierte Verbrechen sicherlich nicht zur **Akzeptanz der Prozesse** bei, sie wurden vielmehr als "Siegerjustiz" abgetan, zumal die Alliierten vor allem durch die Bombenangriffe auf deutsche Städte einen Teil ihrer moralischen Integrität verloren hatten. Von einem großen Teil der Öffentlichkeit wurden die Prozesse und die Urteile als ein Racheakt gegen das Nazideutschland gesehen, die Justiz als Instrument der Besatzungspolitik diskreditiert.

3 Die **Entnazifizierung** war ein zentraler Programmpunkt in allen gemeinsamen Erklärungen der Besatzungsmächte und wurde auch von jeder der Siegermächte im eigenen Besatzungsgebiet mehr oder weniger intensiv durchgeführt.

Die Amerikaner hatten in ihrer **Direktive JCS 1067** vom April 1945, die so etwas wie das "Verfassungsdokument" der US-Besatzungsherrschaft war, eine umgehende und radikale Säuberung des öffentlichen Lebens, der Wirtschaft und des Erziehungs- und Pressewesens angekündigt. Das führte dazu, daß kaum mehr eine kommunale Verwaltung funktionierte, da die US-Behörden ohne Einschaltung deutscher Stellen jeden Amtsträger entließen, der Mitglied in der Partei gewesen war. Beamte waren den Amerikanern schon von ihrer Funktion her verdächtig, da es die Form des unparteiischen und loyalen Berufsbeamtentums in den USA nicht gibt und vor allem mittlere und höhere Beamte deshalb fast automatisch als Anhänger des Nationalsozialismus eingestuft und entlassen wurden. Gleichzeitig wurden viele Mitglieder der Partei oder der NS-Organisationen, vor allem natürlich der SS, verhaftet. Die Internierungslager füllten sich.

Auch nach der Vereinheitlichung der Entnazifizierungsregelungen in den **Potsdamer Vereinbarungen** blieben die Amerikaner bei ihrer harten Linie, da die 1946 verkündete Direktive des Alliierten Kontrollrates zur Entnazifizierung den einzelnen Besatzungsmächten relativ freie Hand ließ, das Verfahren zu verschärfen.

Mit dem **"Gesetz zur Befreiung von Nationalsozialismus und Militarismus"** vom 5. März 1946 wurde das Verfahren deutschen Stellen übergeben, ein Fragebogen mit 131 Fragen stand am Beginn der Prozedur, die dann vor einer Spruchkammer endete, die alle Verdächtigen in eine von fünf Kategorien einordnete: Hauptschuldige, Belastete, Minderbelastete, Mitläufer und Entlastete. Den Belasteten wurde eine Sühnemaßnahme, also gleichsam eine Strafe auferlegt, von Geldstrafen über Berufsverbote bis zu Wahlrechtsverlust und zehnjährigem Arbeitslager.

Das Entnazifizierungsprogramm und seine Durchführung stießen natürlich bei den Deutschen auf scharfe **Kritik**, da die Amerikaner vor allem am Anfang viel zu wenig fallbezogen, sondern allzu generalisierend vorgingen und jeden Mitläufer gleich behandelten wie tatsächliche Schuldige. Ein weiterer Stein des Anstoßes war die für den amerikanischen bürokratischen Perfektionismus kennzeichnende Art der Erfassung über Fragebögen und Zeugenaussagen. Das Spruchkammer-Verfahren wurde dabei auch kritisiert als eine moderne Form der Inquisition. Vor allem aber verführte das gesamte Entnazifizierungsverfahren zu einem denunziatorischen Mißbrauch, war es doch nicht selten, daß persönliche Animositäten, Eheprobleme oder wirtschaftliche Konkurrenz mit Hilfe des Befreiungsgesetzes "gelöst" wurden.

Im Laufe der Zeit änderte sich die Haltung der Sieger, die Entnazifizierung wurde teilweise in ihrer bürokratischen Übertreibung erkannt, andere Ziele traten in den Vordergrund. Das führte dann dazu, daß viele wirklich stark belastete Personen vergleichsweise milde oder gar nicht mehr belangt wurden, während kleine Parteigenossen oder biedere Mitläufer in der Frühzeit hart bestraft worden waren. Derartige Erfahrungen von Ungerechtigkeit und Ungleichbehandlung wurden zu einer gefährlichen Belastung für das Bemühen um Demokratisierung der Gesellschaft. Der Mechanismus der Entnazifizierungsprozedur vor allem in der amerikanischen Besatzungszone erwies sich als Mangel, der das gesamte Ziel der Befreiung vom nationalsozialistischen Denken und der Hinführung zur Demokratie in Frage stellte.

4 Im Vergleich zur sowjetischen Besatzungszone, wo die Militäradministration schon im Juni und Juli 1945 die **Neugründung von Parteien** anregte und förderte, ließen die westlichen Besatzungsmächte die politischen Parteien eher zögernd zu.

Überall waren nach dem Einmarsch der alliierten Truppen vor allem auf Initiative sozialdemokratischer und kommunistischer Gruppen und mit Beteiligung von Gewerkschaftlern **antifaschistische Ausschüsse** entstanden, die jedoch bald dem allgemeinen Verbot politischer Betätigung zum Opfer fielen. Als dann die sowjetische Besatzungsmacht im Alleingang in ihrer Zone die Neugründung von Parteien forcierte, änderten auch die westlichen Alliierten ihre bisherige Politik und erlaubten seit dem Spätsommer nach der entsprechenden Vereinbarung im Potsdamer Abkommen von Anfang August 1945 die Gründung von Parteien, allerdings unter starker Kontrolle sowohl der

Programme wie der Betätigungen. In den Westzonen wurden die Parteien auch nicht von oben nach unten gegründet, sondern von unten nach oben, das heißt, es entstanden zunächst Ortsverbände.

Eine wichtige Wiedergründung war dabei die der **SPD unter Kurt Schuhmacher** in Hannover. Die West-SPD verfolgte zwar wie die in Berlin gegründete Ost-SPD eine weitgehende Sozialisierung der Großindustrie, in ihrem Verhältnis zum Kommunismus dagegen unterschieden sich die beiden Gruppen. Während Schuhmacher einen eindeutigen Führungsanspruch der Sozialdemokraten in der linken Parteiszene geltend machte und eine Zusammenarbeit mit der KPD ablehnte, kam es in der Ostzone schließlich zur Vereinigung mit der KPD in der SED. Im Westen setzte sich der Kurs Schuhmachers durch, auch die SPD der Berliner Westsektoren wandte sich mit großer Mehrheit gegen einen Zusammenschluß mit der KPD.

Auf dem ersten Parteitag der SPD der Westzonen wurde im Mai 1946 die Organisation der SPD abgeschlossen, Kurt Schuhmacher zum Vorsitzenden gewählt. In der Folge kam es aufgrund der starken sozialistischen Programmatik der Partei und der pragmatischen Mitarbeit am Aufbau zwar zu innerparteilichen Spannungen, aber der Wiederaufbau eines demokratischen Deutschland hatte immer Vorrang.

Die wichtigste Neugründung war die der **CDU bzw. der CSU**. Schwerpunkte waren dabei das Rheinland und Berlin für die CDU, während in Bayern die CSU sich durchsetzte. Die beiden Parteien verstanden sich, wie der Name Union verdeutlicht, als Sammlungsbewegung bürgerlicher, überkonfessioneller Wähler und Politiker. Die rheinische CDU wollte sich dabei bewußt abgrenzen von der katholischen Zentrums-Partei der Weimarer Republik, auch wenn frühere Zentrumspolitiker an der Neugründung maßgeblich beteiligt waren.

In ihren Anfängen war dabei die CDU ebenfalls geprägt von sozialistischen Vorstellungen, z. B. in den stark von der katholischen Soziallehre beeinflußten Kölner Leitsätzen der Partei vom Juni 1945.

Im Dezember 1945 kam es in Godesberg zu einem zonenübergreifenden "Reichstreffen", bei dem man sich auf den Namen CDU einigte, in Bayern den Begriff CSU allerdings beibehielt. Die starke **föderalistische Eigenentwicklung in Bayern** war nicht neu, hatte doch auch in der Weimarer Republik mit der Bayerischen Volkspartei eine eigene katholische Partei neben dem Zentrum existiert. Die neue CSU war ähnlich der CDU stärker überkonfessionell und beruhte auf einem Zusammengehen alter BVP-Politiker mit der christlichen Gewerkschaftsbewegung, die von **Adam Stegerwald** in Würzburg repräsentiert wurde.

Die **liberalen Parteien** entfalteten ihre neuen Aktivitäten zunächst in ihrer Stammregion in Württemberg, wo **Theodor Heuß**, der spätere 1. Bundespräsident, und **Reinhold Maier** im September 45 die Demokratische Volkspartei gründeten. In der britischen Zone vereinigten sich schließlich die verschiedenen liberalen Parteien im Januar 46 zur Freien Demokratischen Partei. Die im Dezember 1948 sich konstituierende Bundespartei übernahm diesen Namen.

Die **Wahlen für die Landtage und für die kommunalen Parlamente**, die in den Jahren 1946 und 1947 in den Westzonen stattfanden, brachten den "großen" Parteien starke Erfolge, wobei CDU/CSU knapp stärker waren als die SPD, während die Liberalen bei etwa 9 % lagen, damit genauso stark wie die übrigen kleinen Parteien zusammen. Diese Wahlergebnisse nehmen nicht nur das Ergebnis der Wahl zum 1. Deutschen Bundestag fast vorweg, sie zeigen auch, daß es den demokratischen Parteien der Westzonen gelungen war, einen möglichen politischen Extremismus zu verhindern. Etwaige rechtsradikale Parteigründungen waren dabei von den Siegern meist durch Verbote im Keim erstickt worden oder in ihren Aktivitäten stark behindert. Auf der Linken dagegen hatte die klare antikommunistische Einstellung der Schuhmacher-SPD zusammen mit den eher abschreckenden Erfahrungen in der SBZ die KPD zu einer Splitterpartei werden lassen, die im politischen Kräftefeld der drei Westzonen keine Rolle spielte.

Somit läßt sich feststellen, daß die **Stärkung der demokratischen Parteien der Mitte** in den drei westlichen Zonen, im Gegensatz zur Monopolisierung der Macht bei der SED in der sowjetischen Zone, schon sehr frühzeitig einen Konsens über die Errichtung einer repräsentativen parlamentarischern Demokratie entstehen ließ, daß die weitgehende Übereinstimmung der maßgeblichen Parteien über fundamentale Wertentscheidungen und auch über eine deutliche Abgrenzung zu linken wie rechten Extremisten die Handlungs-, Kompromiß- und Konsensfähigkeit der neu gewählten Parlamente bis hin zum Bundestag erhöhte. Der Bundesrepublik wurde dadurch ein ganz anderer Start in den Parlamentarismus möglich als der Weimarer Republik.

5 Das teils durch die alliierten Rahmenbedingungen für die Gründung der Bundesrepublik implizierte, wesentlich aber durch weitgehende gemeinsame Grundüberzeugungen von Politikern und Wählern geformte **Parteiensystem der Bundesrepublik** mit CDU/CSU sowie SPD als den großen Alternativen in der Mitte und den Liberalen als eine Art "Zünglein an der Waage", vor allem charakterisiert durch die Bedeutungslosigkeit radikaler Flügel, erwies sich in der Geschichte der Bundesrepublik als ein überaus stabiles und gleichzeitig politisch flexibles politisches "Instrument".

In den **Anfangsjahren der Bundesrepublik** stellte sich beispielsweise die schwierige innen- und gesellschaftspolitische Frage, die Flut von Flüchtlingen und Heimatvertriebenen in den jungen Staat und in ein noch verletztliches Sozial- und Wirtschaftssystem zu integrieren. Die großen Volksparteien griffen das Thema auf, daneben aber bildete sich mit dem **Gesamtdeutschen Block/BHE** eine Interessenpartei, die sich als ausgesprochene Vertretung der Heimatvertriebenen und Flüchtlinge verstand und der es zusammen mit den Vertriebenenverbänden auch gelang, wichtige Integrationsgesetze durchzusetzen, vor allem die Lastenausgleichsregelungen, die zu einer Erstattung von 60 Milliarden DM bis zum Jahr 1970 führten.

Nicht zuletzt diese finanziellen Hilfen zusammen mit der zunehmenden wirtschaftlichen Leistungsfähigkeit führte zu einer erstaunlich schnellen **Integration der Vertriebenen und Flüchtlinge** in die westdeutsche Gesellschaft. Der Grad der Eingliederung der Vertriebenen läßt sich fast an den Wählerstimmen für den GB/BHE ablesen. Bei der ersten Teilnahme an der Bundestagswahl erreichte der GB/BHE 5,9 % der Stimmen, 1957 waren es noch 4,6 %, 1961 2,8 % der Stimmen. 1965 stellte sich die Vertriebenenpartei, die seit 1960 Gesamtdeutsche Partei (GDP) hieß, nicht mehr zur Wahl.

Ein weiteres Beispiel für Grenzen und Möglichkeiten des Parteiensystems sind die starken **Protest- und Bürgerbewegungen in den 70er und 80er Jahren**. Themen wie Umweltschutz, Abrüstung und Friedenssicherung, Gleichberechtigung der Frauen oder vermehrte Bürgerbeteiligung wurden offensichtlich von den großen Volksparteien und von der FDP nicht hinreichend vertreten, so daß Bürgerinitiativen, aber auch freie Wählerlisten auf Landes- und kommunaler Ebene sich zum Sprachrohr solcher Interessen machten. Diese "grüne" Bewegung führte schließlich zur Gründung der Partei **"Die Grünen"** 1980, die 1983 erstmals in den Bundestag einzog. Seitdem werden die Themen der Ökologie, der Frauenpolitik und auch der aktiven Friedenspolitik nicht nur innerhalb der Partei der Grünen und durch sie im Bundestag diskutiert, sondern die Volksparteien haben diese Themen ebenfalls aufgegriffen und programmatisch besetzt, auch hier um einen weitgehenden Konsens bemüht bis hin zu immer wieder praktizierten Regierungskoalitionen mit der neuen Partei.

Eine weitere bedeutsame Herausforderung an das Parteiensystem stellt die **deutsche Einigung 1990** dar. Zunächst galt es, die ehemaligen Parteien der DDR, soweit sie den westdeutschen Parteien programmatisch nahestanden, in das bestehende Parteiensystem organisatorisch einzugliedern, ohne die Anhänger zu enttäuschten Protestwählern für beispielsweise die PDS zu machen. Dies gelang nur zum Teil, wie die Anteile der PDS bei den letzten Bundestagswahlen zeigen.

Noch nicht völlig gelungen ist sicherlich auch die Integration der ehemaligen **Bürgerrechtsbewegung in der DDR** in das parlamentarische Parteiensystem der Bundesrepublik, auch wenn im Zusammenschluß von BÜNDNIS 90/DIE GRÜNEN zumindest Teile dieser starken demokratischen Impulse in das Parteiensystem eingegliedert wurden.

Insgesamt läßt sich also feststellen, daß das Parteiensystem der Bundesrepublik immer wieder zu Veränderungen gezwungen wurde, wenn es den "etablierten" Parteien nicht rechtzeitig gelang, neue Fragestellungen und neue politische Problemfelder aufzugreifen und Lösungsvorschläge zur Diskussion und zur Wahl zu stellen. Aber gerade die Wandlungsfähigkeit des Parteisystems und die gleichzeitige Erhaltung des demokratischen Grundkonsenses, die dauerhafte Koalitionen auf allen Ebenen des politischen Entscheidungsprozesses ermöglichte und bisher auch immer die Absorption radikaler Flügel, zeigt die stabilisierende Kraft des Parteiensystems der Bundesrepublik Deutschland.

Leistungskurs Geschichte (Bayern) 1996 – Aufgabe I
Die Auseinandersetzung mit nationalstaatlichen und freiheitlich-demokratischen Ordnungsvorstellungen in Deutschland

		BE
1	Erläutern Sie Anlaß und Verlauf des preußischen Verfassungskonflikts, und überprüfen Sie dessen Ergebnis im Hinblick auf die Machtverhältnisse zwischen König und Ministerpräsident einerseits und dem Landtag andererseits!	12
2	Stellen Sie die Machtverteilung zwischen Kaiser und Reichstag gemäß der Verfassung von 1871 dar!	10
3	Untersuchen Sie unter Berücksichtigung der Rolle des Reichskanzlers, wie sich das Verhältnis zwischen Kaiser und Reichstag in der Zeit von 1871 bis 1918 entwickelt hat!	14
4	Nennen Sie die Kompetenzen des Reichspräsidenten in der Verfassung von 1919, und zeigen Sie historische Vorprägungen und Erfahrungen auf, die diese Ausgestaltung der Kompetenzen mit bedingt haben!	10
5	„Das Amt des Reichspräsidenten wird mit dem des Reichskanzlers vereinigt. Infolgedessen gehen die bisherigen Befugnisse des Reichspräsidenten auf den Führer und Reichskanzler Adolf Hitler über.“ *(Auszug aus dem Gesetz über das Staatsoberhaupt des Deutschen Reiches vom 1. 8. 1934)* Prüfen Sie, inwieweit traditionelle Prinzipien der deutschen Verfassungsentwicklung durch diese Bestimmung verletzt wurden, und erörtern Sie, welche Bedeutung ihr im Zusammenhang der innenpolitischen Entwicklung seit dem 30. 1. 1933 zukam!	14

Lösungen

1 Der **preußische Verfassungskonflikt** war die Folge einer vom König Wilhelm I. und seinem Kriegsminister von Roon gewünschten und grundsätzlich vom Landtag akzeptierten **Heeresreform.** Es ging darum, mehr Wehrgerechtigkeit herzustellen und vor allem die preußische Armee und damit natürlich auch die politische Macht des Landes zu stärken.

Als der Kriegsminister Albrecht von Roon jedoch 1860 seine konkreten Planungen im Abgeordnetenhaus vorlegte, stießen diese auf heftigen Widerstand der Liberalen, die eine einseitige Stärkung der monarchischen Gewalt befürchteten. Der König und sein Minister wollten einen quantitativen und qualitativen Ausbau der „Linie", also der eigentlichen kampfbereiten Armee, die sich zu diesem Zeitpunkt aus drei aktiven Jahrgängen und den beiden jüngsten Reservistenjahrgängen rekrutierte und im Zuge der Reform auf insgesamt sieben Jahrgänge verstärkt werden sollte. Dies hatte aus Sicht der liberalen Mehrheit des Landtags zur Folge, daß die „Landwehr" geschwächt würde, die nur noch aus fünf älteren Reservistenjahrgängen statt bisher sieben bestehen sollte und keine kampfbereiten Truppenkontingente mehr stellen würde. Da die Landwehr als eine Art Volksarmee galt, geschaffen in den Befreiungskriegen von 1813/15, sah man die geplante Reform auch als eine Schwächung des Parlaments. Der Streit wurde mehr und mehr zur ideologischen Auseinandersetzung zwischen Vertretern eines monarchisch-autoritären Systems und dem Liberalismus.

Da der König nicht bereit war, die Einwände des Landtags zu akzeptieren, diesen vielmehr 1862 auflöste, war aus dem Konflikt um die Heeresreform ein Verfassungskonflikt geworden. Der neu gewählte Landtag und seine gestärkte liberale Mehrheit verweigerten den notwendigen Etat für die Heeresreform, zumal deutlich höhere Steuereinnahmen notwendig geworden wären. Der Konflikt verschärfte sich derart, daß der König keinen Ausweg mehr sah und abdanken wollte. Erst als der Kronprinz sich weigerte, unter diesen Bedingungen, also auf Druck des Parlaments, die Nachfolge anzutreten, blieb der König und fand auf Betreiben von Roons einen Ministerpräsidenten, der bereit war, den Konflikt mit dem Landtag durchzustehen.

Otto von Bismarck war nach seiner Zeit als Gesandter in St. Petersburg seit 1862 Gesandter in Paris und traf nun am 22. September 1862 zu einem Gespräch mit dem König zusammen, in dem er sich dem Monarchen als einen Gegner liberalen Denkens und treuen Gefolgsmann der preußischen Monarchie zu erkennen gab.

Zwar signalisierte Bismarck dem Landtag gegenüber zunächst Kompromißbereitschaft, doch sehr schnell machte er auch klar, daß er notfalls auch ohne Budgetgenehmigung die geplante Reform durchführen würde. Der neue Ministerpräsident berief sich dabei auf die **Lückentheorie**, da in der Verfassung tatsächlich keine Regelung vorgesehen war für den Fall, daß der Landtag einen Etat nicht akzeptierte. Bismarck schloß daraus, es sei dann das Recht der Regierung, diese Lücke zu schließen und ohne Budgetgenehmigung zu handeln. Als Bismarck in diesem Zusammenhang die These verkündete, daß nicht durch „Reden und Majoritätsbeschlüsse die großen Fragen der Zeit entschieden" werden, „sondern durch Blut und Eisen", ließ sich dies als eine eindeutige Kampfansage gegen die liberale Bewegung nicht nur in Preußen verstehen.

Doch die außenpolitischen Aktivitäten und schließlich die Erfolge der neuen Regierung im dänischen und vor allem im preußisch-österreichischen Krieg ließen den Verfassungskonflikt mehr und mehr in den Hintergrund treten. Die Begeisterung über den Sieg im Krieg 1866 und die seit 1862 günstige wirtschaftlichen Entwicklung gaben Bismarck die Gelegenheit, den Landtag für seinen Verfassungsbruch 1866 um Straffreiheit zu bitten. Wegen der Haltung zu dieser **Indemnitätsvorlage** kam es zu einer tiefgehenden Spaltung des liberalen Bürgertums in Deutschland, die auch zu einer

Spaltung des politischen Liberalismus führte in die Bismarck-feindliche Fortschrittspartei und die sich abspaltende Nationalliberale Partei, die von nun an für lange Zeit Bismarcks Politik unterstützte.
Der Heeres- und Verfassungskonflikt hatte zweifellos die monarchische Position gegenüber dem Landtag gestärkt, hatte die antiliberale Ordnungsvorstellung, für die Bismarck wohl auch stand, gestärkt gegenüber dem liberalen Verständnis einer kontrollierenden Machtverteilung zwischen König und Parlament. Die Spaltung des Liberalismus, der geschlossen hätte echten Widerstand leisten können, lief auch langfristig auf eine erhebliche Schwächung zunächst des preußischen Landtags, später des deutschen Reichstages hinaus.
Von besonderer Bedeutung war der Konflikt auch deshalb, weil seit dem September 1862 zwischen dem König und seinem Ministerpräsidenten ein Verhältnis gegenseitiger Abhängigkeit bestand, wie es in keinem anderen Staat damals zu finden war. Der König fühlte sich Bismarck gegenüber, den er zunächst gar nicht so sehr mochte, derart verpflichtet, daß dies dem Minister die Chance bot, eine unvergleichliche Machtposition aufzubauen.

2 **Die Machtverteilung zwischen dem deutschen Kaiser und dem Reichstag,** wie sie in der **Verfassung von 1871** fixiert wurde, entsprach wesentlich den Vorstellungen Bismarcks und der monarchischen Verwaltung Preußens. Das wird auch daran erkennbar, daß die Verfassung von 1871 im Grunde nur eine geringfügig geänderte Fortschreibung der Verfassung des norddeutschen Bundes von 1867 war.
So kann es nicht verwundern, daß dem Kaiser eine hohe Machtkompetenz zugeschrieben wurde in einem Reich, das nicht als demokratischer Nationalstaat firmierte, sondern als „Ewiger Bund zum Schutze des Bundesgebietes“. Innerhalb dieses „Fürstenbundes“ mit dem Bundesrat als offiziell oberstem Organ besaß der preußische König und deutsche Kaiser eine überragende Stellung, da er dem Präsidium des Bundes vorsaß, das Reich völkerrechtlich nach außen vertrat und das Oberhaupt der Exekutive, also der Reichsverwaltung, bildete. Dabei ist seine Position eher gestärkt durch die Tatsache, daß die Reichsverwaltung im Grunde identisch war mit der monarchischen Verwaltung Preußens. In diesem Rahmen ist die „Personalunion“ von preußischem Ministerpräsidenten und Reichskanzler nur konsequent, folglich auch das alleinige Recht des Kaisers, den Kanzler zu ernennen.
Der Heeres- und Verfassungskonflikt, der 1862 mit der Ernennung Bismarcks „gelöst“ wurde, und die Legalisierung der Lösung durch die Annahme der Indemnitätsvorlage von 1866 hatten die Armee ganz eindeutig wieder zu einem ergebenen Organ des Königs gemacht. Die Verfassung trug dem Rechnung durch die Übergabe des Oberbefehls an den Kaiser, wobei die Soldaten auf die jeweiligen Monarchen vereidigt wurden. Seit dem Verfassungskonflikt war dabei der Oberbefehl nicht nur ein symbolisches Recht, sondern beinhaltete eine Reihe wichtiger Einflußmöglichkeiten auf Geist und Organisation der Armee.
Daß Bismarck, der eigentliche Schöpfer der Verfassung, das **monarchische Prinzip** und ganz besonders die Macht der preußischen Monarchie gegen allzu liberale und demokratische Tendenzen zu sichern versuchte, wird auch daran deutlich, daß der Reichstag vom Bundesrat, also von der Fürstenvertretung, aufgelöst werden konnte, jedoch nur mit Zustimmung des Kaisers. In der Praxis lief dies auf ein Auflösungsrecht des Kaisers hinaus, da Preußen den Bundesrat dominierte.
Der überaus starken Position des Kaisers standen eher bescheidene **Rechte des Reichstags** gegenüber. Am wichtigsten war natürlich die Funktion als Vertretung des Volkes, die sich aus dem allgemeinen demokratischen Wahlrecht ergab und dem Reichstag natürlich langfristig doch erhebliche Bedeutung zuwachsen ließ. Das Zugeständnis demokratischer Wahlen überrascht zunächst, wenn man an Bismarcks Ablehnung der

parlamentarischen Demokratie denkt, doch darf nicht übersehen werden, daß solche Wahlen durchaus auch als plebiszitäre Instrumente zugunsten einer charismatischen Autorität gegen das Parlament eingesetzt werden können. So waren auch die Mitwirkungsmöglichkeiten des Reichstags im Gesetzgebungsverfahren, das Recht auf Gesetzesinitiative und die Mitwirkung bei der Beschlußfassung zusammen mit dem Bundesrat, zwar formell bedeutende Rechte, die aber in der Verfassungswirklichkeit angesichts der Dominanz der kaiserlich-preußischen Bürokratie und der Einflußmöglichkeiten des Machtduos Wilhelm I./Bismarck erhebliche Beschränkungen erfuhren.

Von besonderer Bedeutung, auch traditionell das herausragende Recht der Parlamente, war das **Budgetrecht des Reichstages**, mit dem das Parlament die tatsächliche Politik prägen konnte. Doch auch hier hatte Bismarck Vorsorge geschaffen, indem er das Reich zum Kostgänger der Länder machte, also die Finanzzuständigkeiten des Reichstages beschränkte, oder indem er, wie im Falle des Heeresbudgets, durch lange Fristen oder Pauschalierungen dem Reichstag eine unmittelbare Einflußnahme über immer neue Etatbewilligungen erschwerte.

Insgesamt besitzt nach der Verfassung also der Kaiser eine überaus starke Stellung, vereinigt auf sich politische wie militärische Führungskompetenz, kann den Bundesrat als Korrektiv gegenüber dem Reichstag einsetzen und sich vor allem auf den Verwaltungs- und Machtapparat in Preußen stützen.

Der Reichstag scheint demgegenüber eher machtlos, da er weder bei außenpolitischen Fragen Mitwirkungsmöglichkeiten besitzt, auch militärische Planungen und Kommandostrukturen nur sehr bedingt beeinflussen kann. Das bedeutsame Machtmittel, der Sturz der Regierung, steht ihm nicht zur Verfügung.

Und dennoch besaß der Reichstag eine nicht zu unterschätzende Waffe, um als Widerpart gegen die preußische monarchische Hegemonie tätig werden zu können: das Budgetrecht und den Zwang, für eine Politik Mehrheiten finden zu müssen. Zwar konnte hier Bismarck, später auch Wilhelm II., durch Rückgriff auf einen plebiszitären Massenkonsens die Position des Reichstages schwächen, aber in der praktischen Politik zwang der Reichstag die Regierung zur Kompromißbereitschaft, vor allem auch zur Öffentlichkeit. Schließlich wuchs die Bedeutung des Reichstages in der Folge mit der immer stärkeren Interventions- und Investitionstätigkeit des Staates und der demzufolge größeren Bedeutung des Haushaltsrechtes und seiner politischen Gestaltungskraft.

3 In der **Ära Bismarck** bestimmte weitgehend der Reichskanzler die Politik, der Kaiser überließ ihm die Auseinandersetzung mit dem Reichstag, bot ihm aus den oben genannten Gründen den Rückhalt, den er für seine autoritäre Politik benötigte. Dabei versuchte der Kanzler immer wieder, im Reichstag wechselnde Mehrheiten für seine Politik zu schaffen, wobei er die Parteien bzw. die Fraktionen des Reichstags nicht selten gegeneinander ausspielte, als Instrumente seiner Politik benutzte. Wahlen dienten ihm dabei auch als plebiszitäre Abstimmungen für seine Person und seine Politik, so daß er damit zusätzlichen Druck auf den Reichstag ausüben konnte.

Nach der Entlassung Bismarcks zeigte sich sehr schnell, daß der charismatische Kanzler eine Lücke hinterlassen hatte, die keiner seiner Nachfolger zu füllen vermochte. So mußte der neue **Kaiser Wilhelm II.** fast zwangsläufig selbst die Richtlinien der Politik bestimmen und damit in die Auseinandersetzung mit dem Reichstag geraten. Wilhelms II. **„persönliches Regiment“** kann dabei auch verstanden werden als Versuch, die dem Kaiser von der Verfassung gegebene Macht nicht nur zu nutzen, sondern auszudehnen auch auf Kosten des Kanzlers. Dabei kam ihm systembedingt die enge Verklammerung von Reichsverwaltung und preußisch-monarchischer Bürokratie zugute ebenso wie das Fehlen einer verfassungsmäßigen Reichsregierung und die **Schwächung des Parlamentarismus** im Reich durch die innere Spaltung des Reichstags selbst, der

sich in der Wilhelminischen Ära nie zu einer einheitlichen Politik gegen die Dominanz des Kaisers zusammenfinden konnte. Das böse Wort Wilhelms II. vom Reichstag als „Quasselbude" zeigte, wie wenig der Kaiser von einer konstitutionellen Zusammenarbeit mit dem Parlament hielt. Die Parteien ihrerseits gaben sich lange Zeit mit der bescheidenen und „machtlosen" Rolle zufrieden, die die Bismarck-Verfassung und das Bismarck-Regiment ihnen zugewiesen hatte. So wuchs fast zwangsläufig dem Kaiser die einheitsstiftende Rolle zu.
In seinem **„Neuen Kurs"** versuchte der Kaiser seit Mitte der neunziger Jahre eine breite Basis der Zustimmung in der Gesellschaft zu finden, als er z. B. die Ziele Bismarckscher Sozialpolitik wieder aufnahm. Doch auch diese Politik scheiterte daran, daß man den Sozialismus meinte ausklammern, ja als Feinbild benutzen zu müssen, um die bürgerlichen Kräfte, insbesondere die Schwerindustrie und die Großagrarier zu einen. Der Aufstieg der organisierten Arbeiterschaft und der Sozialdemokratie im Reichstag konnte auch durch erneute Versuche, die Sozialisten zu kriminalisieren, nicht verhindert werden. Damit gewann der Reichstag auch ein neues Gewicht, zumal nun Probleme zu lösen waren, die eine öffentliche Diskussion der großen Interessengruppen voraussetzten. Hier bot sich der Reichstag an als der Ort, von dem aus die Öffentlichkeit mit den Gestaltungsproblemen konfrontiert werden konnte.
Am Vorabend des Ersten Weltkriegs kam es dann zu einem **„Burgfrieden"** zwischen dem Reichstag, insbesondere der zunächst gegen den Krieg opponierenden Sozialdemokratie, und dem Kaiser, der die Formel ausgab: „Ich kenne keine Parteien mehr, ich kenne nur noch Deutsche." Als sich jedoch schon recht bald die Ohnmacht der politischen Führung, also Kaiser und Kanzler, gegenüber der Obersten Heeresleitung nicht mehr verbergen ließ und die Gefahr einer Niederlage bzw. die Unsinnigkeit der arroganten Kriegsziele offensichtlich wurden, regte sich im Reichstag zunehmend Widerstand, der sich in der **Friedensresolution des Reichstages** vom Juli 1917 sichtbar niederschlug, wagte doch der Reichstag erstmals eine außenpolitische Initiative, die ihm nach der Verfassung nicht zustand. Die Lähmung der Regierung zwang den Reichstag über die Resolution hinaus auch zu einer Ausweitung der eigenen Macht. Man betrieb zwar den Sturz des Kanzlers Bethmann-Hollweg, aber die Entmachtung der OHL wagte man nicht.
Erst als die Militärs sich aus der Verantwortung für den verlorenen Krieg stahlen, kam es zu den längst überfälligen **Reformen**. Am 28. Oktober 1918 wurde per Reichsgesetz die Verfassung von 1871 grundlegend verändert, der Kanzler erhielt die Richtlinienkompetenz, war jedoch dem Parlament verantwortlich. Erstmals gab es nun ein parlamentarisches System in Deutschland, der Reichstag war ins Zentrum der Verfassung gerückt.

4 Der **Reichspräsident in der Verfassung von Weimar**, das direkt vom Volk gewählte und damit in seiner Legitimation dem Parlament gleichgestellte Staatsoberhaupt, hatte Kompetenzen, die denen des Kaisers in der Verfassung von 1871 gleichen. Der Präsident vertrat das Reich völkerrechtlich nach außen und hatte den militärischen Oberbefehl. Sind diese Funktionen üblicherweise auch in demokratischen Verfassungen beim Staatsoberhaupt, so ist die **Machtverteilung zwischen Reichspräsident und Reichstag** eher ungewöhnlich. Die Väter der Weimarer Reichsverfassung bemühten sich offensichtlich, zwischen den beiden Organen ein Gleichgewicht herzustellen. So werden beide vom Volk gewählt, besitzen also beide die höchste demokratische Legitimation. Der Reichspräsident ernennt und entläßt den Reichskanzler und die Reichsminister, die jedoch auf das Vertrauen des Parlaments angewiesen sind. Schließlich hat der Präsident das Recht, den Reichstag aufzulösen, allerdings bedarf es dabei immer wieder einer neuen Begründung. Umgekehrt kann der Reichstag mit Zweidrittelmehrheit einen Volksentscheid zur Absetzung des Reichspräsidenten initiieren.

Im Gesetzgebungsverfahren hat das Parlament zunächst die legislative Kompetenz, doch kann der Präsident die vom Reichstag verabschiedeten Gesetze mit einem Volksentscheid verzögern oder gar vereiteln, vor allem aber kann er mit Hilfe des Artikels 48 im Notfall die Gesetzgebungsbefugnis an sich ziehen.
Dieses angestrebte Gleichgewicht erwies sich in der politischen Praxis jedoch als ein **Ungleichgewicht zugunsten des Präsidenten** immer dann, wenn der Reichstag aufgrund der inneren Zerrissenheit des Parteiensystems an Autorität und Handlungsfähigkeit verlor.
Und hier lagen wohl auch die Gründe, die die Nationalversammlung von Weimar bewogen, den Reichspräsidenten mit Vollmachten auszustatten, die es ihm zumindest in Krisenzeiten erlaubten, den Reichstag zu überspielen. Sichtbar wird ein grundlegendes Mißtrauen gegenüber den Parteien und gegenüber dem Parlamentarismus, nicht nur bei denen, die die Parteien verantwortlich machen wollten für die Niederlage im Weltkrieg. Die **obrigkeitsstaatliche Tradition** in Deutschland, die Unterwerfung selbst von Teilen des liberalen Bürgertums unter eine autoritäre Staatsführung im Bismarck-Reich, legte den Gedanken nahe, im Amt des Reichspräsidenten eine Art „Ersatzkaiser" zu installieren, der über den Parteien stand und die Einheit der Nation verkörperte, während der Reichstag eher die ungewohnte und auch ungeliebte Interessenvielfalt zum Ausdruck brachte. Die Novemberrevolution, der Schock des verlorenen Krieges und die Demütigung durch die Sieger, all das wurde mit dem Parteiensystem und dem Parlamentarismus verbunden, so daß man glaubte, eine starke überparteiliche Ordnungsmacht schaffen zu müssen, die in Notzeiten das Heft in die Hand nehmen konnte. Der Parlamentarismus war dagegen so etwas wie eine Schönwetterverfassung, man konnte ihm nicht trauen, da man kaum Erfahrung damit hatte.

5 Am 2. August 1934 starb Reichspräsident Hindenburg und damit bot sich Hitler die Chance, die **politische Gleichschaltung der Staatsorgane** zu vollenden. Schon am Tag vorher hatte er dem Kabinett ein „Gesetz über das Staatsoberhaupt" vorgelegt, wonach das Amt des Reichspräsidenten mit dem des „Führers und Reichskanzlers" vereinigt werden sollte.
Die Vereinigung aller Macht in den Händen des Staatsoberhaupts entsprach weder dem Geist der Verfassung von 1871, schon gar nicht dem der Weimarer Reichsverfassung, bedeutete sie doch einen Verstoß gegen grundlegende Prinzipien der deutschen konstitutionellen Verfassungsbewegung, in der selbst Bismarck eine grundsätzliche Trennung von Exekutive und Legislative für notwendig hielt und die Weimarer Nationalversammlung das Verhältnis von Reichstag, Reichsregierung und Reichspräsident so auszutarieren versuchte, daß eine einseitige Machtkonzentration verhindert werden sollte. Überhaupt spielt in der deutschen Verfassungsgeschichte der Gedanke der Machtteilung, etwa in der föderalistischen Tradition, eine ungemein wichtige Rolle, so daß Hitlers Gleichschaltung keinesfalls von der deutschen Verfassungstradition legalisiert werden kann.
Ganz im Gegenteil, die Vereinigung der Machtbefugnisse des Kanzlers und des Reichspräsidenten steht sogar im Widerspruch zum Ermächtigungsgesetz, mit dem Hitler einen entscheidenden Schritt zur Gleichschaltung der Staatsorgane getan hatte. Doch die Umwandlung des Verfassungsstaates zum totalitären Führerstaat begann bereits mit der **„Reichstagsbrandverordnung"**, mit der die Nationalsozialisten den Brand des Reichstags in der Nacht vom 27. auf den 28. Februar 1933 nutzten, um die KPD-Fraktion auszuschalten und die Entmachtung des Parlaments einzuleiten. Eine gleichzeitige „Verordnung des Reichspräsidenten gegen Verrat am deutschen Volk und hochverräterische Umtriebe" lieferte den Nazis die pseudolegale Grundlage für zukünftige Terrormaßnahmen gegen oppositionelle Gruppen jeder Art. Vollendet wurde diese erste Phase der Zerstörung der Verfassungsordnung mit dem genannten **„Ermächtigungsgesetz"**.

Nachdem es den Nationalsozialisten bei den Wahlen vom 5. März trotz massiver Einschüchterung vor allem der Sozialdemokratie nicht gelungen war, die absolute Mehrheit zu erhalten, sie also noch auf die Deutschnationalen angewiesen waren, um Mehrheiten im Reichstag zu erhalten, ließ Hitler alle Hemmungen gegenüber verfassungsmäßigen Prinzipien fallen und am 23. März vom neu gewählten Reichstag ein „Gesetz zur Behebung der Not von Volk und Reich" verabschieden, das zunächst auf vier Jahre befristet der Reichsregierung die Gesetzgebungsbefugnis übertrug und mit dem das Parlament also sich selbst entmachtete. Mit einigen Geschäftsordnungsmanipulationen und mit Versprechungen gegenüber dem Zentrum gelang es Hitler, 444 Abgeordnete zur Zustimmung zu bewegen. Nur die Rest-Fraktion der SPD, also die Abgeordneten, die noch nicht verhaftet waren, stimmte geschlossen gegen das „Ermächtigungsgesetz". Damit hatte Hitler sein Ziel erreicht, die Zerstörung des Verfassungsstaates gleichsam als legale verfassungskonforme Entscheidung der Legislative der Öffentlichkeit gegenüber propagiert. Aber sowohl die Terrormaßnahmen gegen die Opposition wie auch die Geschäftsordnungs- und Abstimmungstricks im Vorfeld entsprechen weder demokratischem Geist noch sind sie rechtsstaatlich.
Darüber hinaus hatte Hitler schon vorher begonnen, die zweite Sicherung gegen eine Machtkonzentration im Staat zu beseitigen, die **Mitwirkung der Länder** bei der Gesetzgebung. Sofort nach Machtantritt hatte die Regierung die Länder gleichgeschaltet, zum Teil durch gewaltsame Übernahme der Regierungen wie in Hamburg, durch Besetzung der Polizeidirektionen mit Gefolgsleuten und Rücktritt der Landesregierungen, die dem Druck nicht standhielten. Am längsten wehrte sich Bayern gegen die Einsetzung eines Reichskommissars, doch am 9. März wurde General Ritter von Epp als Generalstaatskommissar von Innenminister Frick eingesetzt, auch dies ein klarer Verfassungsbruch. In allen Fällen war durch SA- und SS-Terror die Ordnung derart gestört worden, daß in zynischer Weise die Wiederherstellung der Ordnung als Rechtfertigung der Gleichschaltung benutzt werden konnte.
Die Selbstentmachtung des Reichstages wie auch die **Gleichschaltung der Länder** hatte den Parteien die Grundlage ihrer Existenz entzogen. So war es nur „logisch", daß als nächster Schritt der politischen Gleichschaltung die Beseitigung der Parteien und auch der Verbände erfolgte. Soweit die Parteien nicht schon verboten waren wie die KPD, lösten sie sich selbst auf, zumal die Nazis in der Bevölkerung gezielt eine Anti-Parteien-Stimmung erzeugten.
Nachdem Hitler im Vorfeld der Machtergreifung und des Ermächtigungsgesetzes die bürgerlichen Parteien noch umworben hatte, sorgte er nun für deren Ende. Dabei kam ihm zugute, daß der deutsche Liberalismus mit seinen lockeren Organisationsstrukturen in Form von Honoratiorenparteien dem Terror wenig Widerstand entgegensetzen konnte.
Per Gesetz wurde am 14. Juli die Neugründung von Parteien verboten und am 1. Dezember 1933 mit dem **„Gesetz zur Sicherung der Einheit von Partei und Staat"** die NSDAP offiziell zur Staatspartei.
Auch die Gleichschaltung der Länder wurde nicht nur faktisch vollzogen, sondern formal „legalisiert" mit dem Gesetz zur „Gleichschaltung der Länder mit dem Reich" am 7. April 1933. Von nun an bestimmten Reichsstatthalter die Politik in den Ländern. Die föderative Ordnung war zerstört, ein straff zentralisierter Staatsapparat an deren Stelle getreten. Etwaigen Widerständen in der Exekutive, also vor allem in der Beamtenschaft, begegnete das Regime mit einem „Gesetz zur Wiederherstellung des Berufsbeamtentums" vom 7. April 1933, das die Grundlage bildete für eine Säuberung der Bürokratie. Das **„Gesetz über das Staatsoberhaupt"** war dann also der letzte Schritt der Gleichschaltung aller staatlichen Organe, zumal die Führer der Reichswehr selbst in einem „Akt opportunistischen Übereifers" (J. Fest) für die Soldaten einen

neuen Fahneneid einführten, mit dem diese nicht mehr auf die Verfassung wie bisher, sondern auf den „Führer des Deutschen Reiches und Volkes“ vereidigt wurden. Aus der Weimarer Republik, einem Verfassungsstaat, war in kürzester Zeit ein verfassungsloser totalitärer Staat geworden.

Leistungskurs Geschichte (Bayern) 1996 – Aufgabe II
Die Industrialisierung – Bedingungen und Folgen in Staat und Gesellschaft

		BE
1.1	Erarbeiten Sie aus dem Text, welche unterschiedlichen Positionen zu Wirtschaft und Gesellschaft Adam Stegerwald* den der Sozialdemokratie nahestehenden Freien Gewerkschaften und den von ihm repräsentierten Christlichen Gewerkschaften zuschreibt!	
1.2	Erschließen Sie die Intentionen des Autors! Beziehen Sie in Ihre Überlegungen den Charakter der Quelle mit ein!	16
2	Stellen Sie in Grundzügen das Verhältnis der Freien Gewerkschaften zum Staat vom Kaiserreich bis zum Ende des Ruhrkampfs dar, und diskutieren Sie die These, daß die Freien Gewerkschaften seit den 1890er Jahren für das Kaiserreich zunehmend zu einem Faktor der politischen Stabilität geworden seien!	16
3	„Die Deutsche Arbeitsfront ist die Organisation der schaffenden Deutschen der Stirn und der Faust. In ihr sind insbesondere die Angehörigen der ehemaligen Gewerkschaften, der ehemaligen Angestelltenverbände und der ehemaligen Unternehmer-Vereinigungen als gleichberechtigte Mitglieder zusammengeschlossen.“ *(Aus der Verordnung Adolf Hitlers über die Deutsche Arbeitsfront vom 24. 10. 1934)* Erläutern Sie unter Berücksichtigung der ideologischen Grundlagen Aufbau und Funktion der „Deutschen Arbeitsfront“ (DAF) im NS-Staat! Zeigen Sie auf, inwiefern die DAF einen Bruch mit der traditionellen Gewerkschaftsbewegung darstellt!	16
4	Erläutern Sie, welche Übereinstimmungen und Unterschiede zwischen den von Stegerwald vertretenen wirtschaftlich-gesellschaftlichen Positionen und den von Ludwig Erhard mitformulierten Prinzipien der Wirtschafts- und Sozialordnung bestehen!	12

* Adam Stegerwald (1874–1945), Gewerkschaftsführer und Zentrumspolitiker, war 1924 zum Zeitpunkt der Abfassung des Textes Vorsitzender des Gesamtverbandes der Christlichen Gewerkschaften.

Adam Stegerwald: „Christliche Gewerkschaftsbewegung“ (1924), aus der Festschrift „25 Jahre christliche Gewerkschaftsbewegung 1899 bis 1924“

„Die christlichen Gewerkschaften sind im allgemeinen gegen die Sozialisierung der Produktionsmittel, weil Sozialisierung letzten Endes zur Bürokratisierung der Wirtschaft führt und eine bürokratisierte Wirtschaft sich für ein Volk noch katastrophaler auswirkt, wie sich der bürokratisierte preußische Staat in der Tat für das deutsche Volk verhängnisvoll ausgewirkt hat. Persönliches Interesse in der Wirtschaft kann höchstens für einzelne, nicht aber für die Gesamtheit eines Volkes durch allgemeines Pflichtgefühl ersetzt werden. Initiative, Wagemut, Sparsinn usw. sind zudem für ein Volk so bedeutsame und notwendige Eigenschaften, die eine sozialisierte Gesellschaft nie in dem gleichen Maße wie die freie Wirtschaft entwickeln kann.

Diese Darlegungen haben indes nichts zu tun mit der etwaigen Konservierung der seitherigen privatkapitalistischen Gesellschaftsordnung, die lediglich auf 'Verdienen' eingestellt ist und den mammonistischen[1] Geist zum herrschenden Prinzip in der Welt gemacht hat. [...] Es müssen Vorkehrungen getroffen werden, wonach die Gehalts- und Lohnempfänger zu Einzel- oder Kollektiveigentum gelangen und durch Mitverwaltung und Mitbesitz in die Wirtschaft hineinwachsen können. Der Wege dahin gibt es viele. Durch Einblick in die Wirtschaft, Einfluß auf die Wirtschaft, muß die Verantwortung gegenüber der Wirtschaft geweckt werden.

Für die Sozialdemokratie ist Ausgangspunkt für das Gesellschafts- und Wirtschaftsleben die Klasse; für die Gelben Gewerkschaften[2] das Werk, für die christlichen Gewerkschaften dagegen der Beruf. Der Beruf ist es, der die Menschen von der Schulentlassung bis zum Grabe begleitet; der Beruf muß den Ausgangspunkt abgeben zu einem seelischen Verhältnis zur Arbeit, zum Stande, zur Wirtschaft, zur Gesellschaft. Die christliche Gewerkschaftsbewegung lehnt infolgedessen den Klassenbegriff überhaupt ab; sie setzt an dessen Stelle den Berufs- und den Standesbegriff. Für sie ist die Gesellschaft in gleichem Maße ein aus Ständen bestehender Organismus, wie der Mensch mit seinen verschiedenen Gliedern einen einheitlichen Organismus darstellt.

Von der Basis der gekennzeichneten Betrachtungsweise ausgehend, hat die christliche Gewerkschaftsbewegung von jeher den Standpunkt vertreten, daß an sich nicht der Streit um die Verteilung des Produktionsertrages den Ausgangspunkt für die Gewerkschaftsarbeit abzugeben hat, sondern, daß die Gewerkschaftsbewegung letzten Endes über den Beruf und Standesgedanken bis zu den Wurzeln der Produktion vordringen muß. Die Gewerbesolidarität zwischen Unternehmer und Arbeiter hat an sich das Primäre und die Verteilung des Produktionsertrages zwischen Kapital und Arbeit (zwischen Unternehmer und Arbeiter) das Sekundäre der Gewerkschaftsarbeit darzustellen. In Deutschland lagen allerdings bisher die Dinge umgekehrt. Die Unternehmer, insbesondere jene in der Großindustrie, fühlten sich meist als 'Diktatoren' ihrer Werke. Sie erklärten, mit ihrem eigenen Gelde oder mit dem ihrer Auftraggeber wirtschaften zu müssen, und [sie] könnten sich daher nicht von dritter Seite in ihrer Anordnungsgewalt stören lassen. Als ob die lebendige Arbeitskraft von vielen tausend Menschen nicht ein wertvoller und bedeutsamerer Produktionsfaktor sei wie[3] das tote Geld! Auf der anderen Seite sah die sozialistische Doktrin in dem Arbeitgeber nur den Ausbeuter, den man ‚zwiebeln' müsse, wo man nur könne. Die Arbeit ist nach sozialistischer Auffassung in der privatkapitalistischen Gesellschaft lediglich ein notwendiges Muß zur Aufrechterhaltung der Existenz der Arbeiter. Nach christlicher Auffassung dagegen ist die Arbeit für jeden Menschen sittliche Pflicht: ‚Wer nicht arbeitet, soll auch nicht essen.' Diese Auffassung über die Arbeit ist letzten Endes auch ein stärkerer Motor zur Umgestaltung der wirtschaftlichen und sozialen Verhältnisse wie[3] der sozialistische Haß."

[1] Mammon: abschätzige Bezeichnung für Geld und Reichtum
[2] die liberalen Hirsch-Dunckerschen Gewerkvereine
[3] als

Aus der Festschrift „25 Jahre christliche Gewerkschaftsbewegung 1899 bis 1924". Berlin-Wilmersdorf 1924. Zitiert nach: Schraepler, Ernst (Hrsg.): Quellen zur Geschichte der sozialen Frage in Deutschland, Band II: 1871 bis zur Gegenwart. Göttingen – Berlin – Frankfurt 1957, S. 153f.

Lösungen

1.1 Adam Stegerwald grenzt in dem Textauszug die **christliche Gewerkschaftsbewegung** überaus deutlich von den Vorstellungen der sozialdemokratisch bzw. sozialistisch geprägten **Freien Gewerkschaften** ab.
Aus seiner Sicht gründen die Freien Gewerkschaften wie die Sozialdemokratie ihr Selbstverständnis auf einem dichotomischen Gesellschaftsmodell, in dem sich Klassen gegenüberstehen, zwischen Kapital und Arbeit ein Verteilungskampf stattfindet, der Lohnempfänger also grundsätzlich ausgebeutet wird. Strategie dieser Gewerkschaftsbewegung kann es also nur sein, gegen das Kapital zu kämpfen, um die Ausbeutung der Arbeiter zu beenden. Letztes Ziel könne dabei nur die „Sozialisierung der Produktionsmittel" sein und damit die endgültige Überwindung der „privatkapitalistischen Gesellschaftsordnung".
Stegerwald sieht dabei in erster Linie die Gefahr einer Bürokratisierung der Wirtschaft. Seine eigenen Vorstellungen gründen sich auf einem Gesellschaftsbild, in dem nicht der Besitz an Produktionsmitteln, also die Klassenzugehörigkeit fundamental ist, sondern der Beruf. Er prägt den Menschen wesentlich, bestimmt sein Verhältnis zur Arbeit und damit auch zur Gesellschaft, die nicht als **Klassengesellschaft** gesehen wird, sondern als eine **ständische Gesellschaft**, in der nicht unüberwindliche Gegensätze herrschen, sondern die bindenden Kräfte eines lebendigen Organismus.
Demzufolge kann Gewerkschaftsarbeit auch nicht der unversöhnliche Kampf gegen das Unternehmertum sein, ein dauernder „Streit um die Verteilung des Produktionsertrages", sondern Zusammenarbeit und Solidarität „zwischen Unternehmer und Arbeiter" ist das primäre Ziel.
Allerdings weist Stegerwald den Verdacht zurück, die christlichen Gewerkschaften seien nur darauf aus, die bestehende kapitalistische Ordnung zu konservieren, vielmehr gehe es auch ihnen um die „Umgestaltung der wirtschaftlichen und sozialen Verhältnisse". Dies dürfe aber nicht durch Sozialisierung der Produktionsmittel geschehen, sondern durch Vermögensbildung zur Schaffung von „Einzel- oder Kollektiveigentum", durch Beteiligung am Betriebskapital und betriebliche wie gesamtwirtschaftliche Mitbestimmung. Der Arbeiter muß dadurch hineinwachsen in eine Mitverantwortung für die Wirtschaft, Arbeit darf nicht zum notwendigen, existenzsichernden Muß werden, sondern sie muß sittliche Pflicht sein.

1.2 Da es sich bei der Quelle um einen Artikel aus einer Festschrift handelt, in der das 25jährige Bestehen der christlichen Gewerkschaftsbewegung gefeiert wird, wird die Intention des Autors sicherlich darin zu sehen sein, daß er die Bedeutung des christlichen Gewerkschaftsverbandes gegenüber den konkurrierenden „sozialistischen" Gewerkschaften herausstellen will, um die christlichen Gewerkschaften nicht nur abzugrenzen, sondern auch als die bessere Alternative zu bewerten. Daß er dabei in erster Linie auf die grundlegenden ideellen Fundamente eingeht, liegt einmal an der Notwendigkeit, die kleinere Gewerkschaftsbewegung möglichst deutlich und fundamental von der großen Bewegung abzugrenzen, aber auch an der Möglichkeit, die Freien Gewerkschaften als marxistisch geprägt zu diskriminieren.
Somit wird der Artikel auch zur polemischen **Kampfschrift gegen die Freien Gewerkschaften**. Deutlich wird dies vor allem an der kurzschlüssigen und pauschalen Gleichsetzung der Freien Gewerkschaftsbewegung mit der Sozialdemokratie und an der gezielten Verwendung des marxistischen Begriffsinventars: Klassenkonflikt, Gegensatz von Kapital und Arbeit, Arbeitgeber als Ausbeuter. Die Verunglimpfung des „Gegners" gipfelt in der These vom „sozialistischen Haß" als Antrieb der konkurrierenden Bewegung.

2 Das Verhältnis der Freien Gewerkschaften, die seit 1865 entstanden waren, zum Staat war in der Bismarck-Ära wesentlich bestimmt von dem Versuch, nicht nur die politische Organisation der Arbeiterschaft zu behindern, sondern auch die Möglichkeiten der Interessenvertretung einzuschränken. Mit der Gewährung der Koalitionsfreiheit in der Verfassung des Reiches hatte auch die Streikbewegung deutlich zugenommen, so daß die Bürokratie versuchte, die Kampfmöglichkeiten der Gewerkschaften durch Reglementierungen einzuschränken, zumal sich der Großteil der Arbeiter eher in Gewerkschaften organisierte als in den politischen Arbeiterparteien.
Die wirtschaftlichen Schwierigkeiten, die seit 1874 nach der durch die Reichsgründung verursachten Aufschwungphase im Reich auftraten, führten zu Lohnsenkungen und Entlassungen, die Lage der Arbeiter verschlechterte sich, demzufolge auch der **Widerstand der Gewerkschaften** gegen das herrschende System. Der Staat Bismarcks reagierte darauf mit repressiven Maßnahmen, zunächst gegen die politischen Organisationen der Arbeiter, dann aber auch gegen die Gewerkschaften. Attentate auf Kaiser Wilhelm I. waren für Bismarck schließlich Anlaß genug, ein „Gesetz gegen die gemeingefährlichen Bestrebungen der Sozialdemokratie" durchzusetzen, das zunächst auf drei Jahre befristet war, schließlich aber bis 1890 galt. Bismarck wollte mit der Ausschaltung der Sozialdemokratie auch den Weg frei bekommen für eine Steuer- und Wirtschaftsreform von oben, die Gefahr einer Revolution von unten angesichts der wirtschaftlichen Probleme bannen. Das sog. **Sozialistengesetz** richtete sich in erster Linie gegen die Tätigkeit sozialistischer und kommunistischer Parteien und schränkte deren Betätigungsmöglichkeiten radikal ein. Von dem Verbot nicht betroffen war allerdings die Reichstagsfraktion der Sozialdemokratie, die nach wie vor offene Opposition betreiben konnte. Auch die Arbeit der Gewerkschaften wurde massiv behindert, teilweise wurden sie verboten, lösten sich auf oder mußten sich jeder Kampfmaßnahme enthalten. Die politische Aktivität der Arbeiterbewegung fand nur noch im Untergrund statt.
Mit Beginn der achtziger Jahre trat die Gewerkschaftsbewegung wieder stärker an die Öffentlichkeit, zunächst getarnt als berufliche Fachverbände, doch auch schon mit ersten Streikaktivitäten, gipfelnd in einem großen Streik der Ruhrbergarbeiter 1889.
Schon während der Zeit der Sozialistenverfogung begannen die Gewerkschaften sich neu zu organisieren, da es offensichtlich dem Bismarck-Staat auch durch die Sozialgesetzgebung nicht gelang, die Arbeiter in den Machtstaat zu integrieren Der wirtschaftliche Aufschwung in Deutschland seit 1890 und die Nichtverlängerung der Sozialistengesetze nach der **Entlassung Bismarcks** führten zu einem Aufschwung der Gewerkschaftsbewegung. Vor allem die Gründung der „Generalkommission der Gewerkschaften Deutschlands", einer Art Dachverband aller Freien Gewerkschaften, bedeutete organisatorisch wie auch inhaltlich eine wichtige Neuorientierung. In der Gewerkschaftsbewegung setzte sich nun mehr und mehr eine **Reformstrategie** durch in Abkehr von revolutionären Strömungen des Marxismus. Die Gewerkschaften wollten auf dem Boden der bestehenden Ordnung für eine möglichst weitgehende Verbesserung der Lohn- und Arbeitsbedingungen der Arbeiterschaft kämpfen. Dieser Kurs war schon deshalb zunehmend mehrheitsfähig, da auch innerhalb der Sozialdemokratie im „Revisionismusstreit" sich der gemäßigte Kurs Eduard Bernsteins durchsetzte.
Die vorsichtige Annäherung an den Wilhelminischen Staat setzte sich trotz immer neuer Rückschläge und Gefährdungen fort. Vor dem ersten Weltkrieg wurde der Kampf um höhere Löhne und bessere Arbeitsbedingungen mehr und mehr auch ohne das Kampfmittel des Streiks durch Tarifverhandlungen erfolgreich geführt, auch wenn gegen diese „reformistische" Strategie innerhalb der Gewerkschaftsbewegung Kritik nie verstummte. Dem **„Burgfrieden"** zwischen den gesellschaftlichen Gruppen und den Parteien auf der einen und dem Staat auf der anderen Seite bei Ausbruch des Krieges schlossen sich auch die Gewerkschaften an. Der Verzicht auf Streiks und die Bereitschaft zu maßvollen Lohnforderungen waren ein weiterer bedeutsamer Schritt auf dem

Weg weg von einer revolutionären Strategie hin zur Kooperation mit der staatlichen Macht, der zwar keine Aussöhnung bedeutete, aber immerhin eine teilweise Integration der Arbeiterschaft in den Staat signalisierte. Es darf jedoch nicht übersehen werden, daß mit diesem Burgfrieden die Gewerkschaften mitwirkten an der Disziplinierung der Arbeiterschaft, daß sie möglicherweise gar keine andere Wahl hatten angesichts der Kriegsbegeisterung vieler ihrer Mitglieder.
Im Krieg selbst sahen die Gewerkschaften mehr und mehr die Chance, nun auch gestaltend an der Politik mitzuwirken, als sie das **Gesetz über den „Vaterländischen Hilfsdienst“** 1916 akzeptierten, mit dem den Militärbehörden bis weit in den nichtmilitärischen Bereich hinein Befugnisse zugestanden wurden. Im Gegenteil, die Freien Gewerkschaften übernahmen sogar eine Mittlerrolle zwischen der Obersten Heeresleitung und der Militärbürokratie einerseits und der Arbeiterschaft andererseits. Die Gewerkschaften wurden zu „tragenden Säulen der Kriegswirtschaft“ (Hagen Schulze).
Die reformerische Haltung der Freien Gewerkschaften prägte auch deren Verhalten in der Zeit der **Revolution von 1918**. Daß im Kabinett des Prinzen Max von Baden im Oktober 1918 drei Gewerkschafter sitzen, ist bereits ein Hinweis darauf, daß die Gewerkschaftsbewegung auch in dieser Phase eher einen gemäßigten Kurs verfolgte. Zwar tragen die Freien Gewerkschaften wesentlich die revolutionäre Rätebewegung mit, doch akzeptieren sie grundsätzlich die bestehenden Besitzverhältnisse und plädieren in der entscheidenden Phase für eine Nationalversammlung und gegen eine Radikalisierung der Revolution.
Ein für die Sozialverfassung der Weimarer Republik ungemein wichtiges Ereignis war am 15. November 1918 die Gründung der **„Zentralarbeitsgemeinschaft“**, ein Bündnis zwischen den Freien Gewerkschaften und den Arbeitgebern, das einmal die Möglichkeit autonomer Arbeitsmarktpolitik ohne Eingriff des Staates aufzeigte und darüber hinaus grundlegende Forderungen der Gewerkschaften von Arbeitgeberseite erfüllte, ohne Vermittlung des Staates. Dieser Pakt war zustandegekommen auch aufgrund persönlicher Beziehungen zwischen dem Gewerkschaftsführer Carl Legien und dem Großindustriellen Hugo Stinnes und bedeutete eine wesentliche Weichenstellung in der Auseinandersetzung um die zukünftige Staatsform. Mit dem **Stinnes-Legien-Pakt** hatten sich die Freien Gewerkschaften eindeutig für eine politische Ordnung entschieden, in der Arbeiterinteressen nicht revolutionär durchgesetzt werden sollen, sondern auf dem Verhandlungsweg. Der Pakt wurde damit zur Absage an ein Rätesystem und zum Bekenntnis für die parlamentarische Demokratie.
Da die sozialdemokratischen und die bürgerlichen Parteien in der Nationalversammlung den Ton angaben, war es nicht verwunderlich, daß in der **Weimarer Reichsverfassung** die Freien Gewerkschaften als politisch gleichberechtigte und gesetzlich geschützte Organisation anerkannt wurden. Allerdings wurde aus dem in Artikel 165 vorgesehenen Reichswirtschaftsrat nicht das geplante paritätisch besetzte Arbeitsparlament.
In den ersten Krisen der Republik, sowohl während des Kapp-Putsches als auch im Ruhrkampf, stellten sich die Gewerkschaften eindeutig hinter die Republik. Im Fall des Putsches gegen die Republik zeigten die Gewerkschaften mit der Ausrufung des Generalstreiks zumindest Flagge, auch wenn heute sicher sein dürfte, daß der Putsch auch ohne den an einem Samstag ausgerufenen Streik bereits zum Scheitern verurteilt war. Im Falle der Ruhrkrise unterstützten die Gewerkschaften den von der Regierung propagierten passiven Widerstand.

3 Vergleicht man die **Deutsche Arbeitsfront (DAF)**, also den im Mai 1933 erfolgten Zusammenschluß von Gewerkschaften und Arbeitgebern in einer einzigen, der NSDAP untergeordneten Organisation, mit der Gewerkschaftsbewegung der Kaiserzeit und der Weimarer Republik, lassen sich kaum noch Gemeinsamkeiten finden.

Während die Freien Gewerkschaften sich zunächst ganz eindeutig als Interessenvertretung der Arbeiter im Gegensatz zu den Unternehmern verstanden und in der Tradition marxistischer Theorie klassenkämpferisch gaben, selbst die christlichen Gewerkschaften noch deutlich ständische Unterschiede sahen, gründet sich die Vorstellung einer DAF auf eine **Gemeinschaftsideologie**. In der Volksgemeinschaft heben sich danach alle sozialen Interessenunterschiede auf, ein Interessenausgleich oder gar -kampf ist angesichts des **Führer- und Gefolgschaftsprinzips** nicht mehr denkbar, vielmehr dienen sowohl Gewerkschaften als auch Arbeitgeber der gleichen höheren Sache. Selbst eine Interessenartikulation ist nicht mehr notwendig, wenn der Führer das „Gemeinwohl" selbst formuliert und von oben der Gesellschaft oktroyiert.

Auch organisatorisch entspricht die DAF ganz dem für den gesamten Staat geltenden zentralistischen Führerprinzip. Interessenvertretungen der Arbeiter, Angestellten und Unternehmer werden zwangsweise zusammengeschlossen, in eine hierarchische Organisation gezwängt und der Partei als Massenorganisation angegliedert. Die formelle horizontale Gliederung in ständische Untergruppen der Arbeiter, der Angestellten, des selbständigen Mittelstandes und der Unternehmer wurde überlagert von einer streng vertikalen Hierarchie.

Als **Massenorganisation im totalitären Staat** hat die DAF Steuerungs- und Kontrollfunktionen. Die Steuerungsfunktion besteht darin, daß wirtschaftspolitische Entscheidungen und ökonomische Vorgaben über die Organisation von oben nach unten durchgesetzt werden, ihre Erfüllung dann auf dem umgekehrten Weg überwacht wird. Eine weit darüber hinausgehende Kontrollfunktion ist zu sehen im übergreifenden Ziel der Gleichschaltung aller am Wirtschaftsleben beteiligten Kräfte und Personen. Gerade im wirtschaftlichen Bereich schien den Nazis eine solche Gleichschaltung und straffe Lenkung wichtig, da aus ihrer Sicht nur so die Leistungs- und Kampfbereitschaft des deutschen Volkes für den kommenden Krieg gesteigert werden konnte.

Auch propagandistisch konnte die DAF bis hinein in den Privatbereich der Menschen instrumentalisiert werden, etwa durch die populäre **„Kraft durch Freude"-Organisation** und ihre Urlaubsschiffe oder das übrige gelenkte Freizeitangebot. Sowohl die von der Partei organisierten Urlaubsfahrten als auch die sonstigen Gemeinschaftsveranstaltungen dienten immer über den vorgegebenen Zweck hinaus dem Ziel, den einzelnen Bürger gleichzuschalten.

Daß die DAF mit der Gewerkschaftsbewegung nichts gemein hat, wird schon sehr bald nach der Gründung sichtbar. Hitler erkannte sehr wohl, daß die Arbeiterbewegung mit vielen verschiedenen Formen der Organisation nicht nur des beruflichen Bereichs einer Gleichschaltung der Gesellschaft im Wege stehen würde. So diente die DAF ganz bewußt der **Zerschlagung der Gewerkschaften** durch die Beseitigung der von ihnen erkämpften Rechte. Innerhalb der Zwangsgemeinschaft war eine echte Interessenvertretung für die Arbeiter nicht mehr möglich, ein Streikrecht z. B. war ausgeschlossen. Die von den Gewerkschaften immer wieder geforderte und in der Weimarer Republik gesetzlich garantierte Unabhängigkeit vom Staat wie von den Parteien wurde nun in der DAF ins Gegenteil verkehrt, die Organisation wurde zum Befehlsempfänger der Partei, zum Durchführungsorgan für die nationalsozialistische Arbeits-, Sozial- und Wirtschaftspolitik. Dabei spielten auch nicht so sehr die Ziele eines sozialen Ausgleichs oder gar der Ermöglichung gleicher Chancen zur persönlichen Entfaltung eine Rolle, sondern es ging Hitler um die gesinnungsmäßige Gleichschaltung der Erwerbstätigen als Voraussetzung zur Bildung einer Volksgemeinschaft, die „Erziehung aller im Arbeitsleben stehenden Deutschen zum nationalsozialistischen Staat und zur nationalsozialistischen Gesinnung". Einer solchen Organisation können natürlich auch nicht

mehr die Aufgaben zukommen, die wesentlich als Rechte der Gewerkschaften gesehen werden müssen, nämlich die autonome Aushandlung der Tarife. Die Tarifautonomie ist im totalitären Führerstaat nicht integrabel, also mußte nun der Staat selbst die Tariffestlegungen treffen. Die neu geschaffenen **„Treuhänder der Arbeit“** legten die Bedingungen für die Arbeitsverträge fest, eine betriebliche Mitbestimmung wurde parallel dazu in einer neuen Arbeitsordnung abgeschafft. An die Stelle der in der Weimarer Reichsverfassung verankerten innerbetrieblichen Demokratie trat auch hier das Führer-Gefolgschafts-Prinzip. Die Betriebsräte wurden zu „Vertrauensräten“.
Konnte man bis 1933 von einer schrittweisen Ausweitung der Mitbestimmung der Arbeitnehmer vor allem auch durch die Gewerkschaften reden, so ist die neue Wirtschaftsordnung nur zu verstehen als ein radikaler Bruch mit dieser Entwicklung. Die Arbeiter hatten keine Rechte mehr, nur noch Pflichten. Dafür aber waren Gewerkschaften nicht mehr nötig.

4 Vergleicht man die ordnungspolitische Position **Ludwig Erhards** mit der Adam Stegerwalds, so ist eine Gemeinsamkeit besonders augenfällig. Beide lehnen jede Art von Sozialisierung radikal ab. Während dies bei Adam Stegerwald deutlich aus christlicher Überzeugung und aus einem ständisch orientierten Gesellschaftsverständnis motiviert ist, dürfte bei Ludwig Erhard neben einer ebenfalls christlichen Grundprägung vor allem sein unerschütterlicher Glaube an die **Kraft des freien Marktes** fundamental für seine Haltung sein. Für beide steht außer Frage, daß die private Verfügungsgewalt über die Produktionsmittel erhalten werden muß, daß sie aber legitimiert werden muß durch eine soziale Verantwortlichkeit In diesem Sinn grenzt sich der von Erhard vertretene **Neoliberalismus** ganz eindeutig von einem reinen Laissez-faire-Liberalismus ab, auch wenn er letztlich immer warnte vor sozialen Eingriffen, etwa starken Einkommensumverteilungen, die den Markt stören könnten. Ludwig Erhard, seit März 1948 Wirtschaftsdirektor des Bizonen-Wirtschaftsrates, setzte sich mit seinem Konzept nicht nur gegen planwirtschaftliche Vorstellungen der SPD, sondern auch gegen Skeptiker in CDU und CSU durch. Sein Credo, die Wirtschaft nicht über die Produktion zu steuern, sondern vom Verbraucher her zu lenken, bestimmte das **Leitsätze-Gesetz** vom Juni 1948, mit dem der Aufschwung der deutschen Nachkriegswirtschaft begann.
Wie Stegerwald betont auch Ludwig Erhard die Notwendigkeit staatlicher Maßnahmen zur Schaffung einer **gerechten Sozialordnung**, in der durch eine Streuung des Eigentums die wirtschaftliche Teilhabe möglichst vieler gefördert wird und zudem ein notwendiger sozialer Ausgleich geschaffen werden kann.
Das Konzept Erhards geht aber wesentlich über Stegerwald hinaus, ist konsequenter und ordnungspolitisch systematischer. So fehlen bei Stegerwald Hinweise, wie eine freie Wirtschaft gesichert werden kann. Ein wesentliches Fundament der von Müller-Armack entwickelten und von Erhard durchgesetzten „sozialen Marktwirtschaft“ ist eine **aktive Wettbewerbspolitik** des Staates und eine damit einhergehende Monopolkontrolle. In den Düsseldorfer Leitsätzen vom 15. Juli 1949 heißt es dazu: „Erst die Monopolkontrolle führt dazu, daß der Verbraucher mittelbar Art und Umfang der Produktion bestimmt und damit zum Herrn der Wirtschaft wird.“
Der Staat darf danach nicht planend und lenkend in die Wirtschaft eingreifen, aber er muß den Wettbewerb sichern. Das dem Staat dabei zur Verfügung stehende Instrumentarium, also geld-, handels-, steuer- und sozialpolitische Maßnahmen, soll demzufolge nicht direkt eingesetzt werden, sondern immer über das wirtschaftliche Handeln der Betriebe und Haushalte.
Deutlich unterscheiden sich Stegerwald und Erhard auch in ihrem Gesellschaftsverständnis. Dem eher konservativen ständischen Gesellschaftsmodell bei Stegerwald steht bei Erhard ein **pluralistisches Bild von der Gesellschaft** gegenüber, wie es für einen liberalen Ordnungspolitiker grundlegend ist. Nicht eine harmonische Gesellschaft wird

gefordert, sondern eine, die sich frei in all ihren gegensätzlichen Interessen entfalten kann, um so im Wettbewerb der Kräfte höchste Leistung zu entfalten. Auch die von Erhard später geforderte „formierte Gesellschaft“ steht zu seinem pluralistischen Modell nicht in Widerspruch, will nur die Notwendigkeit eines Grundkonsenses ins Blickfeld rücken.

Leistungskurs Geschichte (Bayern) 1996 – Aufgabe III
Von der europäischen Gleichgewichtspolitik zur Weltpolitik – Internationale Politik im 19. und 20. Jahrhundert

		BE
1	Fassen Sie die von F. D. Roosevelt in der folgenden Rundfunkansprache vorgetragenen Gedanken zusammen, und ordnen Sie diese in die Grundlinien amerikanischer Außenpolitik seit 1914 ein!	12
2	Stellen Sie vor dem Hintergrund der Ansprache den Wandel der amerikanischen Außenpolitik zwischen 1939 und 1941 dar, und erläutern Sie Ursachen und Ziele dieses Wandels!	12
3	Erörtern Sie am Beispiel der amerikanischen Berlin-Politik 1948 bis 1961 die Umsetzbarkeit freiheitlicher Zielvorstellungen in reale Politik!	14
4	Erläutern Sie Ursachen und Ziele der Entspannungspolitik der Supermächte, und verdeutlichen Sie wesentliche Ergebnisse dieser Politik am SALT-I-Vertrag oder der KSZE-Schlußakte!	10
5	Stellen Sie ein Konfliktfeld der Supermächte ab der Mitte der 70er bis zum Anfang der 80er Jahre dar, und wägen Sie ab, inwiefern in diesem Zeitraum von einem Wiederaufleben des Kalten Krieges gesprochen werden kann!	12

Rundfunkansprache des Präsidenten F. D. Roosevelt an das amerikanische Volk (3. September 1939) – Auszug

„[...] In vier langen Jahren haben Kriege und ständige Krisen in unaufhörlicher Folge die gesamte Welt erschüttert, und in jedem einzelnen Fall droht der gigantische Kampf auszubrechen, der heute leider eine Tatsache geworden ist. Es ist nur recht und billig, daß ich an die unablässigen und manchmal auch erfolgreichen Bemühungen unserer Regierung erinnere, in diesen Krisen das ganze Schwergewicht der Vereinigten Staaten für die Sache des Friedens geltend zu machen. Ich glaube, daß wir trotz der kriegerischen Entwicklung durchaus berechtigt sind und uns veranlaßt sehen müssen, in unserer nationalen Politik an den Grundgesetzen der Moral, an den Lehren der Religion und an unseren fortgesetzten Friedensbestrebungen festzuhalten – denn eines Tages, mag der Tag auch noch so fern sein, werden wir mit einer solchen Politik einer verkrüppelten Menschheit noch besser helfen können.

Es ist auch richtig, darauf hinzuweisen, daß die unseligen Ereignisse der letzten Jahre stets auf Anwendung von Gewalt oder auf der Drohung mit Gewalt beruhten. Und es scheint mir klar, daß auch nach dem Ausbruch dieses großen Krieges Amerika seinen Einfluß darauf verwenden muß, der Menschheit einen endgültigen Frieden zu erkämpfen, der die Anwendung von Gewalt in den internationalen Beziehungen soweit wie möglich ausschaltet. [...]

Ihr müßt euch von vornherein über eine simple, aber unabänderliche Tatsache in der modernen Außenpolitik klar sein. Wenn der Friede an irgendeinem Punkte gestört wird, ist der Friede sämtlicher Länder gefährdet.

Es wäre leicht für euch und mich, die Achseln zu zucken und zu sagen, daß Auseinandersetzungen, die Tausende von Meilen von den Vereinigten Staaten, ja von der ganzen amerikanischen Halbkugel entfernt vor sich gehen, uns Amerikaner nicht ernsthaft berühren können und daß die Vereinigten Staaten nichts weiter zu tun hätten, als die Augen zu schließen und sich mit den eigenen Angelegenheiten zu beschäftigen. Mögen wir noch so innig wünschen, uns von den Kriegsereignissen frei zu machen – wir müssen begreifen, daß jedes Wort, das durch den Äther fliegt, jedes Schiff, das die Meere befährt, jede Schlacht, die geschlagen wird, die Zukunft Amerikas beeinflußt.

Es soll niemand gedankenlos oder fälschlicherweise davon sprechen, daß Amerika seine Truppen auf die europäischen Schlachtfelder schicken wird. Wir sind gerade dabei, eine Proklamation vorzubereiten, in der wir uns neutral erklären. [...]

Unser Land wird neutral bleiben, aber ich kann nicht von jedem einzelnen Amerikaner verlangen, daß er auch in seinen Gedanken neutral sei. Auch der Neutrale hat das Recht, Tatsachen zur Kenntnis zu nehmen. Auch von einem Neutralen kann man nicht verlangen, daß er sein Gehirn und sein Gewissen ausschalten soll.

Ich habe nicht nur einmal, sondern viele Male betont, daß ich den Krieg miterlebt habe und daß ich den Krieg hasse. Ich wiederhole es immer wieder.

Ich hoffe, die Vereinigten Staaten werden nicht in diesen Krieg hineingezogen werden. Ich glaube daran. Und ich versichere, daß alle Bemühungen der Regierung auf dieses Ziel gerichtet sein werden.

Solange ich es verhindern kann, werden die Lichter des Friedens in unserem Lande nicht erlöschen."

Zitiert nach: Michaelis, H./Schraepler, E./Scheel, G. (Hrsg.): Ursachen und Folgen. Vom deutschen Zusammenbruch 1918 und 1945 bis zur staatlichen Neuordnung Deutschlands in der Gegenwart, Bd. XIII. Berlin, ohne Jahr, S. 640f.

Lösungen

1 **F. D. Roosevelt** sieht die Rolle der Vereinigten Staaten darin, sich weltweit für den Frieden einzusetzen, gestützt auf die „Grundgesetze der Moral", die „Lehren der Religion" und die „fortgesetzten Friedensbestrebungen" in der Form, daß die Anwendung von Gewalt in den internationalen Beziehungen ausgeschaltet wird.
Roosevelt wendet sich dann gegen die irrige Meinung, die USA könne sich aus den internationalen Krisen heraushalten. Für ihn sind Kriege jeder Art eine Bedrohung der amerikanischen Interessen. Er zieht daraus aber nicht den Schluß, in den europäischen Konflikt militärisch einzugreifen, sondern der Präsident tritt für eine **strikte Neutralität** gegenüber den kriegführenden Parteien ein, obwohl er schon andeutet, daß die amerikanische Öffentlichkeit dem totalitären Nationalsozialismus gegenüber keinesfalls neutral sei, vielmehr einen Sieg der Westmächte erhoffe. Aber Roosevelt erklärt alles tun zu wollen, um einen Eintritt der USA in den Krieg zu verhindern.
Obwohl also Roosevelt zwar keine akute, aber doch eine langfristige Gefahr für die amerikanischen Interessen sieht, falls der Totalitarismus in Europa siegt und die vor allem auch von England garantierte bisherige Ordnung zerstört wird, erscheint ihm ein direktes Eingreifen nicht nötig. Der Präsident schwankt also offensichtlich noch zwischen der vor 1917 und nach 1920 praktizierten **Politik des Isolationismus**, des Rückzugs auf den amerikanischen Kontinent, und der von Wilson verfolgten Politik, eine weltweite Ordnung zur Sicherung der Werte der westlichen Demokratie zu installieren.
Zwar vertritt Roosevelt offiziell ganz eindeutig noch eine Politik der Neutralität, hat aber die Westmächte, insbesondere England wissen lassen, daß er im Falle einer drohenden Niederlage die isolationistische Haltung aufgeben würde, ohne jedoch Zusagen zu machen. Roosevelt war wirklich überzeugt, daß es nicht zu einer Entwicklung kommen würde, die ein direktes amerikanisches Eingreifen in Europa erfordern würde.
Diese ambivalente Haltung der USA zwischen traditionellem Isolationismus und **weltweitem Engagement** wird auch deutlich an der Frage der Waffenlieferungen an England. Mit der offiziellen Erklärung der Neutralität durch Roosevelt trat in den USA auch das Neutralitätsgesetz von 1937 in Kraft, das ein Ausfuhrembargo für Waffen vorsah. Dieses Embargo ließ jedoch der Präsident nach Kriegsausbruch vom Kongreß streichen.

2 Der Krieg in Europa veränderte dann recht schnell die Haltung der USA. Die Beseitigung des Waffenausfuhrembargos war ein erster, wenn auch vorsichtiger Schritt zur Parteinahme der USA, zumal Kriegsmaterial nur bei **„cash and carry"** ausgeführt werden durfte, also nur gegen Barzahlung und auf nichtamerikanischen Schiffen.
Roosevelt unternahm dann 1940 noch einen Versuch, in Europa einen Frieden zu vermitteln, doch die Mission des Unterstaatssekretärs Sumner Welles scheiterte.
Das Vordringen deutscher Truppen im Jahr 1940 und die Aggression Japans in Ostasien, vor allem der **Dreimächtepakt zwischen Deutschland, Japan und Italien** im September 1940 zwang die Vereinigten Staaten verstärkt zur Vorbereitung eines unmittelbaren Engagements. Eine langsame Umstellung der Produktion wurde eingeleitet, die Bereitstellung einer „Two-ocean-Navy" geplant und im September die Wehrpflicht eingeführt.
Die Kriegsanstrengungen Englands und die notwendigen Rüstungskäufe in den USA hatten zunehmend zu erheblichen Abfluß von Dollarreserven Londons geführt, so daß Roosevelt befürchten mußte, daß England bald nicht mehr in der Lage sein würde, für amerikanische Unterstützung zu bezahlen. So brachte er im Kongreß am 11. März 1941 ein **Leih- und Pachtgesetz (Lend-Lease-Act)** ein, das dem Präsidenten die Vollmacht gab, jedem Staat Waffen und Kriegsmaterial zu leihen bzw. zu verpachten. Für die Finanzierung gaben die USA im Laufe des Krieges 50 Milliarden Dollar aus. Zuneh-

mend übernahm die amerikanische Marine auch die Sicherung der Transporte, auf Grönland wurden deshalb militärische Stützpunkte angelegt. Die schrittweise Expansion des amerikanischen Engagements auf den Meeren mußte zwangsläufig zu immer häufigeren kritischen Zwischenfällen zwischen deutschen U-Booten und amerikanischen Kriegsschiffen führen, vor allem nach einem Schießbefehl Roosevelts für den Fall der Gefährdung der amerikanischen Sicherheit.
Die von Roosevelt sicher provozierte Eskalation der Zusammenstöße führte schließlich im November 1941 zu einer **Revision des Neutralitätsgesetzes**. Amerikanische Kriegsschiffe konnten nun auch in Kriegsgebiete fahren.
Nach dem Angriff Deutschlands auf die Sowjetunion begannen auch sofort Verhandlungen zwischen England und den USA, um die Möglichkeit der Hilfe für die Sowjetunion gegen Hitler zu prüfen. Zunächst lieferte England mit Einverständnis der USA kriegswichtige Güter, bevor dann am 7. November 1941 Roosevelt die **Einbeziehung der Sowjetunion in das Lend-Lease-Programm** verkündete.
So wichtig die Entwicklung in Europa für die USA auch war, bedrohlicher war die Lage in Ostasien durch die **aggressive Expansion Japans**, die von Hitler noch angeheizt wurde, weil er sich dadurch erhoffte, England schneller in die Knie zwingen zu können. Zwar versuchten die Japaner durch Verhandlungen mit den USA den Rücken frei zu bekommen für ihre Hegemonialpolitik, doch die USA waren nicht bereit, die Unterwerfung Chinas zu akzeptieren. Mit Handelsembargos durch die Blockierung japanischer Guthaben in den USA und der ultimativen Forderung auf Räumung der besetzten chinesischen Gebiete wurde Japan gezwungen, sich für Krieg oder Frieden mit den USA zu entscheiden. Der **Überfall auf Pearl Harbor** am 7. Dezember 1941 führte zum Krieg zwischen den USA und Japan, zumal Roosevelt nun keinerlei Rücksicht mehr auf isolationistische Grundstimmungen bei der Bevölkerung nehmen mußte. Nach der Kriegserklärung Japans an Amerika und England am 8. Dezember beschloß der Kongreß in einer Resolution den Eintritt in den Krieg.
Da Japan auf die Achsenmächte Italien und Deutschland Druck ausübte, ihre Verpflichtungen aus dem Dreimächtepakt zu erfüllen, blieb Hitler kaum eine Wahl, den bis dahin „schleichenden" See-Krieg gegen die USA auch offen zu führen. Am 11. Dezember erklärten Deutschland und Italien den USA den Krieg und nahmen Roosevelt wiederum das Problem, den **Kriegseintritt der USA gegen die Achsenmächte** in Europa durchzusetzen.
Die Ursachen für den Wandel der amerikanischen Politik sind indirekt schon in der Rede Roosevelts zu erkennen, wenn er davon spricht, daß Amerika in Gedanken nicht neutral sein könne. Wenn, so läßt sich das deuten, die Freiheit und die Demokratie in Gefahr sind, dann müssen die USA Partei ergreifen, wenn es verbündete Länder betrifft, vor allem also England, dann muß eine solche Parteinahme irgendwann auch in Form direkter Unterstützung erfolgen.
Gravierender scheint aber, daß die Ausweitung des Krieges unmittelbar die **machtpolitischen und ökonomischen Interessen der USA** tangierte. Die Hegemonialpolitik Japans drohte den Einfluß der USA im pazifischen Raum zu schwächen, ein Sieg der faschistischen Achsenmächte in Europa mußte ebenfalls als eine erhebliche Bedrohung erscheinen, da eine atlantische Partnerschaft mit Hitler kaum vorstellbar erschien. Ein Erfolg der totalitären Systeme in Europa und Ostasien hätte die USA sicherlich an den Rand des politischen Weltgeschehens gedrängt und damit auch der amerikanischen Wirtschaft die lebensnotwendigen Märkte genommen.
Somit lassen sich die Ziele der neuen US-Politik vergleichsweise einfach erschließen. Es ging einmal darum, das **amerikanische Freiheits- und Demokratieideal** gegen die Gefährungen durch totalitäre antiliberale Ideologien zu verteidigen und vor allem die nationalen Handelsinteressen zu verteidigen. In der Rede läßt Roosevelt ein weiteres Ziel erkennen, wenn er immer wieder das Bemühen der USA um einen dauerhaften Frieden betont. Hier läßt sich auch eine Verbindung herstellen zu den **Zielen Wilsons**,

eine dauerhafte Friedensordnung zu schaffen, die auf einem freiheitlichen Wertekonsens gegründet wird. Die Verkündung der **„Vier Freiheiten"**, Rede- und Religionsfreiheit, Freiheit von Angst und Not, in einer Rede vor dem Kongreß am 6. Januar und besonders die **Atlantik-Charta** der Regierungen der USA und Englands vom 14. August 1941 sind zu sehen als das ideelle Fundament der von den USA angestrebten Nachkriegsordnung.

3 Die freiheitlichen Zielvorstellungen der USA, die sich an den beiden genannten Dokumenten des Jahres 1941 festmachen lassen und die sich darüber hinaus niederschlagen in der 1945 unterzeichneten Charta der Vereinten Nationen, lassen sich bündeln in dem Streben nach Freiheit, durchaus im Sinne der vier Freiheiten Roosevelts, in der Behauptung und Durchsetzung der Menschenrechte und in dem Eintreten für ein politisches System in der Form einer pluralistischen, repräsentativen Demokratie.
Im Falle Berlins ging es seit 1948, also seit dem offenen Ausbruch des Kalten Krieges nach dem Scheitern der Außenministerkonferenzen, darum, den Zugriff der Sowjetunion auf Berlin so weit wie möglich zu verhindern.
Nachdem sich die Teilung Deutschlands mehr und mehr verfestigte und nach der Einführung einer neuen Währung in den Westzonen und den Westsektoren Berlins, versuchte die sowjetische Militärverwaltung zunächst durch ein Verbot der Westmark in Berlin die Westmächte zu einem Verzicht auf Berlin zu pressen. Als diese jedoch hart blieben, verstärkte der Osten den Druck durch eine **Blockade der Stadt** vom 24. Juni 1946 an. Daraufhin organisierten die USA vom 26. Juni an eine **Luftbrücke**, auf der amerikanische und britische Flugzeuge die Stadt mit den lebensnotwendigen Gütern über ein Jahr lang versorgten. Diese Luftbrücke hatte nicht nur einen ökonomischen und vor allem humanen Zweck, sondern sie wurde auch zum Symbol der Verteidigung der Freiheit gegen die Bedrohung durch die Sowjetunion. Gleichzeitig war sie ein wesentlicher Schritt im amerikanischen strategischen Konzept der Eindämmung des kommunistischen Expansionsdrucks. Die USA zeigten vor aller Welt, daß sie für die Erhaltung der Freiheit Berlins selbst einen militärischen Konflikt mit dem Gegner riskierten. Am 12. Mai 1949 wird nach Unterzeichnung des **Jessup-Malik-Abkommens** die Blockade Berlins aufgehoben, die Luftbrücke wird dann offiziell am 30. September 1949 beendet.
Zu einer echten und gefährlichen Krise kommt es in Berlin dann wieder am 17. Juni 1953, als sowjetische Panzer den **Volksaufstand gegen das SED-Regime** niederwalzen. Die deutsche Öffentlichkeit fordert ein Eingreifen der Westmächte, vor allem der USA, doch Washington entschließt sich, passiv zu bleiben. Man hält sich in dieser Phase des Kalten Krieges strikt an das Gebot der Nichteinmischung in den Machtbereich des Gegners, um nicht einen neuen Krieg heraufzubeschwören.
1961 schließlich erlebt die Dauerkrise um die Viersektorenstadt Berlin ihren Höhepunkt, als am 13. August 1961 DDR-Soldaten in der Stadt eine **Mauer** errichten, um den Ostteil endgültig abzuschotten. Die Westmächte, allen voran die USA, protestieren zwar, demonstrieren auch entschlossen ihren Willen, West-Berlin zu sichern, jedoch verzichten sie auf jede aktive Gegenmaßnahme, sehr zur Entrüstung vieler Bürger und zur Enttäuschung derer, die nun in der DDR „eingesperrt" waren. Die Haltung der USA war wesentlich mitbestimmt von der nüchternen Einschätzung der Folgen des Mauerbaus. Die offene Grenze in Berlin hatte immer wieder für west-östliche Krisen gesorgt, die Abwanderung der Bevölkerung aus der DDR war eine bedrohliche Destabilisierung der internationalen Lage. Das **Chruschtschow-Ultimatum von 1958**, in dem er die Westmächte ultimativ zur Umwandlung West-Berlins in eine „entmilitarisierte freie Stadt" zwingen wollte, hatte nur wenig Jahre vorher gezeigt, wie anfällig die Situation in Berlin für östliche Erpressungen war. So akzeptierte man den Mauerbau letztlich als einen zwar im Grunde verzweifelten, aber stabilisierenden Akt, der den Dauerkrisenherd Berlin zumindest für einige Jahre beruhigen könnte.

Die amerikanische Berlin-Politik ist eine Modellbeispiel für die Notwendigkeit, die Durchsetzung politischer Ziele zu sehen im Rahmen des politisch Machbaren. Dort, wo es ohne Gefahr für den Frieden und ohne Verletzung elementarer Interessen der eigenen Bevölkerung möglich war, die Freiheit und die Demokratie zu verteidigen, also in den westlichen Sektoren Berlins, dort haben die USA unter größten Anstrengungen ihre Ideale durchgesetzt und verteidigt.
In Ost-Berlin jedoch, also im Machtbereich der Sowjetunion, schien der Preis für eine aktive Durchsetzung dieser Ziele zu hoch, wenn man an die Gefahr eines erneuten weltweiten Krieges denkt. Die Möglichkeit einer riskanten roll-back-Strategie angesichts des atomaren Patts wurde vernünftigerweise nicht ins Kalkül gezogen, der Zielkonflikt zwischen Frieden und Durchsetzung der Freiheit im Falle Berlins zugunsten der Erhaltung des Friedens und der Erhaltung bestehender Freiheiten entschieden. Dies entsprach ganz der Gesamtstrategie der Eindämmung des Kommunismus, konkret der Sicherung der Lebensfähigkeit eines freien West-Betlin.

4 1956 hatte der sowjetische Parteichef Chruschtschow dem Westen das Angebot einer **„friedlichen Koexistenz“** unterbreitet und damit signalisiert, daß die SU an einer weiteren Eskalation des Kalten Krieges kein Interesse habe. Angesichts der Erkenntnis, daß die atomare Hochrüstung und das bestehende „Gleichgewicht des Schreckens“ die Risiken einer weltweiten Katastrophe erhöhten und die Rüstungskosten dramatisch stiegen, begann auch in den westlichen Hauptstädten bei Politikern und Militärs eine Phase der Überprüfung der bisherigen strategischen Positionen. Wie gefährlich die reine Abschreckungspolitik werden konnte, zeigte auf dramatische Weise die **Kuba-Krise** 1962, als die Sowjetunion ihren Versuch, vor der Haustür der USA Raketenbasen zu errichten und damit den amerikanischen Kontinent ganz unmittelbar zu bedrohen, erst in letzter Minute aufgab, als die beiden Supermächte dicht vor einer militärischen Auseinandersetzung standen.
In einer neuen Strategie mußte es folglich kurzfristig darum gehen, solche Gefahren einer unmittelbaren militärischen Konfrontation zu verringern durch ein **verbessertes Krisenmanagement**. Die Einrichtung des „heißen Drahtes“, also einer direkten Verbindung der beiden Machtzentren, war ein Ergebnis dieser Bemühungen. Die NATO trug mit ihrer neuen **Strategie der „flexible response“**, also der abgestuften Reaktion, um Zeit für Verhandlungen zu sichern, ebenfalls dem neuen politischen Denken Rechnung. Der Harmel-Bericht auf der NATO-Tagung im Dezember 1967 betonte ausdrücklich die Vereinbarkeit von militärischer Stärke und Abschreckung einerseits und Entspannung und Verhandlungsbereitschaft andererseits. Mittelfristig waren beide Lager an einer Rüstungsbegrenzung und Rüstungskontrolle nicht nur aus politischen, sondern vor allem aus wirtschaftlichen Gründen interessiert, zumal der Wettlauf zu kaum mehr verantwortbaren Kosten führte.
Langfristig konnten sich auch die beiden Supermächte darüber verständigen, daß man gegenseitig die Einfluß- und Machtsphären respektierte, um die militärische Konfrontation zu vermeiden. Die unterschiedlichen Gesellschaftssysteme sollten in einer friedlichen Konkurrenz versuchen, ihren Einfluß auszudehnen, so jedenfalls war die theoretische Überlegung.
Dieses Entspannungskonzept führte tatsächlich zu einer Verringerung der Krisen; die beiden großen Mächte reduzierten ihre weltweiten Verpflichtungen. Die **Status-quo-Politik** der sechziger Jahre trug dann insbesondere in den siebziger Jahren Früchte.
Auf der NATO-Tagung von Reykjavik im Juni 1968 signalisierte das Bündnis den Willen, über beiderseitige Truppenreduzierungen zu verhandeln. Die sich anschließenden **MBFR-Verhandlungen** (MBFR: Mutual Balanced Forces Reduction) über solche Truppenreduzierungen und die parallel dazu geführten **SALT-Verhandlungen** (SALT: Strategic Arms Limitation Talks) eröffneten schrittweise die Möglichkeit, das Wett-

rüsten zu beenden. Das bilaterale SALT-I-Abkommen vom 1. Juli 1972 zwischen der USA und der UdSSR sah zeitlich beschränkte Vereinbarungen zur Begrenzung atomarer Offensivwaffen, der kurz vorher geschlossene ABM-Vertrag (ABM: Anti-Ballistic-Missile) die Begrenzung von Abwehrsystemen vor.
Als erheblich folgenreicher erwies sich die multilaterale Vereinbarung der **KSZE-Schlußakte von Helsinki**, die im Jahr 1975 von 35 Staaten unterzeichnet wurde. An der Konferenz für Sicherheit und Zusammenarbeit in Europa, die am 3. Juli 1973 in Helsinki eröffnet worden war, nahmen auch die USA und Kanada teil. In der Schlußakte akzeptierten die Unterzeichnerstaaten die bestehenden Grenzen in Europa und einigten sich auf Gewaltverzicht und vertrauensbildende Maßnahmen. Wirtschaftliche und technische Zusammenarbeit sollten gefördert und verstärkt werden. Diese vor allem für den Osten interessanten Angebote mußten jedoch mit humanitären Zugeständnissen erkauft werden. Ost und West einigten sich erstmals auf eine gemeinsame Verhaltensnorm im politischen Bereich, nämlich die Prinzipien eines friedlichen Konfliktaustrags zu beachten. Zwar gab es in der Folge zwischen West und Ost noch heftige Auseinandersetzungen über die Auslegung der in Korb 3 vereinbarten humanitären Verbesserungen, aber langfristig erwiesen sich die Befürchtungen des Ostens, die Schlußakte könnte die kommunistischen Systeme destabilisieren, als durchaus berechtigt.

5 Seit der Mitte der siebziger Jahre geriet die Entspannungspolitik zunehmend in eine Krise, der Ost-West-Gegensatz verschärfte sich erneut. Die USA sahen sich zu einer Kurskorrektur gezwungen, da ihr Einfluß weltweit im Schwinden war, die Führungsrolle gefährdet schien. Das lag nicht nur an Erfolgen des Kommunismus in Afrika, sondern auch an dem zunehmenden Gewicht des islamischen Fundamentalismus seit dem Sturz des Schahs 1979.
Auch die Sowjetunion rückte mehr und mehr von der Entspannungspolitik ab, schien den Status quo ändern zu wollen durch weltweite Unterstützung marxistischer Befreiungsbewegungen wie in Angola oder durch neue Eskalationen im Rüstungswettlauf, so daß sich die amerikanische Regierung Carter, obwohl ursprünglich Verfechter der Entspannung, gezwungen sah, den Kurs zu ändern.
Ein in diesem Zusammenhang bedeutsames Konfliktfeld war der erneute **Rüstungswettlauf in Europa**. Als die Sowjetunion nukleare Mittelstreckenraketen vom Typ SS 20 mit jeweils drei Sprengköpfen in Osteuropa anstelle der alten stationierte und damit aus der Sicht des Westens das Gleichgewicht in Europa störte, leitete Carter eine Nachrüstungsinitiative ein, die besonders in Deutschland heftig umstritten war, aber schließlich im Dezember 1979 zum **NATO-Doppelbeschluß** führte: Bis zum Ende des Jahres 1983 sollten entsprechende Nachrüstungen des Westens erfolgen durch Aufstellung und Stationierung von Mittelstreckenraketen und Marschflugkörpern mit atomaren Sprengkörpern, gleichzeitig sollten aber auch Verhandlungen mit der SU über den Verzicht der Aufstellung der SS 20 geführt werden. Das Wiederaufleben des Kalten Krieges führte auch dazu, daß der amerikanische Kongreß das SALT-II-Abkommen nicht ratifizierte, ein herber Rückschlag für die Entspannungspolitik.
Zu noch größeren Gefährdungen führte im Dezember der **Einmarsch sowjetischer Truppen in Afghanistan**. Offiziell kam die SU dabei einem Hilferuf aus Kabul nach, in Wirklichkeit versuchte sie das kommunistische und Moskau hörige Regime gegen eine islamisch-fundamentalistische Opposition zu stützen. Moskau wollte sich den außenpolitischen Einflußbereich in der Region sichern, deren Nähe zum Indischen Ozean das Interesse der SU erklären kann. Zudem bestand für die Kreml-Führung die ernste Gefahr, daß ein islamisch-fundamentalistisches Afghanistan die Probleme mit den gleichen ideologischen Bewegungen in den südlichen Provinzen des Riesenreiches verschärfen würde.

Die USA sahen demgegenüber in der Invasion sowjetischer Truppen einen weiteren Versuch, den Status quo zu verändern durch eine drohende Expansion auf die Ölstaaten am Golf. Mehr symbolisch war dabei die erste Schock-Reaktion, der **Boykott der Olympischen Spiele in Moskau**, den Carter bei den wichtigsten Verbündeten durchsetzte. Schon kritischer war das gegen die SU verhängte Wirtschaftsembargo und die gleichzeitige Unterstützung der Mudjaheddin in Afghanistan. Der Kalte Krieg schien einem neuen Höhepunkt zuzutreiben, als der amerikanische Präsident am 23. Januar seine **Carter-Doktrin** verkündete, die ein militärisches Eingreifen der USA androhte für den Fall eines sowjetischen Angriff auf die Ölstaaten.
Der Krieg der SU in Afghanistan, den die Supermacht offensichtlich nicht gewinnen konnte, machte die früheren Entspannungsbeteuerungen unglaubwürdig, schien Beweis für den Rückfall in alte ideologische Gegensätze, zumal der neue amerikanische Präsident **Ronald Reagan** seit 1981 mit seiner aggressiven **Politik der Stärke** die Zustimmung nicht nur in Amerika fand. Dem weltweiten Engagement der SU für kommunistische Bewegungen setzte er den „Kreuzzug für die Freiheit" gegen das „Zentrum des Bösen" entgegen.
Trotz dieses deutlichen Kurswechsels in Moskau und Washington wurden jedoch die Verhandlungen auf den verschiedensten Ebenen fortgesetzt. Die Ablehnung des SALT-II-Abkommens bedeutete nicht, daß die USA die vereinbarten Rüstungsbeschränkungen mißachteten, im Gegenteil, die Vereinbarungen wurden von beiden Seiten eingehalten, die in der Zeit der Entspannung aufgebauten Kommunikationskanäle blieben offen. Es gab zwar kaum spektakuläre Erfolge, die Verhandlungen über weitere Abrüstungsmöglichkeiten mußten nach der Durchführung der NATO-Nachrüstung abgebrochen werden, aber die Rahmenvereinbarungen vor allem der KSZE-Konferenzen boten nach wie vor Chancen für die Zukunft, die dann seit 1985 Gorbatschow für seine Reformpolitik nutzen konnte.

Leistungskurs Geschichte (Bayern) 1996 – Aufgabe IV
Deutschland seit 1945

BE

Die folgende Karikatur von E. M. Lang entstand vor dem Hintergrund der Vier-Mächte-Konferenz von Genf im Juli 1955.

Die Genfer Luft

„Oben ist es wärmer als unten ...“

Aus: Lang, Ernst Maria: ... so Lang die Tusche reicht. Respektlose Aufzeichnungen über die Zeit & Zeitgenossen. München 1976, S. 32

1 Interpretieren Sie die Karikatur, indem Sie diese in den historischen Kontext einordnen und ihre Kernaussagen aus Text, Bildelementen und Figurenkonstellation ableiten!
Prüfen Sie kurz, ob und gegebenenfalls inwieweit sich die in der Karikatur dargestellte politische Konstellation in der zweiten Hälfte der fünfziger Jahre veränderte! 14

2 Stellen Sie den Wandel der Deutschlandpolitik der Bundesrepublik von 1961 bis 1972 dar, und ordnen Sie die verschiedenen Phasen in die Entwicklung der Ost-West-Beziehungen ein! 12

3 Skizzieren Sie grundsätzliche Vorbehalte und Bedenken europäischer Nachbarn gegen die deutsche Vereinigung, und zeigen Sie auf, wie die Bundesrepublik Deutschland diesen Vorbehalten und Bedenken im Einigungsprozeß Rechnung trug! 10

4 Erörtern Sie an einem aussagekräftigen Beispiel, inwieweit sich die internationale Rolle der Bundesrepublik durch die deutsche Vereinigung gewandelt hat! 10

5 „In mancher Hinsicht leben wir Deutschen heute in einer zweiten Nachkriegszeit. Wir stehen vor der gleichen dreifachen Aufgabe wie damals: Wir müssen ein verwüstetes Land aufbauen; wir müssen Millionen Menschen integrieren – zwölf Millionen Ostvertriebene nach 1945, sechzehn Millionen Ostdeutsche heute; wir müssen eine schwer auf uns lastende Vergangenheit hinter uns lassen."

(Theo Sommer: Nichts Halbes und nichts Ganzes, in: ZEIT-Punkte 5/1995, S. 5)

Prüfen Sie anhand der genannten Aufgabenfelder, inwieweit sich die Situation der Deutschen der Nachkriegszeit und der Zeit nach der Vereinigung vergleichen läßt! 14

Lösungen

1 Das Jahr 1955, in dem die Karikatur entstand, wurde zu einem wichtigen Jahr in der deutschen Geschichte, traten doch Verträge in Kraft, die als Abschluß der unmittelbaren Nachkriegszeit und als Beginn einer neuen Phase der deutschen Teilung zu sehen sind. Nach dem Scheitern der EVG-Verträge im französischen Parlament war sehr schnell eine Alternative vor allem auf Betreiben Englands gefunden worden. Die **Pariser Verträge** von 1954 sahen den Beitritt der Bundesrepublik zur NATO vor und parallel dazu die weitgehende Herstellung der Souveränität im Deutschlandvertrag. Beide Verträge traten im Mai 1955 in Kraft und waren ein ganz wesentlicher Schritt zur **Westintegration** der Bundesrepublik, die nun auch Mitglied in der WEU war.
Auf der anderen Seite hatte die SU lange versucht, die Westintegration und insbesondere die Wiederbewaffnung der Bundesrepublik zu verhindern. Doch die Stalin-Noten mit den Angeboten zur Wiedervereinigung wurden im Westen, besonders auch von Adenauer nicht als ernsthaftes Entgegenkommen gewertet. Mit den Pariser Verträgen war die Kluft zwischen den beiden deutschen Staaten nun erheblich vergrößert, zumal schon 1954 die DDR sich als souveränen Staat erklärt hatte. Zwar weigerte sich die Bunderepublik, die DDR als solchen anzuerkennen und versuchte mit der **Hallstein-Doktrin** auch andere Staaten von einer solchen Anerkennung abzuhalten, aber 1955 war die Existenz der beiden Staaten und ihre Einbindung in feindliche Blöcke und Militätbündnisse Tatsache, nachdem die DDR Gründungsmitglied des Warschauer Paktes geworden war.
Die Karikatur trägt dieser Situation einer unmittelbaren Konfrontation der beiden Militärbündnisse auf deutschem Boden dadurch Rechnung, daß Konrad Adenauer für die Bundesrepublik und Walter Ulbricht für die DDR sich mit angelegten Waffen gegenüberstehen.
Der Zeithintergrund des Jahres 1955 wird aber auch deutlich an der Haltung der beiden Figuren, die die großen Mächte USA und SU symbolisieren. Der sichtbare Händedruck weist hin auf die **Phase des „Tauwetters“** nach Stalins Tod. Im Gegensatz zu den deutschen Regierungen, die voll auf Konfrontationskurs gingen, näherten sich die Supermächte an. Die Sowjetunion führte 1955 eine weitgehende Kurskorrektur ihrer Deutschlandpolitik durch, war nun nicht mehr um eine Wiedervereinigung und größeren Einfluß auch in Westdeutschland bemüht, sondern um Konsolidierung der DDR im östlichen Wirtschafts- und Sicherheitssystem und um internationale Anerkennung der DDR. Chruschtschow verkündete offiziell die **„Zweistaatentheorie“**, derzufolge die beiden deutschen Regierungen wesentliche Fragen ihres gegenseitigen Verhältnisses selbst zu lösen hätten. Auf der „höheren“ Ebene der Großmächte lag es im Interesse vor allem der SU aufgrund des drohenden Konflikts mit China, Gesprächsbereitschaft zu zeigen. Die SU und die USA suchten zunächst auf der **Genfer Gipfelkonferenz 1955** und schließlich in einem Treffen Eisenhowers mit Chruschtschow in Camp David 1959 die Weichen auf eine friedliche Koexistenz zu stellen. Dies ist in der Karikatur gemeint mit dem Titel „Die Genfer Luft“ und der Unterschrift.
Der Gegensatz zwischen dem „wärmeren“ Klima zwischen den Führungsmächten einerseits und dem „kälteren“ zwischen den beiden deutschen Staaten andererseits ist eine zentrale Aussage der Karikatur. Ebenso bedeutsam ist die Information, die durch die Größenunterschiede der Figuren gegeben wird. Die deutschen Regierungen, Adenauer und Ulbricht als Repräsentanten, erscheinen sehr klein, fast wie spielende Kinder zwischen den Beinen der Großen, die lästigerweise aufeinander losgehen. Die Abhängigkeit der beiden deutschen Staaten von den Großmächten wird ausgedrückt bei Adenauer durch das Cowboy-Kostüm, bei Ulbricht durch die Uniform der Roten Armee und verstärkt durch die aufgelegte Hand, die so „gelesen“ werden kann, daß die DDR von der Führungsmacht UdSSR geschützt, wenn nicht gar gesteuert wird.

Wenn auch Ernst Maria Lang die Situation des Jahres 1955 und der folgenden Jahre zutreffend wiedergibt, so bleibt doch festzustellen, daß es sich um eine Momentaufnahme handelt, keinesfalls um einen visionären Blick in die Zukunft. Die beiden Großmächte entfernten sich sehr bald wieder voneinander, nicht zuletzt erkennbar am Berlin-Ultimatum Chruschtschows von 1958 und vor allem dann der Kuba-Krise. Die feindliche Konfrontationshaltung der beiden deutschen Staaten war jedoch dauerhafter, bevor im Zuge der Entspannungspolitik und der Aufgabe der Hallstein-Doktrin erste Annäherungen möglich wurden.

2 Der Wandel der Deutschlandpolitik der Bundesrepublik von der Konfrontation zur vorsichtigen Annäherung geschieht in mehreren Schritten und ist immer auch zu sehen vor dem Hintergrund der klimatischen Veränderungen im Ost-West-Konflikt.
1961 ist deshalb ein markantes Jahr, da im August dieses Jahres die DDR sich durch den **Mauerbau** abriegelte und damit den Status quo in Mitteleuropa zementierte. So unmenschlich dies vor allem für die Bürger der DDR war, so entspannend wirkte sich der Mauerbau auf den Ost-West-Konflikt aus. Die Regierung der Bundesrepublik war jedoch gegen jede Art von Entspannung in den deutsch-deutschen Beziehungen, wollte Adenauer doch unter keinen Umständen den **Alleinvertretungsanspruch der Bundesrepublik** aufgeben. Selbst die Westmächte fanden für seine Position immer weniger Verständnis, verhinderte sie doch jede Möglichkeit zu Verhandlungen mit der DDR, die spätestens seit der Zwei-Staaten-Theorie der SU notwendig erschienen.
Als nach der Kuba-Krise die Großmächte eine **Phase der Entspannungspolitik** einleiteten, wurde auch die Bundesrepublik gezwungen, ihr deutschlandpolitisches Konzept zu überdenken. Mit Adenauer war dies nicht möglich, so daß erst die Regierung Erhard mit dem Außenminister Schröder ab 1963/64 eine vorsichtige Öffnung für eine **„Politik der kleinen Schritte"** herbeiführte. Das Passierschein-Abkommen von 1964 war ein erster wichtiger Erfolg dieser Politik, die dann von der Großen Koalition mit dem Kanzler Kiesinger und dem Außenminister Brandt intensiviert wurde. Das gegenseitige Mißtrauen sollte durch Verhandlungen auch auf staatlicher Ebene abgebaut werden. Der Briefwechsel zwischen Kiesinger und dem Vorsitzenden des Ministerrats Stoph war ein solcher Schritt, zeigte jedoch sehr bald die Gegensätze. Bedeutsam war allerdings, daß die Bundesregierung durch eine aktive Ostpolitik und durch die Verhandlung von Gewaltverzichtsabkommen mit der UdSSR, Polen und der Tschechoslowakei mehr und mehr von der Hallstein-Doktrin abrückte.
Eine tiefgreifende Neuorientierung konnte dann die **sozialliberale Koalition seit 1969** vornehmen, begünstigt von den verstärkten Entspannungsbemühungen der Großmächte und dem sich anbahnenden KSZE-Prozeß. Die Regierung Brandt/Scheel entwickelte ein deutschlandpolitisches Konzept, das zum Ziel hatte, einen **„Wandel durch Annäherung"** zu erreichen. Danach sollte die DDR als eigener Staat weitgehend akzeptiert werden, nicht jedoch völkerrechtlich anerkannt. Wichtig schien der Regierung, die Deutschlandpolitik nicht isoliert zu sehen, sondern in einen gesamteuropäischen Friedensprozeß einzubinden. Für das Verhältnis zur DDR von besonderer Bedeutung war dabei eine Regelung der Oder-Neiße-Grenzfrage. Die Bundesregierung schloß deshalb 1970 den Warschauer Vertrag, ein Gewaltverzichtsabkommen mit Polen, in dem auch die Unverletztlichkeit der **Oder-Neiße-Grenze** anerkannt wird.
Die Ostverträge bereiteten schließlich den Boden für eine deutsch-deutsche Vertragspolitik, die im **Grundlagenvertrag vom Dezember 1972** ein Fundament erhielt, auf dem dann die verschiedensten substantiellen Verträge der Folgezeit gegründet werden konnten.

3 Die grundsätzlichen **Vorbehalte und Bedenken** europäischer Nachbarn **gegen die deutsche Vereinigung** haben in erster Linie natürlich historische Gründe, sind jedoch auch bedingt durch die geopolitische Lage Deutschlands.

Die historischen Erfahrungen der Nachbarn Deutschlands machen die Bedenken verständlich, ein vereintes Deutschland könnte unter bestimmten Bedingungen wieder aus kollektiven Sicherheitssystemen ausbrechen wie in der Zeit des Nationalsozialismus und die Nachbarstaaten militärisch unter Druck setzen. Die damit einhergehende **Angst vor einem neuen Nationalismus** wurde sicherlich verstärkt durch Ausbrüche rechtsradikaler Kriminalität und durch eine auch außerhalb Deutschlands erkennbare Restauration nationalistischer Tendenzen.

Historisch bedingt sind sicherlich auch die Ängste vor einer möglichen **ökonomischen Dominanz Deutschlands**, war es den Deutschen doch immer wieder gelungen trotz erheblicher Rückschläge in den Weltkriegen, sich zu einer führenden Wirtschaftsmacht zu entwickeln. Umso mehr mußte ein vereintes Deutschland als wirtschaftlicher Riese in der Mitte Europas westliche wie östliche Nachbarn schrecken, zumal die Bundesrepublik ihre engen Verflechtungen nach dem Westen und die ehemalige DDR ihre Kontakte in Osteuropa in den neuen Staat einbringen konnten.

Die europäische Mittellage sowie das wirtschaftliche Potential der vereinten Bundesrepublik legen darüber hinaus den Verdacht nahe, Deutschland könnte seine Führungsrolle in der EU und seine traditionelle Mittlerrolle in Europa ausbauen zu einer Hegemonialmacht, eine vor allem für die kleineren Staaten im Westen wie im Osten irritierende Vorstellung.

Nicht zuletzt aus Rücksicht auf die historisch verständlichen Ängste der Nachbarn war die Bundesregierung bemüht, den Einigungsprozeß von Anfang an abzustimmen mit den USA und den europäischen Partnern mit dem Ziel, das vereinte Deutschland noch intensiver in **kollektive Sicherheits- und Wirtschaftssysteme** zu integrieren. Helmut Kohl und seine Regierung trieben nicht zuletzt deshalb die europäische Integration mit großem Elan voran. Auch die Einbindung der neuen Bundesrepublik in die NATO wurde von vornherein als eine conditio sine qua non angesehen, um jedem Verdacht einer gefährlichen Neutralität vorzubeugen.

Im „Vertrag über die abschließende Regelung in bezug auf Deutschland", dem sog. **„Zwei-plus-Vier-Vertrag"**, zwischen den vier Siegermächten des Zweiten Weltkriegs und den beiden deutschen Staaten wird die deutsche Einigung nicht nur symbolisch in ein internationales, kollektives Vertragswerk eingebunden, es werden auch konkrete vertrauensbildende Maßnahmen fixiert. Die Bundesrepublik verzichtet in diesem Vertrag auf ABC-Waffen und begrenzt die deutschen Streitkräfte freiwillig auf 370 000 Mann. Sie verzichtet darüber hinaus auf jegliche Gebietsansprüche, erkennt also die Oder-Neiße-Grenze nun auch völkerrechtlich an. Diese Verzichterklärungen sind teilweise schmerzliche Entscheidungen, beseitigen aber sicherlich eine Menge Mißtrauen gegenüber einer denkbaren und gefährlichen Renaissance einer Revisionspolitik des vereinten Deutschland.

4 Es steht außer Frage, daß sich durch die Vereinigung die **Rolle der Bundesrepublik Deutschland in der internationalen Politik** verändert hat. Dies läßt sich zunächst erkennen an dem größeren Gewicht innerhalb der Europäischen Union. Das vereinigte Deutschland ist innerhalb der Gemeinschaft ein bedeutenderer Faktor geworden durch die größere Wirtschaftskraft, die größere Bevölkerungszahl und den territorialen Zuwachs. Doch diese rein quantitativen Veränderungen werden fast noch übertroffen von der zentralen Lage. War die Bundesrepublik in der alten EG ein Randstaat, so wird sie bei der geplanten Osterweiterung zum Zentrum werden. Nicht nur deshalb versteht sich die Bundesrepublik unter Kohl auch als „Motor der Integration" und tritt engagiert für die Erfüllung des Maastrichter Vertrags und des dort fixierten Fahrplans der Erweiterung und Verdichtung ein.

Sowohl ökonomisch wie auch sicherheitspolitisch ist für das vereinte Deutschland die **EU-Erweiterung** von besonderem Interesse, kann sie doch ihrer Brückenfunktion in Europa dadurch gerecht werden, ohne die Nachbarn noch mehr zu ängstigen. Die aus dem Machtblock der ehemaligen Sowjetunion emanzipierten Reformstaaten in Mittel- und Osteuropa, die teilweise Beitrittsanträge zur EU gestellt haben, sind früher enge Handelspartner der ehemaligen DDR im östlichen Wirtschaftssystem gewesen. Diese alten Verbindungen kann die neue Bundesrepublik in Zukunft nützen, um die dortigen politischen und ökonomischen Strukturen so zu entwickeln, daß sie innerhalb der EU lebens- und konkurrenzfähig sind. Damit kann die Bundesrepublik auch einen wichtigen Beitrag leisten zur Erholung und Stabilisierung dieses Raumes, der angesichts der Vorgänge im ehemaligen Jugoslawien noch lange krisenanfällig sein wird.
Auch innerhalb der sich wandelnden NATO wird das vereinte Deutschland die Rolle der Bundeswehr neu definieren müssen. Die Bunderepublik ist mit dem Zusammenbruch des Ostblocks kein Frontstaat mehr, ist nicht mehr akut durch das strategische atomare Potential der Sowjetunion bedroht. Andererseits zeigt der Fall Jugoslawien, daß die Gefahr regionaler Krisen und Konflikte erheblich zugenommen hat, sich ein stabiler Status quo in Osteuropa noch nicht abzeichnet. Hier muß die **Bundeswehr innerhalb der NATO** in einem System der Krisenbewältigung und Konfliktregelung größere Verantwortung übernehmen, kann sich nicht mehr auf eine bloße Verteidigungspolitik beschränken. Das größere wirtschaftliche Potential und die führende Rolle in Europa bringen es auch mit sich, daß dem neuen Deutschland nicht nur im europäischen Rahmen sicherheitspolitische Aufgaben zufallen, die Bundesrepublik wird sich weder finanziell noch militärisch den Forderungen von seiten der UNO entziehen können, weltweit bei sog „Peace-Keeping-Operations" einen Beitrag zu leisten.

5 Der **Vergleich der Situation in Deutschland heute und der nach 1945** scheint auf den ersten Blick durchaus berechtigt, sollte jedoch nicht voreilig gezogen werden.
Theo Sommer führt als ersten Beleg für seine These den **Aufbau eines verwüsteten Landes** an. Dies trifft sicherlich zu, wenn man an die Verwüstungen denkt, die der SED-Kommunismus in den Ländern der ehemaligen DDR hinterlassen hat und die sich als schwerwiegender herausgestellt haben, als man 1989/90 sehen konnte oder sehen wollte. Wie im geschlagenen und vom Krieg verwüsteten Deutschland nach 1945 lag die Wirtschaft darnieder durch völlig veraltete Produktionsstätten und -techniken, Mangel an Kapital und teilweise Know how und ungenügende Infrastrukturen. Hinzu kam in den neuen Bundesländern die Zerstörung der Umwelt als zusätzliches Problem.
Anders war jedoch die Bedingung des Wiederaufbaus, da in den westlichen Bundesländern eine leistungsfähige Wirtschaft zur Verfügung stand und ein intakter Kapitalmarkt in Europa erheblich bessere Möglichkeiten bot als selbst der Marshall-Plan nach dem Zweiten Weltkrieg. Die Einbindung Deutschlands in ein europäisches Wirtschaftssystem war ebenfalls viel intensiver im Vergleich zu den Anfängen nach 1945 in der OECD.
Als zweiten Beleg führt Theo Sommer die Aufgabe der **Integration von Millionen Menschen** an. Richtig ist dabei, daß es auch nach 1989/90 wie nach 1945 primär darum ging, der ostdeutschen Bevölkerung wie ehemals den Ostflüchtlingen Erwerbsmöglichkeiten zu bieten angesichts des Zusammenbruchs der DDR-Wirtschaft und der schmerzlichen Notwendigkeit, die künstliche und unproduktive „Vollbeschäftigung" in der ehemaligen DDR zu beseitigen. Es ging darum, der ostdeutschen Bevölkerung die Integration zu ermöglichen auch durch einen allmählichen Ausgleich des Lebensstandards, von der damals wie heute schwierigen sozialen und politischen Integration abgesehen.

Ein ganz wesentlicher Unterschied besteht jedoch in der grundsätzlichen Ausgangslage damals und heute. Die Ostflüchtlinge wurden gegen ihren Willen vertrieben, mußten ihre angestammte Heimat und ihre sichernden sozialen Beziehungen verlassen und sich in ein vom Krieg und von der Nazi-Herrschaft gezeichnetes, fast gelähmtes soziales Umfeld integrieren. Die Bürger der ehemaligen DDR wollten mit überwiegender Mehrheit selbst die Veränderung, wurden auch nicht gezwungen, ihre Heimat zu verlassen. Ohne diese räumliche und soziale Entwurzelung war die notwendige Anpassung an ein neues politisches und ökonomisches System ungleich einfacher, sieht man andererseits davon ab, daß der radikale Bruch nach 1945 auch weniger „Gefahren“ mit sich brachte, zu sehr in der Vergangenheit zu leben.
Kaum vergleichbar sind auch die Unterschiede und Gemeinsamkeiten der **historischen Erfahrungen und der Lebenssituationen** zwischen Alt- und Neubürgern damals wie heute. Angesichts des trotz der Abschottung durch die DDR dennoch intensiven Informationsaustausches z. B. übers Fernsehen bestanden eher gemeinsame Grunderfahrungen zwischen den Deutschen im Westen und im Osten, wenn auch die Milieuunterschiede durch die extrem gegensätzlichen politischen und gesellschaftlichen Strukturen nicht zu unterschätzen sind. Aber die Gegensätze waren zwischen der ansässigen Bevölkerung nach 1945 und den Ostflüchtlingen sicher größer aufgrund starker kultureller und historischer Unterschiede in den Lebensverhältnissen.
So läßt sich sicher zusammenfassend feststellen, daß die Integration nach 1945 unter ungleich schwierigeren Bedingungen stattfand.
Als dritten Beleg für einen möglichen Vergleich führt Sommer die **Bewältigung der Vergangenheit** an, im Falle der Nachkriegszeit die persönlichen und kollektiven Belastungen durch das Hitlerregime und seine Verbrechen sowie die offensichtliche Kriegsschuld, im Falle der Vereinigung die schwierige Aufarbeitung der kommunistischen Herrschaft, insbesondere des Stasikomplexes. In beiden Situationen ging und geht es darum, den Terror totalitärer Herrschaftssysteme aufzudecken und die offensichtlich Schuldigen zu bestrafen.
Doch auch dabei sind deutliche Unterschiede offensichtlich. Die Verbrechen des SED-Regimes lassen sich trotz furchtbarer Einzelschicksale in ihrem Ausmaß kaum mit den unvorstellbaren Verbrechen des SS-Staates vergleichen. Vor allem aber betreffen diese Verbrechen nur einen Teil der Bevölkerung, nur die „Neubürger“. Dies erleichtert einerseits die Aufarbeitung, birgt andererseits auch die Gefahr einer arroganten und pharisäerhaften Pauschalverurteilung durch die „Altbürger“.
So verführerisch es also auf den ersten Blick scheint, die Situationen der unmittelbaren Nachkriegszeit und der beginnenden neunziger Jahre zu vergleichen, so verschieden sind dennoch die Bedingungen, unter denen das Zusammenwachsen der Bevölkerungsteile ablief bzw. noch abläuft. War nach 1945 das gesamte Volk in nahezu der gleichen Lage, so sind tiefgreifende Veränderungen heute nur für die neuen Länder, also den kleineren Teil der Bevölkerung, notwendig. Die Hilfe kommt dabei auch nur zu einem geringen Teil von außen, wird im wesentlichen von der Wirtschaft und Gesellschaft der alten Länder geleistet.

Leistungskurs Geschichte (Bayern) 1997 – Aufgabe I
Die Auseinandersetzung mit nationalstaatlichen und freiheitlich-demokratischen Ordnungsvorstellungen in Deutschland

		BE
1	Werten Sie die Statistik (Material A) aus, und beurteilen Sie auf der Grundlage der gewonnenen Erkenntnisse die von Goebbels im Tagebuch (Material B) dargelegte Haltung zur Arbeiterschaft!	18
2	Stellen Sie, ausgehend vom Text, Grundzüge des Verhältnisses zwischen Nationalsozialismus und „bürgerliche(n) Kreisen" (Z. 18 f.) in der Spätphase der Weimarer Republik seit 1930 dar!	14
3	Skizzieren Sie politische und wirtschaftliche Maßnahmen des NS-Staates gegenüber den Arbeitern und ihren Organisationen bis zur Mitte der dreißiger Jahre, und schätzen Sie die Auswirkungen auf die Arbeiterschaft ein!	14
4	Vergleichen Sie die Rolle, die die Arbeiterschaft im ideologisch geprägten Selbstverständnis des NS-Staats und der DDR einnimmt!	14

Material A

Soziale Struktur der Neumitglieder der NSDAP im Vergleich zur Gesamtgesellschaft in %

Schicht bzw. Berufsgruppe	1919–23	1925–29	1930–32	Gesamtgesellschaft 1933
Unterschicht insgesamt	34,7	38,7	35,9	54,5
davon:				
ungelernte Arbeiter	13,5	17,4	15,4	37,2
Facharbeiter	21,2	21,3	20,5	17,3
Mittelschicht	52,5	54,3	54,9	42,7
Oberschicht insgesamt	12,8	7,0	9,2	2,8

Nach: Manstein, Peter: Die Mitglieder und Wähler der NSDAP 1919–1933. Untersuchungen zu ihrer schichtmäßigen Zusammensetzung. 3., ergänzte Auflage. Frankfurt am Main u. a. 1990, S. 138.

Material B: Auszug aus dem Tagebuch von Joseph Goebbels

„2. November 1932.

[...] Die Arbeiter der Berliner Verkehrsgesellschaft sind in den Streik getreten. Wir haben auch für die Partei die Parole zum Streik ausgegeben. Die ganze Presse schimpft toll auf uns. Sie nennt das Bolschewismus; und dabei blieb uns eigentlich gar nichts anderes übrig.

Wenn wir uns diesem Streik, der um die primitivsten Lebensrechte der Straßenbahnarbeiter geht, entzogen hätten, dann wäre damit unsere feste Position im arbeitenden Volk ins Wanken gekommen. Hier haben wir vor der Wahl noch einmal die große Gelegenheit, der Öffentlichkeit zu zeigen, daß unser antireaktionärer Kurs wirklich von innen heraus gemeint und gewollt ist, daß es sich bei der N.S.D.A.P. in der Tat um eine neue Art des politischen Handelns und um eine bewußte Abkehr von den bürgerlichen Methoden handelt.

Der Streik löst verheerende Folgen aus. In Berlin fährt keine Straßenbahn und keine Untergrundbahn mehr. Das Publikum übt mit den Streikenden eine bewundernswerte Solidarität. Der roten Presse ist jeder Agitationsstoff gegen uns genommen. Zwar stammeln die Sozis in ihren Zeitungen, wir nähmen nur zum Schein an dem Streik teil und trieben in Wirklichkeit Streikbruch, aber das nutzt ihnen nichts. [...]

Wir befinden uns in einer keineswegs beneidenswerten Lage. Viele bürgerliche Kreise werden durch unsere Teilnahme am Streik abgeschreckt. Das ist aber nicht das Entscheidende. Diese Kreise kann man später sehr leicht wiedergewinnen; hat man aber den Arbeiter einmal verloren, dann ist er auf immer verloren. [...]

4. November 1932.

[...] Unsere Leute haben selbstverständlich in allen Stadtteilen die Führung des Streiks an sich gerissen. Das war auch das Beste. Wenn schon, denn schon! [...]

Unser Parteiapparat funktioniert wunderbar. Wir haben eine große Hilfsaktion eingeleitet, mit der es uns gelingt, die Streikenden vor den schwersten sozialen Schädigungen zu bewahren. Alles geht bei uns in bester Ordnung vor sich. Unser Ruf bei der Arbeiterschaft hat sich in ganz wenigen Tagen glänzend gehoben. Wenn sich das auch bei dieser Wahl noch nicht auswirken sollte, für die Zukunft ist dieser Aktivposten von gar nicht abzumessender Bedeutung. Man muß auch hier in längeren Zeiträumen rechnen lernen; denn schließlich wollen wir ja Berlin erobern, und da kommt es nicht darauf an, ob man bei einer mehr oder weniger belanglosen Wahl ein paar zehntausend Stimmen verliert, die im aktiven, revolutionären Kampf ohnehin keine Bedeutung haben. [...]

Wenn wir jetzt noch eine Woche Zeit hätten, um unseren Standpunkt auch im Reich durchzupauken, dann brauchte uns um den Ausgang der Wahl nicht bange zu sein. [...]

Die reaktionäre Presse tobt schlimmer als die rote. Aber ich hoffe, das Volk wird uns verstehen. Die Sympathien in der Öffentlichkeit für die Streikenden sind ganz unverkennbar; obschon die Berliner viele Unannehmlichkeiten auf sich nehmen müssen, sind sie doch mit den um ihr tägliches Brot kämpfenden Arbeitern solidarisch.

Bei dieser Wahl werden die Böcke von den Schafen geschieden. Es ist eine Wahl der Gesinnung wie keine zuvor.

Der Streik geht in unverminderter Heftigkeit weiter.“

Aus: Goebbels, Joseph: Vom Kaiserhof zur Reichskanzlei. Eine historische Darstellung in Tagebuchblättern. München 1934, S. 191–195.

Lösungen

1 Die statistischen Daten zur **Struktur der Neumitglieder der NSDAP** bestätigen zunächst einmal die These von einer „Mittelstandspartei", belegbar an der deutlichen Überrepräsentation der Mittelschicht, die im Lauf der Jahre bis 1932 sogar geringfügig größer wird. Während in der Gesamtgesellschaft der Anteil der Mittelschicht bei 42,7 % lag, nimmt der Anteil bei den Neumitgliedern zu von 52,5 % in den Anfangsjahren der Republik auf 54,9 % in den letzten Jahren. Besonders hoch war dabei übrigens der Anteil in den Kleinstädten.

Daß die NSDAP jedoch keine wirkliche Mittelstandspartei war, vielmehr eine echte **Volkspartei,** zeigt der Anteil der Arbeiterschaft an den Neumitgliedern, der insgesamt bei ca 35 % lag mit einem deutlichen Anstieg zwischen 1925 und 1929, bevor er dann als Folge der Weltwirtschaftskrise wieder sank. Ebenso klar belegen die Daten allerdings, daß die **Arbeiter in der Partei** unterrepräsentiert waren. Während ihr Anteil in der Gesamtgesellschaft bei 54,5 % lag, also mehr als die Hälfte ausmachte, war der Anteil in der Partei nur wenig mehr als ein Drittel. Vorwiegend die ungelernten Arbeiter waren stark unterrepräsentiert, gleichzeitig auch „verantwortlich" für die Schwankungen. Die Facharbeiter waren demgegenüber leicht überrepräsentiert in der Partei, ihr Anteil blieb während der Jahre der Republik weitgehend gleich.
Am wenigsten konstant war die Entwicklung des Anteils der Oberschicht. Er schwankte zwischen 12,8 % in den Anfangsjahren und 7 % vor der Weltwirtschaftskrise. Durchgehend war die Oberschicht in der Partei jedoch deutlich überrepräsentiert, da ihr Anteil an der Gesamtgesellschaft nur 2,8 % betrug.

Die **Haltung von Goebbels zur Arbeiterschaft,** wie sie in den beiden Tagebuchnotizen zum Ausdruck kommt, bezieht sich zunächst nur auf die konkrete Situation des Streiks bei der Berliner Verkehrsgesellschaft. Ohne jede Einschränkung unterstützt Goebbels dabei die Position der Streikenden und plädiert für eine aktive Teilnahme seiner Partei bis hin zur Übernahme der Führung, was offensichtlich auch gelingt. Goebbels sieht deutlich, daß sich die NSDAP nicht heraushalten darf, wenn sie die Sympathien der Arbeiter nicht verlieren will. Der Streik bietet die Möglichkeit, den „antireaktionären Kurs" der Partei demonstrativ unter Beweis zu stellen und damit auch der „roten Presse" die Gelegenheit zu nehmen, die NSDAP als arbeiterfeindlich und reaktionär abzustempeln.
Gleichzeitig sieht Goebbels natürlich auch die Gefahr, daß „bürgerliche Kreise", also die eigentliche Anhängerschaft der Partei, durch das Streikengagement der NSDAP abgeschreckt werden können, doch in der konkreten Situation wichtiger ist ihm die Zustimmung durch die Arbeiterschaft. Dabei hat Goebbels sicherlich nicht nur die Berliner Arbeiter im Blick, sondern ihm geht es darum, für die bevorstehende „Wahl der Gesinnung", also die Reichstagswahlen vom 6. November, den eigenen „Standpunkt auch im Reich durchzupauken". Dafür kommt ihm der Streik offensichtlich gerade recht, bietet er doch die Möglichkeit, Pluspunkte bei der Arbeiterschaft zu sammeln z. B. auch durch die Organisation von Hilfsaktionen für die streikende Arbeiterschaft. Wie wichtig das Image der Partei bei der Arbeiterschaft ist, zeigt die Statistik. Die ungelernten Arbeiter, die einen Großteil der gesamten Gesellschaft ausmachten, waren in der NSDAP deutlich unterrepräsentiert, müssen also umworben werden, auch wenn dabei Stimmen aus dem bürgerlichen Lager verlorengehen könnten.
Betrachtet man die Einstellung von Goebbels insgesamt, so kann nicht übersehen werden, daß seine Haltung gegenüber den Streikenden im besonderen und der Arbeiterschaft im allgemeinen wesentlich von taktischen Motiven geprägt war. Es geht um Verbesserung des Wähler- und Mitgliederanteils bei der Arbeiterschaft.

2 Das **Verhältnis des Nationalsozialismus zu den „bürgerlichen Kreisen“** wird von Goebbels direkt angesprochen. Er sieht den taktisch motivierten „antireaktionären Kurs“ der Partei in den Tagen des Streiks in Berlin als Belastung für das Verhältnis der Partei zum Bürgertum, das eine so deutliche Unterstützung der Arbeiterschaft überaus kritisch zu bewerten scheint. Gleichzeitig betont jedoch Goebbels, daß es für die Partei kaum Schwierigkeiten machen wird, verlorenen Boden im bürgerlichen Lager wiederzugewinnen. Er kann sich dessen wohl deshalb so sicher sein, weil die NSDAP in den bürgerlichen Schichten ihr eigentliches Mitglieder- und Wählerreservoir besaß, wie z. B. auch die vorliegende Statistik beweist. Die **Affinität der Mittelschichten,** insbesondere des wirtschaftlich gefährdeten Kleinbürgertums und des konservativen Bildungsbürgertums, zur NSDAP kommt nicht von ungefähr, sondern war das Ergebnis sowohl einer ideologischen Nähe wie auch einer taktischen Zusammenarbeit der Nationalsozialisten mit den konservativen bürgerlichen Parteien auf dem Weg zur Macht.
Der spektakuläre Wahlsieg der NSDAP bei der Reichstagswahl vom 9. September 1930, mit dem der Abwärtstrend auf 2,6 % der Stimmen 1928 nicht nur gestoppt, sondern in einen erdrutschartigen Zuwachs auf 18,3 % umgewandelt wurde, ist wesentlich auch darauf zurückzuführen, daß große Teile des konservativen bis rechtsnationalen Bürgertums durch die Folgen der Weltwirtschaftskrise in ihrer ablehnenden Haltung gegenüber der Republik bestärkt wurden. Diesen Kreisen mußte Hitler auch als vorausschauender Politiker erscheinen, hatte er doch im Zusammenhang mit dem **Volksentscheid zum Young-Plan** vor einer amerikanisch-jüdischen Verschwörung gegen das deutsche Volk gewarnt. Existenz- und Abstiegsängste, der nach wie vor latente Haß auf die Sieger und deren vermeintliche „Schuld“ an der Republik und eine eher dumpfe Furcht vor einer roten Revolution waren in bürgerlichen Kreisen weit verbreitet und wurden von den Nationalsozialisten nicht nur propagandistisch ausgenützt, sondern heftig geschürt. Der traditionelle Antisemitismus wurde dabei zu einem recht eingängigen Erklärungsmuster für die Ursachen der Krise, die insbesondere das Kleinbürgertum um ihre Ersparnisse und Sicherheiten brachte. Ähnlich irrational und erfolgreich war der **Antibolschewismus.** Das ebenfalls im Kleinbürgertum weit verbreitete Unbehagen an den sozialen Veränderungen durch die Industrialisierung und den Aufstieg der Arbeiterschaft, die vor allem in der Republik an Prestige und Einfluß gewonnen hatte, konnte in Aggressivität gegen Kommunisten und Bolschewisten umgewandelt werden. Viele Menschen aus den bürgerlichen Mittelschichten glaubten schon deshalb an solch einfache Erklärungen, weil sie sich in der Zeit der Umbrüche und des Wertewandels vom Kaiserreich zur Demokratie nicht mehr zurechtfanden und nach autoritärer Sinnstiftung sehnten.

Der Erfolg der NSDAP im bürgerlichen Lager läßt sich auch erklären mit dem Taktieren der bürgerlichen Parteien und ihrer Führer. Das konservative und rechte Lager sah in Hitler zwar einen wenig standesgemäßen Emporkömmling und politischen Phantasten, aber man glaubte ihn benutzen zu können im Kampf gegen die ungeliebte Republik. So wurde Hitler auch in solchen bürgerlichen Kreisen hoffähig gemacht, die der Ideologie und der Radikalität des Nationalsozialismus eher skeptisch gegenüberstanden. Die Zusammenarbeit der rechten Gruppierungen im Kampf gegen den Young-Plan hatte Hitler in eine „Koalition“ mit **Alfred Hugenberg,** dem Presse-Zaren der damaligen Zeit, und mit Franz Seldte vom „Stahlhelm“ geführt, die dann im Oktober 1931 auf einer Tagung der Nationalen Opposition in Bad Harzburg intensiviert wurde. Die **„Harzburger Front“** formierte sich gegen die Regierung Brüning und machte Hitler in den Augen großer Teile des Bürgertums zu einer wählbaren Alternative.

Als kapitale Fehleinschätzung mit weitreichenden unerwünschten Folgen erwies sich das **„Zähmungskonzept“** der deutschnationalen Politiker, die glaubten, Hitlers Massenbewegung benutzen zu können, um die Demokratie zu beseitigen und eine autoritäre

Staatsform oder gar eine Monarchie zu installieren. Sie gaben Hitler die Möglichkeit, auch letzte Zweifel an seiner Regierungsfähigkeit zu zerstreuen. Damit wurden Hitler und seine NSDAP auch zu einer Adresse für das Großbürgertum, zumal Hitler in dieser Phase allzu radikale Parolen vermied und eher moderat auftrat. Er schürte dabei die Hoffnung der Industrie auf Aufbauprogramme, vor allem auch im Rüstungsbereich, wenn er eine diesbezügliche Revision der Beschränkungen durch den Versailler Vertrag forderte. Eingebunden in vermeintlich honorige Eliten mit Einluß auf den greisen Reichsprädidenten Hindenburg sollte Hitler „gezähmt“ werden, nur einen dosierten Anteil an der politischen Macht erhalten und dafür seine Massenwirkung für die Ziele der deutschnationalen Opposition gegen Weimar einsetzen. **Von Papen** meinte, er habe Hitler für seine Pläne „engagiert“ und könne ihn über seinen Einfluß beim Reichspräsidenten jederzeit in die Schranken weisen.
Nicht wenige glaubten 1933 auch, daß Hitlers Bewegung nicht mehr die Kraft habe, um eine echte Bedrohung sein zu können, daß sie den Zenit ihrer Bedeutung überschritten habe. So verloren auch ehemals skeptische bürgerliche Kreise die Furcht und hielten eine Beteiligung Hitlers an der Macht für eine taktische Möglichkeit, den Weg aus der Krise zu gehen und eigene Interessen durchzusetzen.

3 Wie Goebbels in seinem Tagebuch vermerkt, war es für den Nationalsozialismus eminent wichtig, die Arbeiterschaft zu gewinnen. Um dies erreichen und die Arbeiter in den Prozeß der **Gleichschaltung** einbeziehen zu können, mußten zunächst die Konkurrenten um den politischen Einfluß ausgeschaltet werden.

Die politische Linke, also SPD und KPD, wurde sofort nach der Machtergreifung zunächst durch massive Verfolgung und Behinderung, schließlich durch Verbote in sehr kurzer Zeit ausgeschaltet, wobei die Reichstagsbrandverordnung vom 28. Februar 1933 den „rechtlichen“ Ausnahmezustand schuf, der die Verfolgung zunächst der Kommunisten und dann auch der Sozialdemokraten legalisierte. Ein erster Endpunkt im Kampf gegen die politische Organisation der Arbeiterschaft war das **Verbot der SPD** am 22. Juni 1933.

Ein totalitäres Regime konnte natürlich auch die Konkurrenz freier Gewerkschaften nicht dulden. Es wurde den Nationalsozialisten noch vergleichsweise leicht gemacht, da die Gewerkschaften keine Dachorganisation besaßen, die den Widerstand gegen die Gleichschaltung hätte koordinieren können. Ähnlich wie gegen die Linksparteien wurden zunächst **Terroraktionen gegen die Gewerkschaften** durchgeführt, doch im Unterschied zu den Parteien waren die Gewerkschaften uneins über ihre Haltung zum nationalsozialistischen Staat. Seit 1932 durchsetzte die NSDAP die Betriebe mit eigenen „Nationalsozialistischen Betriebszellen“, doch brachte dies nicht den gewünschten Erfolg, so daß sich die Partei zur radikalen „Lösung“ entschied. Am 2. Mai wurden in ganz Deutschland die Gewerkschaftshäuser besetzt, die Funktionäre wurden verhaftet, das Vermögen eingezogen. An die Stelle der Gewerkschaften trat die neu gegründete **„Deutsche Arbeitsfront“.** Damit verbunden war auch das Ende der Tarifautonomie, denn von nun an wurden Arbeitnehmer wie Arbeitgeber im Gesetz „zur Ordnung der nationalen Arbeit“ den staatlichen „Treuhändern der Arbeit“ unterstellt. Der Staat konnte somit über die „Arbeitsfront“ das gesamte wirtschaftliche Leben bis hin zur Gestaltung von Arbeitsverträgen steuern und kontrollieren.
Die **Doppelstrategie der NSDAP,** einerseits Ausschaltung der bisherigen Vertretungen der Arbeiterschaft, andererseits Versuch der propagandistischen Einflußnahme auf die Arbeiter, wird an der unmittelbaren Nähe des Vernichtungsschlags gegen die Gewerkschaften am 2. Mai zu der Erklärung des 1. Mai zum „Tag der nationalen Arbeit“ wenige Tage vorher deutlich. In großen Demonstrationen und Feiern, an denen nach

langen Diskussionen auch die Gewerkschaften teilnahmen, bevor sie am nächsten Tag zerschlagen wurden, versuchte die NSDAP die Arbeiter für die von Hitler propagierte Gemeinschaft von „Geist, Stirn und Faust, Arbeiter, Bauern und Bürger" zu gewinnen. Die Nationalsozialisten konnten viele Arbeiter aber vor allem dadurch auf ihre Seite ziehen, daß es in überraschend kurzer Zeit gelang, die hohe Arbeitslosigkeit zu beseitigen und **Vollbeschäftigung** herzustellen. Die Zahl der Arbeitslosen, die zu Beginn des Jahres 1933 noch bei 6 Millionen gelegen hatte, nahm bis zum Beginn des Jahres 1936 auf 2 Millionen ab, ehe Ende 1937 praktisch Vollbeschäftigung erreicht war. Nur zum Teil war das ein Erfolg der nationalsozialistischen Wirtschaftspolitik, ging doch in allen Industrieländern die durch die Weltwirtschaftskrise verursachte Arbeitslosigkeit stark zurück. Mit wirtschaftlich nicht immer sinnvollen **Beschäftigungsprogrammen,** die Hitler zum Teil von seinen Vorgängern übernommen hatte, gelang jedoch eine beschleunigte Senkung der Arbeitslosenzahlen. Beispiele für solche Maßnahmen waren ein Instandsetzungsprogramm für Häuser und öffentliche Bauten, die durch einen zunächst freien, seit Juni 1935 verpflichtenden sechsmonatigen Arbeitsdienst geleistet und über erhebliche staatliche Mittel finanziert wurden. Spektakulär waren insbesondere die Autobahnbauten, die die Nationalsozialisten aufgrund schon in der Weimarer Republik erstellter Planungen und Vorarbeiten durchführten und propagandistisch ausschlachteten. Mit Hilfe des früheren Reichsbankpräsidenten Hjalmar Schacht, der seit 1931 Hitler unterstützte, stellte die NS-Regierung ein Finanzvolumen von ca 5 Milliarden Reichsmark für Arbeitsbeschaffungsmaßnahmen zur Verfügung. Es darf allerdings nicht übersehen werden, daß Hitler auch durch sozialpolitische Maßnahmen wie „Ehestandsdarlehen" mehr und mehr die Frauen dazu brachte, sich vom Arbeitsmarkt in die Familie zurückzuziehen, und damit zusätzlich die Arbeitslosenzahl senken konnte.

Doch die NSDAP warb um die Arbeiter nicht nur durch zumindest kurzfristig überaus erfolgreiche Beschäftigungsprogramme, sondern auch durch den **Ausbau sozialpolitischer Errungenschaften** unter der Regie der „Deutschen Arbeitsfront". Mit den eigenen Organisationen „Kraft durch Freude" und „Schönheit der Arbeit" sollte dabei nicht nur die Arbeiterschaft für das neue System geködert werden, es ging auch um die Erhaltung der Arbeitskraft und um Möglichkeiten der ideologischen Einflußnahme. Propagandistisch besonders wirkungsvoll konnten die KdF-Urlauberschiffe seit Mai 1934 als arbeiterfreundliche Errungenschaften gefeiert werden.

Trotz der Zerschlagung der linken Parteien und der Gewerkschaften als Konkurrenten um den Einfluß auf die Arbeiterschaft, gleichbedeutend mit der politischen Entmachtung der Arbeiterschaft, und trotz vielfältiger und teilweise erfolgreicher Maßnahmen zur Betreuung der Arbeiter mit dem Ziel der Integration in die Volksgemeinschaft, wie sie die Nazis verstanden, gelang es nicht in dem gewünschten Maß, die Distanz völlig zu beseitigen. Vielmehr häuften sich nach 1935 Unmut und Verweigerung, da sich die Arbeiter insbesondere in Tariffragen von der DAF nicht hinreichend vertreten fühlten.

4 Im ideologisch geprägten **Selbstverständnis des Nationalsozialismus** spielt die Arbeiterschaft keine so tragende Rolle, wie es der Parteiname und die Charakterisierung als Arbeiter-Partei zu signalisieren scheint. Im Vordergrund der Ideologie stehen vielmehr die Volksgemeinschaft und die Rassenideologie. Für den NS-Staat ist die Eigengruppe daher die Volksgemeinschaft, in der der Arbeiter nur einen Teil darstellt. Der **Antisemitismus und der Antibolschewismus** als zentrale Elemente der NS-Ideologie „definieren" dabei nicht nur ein außen- wie innenpolitisches Feindbild, sondern legen korrespondierend auch den „arischen" Arbeiter als Glied der Volksgemeinschaft und damit der Eigengruppe fest, nicht jedoch den „proletarischen" Arbeiter.

Die im Namen der Partei wie in vielen Parolen erkennbare **propagandistische Hochschätzung der Arbeiter** war auch eine Konsequenz aus dem zumindest in der Kampfzeit deutlichen antibürgerlichen und antikapitalistischen Anstrich, den sich die Partei gegeben hatte. Wenn von den „Arbeitern der Stirn und den Arbeitern der Faust" gesprochen wurde, dann sollte sicherlich der Status des Arbeiters propagandistisch aufgewertet werden, aber die eigentlichen Ziele der NSDAP lagen weniger in der Verfolgung der Interessen der Arbeiterschaft, vielmehr in der Durchsetzung der eigenen Herrschaftsansprüche.

Im **Selbstverständnis der DDR** spielen demgegenüber die Arbeiter natürlich eine tragende Rolle, bezeichnet sich das System doch selbst als Arbeiter- und Bauernstaat. Die **Klassenideologie des Marxismus** geht von einer letzten Stufe des die Entwicklung der Menschheit bestimmenden Klassengegensatzes aus: dem Kampf des Proletariats gegen die herrschende Bourgeoisie. Der Faschismus als die letzte Möglichkeit einer bürgerlich-kapitalistischen Herrschaft ist dabei in der DDR, so das eigene ideologische Verständnis, bereits überwunden, die Arbeiterklasse hat gesiegt und die führende Rolle bei der „Errichtung der Grundlagen des Sozialismus" übernommen, während sie in den kapitalistischen Ländern eine ebensolche Rolle bei der „Verschärfung der Klassenkämpfe" spielt.

Im Kampf gegen den Faschismus und bei der Errichtung des Sozialismus bilden die „Proletarier aller Länder" eine internationale Gemeinschaft, auch um den bürgerlichen Nationalstaat zu überwinden. Die kommunistischen und sozialistischen Parteien, die dabei den antifaschistischen Kampf führen und den Aufbau des Sozialismus organisieren, verstehen sich ideologisch als proletarische Elite, die sich ausschließlich am Interesse des Arbeiters orientiert, wobei dieses Interesse mit den Methoden des dialektischen Materialismus „objektiv" ermittelt werden kann und so die „Diktatur des Proletariats" legitimiert.

Erkennbar wird also, daß nicht nur die Staatsform des „Arbeiter- und Bauernstaates" als Vorstufe zur klassenlosen und staatslosen kommunistischen Gesellschaft von einer tragenden Rolle der Arbeiter bzw. der Arbeiterinteressen ausgeht, die gesamte Ideologie und die sich daraus ableitende Legitimation der führenden Rolle der Partei im „demokratischen Zentralismus" basieren auf der staatstragenden Rolle der Arbeiter. Im ideologisch geprägten Selbstverständnis der DDR ist der Arbeiter jedoch nicht mehr zu verstehen als Mitglied einer sozialen Schicht, sondern als ideologisch definierte Kategorie in einem Klassensystem.

Leistungskurs Geschichte (Bayern) 1997 – Aufgabe II
Die Industrialisierung – Bedingungen und Folgen in Staat und Gesellschaft

		BE
1	Skizzieren Sie Grundzüge der sozialen, wirtschaftlichen und politischen Lage der Arbeiterschaft im Kaiserreich während der 1870er Jahre!	14
2	Ermitteln Sie aus dem Text (Material A) Treitschkes Gesellschaftsbild einschließlich seiner Auffassung von politischer Teilhabe!	10
3	Ein Universitätsstudium war im Kaiserreich eine der Möglichkeiten, eine angesehene soziale Position zu erreichen.	
3.1	Erarbeiten Sie aus der Statistik (Material B) grundlegende Merkmale der sozialen Zusammensetzung der deutschen Studentenschaft an preußischen Universitäten 1886/87!	
3.2	Untersuchen Sie, welche Berufsgruppen 1911/12 stärker als 25 Jahre vorher repräsentiert sind, und prüfen Sie, ob damit die Forderung Treitschkes (vgl. Material A, Zeile 17 ff.) als erfüllt gelten kann!	18
4	Erläutern Sie, in welchen Bereichen von Staat und Gesellschaft die herkömmlichen aristokratischen und bürgerlichen Eliten des Kaiserreichs dominierten, und erörtern Sie, inwieweit die jeweiligen Führungspositionen im Verlauf der Entwicklung von 1871 bis 1914 in Frage gestellt wurde!	18

Material A

Auszug aus einem Aufsatz Heinrich von Treitschkes aus dem Jahr 1875:

(Heinrich von Treitschke, 1834–1896: einflußreicher Historiker und Publizist; zunächst nationalliberaler, dann parteiloser Reichstagsabgeordneter)

„Auf der nothwendigen Gliederung der Gesellschaft ruht überall die Ordnung des Staates. Besitz, Bildung und, was damit nahe zusammenhängt, die Erfüllung der schweren Staatspflichten sind überall die anerkannten Rechtstitel[1] der politischen Macht. Die unmittelbare Volksherrschaft kann in gesitteten Zuständen immer nur eine Fiction sein; die wirkliche Leitung des Staates liegt stets in der Hand der Gebildeten und Besitzenden, das gilt von den demokratischen Schweizercantonen so gut wie von unseren Monarchien. Den ernsten Pflichten der Regierung, den höheren Aemtern der Selbstverwaltung ist die Einsicht der Masse nicht gewachsen. [...]

Mag der Staat die niederen Klassen noch so reichlich ausstatten mit politischen Rechten, es bleibt doch dabei, daß sie nicht selbst regieren können. Das Wahlrecht kann man ihnen geben, die Wählbarkeit erhalten sie thatsächlich nur in seltenen Ausnahmefällen [...]. Mag die Gesellschaft noch so menschenfreundlich für die Wohlfahrt der unteren Klassen wirken, der Handarbeiter wohnt doch besten Falls im bescheidenen Häuschen, der Grundherr im Schlosse. Durch diese Hebung der niederen Schichten der Gesellschaft erreicht man also niemals das Ziel der Ausgleichung der Begierden, die nach Aristoteles schönem Worte wichtiger ist als die Ausgleichung des Besitzes.

Ungleich sicherer ist der andere Weg, der zur Milderung der Klassengegensätze führt: die Beseitigung der Schranken, welche den in Armuth Geborenen hindern emporzusteigen in den Kreis der Besitzenden und Gebildeten. Nach dieser Richtung können Staat und Gesellschaft nie genug thun, wenn sie den unendlichen Werth des Talents zu würdigen verstehen; hier eröffnet sich ihrer Thätigkeit ein großes, fast unabsehbares Feld. Bleibt es unmöglich, die große Mehrzahl an allen Genüssen der Cultur theilnehmen zu lassen, so muß doch jede rüstige Kraft hoffen können hinauszutreten aus den Reihen dieser Mehrheit. Der Staat soll nicht blos die Arbeitskraft entfesseln und dem Armen das Recht geben, aus seiner Klasse sich zu erheben; er soll auch durch gute Volksschulen und durch einen leicht zugänglichen höheren Unterricht dafür sorgen, daß das echte Talent dies Recht wirklich gebrauchen könne. Nur so kommt beständig frisches Blut in die höheren Klassen, nur so kann jene Ausgleichung der Begierden annähernd erreicht werden. [...] Der freie Wettbewerb Aller um die Güter der Gesittung, deren volles Maaß immer nur von einer Minderheit erreicht werden kann – das ist es, was ich unter vernünftiger Gleichheit verstehe."

[1] sinngemäß: Gründe der Legitimation

Aus: Treitschke, Heinrich von: Die gerechte Vertheilung der Güter. Offener Brief an Gustav Schmoller. In: Preußische Jahresbücher, Bd. 35, Berlin 1875, S. 409–447, hier S. 247 und S. 427 f.

Material B: Soziale Herkunft der männlichen deutschen Studenten an preußischen Universitäten

Berufsgruppe des Vaters des Studenten	Studenten im Wintersemester 1886/87 in %	Studenten im Wintersemester 1911/12 in %	Anteil der Berufsgruppe an den männlichen Erwerbstätigen 1895[1] in %
höhere Beamte, Offiziere, freie Berufe	21,83	21,28	2,16
mittlere und untere Beamte	21,08	26,63	5,39
Großgrundbesitzer	10,40	4,62	0,18
selbständige mittlere Bauern und Kleinlandwirte	3,15	6,10	13,26
Selbständige in Handel und Gewerbe	32,69	35,40	13,26
– davon: Großunternehmer	-----[2]	11,45	0,29
– davon: kleine und mittlere Unternehmer (z. B. Handwerker)	-----[2]	23,95	12,91
Angestellte	3,70	4,12	3,52
Arbeiter	0,26	0,49	54,86
Sonstige	6,89	1,36	7,43
Summe	100,00	100,00	100,00
Gesamtzahl	12 762	24 454	16 533 741

[1] Die Angaben aus der Mitte des Untersuchungszeitraums (1895) dienen der groben Orientierung über die Anteile der verschiedenen Berufsgruppen. Auf mögliche Veränderungen dieser Anteile zwischen den Jahren 1886/87 und 1911/12 braucht nicht eingegangen zu werden.

[2] Anteil nicht erfaßt

Spalten „Studenten“ nach Titze, Hartmut: Das Hochschulstudium in Preußen und Deutschland 1820–1944. Göttingen 1987, S. 240f.
Spalte „Gesamtgesellschaft“ nach: Die berufliche und soziale Gliederung des Deutschen Volkes. Nach der Berufszählung vom 14. Juni 1895. Berlin 1899, insbes. S. 27, 61–63, 192–198.

Lösungen

1 Die siebziger Jahre des 19. Jahrhunderts im Deutschen Reich sind gekennzeichnet durch einen zunächst starken **konjunkturellen Schub** infolge der Reichsgründung und der neuen Möglichkeiten im vergrößerten Wirtschaftsraum. Aber die Boom-Phase führte recht schnell zu einer konjunkturellen Überhitzung und zur **„Gründer-Krise"** mit vielen Zusammenbrüchen von Firmen, die allzu optimistisch die Chancen nach 1871 eingeschätzt hatten. Trotz dieser Schwankungen ist aber insgesamt eine stetige Wachstumsentwicklung zur hochindustriellen Gesellschaft erkennbar.

Die **Lage der Arbeiter** war dabei einerseits von den konjunkturellen Schwankungen stark betroffen, besserte sich über einen größeren Zeitraum jedoch kontinuierlich, selbst wenn für den einzelnen das oft nicht erfahrbar war.

Verglichen mit der Zeit vor der Industrialisierung und mit den Jahrzehnten der beginnenden Wandlung von der Agrar- zur Industriegesellschaft läßt sich eine Verbesserung der Lebenslagen der Arbeiter nicht übersehen. Auch in den Städten bildeten sich Sozialmilieus heraus, die ein Mindestmaß an Sicherheit boten, die Arbeitsplätze wurden, solange man gesund war, zunehmend sicherer, Freizeit konnte für Aktivitäten in Vereinen genutzt werden.
Aber insgesamt waren die sozialen und wirtschaftlichen Probleme beträchtlich. Vergleichsweise niedrige Löhne waren die Folge des nach wie vor starken Zuzugs in die städtischen industriellen Ballungsgebiete. Folge dieses explosionsartigen Wachstums der Zentren vor allem in den Arbeitervierteln an der Peripherie waren teilweise inhumane Wohnverhältnisse, verstärkt durch unzureichende Infrastrukturen in diesen Quartieren. Gerade nach dem Gründerkrach mit erheblich steigender Arbeitslosigkeit verschlechterte sich die Lage der Arbeiter. Diejenigen, die Arbeit hatten, mußten häufig sehr lange arbeiten, während diejenigen, die keine Arbeit hatten, kaum Sicherheiten besaßen für derartige Notzeiten. Gegen Krankheit, Alter oder Arbeitslosigkeit gab es noch keine ausreichenden gesetzlich geregelten Sicherungssysteme, die traditionellen Einbettungen innerhalb des ländlichen oder familiären Milieus existierten in den Arbeiterghettos der Städte nicht mehr. Alles in allem gehörte der Arbeiter in den 70er Jahren des 19. Jahrhunderts, sofern er Arbeit hatte, nicht zur Schicht der eigentlich Armen, aber es bestand in Notsituationen immer die Gefahr, daß er in diese Schicht abglitt.

Prinzipiell verbessert, aber nach wie vor eher bescheiden und krisenanfällig wie die soziale und wirtschaftliche Lage war auch der **politische Status der Arbeiterschaft.** Grundsätzlich hatte sich die Lage dadurch gebessert, daß die Arbeiter sich zunehmend in den Gewerkschaften und in der Sozialdemokratie organisieren und Gehör verschaffen konnten, abgesehen von der „psychologischen" Sicherheit und Sinngebung, die mit diesen Organisationen verbunden waren. Allerdings bot das politische System mit seiner verfassungsrechtlichen Nebenrolle für das Parlament und der parteifeindlichen Haltung Bismarcks wenig Möglichkeiten, eigene Interessen durchzusetzen. Als die „Reichsfeinde" von der Sozialdemokratie schließlich seit 1878 mit den Sozialistengesetzen unterdrückt und verfolgt wurden, war keinerlei Gestaltungsspielraum mehr gegeben.

2 Im **Verständnis Treitschkes** ist die **Gesellschaft der Kaiserzeit dichotomisch gegliedert,** es werden in einer eher groben Unterteilung die Klasse mit „Besitz und Bildung" und die „niederen Klassen" unterschieden, ohne daß dabei ein marxistischer Klassenbegriff zugrundegelegt wird.

Für Treitschke ist die erkennbare **Ungleichheit** grundlegend für die Ordnung im Staat und muß so auch akzeptiert werden. Eine auf der Gleichheit aller beruhende Demokratie lehnt der Historiker ab, da die niederen Klassen zur Teilhabe an der Herrschaft nicht legitimiert seien wegen ihrer geringen Bildung und ihrer mangelnden Fähigkeit zum „Genuß“ der Güter der Kultur und Gesittung. So hält der Autor eine weitergehende Demokratisierung ebenso für falsch wie eine Sozialpolitik, die darauf abzielt, durch materielle Verbesserung der Lage der „niederen Klassen“ die Ungleichheit zu beseitigen.

Für Treitschke ist die einzig sinnvolle und auch gebotene Maßnahme eine **Öffnung der Bildungsbarrieren,** um den Aufstieg für besonders Begabte aus den unteren Schichten zu ermöglichen. Nicht materielle oder politische Gleichheit ist das Ziel, das Treitschke propagiert, sondern eine Chancengerechtigkeit im Bildungsbereich. Nötig sei eine solche Bildungspolitik, die für Aufstiegsmobilität sorgt, um bei leistungsfähigen und aufstiegsmotivierten „rüstigen Kräften“ aus den niederen Klassen die Hoffnung zu stärken, daß ein Herauswachsen aus der „Mehrheit“ möglich sei. Für Treitschke ist die mit dem Aufstieg verbundene Auffrischung der Bildungs- und Besitzeliten, der „freie Wettbewerb Aller um die Güter der Gesittung“ die eigentlich „vernünftige Gleichheit“ und wohl auch die Voraussetzung für eine stabile Gesellschaft.

3.1 Die **Sozialstruktur der deutschen Studenten** an preußischen Universitäten im Wintersemester 1886/87 spiegelt in keiner Weise die Struktur der gesamten Gesellschaft wider, eher schon die Herrschaftsstrukturen des Kaiserreiches.
In erheblichem Maße überrepräsentiert sind im Vergleich zum Anteil der Berufsgruppe an der Gesamtgesellschaft die Söhne der höheren Beamten, der Offiziere, der freien Berufe, der Großgrundbesitzer sowie der Selbständigen in Handel und Gewerbe, also des gehobenen Bildungs- und Besitzbürgertums und des Adels, der sich großteils hinter Großgrundbesitzern versteckt. Bei einem Gesamtanteil der genannten Berufsgruppen an der Gesellschaft von 15,54 % stellen Söhne aus diesen Milieus 64,92 % der Studentenschaft, also nahezu zwei Drittel.
Deutlich überrepräsentiert sind auch die Söhne der mittleren und unteren Beamten mit einem Anteil von 21,08 % an der Studentenschaft, während diese Berufsgruppen nur 5,39 % der gesamten Gesellschaft repräsentieren.

Faßt man also alle Beamten, Offiziere, freien Berufe, selbständige Unternehmer und Großgrundbesitzer zusammen, so machen sie knapp 21 % der Gesellschaft aus, ihre Söhne jedoch stellen 86 % der Studenten. Für alle anderen Gruppen, die zusammen 79 % der Gesellschaft repräsentieren, bleibt dann noch ein Anteil von 14 %, wobei die damals noch anteilsschwache Gruppe der Angestellten in etwa gleich vertreten sind an der Universität, Bauern und Kleinlandwirte deutlich unterrepräsentiert sind, Arbeitersöhne sogar als Seltenheit gelten können verglichen mit dem Anteil der Arbeiter insgesamt, der nach der offiziellen Berufszählung vom 14. Juni 1895 bei 54,86 % lag.

3.2 Vergleicht man die Prozentzahlen des Wintersemesters 1886/87 mit denen des Semesters von 1911/12, also der Zusammensetzung der Studentenschaft 25 Jahre später, so fallen zunächst einige recht konstante Werte auf. Die Berufsgruppe der höheren Beamten, Offiziere und der freien Berufe ist durch ihre Söhne annähernd gleich vertreten mit 21,28 % gegenüber 21,83 %. Geringe Veränderungen sind auch festzustellen bei den Selbständigen in Handel und Gewerbe mit einer Steigerung von 32,69 % auf 35,40 %, wobei die fast erwartete deutliche Überrepräsentierung der Großunternehmer zu ver-

merken ist, deren Söhne bei einem Anteil der Berufsgruppe in der Gesellschaft von 0,29 % immerhin 11,45 % der Studenten stellen.
Kaum verändert hat sich der Anteil der Söhne von Angestellten von 3,70 % auf 4,12 %, wobei durchaus denkbar scheint, daß sich in diesem Maße auch der Anteil der Angestellten an der Gesamtgesellschaft verändert haben könnte.
Deutliche Steigerungen sind erkennbar bei den mittleren und unteren Beamten mit 26,63 % Anteil gegenüber 21,08 und bei den Bauern, die ihren Anteil fast verdoppelt haben von 3,15 % auf 6,10 %.
Von einer Verdoppelung des Anteils ließe sich auch im Falle der Söhne von Arbeitern sprechen, wenn man die 0,49 % aus dem Wintersemester 1911/12 vergleicht mit den 0,26 % von 1886/87. Allerdings bei einem so niedrigen Wert von Verdoppelung zu sprechen verbietet sich fast, sehr viel wichtiger ist, daß sich an der Unterrepräsentierung im Grunde nichts geändert hat.
Erheblich ist der Rückgang der Söhne von Großgrundbesitzern. Stellten sie 1886/87 noch 10,4 % der gesamten Studentenschaft, so sinkt ihr Anteil bis 1911/12 auf 4,62 %, zwar immer noch deutlich überrepräsentiert, aber offensichtlich schwindet die Bedeutung des Großgrundbesitzes zumindest in der Bildungselite.
Der starke Rückgang des Anteils der Sonstigen von 6,89 % auf 1,36 % läßt sich schlüssig aus der Statistik nicht ermitteln, könnte aber auch auf eine genauere Zuordnung im Wintersemester 1911/12 zurückzuführen sein. Zu bewerten ist diese Veränderung jedenfalls nicht.

Betrachtet man den Wandel vor dem Hintergrund der Forderung Treitschkes nach **Öffnung der Bildungsmöglichkeiten** für die „niederen Klassen", so ist zwar eine Öffnung des Studiums für breitere Schichten erkennbar, wenn man an die Bauern, die mittleren und unteren Beamten sowie an kleine und mittlere Unternehmer denkt, aber von nennenswerten Aufstiegschancen für die „in Armuth Geborenen" kann angesichts des überaus geringen Anteils von Arbeitersöhnen kaum die Rede sein. Nach wie vor scheint der Weg der „niederen Klassen", über die Bildung in die herrschende Schicht aufzusteigen, nur für sehr wenige gangbar. Würde man die Veränderungen bei den Gymnasiasten ergänzend betrachten, so stellt sich das Bild am Ende des Kaiserreiches deutlicher dar: Die Mittelschichten nutzten in verstärktem Maß die Möglichkeiten eines Bildungsaufstiegs, etwa über die neuen Formen der Oberrealschulen, während die „niederen Klassen" vor dem Gymnasium zurückschreckten, da es nach wie vor als eine Standesschule der gehobenen „Klassen" galt.

4 An der Spitze der sozialen Hierarchie, zumindest was das öffentliche Prestige anging, stand **der Adel** mit seiner übermächtigen Stellung als politische und Verwaltungs-Elite im Staat und noch unangefochtener als militärische Elite. Dabei war die Bedeutung der militärischen Elite, der adeligen Offizierskaste, deswegen besonders bedeutsam, weil die traditionelle Rolle des preußischen Militärs als Führungselite im Obrigkeitsstaat sich im Reich fortsetzte und vom Bürgertum offensichtlich akzeptiert wurde.
Neben der staatlichen Verwaltung und dem Militär besaß der Adel mit seinem Großgrundbesitz auch eine überragende Position in der Landwirtschaft, verbunden mit einem erheblichen Einfluß auf die Landbevölkerung. Im Norden Deutschlands waren diese Machtstrukturen des Adels dabei sicher festgefügter als im Süden, wo sich in den Handelsstädten doch ein selbstbewußteres Großbürgertum behauptete.
Der Einfluß des Adels auf den bürgerlichen Lebensstil der Gesellschaft war im Kaiserreich beträchtlich, da insbesondere die bürgerlichen Besitz- und Bildungseliten ihren gesellschaftlichen Status durch Symbole und Rituale zu repräsentieren versuchten, die als „nobel", als adelig galten.

Doch der Adel war keine abgeschlossene Elite mehr, vielmehr gab es über den Staatsdienst oder auch über die Heirat Möglichkeiten für das Großbürgertum aufzusteigen. Im übrigen dominierte **das Bürgertum** auf den mittleren Ebenen der Verwaltung, die untere und die mittlere Beamtenlaufbahn wurden, wie auch die Statistik der Zusammensetzung der Studentenschaft zeigt, zum „Königsweg" vor allem auch kleinbürgerlicher Schichten.

Eindeutig dominierte das Bürgertum in Handel und Gewerbe, besaß damit die wesentlichen Ressourcen in der zunehmend kapitalistischen Wirtschaft, ohne jedoch daraus auch politische Machtansprüche abzuleiten. Die gescheiterte Revolution von 1848 hatte nachhaltig die **Funktionsteilung zwischen Adel und Besitzbürgertum** beeinflußt. Da aber im Zeichen der Industrialisierung und des technischen Fortschritts der Wert der Bildung und Forschung sowie einer qualifizierten Ausbildung immer größer wurde, erstaunt es nicht, daß auch im Bildungs- und Wissenschaftsbereich das Bürgertum dominierte. Der Ausbau des Schul- und Bildungssystems, quantitativ wie qualitativ durch die Verstärkung naturwissenschaftlicher gymnasialer Zweige, wurde vorwiegend vom mittleren und unteren Bürgertum genutzt, um aufzusteigen.
Von einer **bürgerlichen Gesellschaft** kann man aber nicht deshalb sprechen, weil das Bürgertum die eigentliche Elite darstellte, sondern weil Normen und Lebensstil überwiegend bürgerlich waren in ganz bewußter Abgrenzung von einem „proletarischen" Lebensstil und orientiert am repräsentativen Stil des Adels, sofern man es sich leisten konnte.

Grundsätzlich in Frage gestellt wurden die **Führungspositionen** in der Zeit vor dem Ersten Weltkrieg nicht, sieht man von der radikalen Opposition gegen den Obrigkeitsstaat durch Teile der Arbeiterbewegung ab. Allerdings ist nicht zu übersehen, daß das Reich und die Gesellschaft vor 1914 nicht einheitlich waren. Die eher traditional orientierten politischen Eliten mußten sich behaupten gegen die neuen Machteliten in der Industrie. Im Kampf um die Schutzzollpolitik werden erste Frontstellungen zwischen den adeligen Großgrundbesitzern und dem nationalliberalen Industriebürgertum erkennbar, die der Obrigkeitsstaat zwar noch auszugleichen vermag, die aber die Dominanz der adeligen Eliten mehr und mehr begrenzen.
In Frage gestellt wird auch die Führungsposition des Adels im Militär und vor allem in der Verwaltung durch das Bildungsbürgertum, das die schulischen Aufstiegsmöglichkeiten zu nutzen versteht. Der Rückgang des Anteils der Söhne der Großgrundbesitzer an der Studentenschaft, wie er in der vorgelegten Statistik sichtbar wird, zeigt, daß die alten Eliten dort an Boden verlieren, wo zunehmend die Qualifikation gefragt ist, nicht mehr nur die Herkunft und der Besitz. Und für solche Aufstiegsmöglichkeiten boten sich immer mehr Verwaltungslaufbahnen an angesichts einer zunehmenden Interventionstätigkeit des Staates mit immer spezielleren Verwaltungsaufgaben.

Leistungskurs Geschichte (Bayern) 1997 – Aufgabe III
Von der europäischen Gleichgewichtspolitik zur Weltpolitik –
Internationale Politik im 19. und 20. Jahrhundert

		BE
1	Erarbeiten Sie aus dem Text, wie der Verfasser die Situation Europas sieht und die Chancen zur Verwirklichung des von ihm angestrebtene Modells eines vereinigten Europas beurteilt!	10
2	Nennen Sie wesentliche politische, wirtschaftliche und militärische Zusammenschlüsse in Europa nach dem Zweiten Weltkrieg bis 1957, und überprüfen Sie, inwieweit die damit verbundene Entwicklung den Zielen des Verfassers entspricht!	16
3	Vergleichen Sie die Ordnung des europäischen Staatensysems nach Ende des Ersten Weltkriegs 1918/19 mit der sich entwickelnden Konstellation 1945–49!	16
4	Erörtern Sie vergleichend, unter Berücksichtigung der jeweils hemmenden und begünstigenden Faktoren, die Chancen einer europäischen Einigung in den 1950er und den 1990er Jahren!	18

Aus der Denkschrift von Altiero Spinelli „Die Föderalistische Europäische Bewegung und die politische Realität der Stunde“ aus dem Jahre 1946:

(Altiero Spinelli, Mitglied der 1943 gegründeten italienischen Vereinigung „Movimento Federalista Europeo“, die bereits im italienischen Widerstand für die „Vereinigten Staaten von Europa“ eintrat.)

„Unsere Vorhersage eines Europas, in dem alle staatlichen Strukturen zusammenbrechen, die Völker jedoch über ihr Schicksal frei sollten entscheiden können, ist nicht eingetreten. Die Weltmächte haben – außer im Falle Deutschlands – die bisherigen staatlichen Strukturen aufrechterhalten, und zusammen haben sie den europäischen Völkern das Recht der Entscheidung über ihr Schicksal für den gesamten Bereich der internationalen Beziehungen, teilweise auch für den innerstaatlichen Bereich, genommen. In großen Zügen, kann man sagen, ist Europa heute aufgeteilt in: 1) ein von der UdSSR unmittelbar beherrschtes Osteuropa, 2) ein vor allem von Amerika beeinflußtes Westeuropa, 3) ein geschwächtes und auf sich selbst zurückgezogenes England, das den Versuch macht, eine sozialistische Volkswirtschaft aufzubauen, 4) ein in vier nicht lebensfähige Teile zerrissenes Deutschland. Unter diesen Umständen von europäischer föderalistischer Einigung zu sprechen, ist sinnlos, denn in Europa fehlt es an jeder zentripetalen Kraft. Von Föderation in Europa kann man heute nur sprechen, wenn man eine Föderation der westlichen Länder meint, wobei man hinnimmt, daß das gesamte Europa ostwärts der Linie Triest – Lübeck sich unter sowjetischer Ägide organisiert. Damit aber würde man sich bereits mit einer Entwicklung abfinden, die zwar gefährlich droht, aber noch nicht entschieden ist. [...] Es darf heute nichts unversucht bleiben, einen friedlichen ‚Modus vivendi‘ zwischen den USA und der UdSSR zu finden: Der europäische Beitrag hierzu muß das Ziel haben, Europa zu einer neutralen Zone zwischen den zwei oder drei Großmächten zu machen und diese Zone nach Möglichkeit auszuweiten. Es ist gefährlich, in diese zur Zeit noch laufenden diplomatischen Bemühungen mit verfrühten Föderationsplänen einzugreifen, die lediglich dazu führen würden, den russsischen Widerstand zu versteifen, und die daher weder von den Amerikanern noch von den Engländern ernsthaft unterstützt werden würden, denn diese sind mit Recht heute darum besorgt, eine solche Versteifung zu vermeiden. [...] Aufgabe der förderalistischen Bewegung muß (vorerst) sein, ein föderalistisches politisches Bewußtsein zu formen, das dazu bestimmt ist, das gegenwärtig herrschende nationale Bewußtsein abzulösen. [...]“

Aus: L'Unità Europea. Voce del Movimento Federalista Europeo. Turin, Nr. 7 vom 20. 1. 1946, S. 2f., zitiert nach: Lipgens, Walter: Die Europäische Integration. Stuttgart 1983, S. 22.

Lösungen

1 Spinelli beurteilt die **Situation Europas im Jahr 1946** recht skeptisch. Aus seiner Sicht wurde von den Siegern des Zweiten Weltkriegs zu wenig getan, um die Einigung Europas zu fördern, vielmehr wurden die „bisherigen staatlichen Strukturen" beibehalten, sieht man von der Teilung Deutschlands in „vier nicht lebensfähige Teile" ab.

Für Spinelli sind die europäischen Staaten aber aus verschiedenen Gründen nicht stark und souverän genug, um den **europäischen Einigungsprozeß** vorantreiben zu können. England ist für ihn geschwächt und zu sehr mit sich selbst beschäftigt, die übrigen westeuropäischen Staaten werden von den USA beeinflußt und können ihre internationalen Beziehungen nicht frei gestalten, der Osten Europas wird von der Sowjetunion bis in den innerstaatlichen Bereich hinein beherrscht.

In dieser Lage sieht Spinelli wenig Möglichkeiten für den von ihm angestrebten Weg zu einem vereinigten Europa. Angesichts der drohenden Teilung Europas als Folge der sich abzeichnenden Auseinandersetzung zwischen den Großmächten fehlt aus seiner Sicht eine „zentripetale Kraft", die den Einigungsprozeß fördern und die eher zentrifugalen Tendenzen überwinden könnte. Wenn überhaupt, dann zeichnet sich eine Föderation der westeuropäischen Länder ab, die aber für Spinelli eher die Chancen einer europäischen Einigung verschlechtert, da sie zu einer Ausgrenzung Osteuropas und damit zu einer Spaltung führen würde, da die UdSSR einer solchen westeuropäischen Föderation keinesfalls zustimmen könnte. Nach Einschätzung des Autors werden folglich die USA und auch England einen solchen Prozeß nicht unterstützen, da sie eine dauerhafte Teilung Europas nicht wünschen.
So bleibt für Spinelli nur die Möglichkeit, das noch fehlende **föderalistische Bewußtsein** in Europa zu formen und die nach wie vor dominanten nationalstaatlichen Egoismen „abzulösen".

Sichtbar wird in dem Text ein hohes Maß an Enttäuschung, daß im Zuge einer möglichen Neuordnung nach dem Zusammenbruch Deutschlands nichts getan wurde für eine europäische Einigung, daß vielmehr durch die Machtansprüche der beiden Großmächte eher destintegrative Tendenzen verstärkt wurden.

2 Die Befürchtung Spinellis, es könnte zu einer Verfestigung der **Teilung Europas** kommen, wenn die westeuropäischen Staaten unter dem Einfluß der USA zusammenrücken sollten, erfüllte sich sehr schnell.

Der sich bereits 1946 abzeichnende und schließlich 1947 mit der **Truman-Doktrin und dem Marshall-Plan** offen zutage tretende Konflikt zwischen den USA und der Sowjetunion ließ den westeuropäischen Ländern kaum eine Alternative zur Zusammenarbeit untereinander und mit den USA, vorwiegend aus sicherheitspolitischen und damit auch wirtschaftlichen Erwägungen. Zwar war der **„Brüsseler Pakt"**, den Großbritannien, Frankreich und die Benelux-Staaten 1948 schlossen, explizit noch gegen eine Bedrohung „im Falle der Wiederaufnahme der deutschen Angriffspolitik" (Vertragstext) geschlossen, in der Praxis wurde die **„Western Union"** jedoch zu einem gegenseitigen Hilfsabkommen für den Fall einer sowjetischen Bedrohung.

Die **Politik der Eindämmung** (containment) des sowjetischen Expansionsdranges, die seit 1947/48 von den USA betrieben wurde, ließ eine engere Zusammenarbeit der westeuropäischen Staaten notwendig erscheinen. Ziel des Marshall-Plans war dabei, durch amerikanischen Kapitaleinsatz die westeuropäischen Länder ökonomisch zu stabilisieren und damit weniger anfällig zu machen gegen kommunistische und folglich sowjetische Einflüsse. Die 1948 erfolgte Gründung der **„Organisation für wirtschaftliche Zusammenarbeit in Europa“ (OEEC:** Organization for European Economic Cooperation) mit dem Ziel, die ERP-Mittel zu verteilen und die (west-)europäische Wirtschaft zu liberalisieren, wurde zu einer wichtigen ersten Etappe auf dem Weg zu einer engen wirtschaftlichen Zusammenarbeit in Westeuropa.

Die Gründung des **Europarates** im Frühjahr 1949 in London war schließlich ein erster zaghafter Versuch einer europäischen Einigung, zaghaft deshalb, weil die Nationalstaaten noch nicht bereit waren, eigene Hoheitsrechte aufzugeben. Immerhin erklärten die zehn Gründungsmitglieder ihren Willen, den europäischen Gedanken zu pflegen und auf wirtschaftlichem, sozialem und politischem Gebiet Fortschritte zu erzielen. 1950 trat auch die Bundesrepublik dem Europarat bei, der im gleichen Jahr die europäische Menschenrechtskonvention verabschiedete und damit eine Werteplattform für eine mögliche Einigung schuf.
Erfolgversprechender als die wohl verfrühten Versuche einer politischen Einigung waren die Bemühungen um wirtschaftliche Zusammenarbeit. Insbesondere die Initiative des französischen Außenministers **Robert Schumann** im September 1950 brachte neue Bewegung in den westeuropäischen Einigungsprozeß. Nach seinem Plan sollten die französische und die deutsche Kohle- und Stahl-Industrie „unter eine gemeinsame oberste Autorität innerhalb einer Organisation“ gestellt werden. Selbst wenn hinter dem Plan das französische Interesse an einer Kontrolle der deutschen Kohle- und Stahlproduktion gestanden haben sollte, so erwies sich die Idee doch als eine integrative Kraft. Im April 1951 unterzeichneten Frankreich, Deutschland, Italien und die Benelux-Staaten den Vertrag zur Gründung der **„Europäischen Gemeinschaft für Kohle und Stahl“ (EGKS).** Diese Montanunion wurde zu einer wichtigen Säule der kommenden europäischen Wirtschaftsgemeinschaft, bedeutete auch den ersten wirklichen Verzicht der beteiligten Staaten auf einen Teil ihrer Souveränität.

Eine zweite Säule sollte die **„Westeuropäische Union“** werden, die in den **Pariser Verträgen** von 1954 als Erweiterung der „Western Union“ durch den Beitritt der Bundesrepublik und Italiens neu formiert wurde, nachdem das Scheitern der Europäischen Verteidigungsgemeinschaft die Hoffnung auf eine weitergehende politische Einigung zerstört hatte.
Im wirtschaftlichen Bereich waren die westeuropäischen Staaten über die Gemeinsamkeit in der Montanindustrie hinaus zu einer weiteren Zusammenarbeit bereit. Die 6 Montanstaaten entschlossen sich deshalb auf der Konferenz von Messina im Juni 1955 zu einer „fortschreitenden Verschmelzung der Nationalwirtschaften“ und unterzeichneten am **25. März 1957 in Rom die Verträge,** die zur Gründung der **Europäischen Wirtschaftsgemeinschaft (EWG)** und der **Europäischen Atomgemeinschaft (EURATOM)** führten.

Wie Altiero Spinelli in seiner Analyse befürchtet hatte, vertiefte sich die Spaltung Europas im Zuge der westeuropäischen Integrationsbewegung. In Osteuropa zwang nämlich die Sowjetunion ihre Satellitenstaaten zu vergleichbaren wirtschaftlichen und militärischen Bündnissen. 1949 wurde der **„Rat für Gegenseitige Wirtschaftshilfe“ (RGW)** gegründet, dem neben der Sowjetunion Polen, die Tschechoslowakei, Ungarn, Bulgarien und Rumänien angehörten. Die DDR trat dem COMECON (Council for Mutual Economic Assistance) 1950 bei. Die Organisation war gedacht als eine Antwort auf den Marshall-Plan und die Gründung der OEEC und sollte die Ostblock-Staaten sichern gegen westliche kapitalistische Unterwanderung, in Wirklichkeit diente der Rat der Unterordnung der ökonomischen Interessen der Mitglieder unter die sowjetische Führung.

Die militärische Zusammenarbeit der osteuropäischen Staaten vor dem Hintergrund des sich immer mehr verschärfenden Kalten Krieges und angesichts des Beitritts der Bundesrepublik zur NATO wurde mit der Errichtung des **„Warschauer Paktes" 1955** verstärkt und institutionell gesichert.

Betrachtet man die Entwicklung bis zum Jahr 1957 aus der Sicht Spinellis, so sind die von ihm angestrebten Ziele keinesfalls erreicht worden, die Entwicklung ist vielmehr in eine ganz andere Richtung verlaufen. Ein neutrales und blockfreies Europa zwischen der Sowjetunion und der USA stellte im Kalten Krieg offensichtlich ebensowenig eine realistische Alternative dar wie ein gesamteuropäischer Föderalismus als Ergebnis des Verzichts auf politische Souveränitäten. Viemehr hatte sich im Westen ein „Kern" von integrationswilligen Staaten aus wirtschaftlichen und vor allem sicherheitspolitischen Gründen zur Zusammenarbeit entschlossen, wobei es nicht nur um die Abwehr des Sowjetkommunismus ging, sondern auch um die Beseitigung von Ängsten, die ein neu erstarkendes Deutschland hervorrufen könnte. Die **westeuropäische Einigung** im Schutz und teilweise unter der Regie der USA zielte dabei weniger auf die Schwächung der Nationalstaaten, deren Dominanz entgegen den Wünschen Spinellis erhalten blieb. Die wirtschaftlichen und militärischen Zusammenschlüsse im osteuropäischen Raum hatten mit einer europäischen Einigung im Sinne Spinellis noch weniger zu tun, dienten vielmehr ausschließlich der Verfestigung des Machtbereichs der Sowjetunion und der Erhaltung der russischen Hegemonie.

3 Sowohl nach dem Ersten wie nach dem Zweiten Weltkrieg war es das Ziel der Sieger, eine Ordnung zu schaffen, die stabil sein sollte, um zukünftige Kriege zu verhindern. 1918/19 wurde dabei auf der **Pariser Friedenskonferenz** in den verschiedenen Vorortverträgen eine Staatenordnung fixiert, während nach 1945 die Vereinbarungen der Sieger in **Potsdam** zunächst eher den Charakter einer vorläufigen Regelung haben sollten, sich dann jedoch mit zunehmender Verhärtung der Fronten zwischen dem Westen und der Sowjetunion verfestigten. Als dauerhafte Friedensordnungen erwiesen sich beide nicht, da von gemeinsamen Interessen und Zielen der verantwortlichen Mächte nach Beendigung des Krieges nicht die Rede sein konnte.

Zwar war es die Absicht der Sieger, nach 1918 eine Umgestaltung der europäischen Ordnung vorzunehmen, in Ost- und Südosteuropa einen **„Cordon Sanitaire"** gegen das bolschewistische Rußland zu installieren. Diesem Ziel verdanken ehemalige russische Provinzen, daß sie jetzt eine eigene Staatlichkeit erhielten: Finnland, Estland, Lettland, Litauen, Polen, Rumänien. Doch sollten diese Randstaaten, die Mitteleuropa von der Sowjetunion trennten, nicht nur eine Pufferzone gegen das traditionell expansive Rußland bilden, sie sollten zugleich mit den west- und südeuropäischen Staaten einen Ring um das aggressive Deutsche Reich bilden im Bündnis mit England und Frankreich. Hinter der „neuen" Ordnung stehen also ganz und gar „alte" Motive der beiden westlichen Großmächte: **Frankreichs Sicherheitsstreben** gegenüber Deutschland und die **englische Politik einer „Balance of Power".** Unverändert bleibt auch der Nationalstaat das Element des europäischen Mächtesystems, auch wenn gerade in Osteuropa und insbesondere mit Blick auf das in Paris konstruierte Polen es sicherlich schwierig war, die Staatsnation zu definieren.

Nach 1945 gab es, wie der Text von Spinelli unter anderem belegt, ebenfalls Vorstellungen über eine Neuordnung etwa in Richtung einer europäischen Föderation, doch spielten solche Ideen bei den Kriegskonferenzen der späteren Sieger oder bei den Außenministerkonferenzen nach der deutschen Kapitulation kaum eine Rolle. Sieht man von der deutschen Frage ab, die zum Streitpunkt zwischen den Siegern wurde, hatte man nicht die Absicht, das europäische Staatensystem grundlegend zu ändern. Es ging

bestenfalls um Grenzziehungen wie im Falle der Westverschiebung Polens. Allerdings veränderte sich das europäische System im Zuge des **Ost-West-Konflikts** sehr viel tiefgreifender als nach dem Ersten Weltkrieg. Die Blockbildung teilte nicht nur Europa, sondern führte zu übernationalen Zusammenschlüssen. Dabei bleiben im Westen die alten Nationalstaaten unverändert bis auf Deutschland, aber im Laufe der anfangs sicherheitspolitischen, später zunehmend wirtschaftlichen Zusammenarbeit werden die nationalstaatlichen Strukturen zumindest ergänzt durch supranationale Einrichtungen.
Im Osten wurde aus dem ursprünglichen „Cordon Sanitaire" ein Gürtel von Satellitenstaaten, die zwar de jure noch souveräne Nationalstaaten waren, de facto allerdings „Provinzen" des Sowjetimperiums. In der Realität hatten die 1918/19 gegründeten oder wiedergegründeten ost- und südosteuropäischen Staaten ihre nationale Souveränität wieder verloren.

Nicht zu vergleichen sind die Machtstrukturen nach 1918/19 und nach 1945. Nach dem Ersten Weltkrieg spielten Frankreich und Großbritannien eine dominierende Rolle in Europa, vor allem nachdem sich die USA zumindest politisch aus Europa zurückgezogen hatten. Die Interessen waren zu unterschiedlich: Frankreich wollte Sicherheit gegenüber Deutschland und eine gewisse Hegemonie auf dem Kontinent, England wollte seine maritime Machtstellung behaupten und die kontinentaleuropäischen Verhältnisse mitgestalten, die USA waren an der Errichtung eines weltweiten Freihandelssystems interessiert. Daß das Deutsche Reich zwar politisch ausgegrenzt, aber als Macht erhalten blieb, entsprach sicherlich nicht den Wünschen Frankreichs, lag aber im Kalkül der englischen wie der amerikanischen Politik. Das bolschewistische Rußland hatte seine bisherige Rolle als eine der führenden europäischen Mächte und als potentieller Bündnispartner verloren, es wurde völlig ausgegrenzt.

Nach 1945 hatten England und Frankreich ihre europäische Dominanz verloren, die USA und die UdSSR waren von nun an die bestimmenden Mächte. In diesem **bipolaren System** wurden Europa und ganz besonders Deutschland für einige Jahre zum bloßen Spielball der Interessen der Supermächte, ehe es zumindest für Westeuropa zu einer atlantischen Partnerschaft mit den USA kam.

4 Der **europäische Einigungsprozeß** in den fünfziger Jahren wird weitgehend mitbestimmt durch den umfassenderen Ost-West-Konflikt, der gleichsam als Rahmen für die in Europa herrschenden Bedingungen verstanden werden kann.

Hemmend für die europäische Einigung war der Ost-West-Konflikt selbst schon allein dadurch, daß die **Blockbildung** einen Eisernen Vorhang mitten in Europa niederließ. Die vor allem durch die Stalin-Noten hervorgerufene Diskussion über Möglichkeiten einer Neutralisierung Europas und einer Annäherung West- und Osteuropas erwies sich letztlich ebenfalls als hemmender Faktor, da das Mißtrauen gegenüber dem Sowjetkommunismus zu stark war und man dem Expansionsdrang des internationalen Kommunismus am ehesten mit starken Nationalstaaten begegnen zu können glaubte, zumal in keinem europäischen Land damals die Bereitschaft groß war, eigene Souveränitäten zu opfern. Spätestens das Scheitern der Pläne für eine Europäische Verteidigungsgemeinschaft hatte offenbart, daß man die politische Einigung nicht wollte. Allerdings gab es in den fünfziger Jahren auch **begünstigende Faktoren.** Die Erfahrungen mit zwei furchtbaren Weltkriegen, die schließlich von den Nationalstaaten geführt worden waren, ließ die Kritik am nationalstaatlichen Denken immer lauter werden. In Frankreich kann als Beispiel dafür **Jean Monnet** gelten, der eigentliche Vater des Schumann-Plans zur Errichtung der Montanunion, dessen geschickte Einflußnahme dazu führte, daß Frankreich seine antideutsche Sicherheitspolitik korrigierte zugunsten einer partnerschaftlichen Zusammenarbeit mit dem Fernziel einer europäischen Föderation.

Auf deutscher Seite war es **Konrad Adenauer,** der seine Politik nicht mehr nur an nationalstaatlichen Interessen allein orientierte, sondern für den die deutsch-franzsösische Partnerschaft Voraussetzung war für einen westeuropäischen Einigungsprozeß im Schutz der atlantischen Partnerschaft mit den USA. Eine nationalstaatliche Zukunft für Deutschland beurteilte Adenauer offensichtlich sehr viel skeptischer.

Der europäische Einigungsprozeß wurde in den fünfziger Jahren auch dadurch gefördert, daß in allen Ländern die Erkenntnis zunahm, daß sich die europäischen Nationen nur dann in dem bipolaren Spannungsfeld behaupten konnten, wenn sie enger zusammenrückten und die Zusammenarbeit verstärkten. Gegenüber den USA war dabei eine wirtschaftliche Einigung zwingend, dem materialistischen Denken aus dem Osten setzte man ideologisch den **Wertkonsens des europäischen christlichen Abendlands** entgegen. Selbst wenn das häufig auch nur propagandistische Waffe im Kalten Krieg war, so lenkte es das Bewußtsein doch immer wieder auf das Vorhandensein einer gesamteuropäischen Identität.

In den neunziger Jahren ist Europa zwar nicht mehr durch den Eisernen Vorhang getrennt, doch hat der **Zerfall des sowjetischen Imperiums** neue hemmende Faktoren geschaffen oder verstärkt. In den osteuropäischen Staaten, die aus dem Machtbereich der Sowjetunion entlassen wurden, feierte der Nationalismus eine teilweise blutige Auferstehung. Daß darüber hinaus nationalstaatliches Denken und Handeln nach wie vor den europäischen Einigungsprozeß behindert, zeigen die Reaktionen gegenüber der bevorstehenden Währungsunion, aber auch die fehlende Einigkeit der europäischen Staaten, wenn es um strategische Konzepte zur Befriedung von Konflikten wie im ehemaligen Jugoslawien geht.

Als hemmender Faktor bei der angetrebten Osterweiterung der EU, die sicherlich als logische Folge der europäischen Integration angesehen werden muß, erweist sich das erhebliche wirtschaftliche Gefälle, die industrielle, technologische und soziale Rückständigkeit der ehemaligen sozialistischen Staaten. Die Vielzahl der aufgebrochenen und latent schwelenden **ethnischen Konflikte,** auch eine Folge der teilweise rücksichtslosen zentralistischen Politik Moskaus, stellt eine weitere Schwierigkeit dar, die Staaten Osteuropas in den europäischen Einigungsprozeß einzubeziehen. Hinzu kommt der Widerstand Rußlands gegen eine Osterweiterung aus sicherheitspolitischen Motiven, aber auch aus Angst vor einer zunehmenden ökonomischen Dominanz des Westens.
Grundsätzlich hat aber der Zusammenbruch des Ostblocks dem europäischen Einigungsprozeß neue Impulse verliehen. Die sehr viel engeren Beziehungen der westeuropäischen Staaten zu den osteuropäischen Nachbarn erlaubt es, die traditionellen Strukturen eines gesamteuropäischen politischen, wirtschaftlichen und kulturellen Systems neu zu beleben und in den schon fortgeschrittenen westeuropäischen Einigungsprozeß einzubinden. Die Umwandlung wichtiger osteuropäischer Staaten von kommunistischen Einparteiensystemen mit einer sozialistischen Planwirtschaft in pluralistische Gesellschaften mit marktwirtschaftlichen Strukturen ist in vollem Gang und verbessert die Chancen einer **Osterweiterung der EU.** Dabei wirkt die deutsche Einigung trotz einiger Schwierigkeiten und Fehlentwicklungen und trotz der erheblichen finanziellen Probleme als gesamteuropäisches Einigungssignal, wenn nicht gar als unmittelbar förderndes Element, wenn man an die Verbindungen und Beziehungen denkt, die durch die engen Bindungen der ehemaligen DDR zu den sozialistischen Nachbarstaaten entstanden sind.

Eine sicherlich bedeutsame Förderung wird der europäische Einigungsprozeß auch erfahren durch die **Globalisierung der Märkte.** Die Einsicht vieler großer Unternehmen, daß nationale Dimensionen zu eng sind, um in der internationalen Konkurrenz bestehen zu können, wird auch das Verhalten der nationalen Regierungen beeinflussen.

Europa wird auf die Dynamik z. B. der ostasiatischen Märkte nur dann wirksam reagieren und seine Konkurrenzfähigkeit erhalten können, wenn es gelingt, die eigenen Ressourcen zu bündeln und nicht durch nationale Alleingänge zu vergeuden.

Zusammenfassend läßt sich sicher sagen, daß in den neunziger Jahren eine deutlich bessere Chance für den europäischen Einigungsprozeß besteht als in den fünfziger Jahren. Gleichzeitig ist aber die Einstellung zu einer Europäischen Union skeptischer, vielleicht auch realistischer geworden. Eine radikale und totale Aufgabe nationaler Souveränitäten scheint mehr denn je eine Utopie, wird auch nicht mehr als wünschenswert und zwingend angesehen. Vielmehr setzt sich die Erkenntnis durch, daß in einzelnen Bereichen, vor allem in der Wirtschafts- und Sozialpolitik natürlich, wohl auch in der Sicherheitspolitik, die Integration sehr viel tiefer gehen muß als in anderen Bereichen, etwa der Kultur- oder Bildungspolitik, wo durchaus nationale, vor allem aber **regionale Autonomie** erhalten bleiben sollte.

Leistungskurs Geschichte (Bayern) 1997 – Aufgabe IV
Deutschland seit 1945

		BE
1	Skizzieren Sie anhand wesentlicher Maßnahmen die Grundlinien der inneren Entwicklung der SBZ bzw. DDR bis 1953!	12
2	Erarbeiten Sie aus dem Text, wie der Verfasser die Ereignisse des 17. Juni 1953 sowie die Haltung der Bundesregierung darstellt! Beurteilen Sie diese Darstellung unter Berücksichtigung der Ziele des Autors!	14
3	Vergleichen Sie den Aufstand des 17. Juni 1953 mit der friedlichen Revolution in der DDR bis zur Maueröffnung am 9. November 1989! Beziehen Sie dabei die jeweiligen internationalen Rahmenbedingungen ein!	14
4	Stellen Sie zeitlich gegliedert dar, wie sich die offizielle Haltung der DDR zur Frage der deutschen Einheit von 1949 bis 1990 änderte!	8
5	In der Diskussion um die Wahl eines Nationalfeiertages nach der Vereinigung Deutschlands äußerte sich Ernst Benda, ehemaliger Präsident des Bundesverfassungsgerichts, wie folgt: „Vom 17. Juni als Nationalfeiertag kann jetzt leichten Herzens Abschied genommen werden, weil damit nicht mehr das Mißverständnis verbunden sein wird, auf das Ziel der staatlichen Vereinigung solle verzichtet werden. Der 9. November bringt besser als jeder andere Tag die Erinnerung an die dunkelsten und die hellsten Tage der neueren deutschen Geschichte zum Ausdruck; dies wäre ein gutes Datum für einen nationalen Feiertag.“ Erörtern Sie, ob der 9. November besser als der 3. Oktober als nationaler Feiertag geeignet wäre!	12

Darstellung des Aufstandes vom 17. Juni 1953 aus der Sicht des DDR-Historikers Jürgen Hoffmann:

(Der Autor des 1988 abgeschlossenen Werks war als Historiker in leitender Funktion an der Akademie für Gesellschaftswissenschaften beim Zentralkomitee der SED tätig.)

„Selbstverständlich hat die SED nie einen Hehl daraus gemacht, daß ihre Wiedervereinigungsvorschläge keine Einladung zur Restauration eines imperialistischen Deutschlands waren. Das deutsche Volk sollte ‚selbst', ohne fremde Einmischung, die Frage des staatlichen, gesellschaftlichen und wirtschaftlichen Aufbaus des einheitlichen, demokratischen und friedliebenden Deutschlands, unter Ausschaltung aller großkapitalistischen Monopole (Kartelle usw.) ‚lösen' können, wie es in einer Erklärung der Volkskammer vom August 1953 zum Ausdruck kam. Das erforderte die Verwirklichung der Grundsätze des Potsdamer Abkommens auch in der BRD.

Wie sich die herrschenden Kräfte in Bonn die Wiederherstellung der Einheit Deutschlands dachten, zeigte das Jahr 1953 in aller Deutlichkeit. Adenauer sprach davon, man möge nicht von Wiedervereinigung, sondern besser von Befreiung reden, und sein Außenminister Heinrich von Brentano verkündete: ‚Wir werden alles tun, und das letzte unternehmen, ich sage ausdrücklich: alles und das letzte, um die sowjetische Besatzungszone wieder zurückzuholen.' [...]

Am 19. März 1953 ratifizierte der Bundestag den General- und den EVG-Vertrag. Die ideologische Diversion[1], der Wirtschaftskrieg und subversive Handlungen gegen die DDR verschärften sich. Der BRD-Innenminister Gerhard Schröder ließ wissen: ‚Die Bundesrepublik ist Deutschland. Alles andere deutsche Gebiet ist uns entzogenes und vorenthaltenes Territorium, das zurückgegliedert werden muß.'

Wenige Tage später, am 17. Juni 1953, brannte am Potsdamer Platz in Berlin das Warenhaus der Handelsorganisation. Feinde des Sozialismus im Inneren der DDR und eingeschleuste Provokateure nutzten die Unzufriedenheit und die Mißstimmung von Werktätigen aus, um Demonstrationen und Arbeitsniederlegungen in verschiedenen Städten der Republik zu inszenieren.

In der gesellschaftlichen und wirtschaftlichen Entwicklung der DDR war eine komplizierte Situation entstanden. Noch bevor korrigierende Beschlüsse der SED und des Ministerrates der DDR von Anfang Juni wirksam werden konnten, sollte der ‚Tag X' abrollen. [...]

Provokateure legten Brände, demolierten Einrichtungen der SED und staatlicher Organe, mißhandelten und ermordeten klassenbewußte Arbeiter, die ihnen entgegentraten. [...] Doch der suggerierte ‚Generalstreik' kam nicht zustande. Innerhalb von 24 Stunden brach die inszenierte Konterrevolution zusammen. Bei der Mehrheit der Arbeiterklasse fanden die feindlichen Elemente keine Unterstützung.

Der Versuch, der deutschen Frage eine imperialistische und konterrevolutionäre Antwort aufzudrängen, war gescheitert. Die Arbeiter-und-Bauern-Macht behauptete sich. Die eingeleitete Erneuerung der Existenzgrundlagen des nationalen Lebens auf deutschem Boden blieb Realität.

In der BRD werden die Ereignisse des 17. Juni 1953 bis zum heutigen Tage offiziell als ‚Tag der deutschen Einheit' apostrophiert."

[1] ideologische Diversion: Versuche ideologischer Destabilisierung

Aus: Hofmann, Jürgen: Ein neues Deutschland soll es sein. Zur Frage nach der Nation in der Geschichte der DDR und der Politik der SED. Berlin/DDR 1989, S. 126f.

Lösungen

1 Wenig strittig ist heute die Einsicht, daß die **sowjetische Deutschlandpolitik nach 1945** sehr viel zielstrebiger und in sich stringenter war als die teilweise doch eher improvisierte Politik der Westmächte in ihren Zonen.

Mit Hilfe von **kommunistischen Kadern,** die seit 1939 in Moskau auf ihre Arbeit vorbereitet wurden, sollten die Grundlagen in der Sowjetischen Besatzungszone geschaffen werden, um in enger Zusammenarbeit mit der Roten Armee und unter Kontrolle der Sowjetischen Militäradministration (SMAD) eine sozialistische Wirtschafts- und Gesellschaftsform aufzubauen und eine politische Monopolisierung durchzusetzen. Anfangs ließen dabei die Sowjets im Befehl Nr. 2 vom 10. Juni 1945 mehrere Parteien zu, um auch Anhänger im bürgerlichen Lager nicht zu früh in die Opposition zu treiben, aber die Prateien wurden schon am 14. Juli im „antifaschistischen Block" zusammengefaßt und dadurch der **Führungsrolle der KPD** unterworfen. Eine oppositionelle Bewegung konnte so im Keim erstickt werden. Hinter einer demokratischen Fassade sollte die Monopolisierung der Macht vorangetrieben werden. So waren repräsentative Führungspositionen oft mit nichtkommunistischen Politikern besetzt, aber an den Schaltzentralen, etwa der „deutschen Zentralverwaltung", duldete die SMAD fast ausschließlich Kommunisten.

Von besonderer Bedeutung war das Verhältnis zwischen SPD und KPD. Innerhalb der Sozialdemokratie gab es sehr unterschiedliche Positionen zur Möglichkeit und Intensität einer Zusammenarbeit mit den Kommunisten, für die KPD stand aber außer Frage, daß die beiden Parteien vereinigt werden müßten, da sonst die Gefahr drohte, daß die KPD gegenüber der SPD ins Hintertreffen geraten würde. Die schlechten Wahlergebnisse der Kommunisten in Österreich und Ungarn im November 1945 waren dabei ein Alarmsignal. Mit Unterstützung der SMAD kam es schließlich zur **Vereinigung zur SED** am 21./22. April 1946, wobei strittig bleibt, wie sehr die SPD hier gezwungen wurde oder wie stark das eigene Interesse an einer einheitlichen sozialistischen Kraft war. Im Westen jedenfalls lehnte Kurt Schumacher jede Zusammenarbeit mit den Kommunisten ab.

Die neue Einheitspartei wurde in den folgenden Jahren planmäßig zu einer Kaderpartei, einer stalinistischen „Partei neuen Typs" weiterentwicklet, wie es das SED-Zentralsekretariat im Juli 1948 kennzeichnete, deren Aufgabe es war, den Umbau von Staat und Gesellschaft zu sichern und zu kontrollieren. Zu diesem Zweck mußte die Partei auch von „feindlichen und entarteten Elementen" gesäubert werden, wobei vor allem Kritiker gemeint waren, die sich gegen die enge Anlehnung an den sowjetischen Stalinismus wandten.

Auf die Gründung der Bundesrepublik antwortete die SED mit der Errichtung der **„Nationalen Front des Demokratischen Deutschland",** einem Versuch, den Widerstand gegen die Staatsgründung im Westen zu mobilisieren und zu organisieren.Im Westen fand diese Aktivität kaum Ressonanz, in der SBZ wurde die Nationale Front zum Instrument der SED, alle gesellschaftlichen Organisationen, Parteien wie Verbände, dem eigenen Führungsanspruch zu unterwerfen.

Die anschließende **Gründung der DDR** am 7. Oktober 1949 wurde prinzipiell schon durch die Arbeit des „2. Volkskongresses" vorbereitet, der im März 1948 einen „Deutschen Volksrat" aus 400 Mitgliedern bildete, die unter anderem mit der Erarbeitung einer Verfassung beauftragt wurden. Zugrunde lag dabei ein SED-Entwurf von 1946. Die staatliche Macht sollte nach dieser Verfassung nicht durch Instrumente der Gewaltenteilung und -verschränkung kontrolliert werden, im Gegenteil durch strenge Gewaltenkonzentration im Sinne eines „demokratischen Zentralismus“ gebündelt werden. Eine solche **Monopolisierung auch der staatlichen Macht** entsprach den Vorstellungen des Marxismus-Leninismus, da nur so die radikale Steuerung von Wirtschaft und Gesellschaft hin zum Sozialismus möglich schien. Auch föderale Begrenzungen der Macht konnten nicht geduldet werden, also mußten die Länder als autonome politische Organisationen abgeschafft werden. Individuelle Widerstände gegen den Kurs der Einheitspartei wurden in Zukunft durch den Aufbau eines Kontroll- und Unterdrückungssystems im Keim erstickt oder bekämpft. Die Leitung übernahm dabei das im Februar 1950 gegründete Ministerium für Staatssicherheit.

Ähnlich zügig wie die Monopolisierung und Zentralisierung der Macht verlief der Aufbau einer **sozialistischen Planwirtschaft.** Mit dem Befehl 124 der SMAD wurde bereits im Oktober 1945 eine weitreichende Enteignung durchgeführt, zunächst noch ideologisch verschleiert als antifaschistische Aktion, aber letztlich doch verstanden als erster Schritt zu einer Beseitigung des Privateigentums, wie die entschädigungslose Enteignung der Banken im Juli 1945 beweist. Deutlich wurde das besonders in der Durchsetzung einer **Bodenreform** seit August 1945, mit der Großgrundbesitz zerschlagen wurde zugunsten einer genossenschaftlichen Nutzung. Im Jahr 1948 war die Sozialisierung der Wirtschaft schon so weit fortgeschritten, daß die Privatbetriebe nur noch einen Anteil von 40 % der Produktion hatten.

Somit waren die Voraussetzungen geschaffen, um 1950 einen ersten Fünfjahresplan zu beschließen für die Jahre 1951 bis 1955, der die Grundlage bildete für eine intensive staatliche Wirtschaftsplanung und -lenkung, die auch deswegen nötig wurde, weil seit 1950 die DDR Mitglied im Rat für Gegenseitige Wirtschaftshilfe war, mit dem die östlichen Staaten unter Leitung der Sowjetunion ihre wirtschaftlichen Aktivitäten koordinierten und zwar über Planabstimmungen, nicht über Marktregelungen.
1952 bekannte sich die SED-Führung endgültig zu dem bereits längst in Gang gesetzten Umwandlungsprozeß und auf der 2. Parteikonferenz im Juli wurde beschlossen, den **„Aufbau des Sozialismus“** zum eigentlichen Staatsziel der DDR zu erklären. Konsequent wurden nun auch die Vergesellschaftung von Produktionsmitteln und die Kollektivierung der Landwirtschaft vorangetrieben.

Erheblich weniger Einfluß nahm die kommunistische Führung in der SBZ zunächst auf die **Bildungs- und Kulturpolitik.** Die Säuberung der Schulverwaltung von nationalsozialistischen und faschistischen Lehrern wurde auch in den westlichen Zonen propagiert und durchgeführt, eine Demokratisierung der Schule, also der Abbau von Bildungsprivilegien war ebenso konsensfähig. Allerdings wurde die Durchsetzung der Einheitsschule schon zu einer wichtigen Weichenstellung, die dann seit 1948 konsequent zu einer sozialistischen Umgestaltung weitergeführt wurde.

Die in den ersten Nachkriegsjahren ebenfalls eher liberale **Kulturpolitik** in der SBZ wich seit 1949 einer immer stärkeren Einflußnahme der Führung gegen abstrakte Kunst und für den „sozialistischen Realismus“. Im zunehmend stalinistischen Zentralismus gab es schließlich auch keinen Platz für die christlichen Kirchen, die folglich Repressionen von Partei und Staat erleiden mußten.

2 In der Darstellung der Ereignisse des **17. Juni 1953** verschleiert der Autor die Verantwortung der DDR-Führung und verfälscht die Zusammenhänge teilweise durch Verschweigen.
Zunächst werden die oppositionellen Kräfte und die Träger des Widerstands gegen das Regime, also in erster Linie die streikenden und protestierenden Arbeiter, als „Feinde des Sozialismus" und als „eingeschleuste" kriminelle Provokateure diffamiert. Die Masse der beteiligten „Werktätigen" sei, so der Autor, mißbraucht worden, die Mehrheit aber habe sich nicht verführen lassen. Zwar gibt Hoffmann zu, daß es in jenen Tagen eine schwierige Situation in der DDR gegeben habe, aber die Partei habe bereits vor der **„inszenierten Konterrevolution"** die nötigen Reformen eingeleitet. Verschwiegen wird dabei, daß der Unmut der Arbeiter sich an einer verfehlten Preis- und Lohnpolitik entzündete und umschlug in eine grundsätzliche Protestaktion gegen das Regime. Schließlich wird auch verschwiegen, daß der Aufstand so sehr eskalierte, daß sowjetische Truppen eingesetzt werden mußten, um ihn niederzuschlagen.

Bei der Beurteilung der **Haltung der Bundesrepublik** zu den Ereignissen des 17. Juni geht der Historiker Hoffmann zunächst von dem Alleinvertretungsanspruch Bonns aus. Aus der Nichtanerkennung der DDR leitet er kurzschlüssig die Absicht der Bundesrepublik ab, das sozialistische System destabilisieren und zerstören zu wollen. Für ihn ist dann der 17. Juni ein gescheiterter Versuch, die vorhandene Krise in der DDR auszunutzen, um eine Konterrevolution gegen den Willen der Mehrheit der „Werktätigen" anzuzetteln. Er sieht in der Bundesrepublik die Drahtzieherin des Aufstands und beschuldigt Bonn, das Potsdamer Abkommen mißachtet und eine gewaltsame „Befreiung" der DDR angestrebt zu haben. Der Wiedervereinigungsanspruch Bonns ist für Hoffmann nichts anderes als eine „imperialistische Antwort" auf die deutsche Frage.
Erkennbar ist im Text die eindeutige Absicht, die Politik der SED zu rechtfertigen, die grundsätzliche Kritik am Regime herunterzuspielen und die Aufständischen als Handlanger der Bundesrepublik zu verunglimpfen.

3 Allein schon der Eingriff der sowjetischen Truppen 1953 zeigt, daß die Ereignisse im geteilten Deutschland immer auch im Kontext der internationalen Lage, genauer des Ost-West-Konflikts gesehen werden müssen.

Dabei fällt auf, daß sowohl 1953 wie auch 1989 die Lage im sowjetischen Herrschafts- bzw. Einflußbereich krisenhaft war. Nach dem **Tod Stalins am 5. März** 1953 kam es in der Sowjetunion zu Kurskorrekturen, auf die auch die DDR-Führung reagieren mußte. Der daraufhin beschlossene „Neue Kurs" weckte jedoch Hoffnungen bei der Bevölkerung, die das Regime nicht erfüllen konnte und wollte.

Durchaus vergleichbar war die **Situation auch 1989.** In der Sowjetunion war es zu einer tiefgreifenden Systemkrise gekommen, die unter anderem auch in anderen Satelliten-Staaten Umwälzungen provozierte und in der DDR Hoffnungen bei der Bevölkerung weckte, deren Erfüllung das SED-Regime jedoch nicht wagen konnte, ohne das brüchige eigene Regime zu gefährden.

Daß im Gegensatz zu 1989 der Aufstand vom 17. Juni jedoch keine Chance hatte und sehr schnell niedergeschalgen wurde, lag daran, daß die Sowjetunion 1953 ihren Hegemonialanspruch keinesfalls in Gefahr bringen wollte angesichts des kalten Krieges und der scharfen Frontstellung zwischen Ost und West in Mitteleuropa. In beiden „Lagern" wurde damals jeder Versuch der Destabilisierung im Keim erstickt. 1989 dagegen war die neue Politik der **„Perestroika" und des „Glasnost",** also des gesellschaftlichen Umbaus und der geistigen Öffnung, verbunden mit einer Abkehr vom Hegemonialanspruch der Sowjetunion. Nicht mehr die Konfrontation stand im Vordergrund, sondern die Zusammenarbeit. Dies schuf den Raum für eine erfolgreiche Revolution gegen das SED-Regime.

Durchaus vergleichbar sind hingegen wieder die Ursachen und Ziele der Aufstände. In beiden Fällen war der Ausgangspunkt eine ökonomische Krisensituation und eine verbreitete Unzufriedenheit mit dem politischen und ökonomischen System, das offensichtlich zu tiefgreifenden Reformen nicht fähig war. In beiden Fällen waren dabei die Forderungen der unzufriedenen Bürger zunächst eher bescheiden. 1953 ging es um die Zurücknahme der von der SED beschlossenen Normerhöhungen, 1989 um Reisefreiheit. Die **Unbeweglichkeit des Systems der DDR** führte dann zu einer Radikalisierung der Forderungen: Beseitigung des Machtmonopols der SED und tiefgreifender politischer Wandel.

Eher unterschiedlich war der **Verlauf der beiden Widerstandsbewegungen.** 1953 hatten sich die Arbeitsniederlegungen und Demonstrationen der Arbeiter in Ost-Berlin und einigen anderen Städten der DDR eher spontan ergeben, kaum organisiert. Sie verliefen erst friedlich, bevor sie dann auf beiden Seiten zu Gewaltaktionen eskalierten im Gegensatz zu den durchwegs friedlichen Aktionen der Revolutionäre 1989. Dafür verantwortlich war, daß sich die DDR-Opposition schon seit einigen Jahren vor allem im kirchlichen Raum organisiert hatte, an revolutionäre Formen in anderen osteuropäischen Staaten anknüpfen konnte und somit auch die Demonstrationen, etwa die „Montagsdemonstrationen" in Leipzig, sehr viel geplanter und disziplinierter abliefen. Daß es 1989 im Gegensatz zu 1953 nicht zur Eskalation der Gewalt kam, lag aber letztlich an der Reaktion der Staatsmacht. 1953 konnte man im Schutz und mit Hilfe der sowjetischen Besatzungsmacht den Aufstand mit Panzern niederwalzen, 1989 war dazu die Sowjetunion nicht bereit, die DDR aber zu schwach. Das in sich brüchige System des SED-Staates mußte sich zurückziehen.

Extrem unterschiedlich waren natürlich die Folgen. 1953 führte das Scheitern des Aufstandes zu einer Stabilisierung des Regimes, während die friedliche Revolution 1989 und das Zurückweichen der Staatsmacht vor dem riesigen Druck der Ausreisewilligen den Sturz des Regimes herbeiführte, nachdem Ungarn die Grenzen zum Westen geöffnet hatte, die deutschen Botschaften in Osteuropa zu weiteren Fluchtpunkten wurden, bevor Egon Krenz am 9. November 1989 die Mauer öffnen ließ.

4 Die **offizielle Haltung der DDR zur deutschen Frage,** ihre deutschlandpolitische Konzeption, wandelte sich auch in Abhängigkeit vom Wandel der internationalen Rahmenbedingungen.

Ursprünglich verstand sich die DDR als Hüterin einer einheitlichen deutschen Nation und propagierte die **Schaffung eines einheitlichen sozialistischen Nationalstaates,** ausgehend von der Hoffnung, die Gründung der Bundesrepublik könne nur ein kurzzeitiges Provisorium schaffen und der Sozialismus würde sich durchsetzen. Schon bald mußte die DDR-Führung jedoch diese Hoffnung begraben, verstand zunächst den eigenen Staat seit Mitte der fünfziger Jahre als **Nachfolgestaat,** ging also von der Existenz zweier deutscher Staaten sowie Berlins (West) als besonderer politischer Einheit aus, ohne jedoch die Einheit der Nation und damit auch eine einzige deutsche Staatsbürgerschaft in Frage zu stellen. Die **„Zweistaatentheorie" der DDR,** die letztlich von Moskau diktiert wurde, sprach von besonderen Beziehungen zwischen den beiden deutschen Staaten und zielte darauf ab, die DDR völkerrechtlich anzuerkennen und die deutsche Teilung zu zementieren.

Nachdem die Bundesrepublik in der **Regierungserklärung Brandts vom 28. Oktober 1969** die Zweistaatentheorie der DDR akzeptierte und die starre Haltung der Hallstein-Doktrin aufgab, glaubte die DDR-Führung offensichtlich an die Möglichkeit, auch die völkerrechtliche Anerkennung als souveräner Staat durchzusetzen, was Bonn ablehnte.

Im Bemühen um Abgrenzung gab schließlich die DDR die bis dahin vertretene Einheit der Nation auf und sprach von **zwei Staaten und zwei Nationen.** Als „sozialistischer Staat deutscher Nation" versuchte das Regime alle noch vorhandenen formalen Gemeinsamkeiten zu beseitigen, und 1974 propagierte Honecker eine eigene Staatsbürgerschaft für die DDR. In der Verfassung von 1974 war von einer gesamtdeutschen Nation nicht mehr die Rede, vielmehr hieß es: Die „Deutsche Demokratische Republik ist ein sozialistischer Staat der Arbeiter und Bauern."

Ein letzter Versuch, die DDR wenigstens als eigenen Staat zu erhalten, scheiterte schließlich 1990. Der Plan einer Vertragsgemeinschaft zweier souveräner Staaten der Regierung Modrow wurde von der Dynamik der Ereignisse und von der Forderung der Demonstranten: „Wir sind ein Volk" hinweggefegt. Schließlich bekannte sich die letzte Regierung de Maizière zur Wiederherstellung der nationalen Einheit.

5 Sicherlich muß man **Ernst Benda** Recht geben, wenn er „vom 17. Juni als Nationalfeiertag ... Abschied" nehmen will. Es ist nach der Vereinigung der beiden deutschen Staaten nicht mehr nötig, das Bewußtsein für die Einheit der Nation und das Gebot der Wiedervereinigung in dieser Form wachzuhalten.

Strittig ist dagegen, ob der **3. Oktober 1990,** also der Tag des Beitritts der fünf neuen Bundesländer zur Bundesrepublik, gefeiert werden soll oder der **9. November 1989,** also der Tag, an dem die Grenze zwischen den beiden Staaten, die Mauer, geöffnet wurde.

Für den 3. Oktober spricht, daß an diesem Tag die staatsrechtliche Einheit vollendet wurde, der lange Prozeß der vertraglichen Sicherung der „friedlichen Revolution" seinen Abschluß fand. Eine besondere Heraushebung dieses Tages scheint auch deshalb sinnvoll, weil die feierliche Besinnung auf das Ereignis eine identitätsstiftende Wirkung haben könnte, die nötig erscheint angesichts der vielen Schwierigkeiten, der staatsrechtlichen Einheit auch die innere Einheit folgen zu lassen.

Dieses Argument könnte aber auch den 9. November als nationalen Feiertag rechtfertigen, war es doch vor allem der Fall der Mauer in Berlin und die spontane Begegnung der Menschen in dieser Nacht, die einheitsstiftende Emotionen freisetzten. Mit dem 9. November ist sehr viel mehr der Wille der Bevölkerung, die Zivilcourage gegen das SED-Regime und der Erfolg der „friedlichen Revolution" unmittelbar verbunden, während der 3. Oktober demgegenüber doch stärker das Werk der verschiedenen Regierungen war. Zudem ist der 9. November nicht nur bedeutsam als Tag der Grenzöffnung, sondern das Datum markiert in der deutschen Geschichte weitere epochale Ereignisse. Am 9. November 1918 verkündete Prinz Max von Baden die Abdankung des Kaisers und Philipp Scheidemann rief die erste deutsche Republik aus.

Es war ebenfalls ein 9. November, und zwar 1923, als Hitler versuchte, mit dem Marsch zur Felherrnhalle in München die verhaßte Republik zu erschüttern. Einheiten der bayerischen Landespolizei verhinderten den „Putsch".

Zu einem dunklen Tag wurde der 9. November 1938, als der nationalsozialistische Terror gegen das Judentum in einem ersten großen organisierten Pogrom eskalierte. Die sog. „Reichskristallnacht" war ein Tiefpunkt in der bürgerlichen Entrechtung der jüdischen Bevölkerung, bevor dann die physische Vernichtung als letzter grausamer Schritt folgte.

Insbesondere dieses Ereignis bietet natürlich keinen Anlaß zum Feiern, eher zur Besinnung auf die wechselvolle deutsche Geschichte im 20. Jahrhundert mit Gründen zur Freude und zum Feiern, aber auch mit Stunden der Schmach und der Scham. Der 9. November könnte so zu einem Tag der Besinnung werden, während der 3. Oktober doch eher Anlaß zum Feiern gibt, da die nationale Einheit, auf die das deutsche Volk nach 1945 so lange warten mußte, wieder hergestellt werden konnte. Zur Besinnung wird allerdings auch dieser Tag Anlaß geben, um neue Impulse zu setzen für die innere Einheit.

Leistungskurs Geschichte (Bayern) 1998 – Aufgabe I
Die Auseinandersetzung mit nationalstaatlichen und freiheitlich-demokratischen Ordnungsvorstellungen in Deutschland

		BE
1	Skizzieren Sie die innere Situation Deutschlands in der Phase 1924–28!	10
2	Erarbeiten Sie aus Inhalt und Gestaltung des beigefügten Plakats aus dem Reichstagswahlkampf 1928 in Bayern, wie die NSDAP die Wähler anspricht und inwieweit dabei wesentliche Elemente der NS-Ideologie verwendet werden!	18
3	Franz Ritter von Epp* wird im Plakattext als „Befreier vom marxistischen Terror" bezeichnet. Erläutern Sie die politischen Vorgänge in Bayern vom November 1918 bis zum Mai 1919! Prüfen Sie vor diesem Hintergrund die Charakterisierung Epps!	14
4	Aus dem von Reichswehrminister Groener als „Hirtenbrief" bezeichneten Erlass vom 22. 1. 1930: „Es ist die heilige Aufgabe der Wehrmacht, zu verhindern, dass sich der Riss zwischen Klassen und Parteien je zum selbstmörderischen Bürgerkrieg erweitert. […] In der einigen, geschlossenen, überparteilichen Reichswehr findet das Reich sein schärfstes und vornehmstes Machtmittel." Erörtern Sie, inwieweit die Reichswehr während der Weimarer Republik dieser Einschätzung Groeners entsprach!	18
		60

* Franz Xaver Ritter von Epp, General und Politiker (1868–1946): u. a. 1904–1906 Kompaniechef bei der Schutztruppe in Südwestafrika, Teilnahme an Kolonialkämpfen; im 1. Weltkrieg Kommandeur des bayerischen Infanterie-Leibregiments an verschiedenen Fronten; während der bayerischen Räterepublik Aufstellung des „Freicoprs Epp", Beteiligung an der Niederschlagung der Räterepublik; verdeckte Beteiligung am Kapp-Putsch und an der Niederwerfung des Ruhraufstands; 1923 Kontakte zu rechtsradikalen Kreisen; freiwilliger Abschied aus der Reichswehr; Aufstieg in der NSDAP; 1928 Reichstagsabgeordneter; 1933 Einsetzung als Reichskommissar für Bayern, dann Reichsstatthalter in Bayern.

Anlage: Verkleinertes Wahlkampfplakat der NSDAP aus dem Reichstagswahlkampf in Bayern 1928. (Der Schrifttyp wurde verändert.)

Mein politisches Bekenntnis!

Wie ich Nationalsozialist wurde

Als sich nach 1918 herausstellte, daß der nationale Freiheitswille in der offiziellen Politik sich nicht durchzusetzen vermochte, fanden meine Beziehungen zur Bayerischen Volkspartei ein Ende.

Wir verderben ins Mark hinein. In dem meinem Blick zugänglichen Umkreis sehe ich nur bei einer Gruppe Zuversicht und Willen zum nationalen Freiheitskampf ungebrochen: bei den Nationalsozialisten. An ihnen bemerke ich den festesten Willen, ein sicheres Empfinden für die Gefahr, die meiste Klarheit über Ziel und Methode des deutschen Widerstandswillen und den stärksten Zusammenhalt. Und ich sehe in ihr vor allem den Geist der deutschen Front umgesetzt in den Willen zur politischen Macht. Was ich bei allen anderen nationalen Verbänden leider vermissen muß.

Außerdem sehe ich in der nationalsozialistischen Gedankenwelt die einzige Grundlage, auf der die deutsche Volksgemeinschaft – z. Z. zerstört durch Klassenhaß und Klassenkampf – im Geiste der nationalen Freiheit und sozialen Gerechtigkeit und mit Aussicht auf Erfolg wieder aufgerichtet werden kann.

Einen Gesinnungswechsel erwartet niemand von mir, über die Staatsform des künftigen Deutschlands aber Debatten zu führen, halte ich jetzt nicht an der Zeit. Zunächst geht es um Sein oder Nichtsein unseres Volkstums und um die Macht, den Aufbau seines Staates bestimmen zu können.

Ich wünsche Bayern die Stellung, die es nach der Stärke seines Volkstums verdient, und kein Verständiger, der seine Kraft nützen will, wird ihm die Stellung streitig machen. Am besten aber wird ihm in der jetzigen Lage da gedient, wo am tapfersten gekämpft wird. Je mehr seine Söhne dort stehen, desto größer wird seine Geltung innerhalb des deutschen Volkstums sein.

General Franz Ritter von Epp

Bayern! Frontsoldaten! Schaffende aller Stände!

Folgt dem Rufe Eures Befreiers vom marxistischen Terror und sagt der Unfähigkeit der Bayerischen Volkspartei Kampf an!

Wählt alle am 20. Mai den Volkshelden Bayerns, den General von Epp.

Wählt bei allen Wahlen Liste 10

Nationalsozialistische Deutsche Arbeiter-Partei (Hitlerbewegung)

Lösungen

1 Das Jahr 1924 markiert aus verschiedenen Gründen den Beginn einer Phase der Weimarer Republik, in der sich innenpolitisch die Demokratie zu stabilisieren schien und außenpolitisch eine Wende zur Normalität sich abzeichnete, zumal auch die wirtschaftlichen Daten eine positive Tendenz erkennen ließen.
Dabei begann das Jahr zunächst mit einer **Krise des Parlamentarismus,** als der Reichstag offensichtlich nicht in der Lage oder willens war, die mühsame Gesetzgebung selbst zu betreiben und sie durch Ermächtigungsgesetz auf die Exekutive übertrug. Das Minderheitskabinett unter dem Zentrumspolitiker Wilhelm Marx, das am 30. November 1923 gebildet worden war, um die Wirtschafts- und Finanzpolitik nach der Krise von 1923 zu ordnen, sah sich bald gezwungen, den Reichstag aufzulösen und für den Mai 1924 Neuwahlen anzusetzen, die erhebliche Verluste für die Parteien der Mitte brachten. Die SPD beispielsweise verlor 71 Mandate, die KPD gewann dagegen 45.
Doch im Laufe des Jahres verbesserte sich die wirtschaftliche Lage spürbar, nicht zuletzt als Folge des **Dawes-Planes**, der Deutschland zwar nach wie vor schwere Lasten und Eingriffe in die wirtschafts- und finanzpolitische Souveränität aufbürdete, aber doch durch eine realistische Anpassung an die Zahlungsfähigkeit des Reiches Voraussetzung für eine Beruhigung schuf. Hinzu kam, dass der französischen Interventionspolitik durch die internationale Regelung der Boden entzogen wurde. Selbst ein großer Teil der rechten DNVP stimmte am 29. August 1924 für die Annahme des Dawes-Planes. Nicht zuletzt in den Diskussionen um diesen Plan erwies sich aber auch der neue Reichstag als nicht koalitionsfähig, sodass im November 1924 der Reichspräsident Ebert das Parlament erneut auflöste. Die Wahlen vom 7. Dezember 1924 brachten den Parteien der Mitte nun wieder Gewinne, eine Phase der trügerischen Sicherheit begann, in der bis 1928 das Reich regiert wurde von **Bürgerblock-Kabinetten** aus Zentrum, DDP, DVP und teilweise auch DNVP mit mehr oder weniger starker Duldung von der SPD. Auch jetzt allerdings dominierte die Verwaltung, aus der heraus ein Großteil der Minister stammte, gegenüber dem Reichstag.
Vor allem die **Außenpolitik Stresemanns** wurde von den Sozialdemokraten unterstützt. Für sechs Jahre bestimmte seit 1923 Gustav Stresemann die deutsche Außenpolitik und erreichte durch konzeptionelle Klarheit und Zähigkeit, dass sich die Position des Reiches in der internationalen Ordnung deutlich verbesserte. Erhebliche Fortschritte erzielte er im Bemühen um die Revision des Versailler Vertrags bzw. des gesamten Systems der Pariser Vorortverträge. Entgegen kam ihm dabei, dass vor allem auch in England die Einsicht gewachsen war, dass die Friedensverträge eigentlich keinen Frieden in Europa gebracht hatten.
Die **ökonomische Lage** blieb zwar auch in der Zeit von 1924 bis 1928 eher labil, aber es zeichneten sich doch Konsolidierungen ab: weitgehende Vollbeschäftigung, starker Boom bei der Exportindustrie. Profitiert hat von der gleichzeitig betriebenen Stabilitätspolitik in erster Linie die Arbeiterschaft mit zwar eher niedrigen, aber doch stabilen Einkommen und wesentlichen **Verbesserungen im sozialen Sicherungssystem** durch die Reichsfürsorgeverordnung von 1924 und besonders durch die Arbeitslosenversicherung, die im Jahr 1927 eingeführt wurde.
So wuchs in den Folgejahren auch die Zustimmung zur Republik, man begann sich mit der Realität zu arrangieren. Eine Stärkung der republikanischen Mitte bedeutete aber zwangsläufig auch eine Schwächung der antidemokratischen radikalen Flügel auf der Rechten und auf der Linken um jeweils etwa drei Prozent.
Wie die wirtschaftliche Lage blieb auch das parlamentarische System eher labil. Zwar gelang es zwischen Dezember 1924 und Mai 1928 ohne Auflösung des Parlaments Regierungen zu bilden, doch regierten diese häufig nicht mit Reichstagsmehrheiten, sondern mit Ermächtigungen oder Notverordnungen. Die Parteien schienen die Stunde

nicht nutzen zu können, stritten vielmehr über ein Reichsschulgesetz vorwiegend von ideologischen Positionen aus. Die Reichstagswahlen vom 20. Mai 1928 brachten den Bürgerblock-Parteien Verluste, der SPD dagegen deutliche Gewinne, sodass eine Regierungsverantwortung der Sozialdemokratie unumgänglich war. Unter Hermann Müller wurde zusammen mit dem Zentrum, der DDP und der DVP eine **große Koalition** gebildet, die im Reichstag eine satte Mehrheit von 60 % der Sitze besaß.
Es gab also eine Fülle von Anzeichen und Hoffnungen auf eine positive innere wie äußere Entwicklung, gleichzeitig dann das Gefühl der Unsicherheit, des Übergangs. Dieses Klima begünstigte einen regen geistigen Diskurs in der Republik, fruchtbarer Nährboden für eine **kulturelle Blüte,** zumal die Republik den Künsten und der Wissenschaft alle Freiheit ließ. Die deutsche Literatur erlebte eine bemerkenswerte Fülle großer Dichtungen der Moderne von den Brüdern Heinrich und Thomas Mann, von G. Hauptmann, Arno Holz, Ricarda Huch, Arthur Schnitzler, Franz Werfel, Gottfried Benn und Alfred Döblin, um nur einige zu nennen. Selbst Thomas Mann, ein ursprünglich glühender Antidemokrat, wirbt nun für die Weimarer Republik als einzig möglicher Alternative gegenüber illusionären und gefährlichen Utopien von links, aber besonders auch von rechts. Nicht zu übersehen sind jedoch nach wie vor antirepublikanische Töne, etwa von Hermann Hesse, in denen das Unheroische, die Nüchternheit und die Unfertigkeit der Weimarer Demokratie kritisiert wurden.
Zusammenfassend lässt sich sagen, dass die zwanziger Jahre der Republik, die **„goldenen Zwanziger“** eine Art Zwischenspiel zwischen der Nachkriegskrise und der Weltwirtschaftskrise von 1929 darstellten, in dem bei weiten Teilen der Bevölkerung das Gefühl relativer Stabilität vorherrschend war, aber auch die Brüchigkeit des Fundaments gespürt wurde und vor allem in kleinbürgerlichen Schichten, den Verlierern der Stabilitätspolitik, die antirepublikanischen und antidemokratischen Ressentiments wuchsen.

2 Das Plakat der NSDAP aus dem Wahlkampf von 1928 rückt die **Person von Epps** in den Vordergrund und zwar visuell durch das Portrait wie auch rhetorisch durch die appellativ-emotionale Textierung als persönliches Bekenntnis. Zu belegen ist das an den das Bild einrahmenden Ausrufen und an der fast gelöbnishaften Sprache mit syntaktischen Wiederholungen und hyperbolischen Kontrastierungen. Dabei wird von Epp stilisiert zum Frontkämfer, zum „Befreier vom marxistischen Terror“ und zum „Volkshelden Bayerns“. Willensstärke, nationaler Freiheitswille, Widerstandskraft und soldatische Tapferkeit werden als Tugenden gepriesen gegen „Verderbnis bis ins Mark“, Klassenhass und gegen die Politik der Bayerischen Volkspartei.
In der Gestaltung des Portraits mit der Uniform, dem militärischen Orden und dem Befehlsgestus des starr auf den Betrachter gerichteten Blicks spricht das Plakat vor allem auch die Frontsoldaten als Zielgruppe an, zusätzlich verstärkt durch die Berufung auf den „Geist der deutschen Front“ im Text und den direkten Verweis auf „Frontsoldaten“ als Adressaten. Zwar werden auch die „Schaffenden aller Stände“ direkt angerufen, aber im Text und im Portrait überwiegt eindeutig das **soldatische Zeichenrepertoire.**
Neben dem Soldaten von Epp wird Bayern in den Mittelpunkt der Propaganda gerückt, werden demgegenüber die Partei und Hitler eher am Rande erwähnt.
Bild und Text des Plakats können in engem Zusammenhang mit der **NS-Ideologie** „gelesen“ werden. Im Zentrum der nationalsozialistischen Weltanschauung steht der gleiche kämpferische Nationalismus, der im Plakat dominiert. Die enge Verbindung von „nationalem Freiheitswillen“ und dem „Geist der deutschen Front“ verankert den Nationalismus dabei in der Tradition des imperialen **Militarismus des Kaiserreichs.**
Eine weitere markante Spur ist der Angriff auf Klassenhass und Klassenkampf, womit der **radikale Antikommunismus** der Nationalsozialisten ebenso deutlich wird wie die Überhöhung der einheitlichen Volksgemeinschaft. Ideologisch wird dieser Gegensatz

dabei nicht gesehen als eine geistige Auseinandersetzung oder als demokratischer Wettbewerb zwischen Parteien, sondern als Überlebenskampf, bei dem es um „Sein oder Nichtsein unseres Volkstums“ geht. Die starke **Betonung des Kampfes,** der Durchsetzung der eigenen Ziele mit den Mitteln der Gewalt, wird im Plakat allerdings noch nicht als Naturgesetz im Sinne der sozialdarwinistischen Pseudowissenschaft der NS-Ideologie legitimiert, sondern steht eher im Kontext eines traditionellen Militarismus. Im Ansatz erkennbar ist jedoch bereits das **Führerprinzip,** die Heroisierung der Person, zu der die Volksgemeinschaft in einer Gefolgschaftsbeziehung steht: „Folgt dem Rufe Eures Befreiers ...“ Dazu passt sicherlich auch die im Text unterschwellig kodierte Rolle von Epps als eines zur Klarheit gelangten Politikers, dem wie Saulus die Augen geöffnet wurden. Derartige Überhöhungen von Personen in einen mythisch-religiösen Raum sind später in der NS-Ideologie wichtige Strategien, das Führerprinzip und die bedingungslose Unterordnung des Individuums durchzusetzen.

3 Im November 1918 machte die Revolution auch vor dem eher konservativen Bayern nicht Halt, im Gegenteil, sang- und klanglos flohen die Wittelsbacher aus der Verantwortung. Als am 7. November 1918, also zwei Tage vor dem entsprechenden Ereignis in Berlin, der USPD-Mann **Kurt Eisner,** ein eher unpolitischer Literat, die Republik ausrief, den „Freistaat“ Bayern, da merkten das viele Münchner erst überrascht am nächsten Morgen. Die alte Monarchie leistete kaum Widerstand, der bayerische König, Ludwig III., entband am 13. November Beamte und die Armee von ihrem Treueid. Die Revolution in München glich dabei mehr einem „geglückten Theatercoup“ (Benno Hubensteiner) denn einem echten Volksaufstand.
In München wie in den anderen größeren Städten Bayerns bildeten sich in der Folge Arbeiterräte, die jedoch nicht das Ergebnis revolutionärer Aktionen waren, sondern eher der Übernahme der Macht durch die SPD und die Gewerkschaften. Zwar erkannten diese Räte die von Eisner gebildete Revolutionsregierung aus Vertretern von USPD und SPD an, doch zeigte sich noch im November, dass auch innerhalb der **Rätebewegung** die Kräfte überwogen, die weniger auf Revolution setzten, sondern die Erhaltung bzw. Wiederherstellung von Ruhe und Ordnung propagierten. Die eher gemäßigte Politik der SPD gewann in den folgenden Wochen mehr und mehr die Oberhand gegenüber radikalen revolutionären Strategien der USPD und vor allem des Spartakus.
Auch innerhalb der Revolutionsregierung gewann die SPD zusehends das Übergewicht, ihr Führer, Innenminister Auer, setzte gegen Kurt Eisner die Wahlen zu einem Bayerischen Landtag am 12. Januar durch, stellte damit bereits die Weichen zu einer repräsentativen Demokratie. Kurt Eisner und seine Partei erlebten bei der Wahl eine vernichtende Niederlage, gewannen nur drei von 108 Sitzen. Auf dem Weg zu der konstituierenden Sitzung des neuen Landtages, auf der der Ministerpräsident seinen Rücktritt bekannt geben wollte, wurde Kurt Eisner am 21. Februar 1919 von einem nationalistischen und fanatisierten Studenten, Graf von Arco, erschossen. In der Landtagssitzung selbst wurde der SPD-Innenminister Auer von einem Mitglied des „Revolutionären Arbeiterrates“ schwer verwundet. Beide Attentate und weitere Unruhen in München führten zu einer erneuten Radikalisierung der Revolution, die linken Gruppierungen wurden wieder aktiv, die Auseinandersetzung zwischen USPD auf der einen Seite und SPD und Mittelparteien auf der anderen Seite wurde härter.

Die **„zweite Revolution"** führte zu einer Gegenregierung gegen das von dem SPD-Politiker und bisherigen Kultusminister Johannes Hoffmann gebildete und geführte Kabinett. Die wochenlangen Kämpfe in München erreichten in der Nacht vom 6. auf den 7. April einen Höhepunkt, als die **Bayerische Räterepublik** ausgerufen wurde, vorwiegend Intellektuelle wie Ernst Toller oder Gustav Landauer bildeten die „Regierung der Volksbeauftragten". Von Bamberg aus, wohin sie geflohen war, versuchte nun die Regierung Hoffmann den Sturz der Räterepublik, zunächst jedoch ohne Erfolg, da man sich weigerte, mit der Reichswehr und den Freikorps zusammenzuarbeiten.
Als die Räterepublik mehr und mehr an den sozialen und ökonomischen Problemen scheiterte und keinen Rückhalt auf dem flachen Land und in Nordbayern fand, übernahmen in einem neuen Radikalisierungsschritt kommunistische Revolutionsprofis wie Eugen Leviné und Max Levien am 13. April die Macht und installierten eine **kommunistische Räterepublik** mit einem Vollzugsrat als oberstem Organ und einer Roten Armee, die mit Terroraktionen in München Angst und Schrecken verbreitete. Nun sah die Regierung Hoffmann keine Möglichkeit mehr, den militärischen Einsatz des Reiches zu verhindern. Vor den anrückenden Reichswehrtruppen und einem Freikorps unter Epp verschwanden die Führer der zweiten Räterepublik, die „weiße Armee" nahm am 1./2. Mai München ein und zerschlug die radikale Revolution mit brutaler Gewalt in einem verlustreichen Bürgerkrieg in Münchens Straßen.
Nach dem **Sieg der „weißen Armee"** kam es anschließend zu Strafaktionen gegen die Verantwortlichen des „Roten Terrors". Die dabei gefällten Urteile mit drakonischen Strafen bedeuteten auch juristisch das Ende der Rätebewegung in Bayern. Der „weiße Terror" der siegreichen Soldaten blieb demgegenüber ungeahndet. Die Einschätzung von Epps als Retter Bayerns vor dem „roten" Terror ist nur teilweise berechtigt, da sie die Rolle des Freikorps unter Epp bei der Niederwerfung der Räterepublik überschätzt und die Mitverantwortung für den „weißen Terror" verschweigt.

4 **Reichswehrminister Groener** fordert in seinem Erlass vom 22. 1. 1930 eine überparteiliche Haltung der Armee, die sie in der politischen Praxis der Republik allerdings nicht spielte.
Zunächst war die Armee gezwungen, sich zurückzuhalten, nicht zuletzt auch wegen der im Versailler Vertrag festgelegten Beschränkung auf 100 000 Mann. Die Reichswehr, die im Kaiserreich noch jederzeit präsent und tonangebend war, verschwand gleichsam aus der Öffentlichkeit. Immerhin war sie zusammen mit der SPD maßgeblich an der Verteidigung der Republik gegen eine revolutionäre Linke beteiligt. Der Rückzug aus der Politik schien aber auch deswegen geboten, da man sich dann auch der politischen Verantwortung für die Niederlage entziehen konnte.
Dass die Reichswehr so neutral nicht war, wie sie sich darstellte, zeigte schon die Reaktion im **„Kapp-Putsch".** Die Armee verhielt sich neutral, sie unterstützte zwar nicht den Putschistengeneral v. Lüttwitz und seine Anhänger aus dem Offizierskorps, wie dieser gehofft hatte, aber sie ging auch nicht gegen die Putschisten vor, während sie die kommunistischen Aufstände von 1923 mit aller Härte niederschlug. Mit dem Rücktritt Noskes als Reichswehrminister und der Ernennung von Seeckts zum Chef der OHL war die von der SPD erstrebte Integration der Reichswehr in die Republik endgültig zum Scheitern verurteilt, beide existierten nun nebeneinander, die Reichswehr schottete sich ab, hielt sich aus den Wirren der Innenpolitik heraus.
Von Seeckt nutzte die Zeit, das erheblich verkleinerte Offizierskorps wieder zu einer geschlossenen „Kaste" zu formen, die ihre Aufgabe durchaus im Sinne der alten kaiserlichen Armee versteht. Die Republik wurde geduldet, teilweise verspottet, keinesfalls

geliebt. Andererseits war die Armee insoweit tatsächlich unpolitisch, da sie unter v. Seeckt nicht an eine Machtübernahme dachte. Der General selbst gab nach der Bewältigung der Krise von 1923 die ihm übergebene diktatorische Gewalt des Ausnahmezustands an die gewählte Regierung zurück.
Erheblich gefährlicher waren die engen Verbindungen der Reichswehr zu Korps und Kampfverbänden, die gesehen wurden als eine Art geheime Armee, um die Beschränkungen des Versailler Vertrages zu umgehen. Die sog. „schwarze Reichswehr“ war wesentlich geprägt von nationalistischen und völkischen Ideen und, da weniger elitär, auch eher bereit zu Gewaltaktionen, wie Putschversuche 1923 beweisen. Zwischen der offiziellen Reichswehr und rechten Gruppierungen wurden klare Grenzziehungen immer schwieriger.
Als 1926 v. Seeckt als Armeechef gehen musste, wurde zwar Wilhelm Heye sein Nachfolger, aber der eigentliche Chef war **Kurt von Schleicher,** ein General, der sich auch und vor allem auf die politische Intrige verstand. Der ebenfalls neue Reichswehrminister Groener, seit 1928 im Amt, förderte den Aufstieg des neuen Mannes. Schleicher prägte in der Reichswehr einen neuen Kurs, forderte stärkere politische Einflussnahme und die Ausgestaltung der Republik im Sinne der Armee. Der neue Kurs stieß in der Reichswehr selbst zwar auf Widerstand, da er konservativen Offizieren zu republikfreundlich erschien. Die Strategie Schleichers jedoch zeigte Erfolg, wuchs doch der Einfluss der Reichswehr auf die Politik ständig. Kaum mehr eine Regierung wurde gebildet ohne Zustimmung Schleichers und der Armeeführung, bei Reichspräsident Hindenburg galt der General als wichtigster Berater. Ziel war dabei immer, die Politik für die eigentlichen Absichten der Reichswehr zu gewinnen, nämlich die Revision der Rüstungsbeschränkungen und bis dahin die Unterstützung bei der geheimen Aufrüstung. Im Zusammenhang damit hatte die Reichswehrführung durchaus Sympathien für die hitlersche SA, zumal nach Hitlers Lippenbekenntnis, dem Legalitätseid vor dem Reichsgericht am 5. 9. 1930, keine Gefahr zu bestehen schien für die Souveränität der Reichswehr.
Mehr und mehr tendierte nun die Reichswehr zu einer Verbindung mit konservativen und rechten Gruppierungen. Während z. B. eine Zusammenarbeit mit dem republikanischen „Reichsbanner“, einem eher sozialdemokratisch geprägten Frontkämpferverband, abgelehnt wurde, waren die Beziehungen zum rechten „Stahlhelm“ durchaus eng. Schleicher sah zunehmend seine Aufgabe darin, Hitler und seine SA für die Reichswehr einzuspannen, intrigierte deshalb massiv gegen die Regierung Brüning, die eine andere Politik verfolgte und das SA-Verbot der preußischen SPD-Regierung stützte.
Bereits am 11. Oktober 1931 trafen sich in **Bad Harzburg** die Führer der rechten republikfeindlichen Gruppen. Dabei waren auch hochrangige Militärs wie die mittlerweile pensionierten Generäle von Lüttwitz, ehemaliger Putschist, und von Seeckt. Der rechte Widerstand gegen die Weimarer Republik formierte sich nun offen, die Reichswehr war zumindest teilweise daran beteiligt.
Nach dem **Sturz Brünings** war es erneut von Schleicher, der glaubte, die Anziehungskraft Hitlers auf rechte Kreise für seine Ziele einer reichswehrfreundlichen restaurativen Politik einspannen zu können. So tat er alles, um Hitlers Akzeptanz im Kreis um den Reichspräsidenten zu erhöhen. Die unpolitische Reichswehr war dies insoweit wirklich, als ein Teil der Generäle zu naiv war, um die Gefahr Hitlers zu sehen, und weil sie die eigenen Möglichkeiten der Kontrolle über den Nationalsozialismus überschätzten. Unpolitisch war sie aber deshalb nicht, weil spätestens seit dem Kapp-Putsch deutlich wurde, dass die Reichswehr die Republik nicht wirklich verteidigen wollte, sondern sie bestenfalls aus der Defensive heraus akzeptierte. Als sich die Reichswehrführung wieder stark genug fühlte, unterstützte sie mehr und mehr die rechten Gegner und begrüßte schließlich die Machtübernahme durch Hitler.

Leistungskurs Geschichte (Bayern) 1998 – Aufgabe II
Die Industrialisierung – Bedingungen und Folgen in Staat und Gesellschaft

		BE
1	Skizzieren Sie den Stand der wirtschaftlichen Entwicklung in Bayern um 1835 und arbeiten Sie vor diesem Hintergrund Intention und Argumente des beigefügten Gesuchs (Anlage A) heraus!	12
2	Stellen Sie wesentliche staatliche Maßnahmen dar, die in Deutschland während der ersten Hälfte des 19. Jahrhunderts die wirtschaftliche Entwicklung förderten, und erörtern Sie die Bedeutung dieser Maßnahmen im Vergleich mit der Rolle des privaten Unternehmertums!	16
3	Investitionen sind ein wichtiger Indikator für die Entwicklung bestimmter Wirtschaftsbereiche.	
3.1	Analysieren Sie die in Anlage B erfassten Investitionen! Vergleichen Sie dabei die Entwicklung der Investitionen in den drei dargestellten Wirtschaftsbereichen und ordnen Sie die Ergebnisse Phasen wirtschaftlicher Entwicklung in Deutschland zu!	
3.2	Beurteilen Sie mit Hilfe von Anlage C die Aussagekraft der Grafik in Anlage B!	18
4	Diskutieren Sie Einflüsse von Eisenbahn und Eisenbahnbau auf den gesellschaftlichen und politischen Wandel in Deutschland während des 19. Jahrhunderts!	14
		60

Anlage A

Gesuch eines Augsburger Eisenbahn-Comités[1] aus Bankiers, Kaufleuten und Fabrikanten vom 31. Juli 1835 an König Ludwig I. von Bayern

„Während die auf der kommerziellen und industriellen Ausbildung fortschreitenden Völker der sittigen[2] Erdtheile, in den *Eisenbahnen* einen der vorzüglichsten Hebel zur Vereinigung ihrer gegenseitigen Intereßen und des Nationalhandels erblickend, dieser großartigen Institution alle Kräfte widmen, kann das in jederley Art geistiger wie gewerblicher Entwicklung aufstrebende *Bayern* auch auf diesem Felde nicht zurückbleiben. [...]

(Es bedürfte) der *Eisenbahnen,* in nachhaltiger, sicherer, und nicht blos experimentirender Gestaltung, in jener nehmlich, welche sie den schon in verschiedenen deutschen und andern benachbarten Ländern sowohl schon gebildeten als im Entstehen begriffenen Bahnen würdig anschlöße, und gleichsam ein Straßen-Netz nach den Hauptrichtungspunkten ziehend, unsern Landeserzeugnißen der Gewerbe wie des Bodens, namentlich unsern reichen Getreidefrüchten p. p.[3] eine schnell leichte Vermittlung mit den umgebenden Ländern und ihren Erzeugnißen gewährte. Der Handelsstand der getreuen Stadt Augsburg, ergriffen von dem ganzen Gewichte des Gegenstandes, und den allgemeinen Anklang theilend, der den Osten, Norden und Westen belebt, würde nun sich glücklich fühlen, wenn es ihm vergönnt wäre, die hiezu führende Bahn brechen, und an ihrer Spitze die ersten Schritte eröffnen zu dürfen. [...]

Bereits hat sich aus unseres Handelsstandes Mitte ein Comité gebildet, welches zur Aufgabe hat, die ersten Präliminarien zu berathen[4], sobald die allerhöchste Staatsregierung nur geruhen würde, den Gegenstand derjenigen vorausberechnenden Prüfung und Untersuchtung zu submittiren[5], die das Lebens-Prinzip aller großartigen Unternehmungen ist, und allein ihre Dauer bedingt.

Indeßen dürfen wir Eure Königliche Mayestät schon jetzt allerehrfurchtsvollst versichern, daß auf des augsburgischen Handelsstandes kräftigste Mitwirkung zu bauen sey, und hieran reyhen wir dann die allerunterthänigste Bitte: daß Allerhöchst-dieselben die prinzipiellen Bestimmungen und Maaßregeln vorzuzeichnen geruhen wollen, auf welchen das große und wichtige Werk der bayerischen Eisenbahnen benehmlich mit[6] dem hiesigen Handelsstande seine Einleitung finden solle."

[1] Comité: Ausschuss von Beauftragten

[2] etwa: zivilisierten

[3] und anderem mehr

[4] Präliminarien beraten: Vorüberlegungen anstellen

[5] submittiren: unterziehen

[6] benehmlich mit: in Abstimmung mit

Anlage B

Durchschnittliche jährliche Investitionen in ausgewählten Wirtschaftsbereichen in Deutschland (Millionen Mark, Preise von 1913)

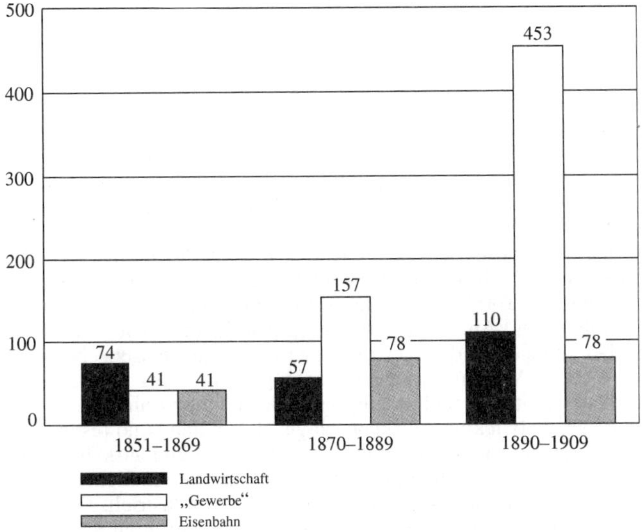

Anlage C

Durchschnittliche jährliche Investitionen in ausgewählten Wirtschaftsbereichen in Deutschland (Millionen Mark, Preise von 1913)

	Landwirtschaft	„Gewerbe“	Eisenbahn
1870–1874	42	133	97
1875–1879	51	50	119
1880–1884	52	170	61
1885–1889	84	275	35

* Unter „Gewerbe“ werden hier „der Bergbau, die Industrie und das Handwerk, der Handel, die Banken, die Versicherungen und der Verkehr mit Ausnahme der Eisenbahnen und Post“ verstanden.

Lösungen

1 Die Verfasser des **Gesuchs an König Ludwig I.** gehen von zwei Prämissen aus, auf denen sie ihre Argumentation aufbauen:
- Aus ihrer Sicht ist Bayern gegenüber anderen „fortschreitenden Völkern“ industriell eher rückständig.
- Der Ausbau eines Eisenbahnnetzes ist für sie eine wesentliche Bedingung, die industrielle Entwicklung voranzutreiben.

Die **wirtschaftliche Situation Bayerns um 1835** war tatsächlich noch eher geprägt von einer starken Dominanz der Landwirtschaft, für einen Flächenstaat wie Bayern typisch. Die Bauernbefreiung schritt nur zögerlich voran, zumal die oft kleinen Höfe nicht genug abwarfen, um die hohen Ablösungen zu zahlen. So blieb die ländliche, grundherrschaftliche Struktur bestehen, die Voraussetzungen für eine entsprechende Bevölkerungsentwicklung und Urbanisierung fehlten.
Parallel dazu erhielten sich alte zünftische Regelungen, auch wenn das Zunftwesen offiziell abgeschafft war. Die große Mehrheit der Gewerbebetriebe hatte weniger als zehn Beschäftigte, solche mit mehr als 100 Beschäftigten waren selten und eigentlich auf die industriellen Zentren Nürnberg und Augsburg beschränkt. Auf dem flachen Land wurde die Industrialisierung eher abgelehnt, da man die damit verbundene Entstehung der Industriearbeiterschaft als einen Vorgang der Entwurzelung, Verarmung und sittlichen Verwahrlosung und somit als politische und gesellschaftliche Gefahr ansah.
Da auch der König den neuen Entwicklungen skeptisch gegenüberstand und restaurative Ziele verfolgte, auch als Gegenbewegung gegen die allzu radikalen und aufklärerischen Reformen der Ära Montgelas, blieben fördernde Impulse aus. In die ländlichen Regionen drangen die Neuerungen kaum vor, die Infrastruktur blieb vorindustriell. Dazu trug sicherlich auch bei, dass Bayern zu weit weg war von den Häfen und ihren vergleichsweise kurzen Verbindungen zum industriell vorauseilenden England.
Aufgrund der nur zögerlichen Modernisierung der landwirtschaftlichen Produktionstechniken, der teilweise zu kleinen Betriebseinheiten und vor allem des bäuerlich-konservativen Denkens in weiten Teilen des Landes, gestützt von der katholischen Kirche, waren unternehmerische Impulse die Sache einiger einzelner Persönlichkeiten.
Umso erstaunlicher war es, dass bereits 1835 zwischen Nürnberg und Fürth die **erste Eisenbahn** fuhr, zumal der König den Ausbau der traditionellen Wasserstraßen durch den Ludwig-Donau-Main-Kanal bevorzugte. Seine Fertigstellung 1836 war kurzfristig ein Erfolg, doch trat kurze Zeit später die Eisenbahn ihren Siegeszug an und wertete den Kanal in seiner Bedeutung ab.

Vor dem Hintergrund dieser Entwicklung ist die Aktivität des Augsburger Eisenbahn-Comités zu sehen. Der König wird gebeten, die rechtlichen und administrativen Voraussetzungen zu schaffen, dass sich der Einsatz des vom Comité offensichtlich bereitgestellten Kapitals lohnt.
Begründet wird die Notwendigkeit eines umfassenden Eisenbahnnetzes zunächst mit der Notwendigkeit, den **bayerischen Rückstand im Prozess der Industrialisierung** zu verringern, dazu aber auch die hinderlichen Interessengegensätze zwischen den Ländern zu überwinden und einen einheitlichen „Nationalhandel“ herzustellen. Die Verfasser sehen also durchaus die Bedeutung einer großräumigen Infrastruktur, wie sie durch ein länderübergreifendes Eisenbahnnetz geschaffen wird, vorausgesetzt, die einzelnen Strecken werden mit denen benachbarter Länder verbunden. Dem König wird vor Augen geführt, wie wichtig ein schneller und leichter Transport der Güter für den Austausch und damit natürlich auch für die Ausfuhr bayerischer Waren, „namentlich unsere reichen Getreidefrüchte“, sei. Geschickt wird Ludwig I. darauf hingewiesen, dass auch die von ihm geförderte Landwirtschaft von einem Ausbau des Eisenbahnnetzes profitieren würde.

Schließlich sichern die Augsburger Bankiers, Kaufleute und Fabrikanten dem König ihre Mitwirkung beim Bau der Eisenbahn zu, was letztlich nur heißen konnte, das nötige Kapital zur Verfügung zu stellen.
Tatsächlich wurde dann im Jahr 1939/40 die Bahnstrecke Augsburg - München eröffnet und 1843 im Landtag ein Gesetz verabschiedet, das die Planung und den Bau einer Ludwig-Süd-Nord-Bahn von Lindau nach Hof vorsah.

2 Die **staatlichen Maßnahmen zur Förderung der wirtschaftlichen Entwicklung** in Deutschland, besser in den Staaten des Deutschen Bundes, begannen schon in der Zeit der Herrschaft Napoleons und zielten zunächst ab auf die Beseitigung feudaler Hemmnisse und traditioneller Barrieren deutscher Kleinstaaterei. Es galt also die gesetzlichen Voraussetzungen zu schaffen, um eine mobilere Gesellschaft und größere Wirtschaftsräume zu ermöglichen, die wiederum Bedingung waren für die stärkere Arbeitsteilung.
Insbesondere in **Preußen** wurden durch die tief greifenden Reformen, die mit den Namen **Stein und Hardenberg** verbunden sind, Rahmenbedingungen geschaffen, die für die beginnende Industrialisierung wichtig waren: Abbau ständischer Privilegien und feudaler Bindungen zugunsten eines souveränen und zentralistischen Staates mit größerer Planungsautonomie; rechtliche Sicherung des Eigentums und wirtschaftlicher Freiheit durch die neuen Verfassungen und die Ermöglichung von Mobilität, z. B. auch durch die Bauernbefreiung.
Gerade die **Bauernbefreiung** führte zu einer Revolutionierung der Landwirtschaft, Voraussetzung für die höhere Produktivität und damit die Ernährung einer rapide wachsenden Bevölkerung bei gleichzeitiger Freisetzung der in der Industrie benötigten Arbeitskräfte.
Im Bereich des sekundären Sektors, der gewerblichen Produktion, wurden durch die Einführung der **Gewerbefreiheit** ebenfalls Hemmnisse beseitigt: ständische Beschränkungen, wonach es bisher z. B. Adeligen und Bauern verboten war, ein Gewerbe zu betreiben, Bildungsvoraussetzungen und vor allem auch Zunftregelungen, die auf eine Kapazitätsbeschränkung und auf langwierige Genehmigungsverfahren für gewerbliche Betriebe hinausliefen. Letztlich wurde durch die Gewerbefreiheit die völlige Konkurrenz auf dem Markt eingeführt. Die in den verschiedenen Ländern sehr unterschiedliche Wirkung hing mit der Konzessionierungspolitik der einzelnen Staaten zusammen. Da es kaum gesetzliche Kriterien gab, hatte die Bürokratie bei der Genehmigung von Gewerben einen freien Spielraum, den sie im Sinne größtmöglicher Konkurrenz und gewerblicher Freiheit nutzen konnte wie in Preußen, oder eher restriktiv und traditional wie in Bayern.
Bedeutsam für die Industrialisierung waren auch **infrastrukturelle Maßnahmen** des Staates. Insbesondere die Förderung des Bildungswesens und der Wissenschaften zur Entbindung der individuellen Kräfte, des human capital, konnte ohne staatliche Planung und Förderung nicht gelingen. Schon damals herrschte in der preußischen Reformbürokratie die Meinung vor, nur durch Bildung könne man den Rückstand gegenüber England aufholen und konkurrenzfähig werden. Mit Gewerbeschulen und Technischen Hochschulen wurde vor allem in Preußen ein „technisches Bildungswesen" (Nipperdey) aufgebaut, das sich als überaus erfolgreich erwies und zu einem regen öffentlichen Austausch von Informationen führte, während beispielsweise in Bayern das Brauwesen wissenschaftlich fundiert wurde und der Schwerpunkt bei Ackerbauschulen lag. Die „Bayerische Hypotheken- und Wechsel-Bank" hatte als vorrangiges Ziel die „Belebung des ländlichen Unternehmensgeistes", während sich die neuen Kreditanstalten in Norddeutschland stärker auf die Förderung frühindustrieller Produktionen konzentrierten. Für den Ausbau des Geld- und Banksystems war es lange allerdings hinderlich, dass es zwar zwei größere Münzgebiete gab mit dem Talergebiet im Norden und dem Guldengebiet im Süden, dass aber innerhalb der Staaten noch eine eigene **Geldpolitik** betrieben wurde

mit sehr unterschiedlichen wirtschafts- und finanzpolitischen Zielen. Erst mit der Schaffung des Zollvereins verstärkten sich die Tendenzen zu einer einheitlichen Währung, einer Silberwährung, die im **Dresdner Münzvertrag von 1838** die nord- und süddeutschen Gebiete vereinheitlichte. Durch entsprechende gesetzliche Regelungen konnte auch der riesige Kapitalbedarf, anfangs vor allem für den Ausbau des Eisenbahnnetzes, befriedigt werden durch die Ausgabe von Aktien, die wegen der hohen Gewinnerwartung der Eisenbahngesellschaften meist gut gezeichnet wurden. Das Beispiel der Finanzierung der Bahn zeigt aber auch deutlich die Grenzen der staatlichen Einflussnahme und Förderung. Eine direkte Finanzierung oder Förderung mit staatlichen Mitteln gab es kaum, die Industrialisierung war ein weitgehend autonomer Prozess aus der Erwerbsgesellschaft heraus, für deren Entfaltung allerdings der Staat Rahmenbedingungen zu schaffen hatte.

Nicht zuletzt waren es auch die planerischen und rechtlichen Förderungen der Verkehrsnetze, mit denen die Politik hemmend und verschleppend oder fördernd den Prozess der Industrialisierung beeinflussen konnte. Am bedeutendsten war dabei ohne Frage die **Gründung des deutschen Zollvereins 1834,** mit dem das v. a. von Friedrich List geforderte einheitliche Zoll- und Wirtschaftsgebiet geschaffen wurde, das schon damals als unabdingbare Voraussetzung eines industriellen Fortschreitens gesehen wurde.

Der Prozess innerhalb der von der Politik und den Regierungen geschaffenen Bedingungen, die in Preußen vergleichsweise weiter gesteckt und liberaler waren verglichen mit Bayern, wurde dann nicht mehr so sehr vom Staat beeinflusst, sondern von der privaten Initiative der großen Unternehmer- und Erfinderpersönlichkeiten, die die gebotenen Chancen und neuen Möglichkeiten zu nutzen verstanden.

3.1 Die Grafik verdeutlicht erhebliche **Verschiebungen der Investitionen** in der zweiten Hälfte des 19. Jahrhunderts.

Für den Zeitraum von 1851 bis 1869 lässt sich der Grafik entnehmen, dass die Investitionen in der Landwirtschaft noch die des Gewerbes und der Eisenbahn übertreffen. Auffallend ist, dass in den Eisenbahnbau in diesem Zeitraum genauso viel investiert wurde wie in das übrige Gewerbe, was als Beleg für die überragende Bedeutung des **Leitsektors Eisenbahn** in der Phase des „take off“ gewertet werden kann. Etwa in diese Zeit fällt der Ausbau des Bahnnetzes, das alle wichtigen Städte in Deutschland verbindet, wie es übrigens in fast identischer Form Friedrich List schon 1833 skizziert hatte. Leitsektor wurde der Bahnbau aus mehreren Gründen: Bedarf an Eisen als Rohstoff, Entwicklung innovativer Techniken, Aufbau eines kapitalintensiven Gewerbes und einer entsprechenden Finanzierungsstruktur, erhebliche Verbesserung des Güteraustausches, Beseitigung bestehender Standortnachteile.

Der Zeitraum von 1870 bis 1889, geprägt von der Reichsgründnung und den damit verbundenen Aufschwungkräften, zeigt einen deutlichen Zuwachs der Investitionen insgesamt von 156 Millionen auf 292 Millionen, also fast eine Verdoppelung. Die Verschiebung innerhalb der Sektoren von der Landwirtschaft zum Gewerbe, zum zweiten und dritten Sektor also, kennzeichnend für die Entwicklung einer Industriegesellschaft, zeigt sich deutlich, da die Agrarinvestitionen zurückgehen, während die des Gewerbes sich fast vervierfachen. Auch in den Eisenbahnbau wird deutlich mehr investiert. Der Rückgang in der Landwirtschaft ist sicherlich Ausdruck für die Umstellungskrise in diesem Sektor, verbunden mit weltweit sinkenden Agrarpreisen, deren Auswirkung in Deutschland allerdings durch die Schutzzollpolitik gemildert wurde.

In der Phase von 1890 bis 1909 kann von einer schubartigen Erhöhung der Gesamtinvestitionen gesprochen werden, Ausdruck einer nun **entwickelten Industriewirtschaft.** Von 292 Millionen Mark steigern sich die Investitionen auf 641 Millionen, wobei besonders deutlich der Anstieg im Gewerbe ist, dessen Gewicht gegenüber der Landwirtschaft nun eindeutig höher ist. Andererseits ist auch in der Landwirtschaft ein

Investitionswachstum erkennbar, da nach der Umstellungskrise Modernisierungen vorgenommen werden, die Technisierung voranschreitet und die Produktivität erhöht werden muss. Im Vergleich zur Landwirtschaft hat der Eisenbahnbau sogar an Bedeutung verloren, die Investitionen nehmen nicht mehr zu. Offensichtlich hat in dieser Ausbauphase der Eisenbahnbau seine Funktion als Leitsektor verloren. An seine Stelle treten die Metallindustrie und das Textilgewerbe; der Bergbau und das Baugewerbe erleben zwar deutliche Steigerungen, können aber aufgrund nur geringer technischer Innovationsmöglichkeiten nicht als Leitsektoren gesehen werden, während die im Aufbau befindlichen Elektro- und chemische Industrien mehr und mehr die Rolle von Leitsektoren übernehmen. Auch der Ausbau des Handels und des Bankensystems ist ohne entsprechende Investitionen nicht denkbar. Die stark steigenden Investitionen sind auch eine Folge der nun überwundenen Gründerkrise und der zunehmend besseren Kapitalausstattung.

3.2 Die Übersicht über die durchschnittlichen jährlichen Investitionen in Anlage C unterscheidet sich von der Darstellung in B durch die Wahl kürzerer zeitlicher Intervalle für den „mittleren" Zeitraum von 1870–1889. Diese neue „Optik" macht deutlich, dass durch eine Zusammenfassung von Werten für größere Zeiträume Entwicklungen nivelliert, teilweise unsichtbar werden. So entsteht zunächst der Eindruck eines Rückgangs der Agrarinvestitionen, in der Statistik der Anlage C kann aber abgelesen werden, dass schon seit 1885 die landwirtschaftlichen Investitionen deutlich zunehmen. Die zunächst in Anlage B deutlich höhere durchschnittliche Investitionssteigerung im Gewerbe wird durch die Zahlen in Anlage C stark differenziert. Da zeigt sich nämlich, als **Folge der Gründerkrise**, in der 2. Hälfte der siebziger Jahre ein Einbruch bei den Investitionen im Gewerbe, während in der gleichen Zeit der Eisenbahnbau weiter wächst, offensichtlich weniger durch die Krise in Mitleidenschaft gezogen wird. Das lag daran, dass in diesem Sektor bereits begonnene und geplante Investitionsvorhaben zu Ende geführt wurden. Im Jahr 1875 erreichte die Zahl der neu in Betrieb genommenen Eisenbahnstrecken mit 2 437 km eine Höchstmarke, im Vergleich zu 1869 mit 955 km, bevor in den Folgejahren der Neubau bis auf 1 049 km im Jahr 1878 zurückging. In den achtziger Jahren gehen dann die Investitionen in die Eisenbahn deutlich zurück, der Bereich hat seine Leitfunktion also schon deutlich früher verloren, als es die Grafik vermuten lässt.
Grundsätzlich kann festgestellt werden, dass längerfristige Durchschnittsbetrachtungen zu falschen Schlussfolgerungen führen, wenn eine kontinuierliche Entwicklung angenommen wird. Vielmehr kann es innerhalb der Zeitspannen, wie sie in der Grafik verglichen werden, zu erheblichen Schwankungen kommen.

4 Die **Bedeutung des Eisenbahnbaus als Leitsektor** der frühen Phasen der Industrialisierung ist unschwer zu belegen und zu verstehen. Doch reichten die Einflüsse dieses modernen Verkehrsmittels weit in den sozialen und politischen Bereich hinein.
Die „Verkehrsrevolution" durch die Eisenbahn hat nicht nur tief greifende Folgen, sobald sie ausgebaut und in Betrieb genommen ist, sondern schon in der Enstehung. Der Eisenbahnbau selbst, also Strecken- wie Maschinenbau, beschäftigte eine große Zahl von Menschen, schuf Arbeitsplätze und linderte soziale Not. In der Zeit von 1850 bis 1880 stieg die Zahl der vom Eisenbahnbau ernährten Arbeiter von durchschnittlich 220 000 auf etwa ½ Million. Dazu kamen neue Arbeitschancen auch indirekt durch die Möglichkeit, industrielle Zentren in Gebiete zu legen, die ohne ein Massenverkehrsmittel ins Abseits gerieten. Bedeutsam in der Planungs- und Entstehungsphase des Systems war auch die damit verbundene **Schaffung von Finanzierungsgesellschaften.** Das städtische Bürgertum engagierte sich, wie auch das Gesuch an König Ludwig beweist, für die neuen technischen Möglichkeiten und gewann durch Bereitstellung und Akkumulation von Kapital nicht nur ökonomische Macht, sondern auch Einfluss auf die Poli-

tik. Der Eisenbahnbau wurde zu einem zentralen und bedeutsamen Sektor, weil die hohen Kosten und die großräumigen Planungen zu einer engen Verbindung von Politik und Besitzbürgertum führen mussten. Seit den dreißiger Jahren wurden überall in Deutschland Eisenbahngesellschaften gegründet, die Finanzierungen organisierten und sich um staatliche Hilfen und Garantien bemühten. Der Aktienmarkt wurde geschaffen.
Anfangs wurde die Eisenbahn zwar von der Masse der Menschen kritisch betrachtet, ja mit Angst gesehen als „feuerspeiendes Ungeheuer" mit einem „teuflischen" Tempo. Aber neben den schon bald erkennbaren wirtschaftlichen Vorzügen brachte die Eisenbahn eine **neue Zeit:** die Räume wurden kleiner, entfernte Regionen rückten näher heran an die Zentren, die trennenden Grenzen in Deutschland wurden nicht zuletzt beim Ausbau des Streckennetzes als störend empfunden. Waren Binnenzölle im Zeitalter der Postkutsche noch irgendwo passend, da Zollstationen auch Pferdestationen waren, so verlieren die dauernden Unterbrechungen des Verkehrs im neuen Zeitalter der Dampflokomotiven jeden Sinn. Die Kleinstaaterei stellte sich buchstäblich als ökonomisch nutzlos und wenig rational heraus, sodass der Druck zur nationalstaatlichen Einigung durch den Eisenbahnbau und die dort investierten Hoffnungen verstärkt wurde. Politische Wirkungen zeigte auch die neue Möglichkeit des Reisens, die nicht mehr nur Privilegierten offenstand. Die Massenverkehrsmittel demokratisierten diesbezüglich die Gesellschaft. So wuchs durch die **Verkehrsrevolution der Eisenbahn** auch der Austausch an Informationen und Erfahrungen weit über die traditionell engen Lebensbereiche hinaus.
Es gibt allerdings Entwicklungen, die auch aus heutiger Sicht problematisch erscheinen. Der Massentransport von Gütern und Menschen durch die Eisenbahn begünstigte die Bildung von urbanen Zentren mit immer größerer Verdichtung, in die Ströme von Arbeitskräften gefahren wurden, während Regionen ohne Bahnanschluss nicht nur räumlich an den Rand rückten. Die riesigen städtischen Zentren konnten jetzt erst durch die Eisenbahn mit den notwendigen Nahrungsmitteln vom Land versorgt werden. Eine auch sozial wirksame Arbeitsteilung wurde möglich.
Da die Bahn vor nationalen Grenzen nicht Halt machte, bildeten sich durch grenzüberschreitende Güterströme riesige Märkte mit entsprechenden Infrastrukturen. Haben wir es heute mit einer noch weiträumigeren Globalisierung zu tun, so steht der Eisenbahnbau im 19. Jahrhundert am Beginn einer **Europäisierung der Wirtschaft und des Handels.** Die steigende Konkurrenz wiederum und die auch durch günstigere Transportkosten verbilligten Waren erzeugten nicht nur Massenproduktion und Massenkonsum, sondern entbanden das Phänomen der Masse als politisch handelndes und politisch zu gestaltendes soziales Problem.

Leistungskurs Geschichte (Bayern) 1998 – Aufgabe III
Von der europäischen Gleichgewichtspolitik zur Weltpolitik –
Internationale Politik im 19. und 20. Jahrhundert

		BE
1	Stellen Sie die Konstellation des europäischen Mächtesystems Anfang der 1890er Jahre dar!	10
2	Erschließen Sie aus dem beigefügten Text Bismarcks Einstellung zum Krieg! Untersuchen Sie davon ausgehend die Rolle des Kriegs in Bismarcks politischem Handeln!	14
3	Erarbeiten Sie, inwiefern die Politik Wilhelms II. im ersten Jahrzehnt seiner Herrschaft mit Hilfe der Äußerungen Bismarcks kritisiert werden konnte!	10
4	Beurteilen Sie aus Ihrer Kenntnis der weiteren Entwicklung die Tauglichkeit des im Text dargestellten außenpolitischen Grundkonzepts für die deutsche Politik bis zum Ersten Weltkrieg!	12
5	Zeigen Sie, dass das Selbstbestimmungsrecht der Völker und der Völkerbund gegenüber den in der zweiten Hälfte des 19. Jahrhunderts üblichen Wegen neue Ansätze der Konfliktregelung bzw. Friedenssicherung sind! Erläutern Sie Faktoren, die ihr Wirksamwerden in der Zwischenkriegszeit beeinträchtigen!	14
		60

Aus Otto von Bismarcks „Gedanken und Erinnerungen"
(verfasst 1891/92, erschienen 1898)

„Jedenfalls wird auch in der Zukunft nicht bloß kriegerische Rüstung, sondern auch ein richtiger politischer Blick dazu gehören, das deutsche Staatsschiff durch die Strömungen der Coalitionen zu steuern, denen wir nach unsrer geographischen Lage und unsrer Vorgeschichte ausgesetzt sind. Durch Liebenswürdigkeiten und wirtschaftliche Trinkgelder für befreundete Mächte werden wir den Gefahren, die im Schoße der Zukunft liegen, nicht vorbeugen, sondern die Begehrlichkeit unsrer einstweiligen Freunde und ihre Rechnung auf unser Gefühl sorgenvoller Bedürftigkeit steigern. Meine Befürchtung ist, daß auf dem eingeschlagenen Wege unsre Zukunft kleinen und vorübergehenden Stimmungen der Gegenwart geopfert wird. Frühere Herrscher sahen mehr auf Befähigung als auf Gehorsam ihrer Rathgeber, wenn der Gehorsam allein das Kriterium ist, so wird ein Anspruch an die universelle Begabung des Monarchen gestellt, dem selbst Friedrich der Große nicht genügen würde, obschon die Politik in Krieg und Frieden zu seiner Zeit weniger schwierig war wie heut.

Unser Ansehen und unsere Sicherheit werden sich um so nachhaltiger entwickeln, je mehr wir uns bei Streitigkeiten, die uns nicht unmittelbar berühren, in der Reserve halten und unempfindlich werden gegen jeden Versuch, unsre *Eitelkeit* zu reizen und auszubeuten […].

Dem Vortheile, den der deutschen Politik ihre Freiheit von directen orientalischen Interessen[1] gewährt, steht der Nachtheil der centralen und exponirten Lage des Deutschen Reiches mit seinen ausgedehnten Vertheidigungsfronten nach allen Seiten hin und die Leichtigkeit antideutscher Coalitionen gegenüber. Dabei ist Deutschland vielleicht die einzige große Macht in Europa, die durch keine Ziele, die nur durch siegreiche Kriege zu erreichen wären, in Versuchung geführt wird. Unser Interesse ist, den Frieden zu erhalten, während unsre continentalen Nachbarn ohne Ausnahme Wünsche haben, geheime oder amtlich bekannte, die nur durch Krieg zu erfüllen sind. Dementsprechend müssen wir unsre Politik einrichten, das heißt den Krieg nach Möglichkeit hindern oder einschränken, uns in dem europäischen Kartenspiele die Hinterhand wahren und uns durch keine Ungeduld, keine Gefälligkeit auf Kosten des Landes, keine Eitelkeit oder befreundete Provocation vor der Zeit aus dem abwartenden Stadium in das handelnde drängen lassen; wenn nicht, *plectuntur Achivi*[2].

Unsre Zurückhaltung kann vernünftiger Weise nicht den Zweck haben, über irgend einen unsrer Nachbarn oder möglichen Gegner mit geschonten Kräften herzufallen, nachdem die andern sich geschwächt hätten. Im Gegentheil sollten wir uns bemühn, die Verstimmungen, die unser Heranwachsen zu einer wirklichen Großmacht hervorgerufen hat, durch den ehrlichen und friedliebenden Gebrauch unsrer Schwerkraft abzuschwächen, um die Welt zu überzeugen, daß eine deutsche Hegemonie in Europa nützlicher und unparteiischer, auch unschädlicher für die Freiheit andrer wirkt als eine französische, russische oder englische."

[1] gemeint: Interessen auf dem Balkan und im Nahen Osten

[2] hier im Sinne von: Was immer die Regierenden falsch machen, das Volk muss es ausbaden.

Lösungen

1 Anfang der 1890er Jahre, also nach dem Sturz Bismarcks, hatte sich das **europäische Mächtesystem** gegenüber der Zeit der Reichsgründung erheblich verändert, allein die auch für Bismarck elementare Prämisse, die Feindschaft zu Frankreich, bestand nach wie vor.
Seit dem **Berliner Kongress 1878** hatte sich das traditionell gute Verhältnis zwischen Russland und Preußen bzw. Deutschland merklich abgekühlt, da die russische Diplomatie die Deutschen nicht dafür gewinnen konnte, die Beute aus dem Krim-Krieg und die damit verbundene Hegemonie auf dem Balkan zu behalten. So kam es in der Folge zu einer ersten **Annäherung zwischen Russland und Frankreich,** eine Entwicklung, der Bismarck durch sein Bündnissystem und insbesondere durch den Rückversicherungsvertrag entgegenwirken wollte. Die Angst vor einem drohenden Zwei-Fronten-Krieg bestimmte die Außenpolitik des Reiches. Der Berliner Kongress zeigte aber auch, mit welchen Risiken das System Bismarcks in seiner Labilität verbunden war.
Als schließlich 1890 der **Rückversicherungsvertrag** nicht mehr erneuert wurde, weil Wilhelm II. und Caprivi ihn nicht mehr für zwingend hielten und in beiden Ländern auch die bisherige Basis des Vertrauens fehlte, verständigten sich Frankreich und Russland relativ schnell auf eine Militärkonvention 1892.
In dieser bedrohlichen Entwicklung gab es keine wirkliche Alternative zum **Zweibund mit Österreich,** der jedoch vorsichtig als Defensivbündnis behandelt werden sollte, um den Graben zu Russland nicht noch tiefer werden zu lassen. Jeder Anschein einer offensiven Zielsetzung musste vermieden werden, da die Gegensätze zwischen dem Zarenreich und der Habsburger Monarchie angesichts der Schwäche der Türkei immer stärker wurden und Deutschland vermeiden musste, in diese Konflikte hineingezogen zu werden. Die Erweiterung des Zweibunds zum Dreibund mit Einbeziehung Italiens wurde vor dem Hintergrund der Machtlage ebenfalls intensiv verstärkt.
Entscheidend musste sein, wie **England** auf die sich ändernden Machtstrukturen reagieren würde. Zunehmende Spannungen mit Russland wegen der Meerengen-Frage und wegen der Interessenkollisionen in Asien sowie traditionelle Gegensätze zu Frankreich in der Kolonialpolitik waren zwar eher günstige Voraussetzungen für eine Annäherung zwischen England und dem Reich, doch auf der anderen Seite war Großbritannien noch nicht bereit, seine Politik der splendid isolation aufzugeben und sich vertraglich an einen Partner zu binden. Immerhin versuchte das Reich, das Verhältnis zu England zu verbessern, wie vor allem der bei den Alldeutschen umstrittene Tausch der Insel Helgoland mit Sansibar belegt.
Insgesamt war das Mächtesystem im **Zeitalter imperialistischer Expansionspolitik** labiler geworden, die Gefahr für das Reich hatte sich deutlich erhöht, da es Frankreich gelungen war, aus der Isolation herauszukommen. Der Zweibund zeichnete sich bereits als das zukünftige Schicksalsbündnis des Deutschen Reiches ab.

2 **Bismarck** lehnt in der Situation, in der sich das Reich befindet, den **Krieg** ab, da er sich kein Ziel vorstellen kann, das Deutschland vor allem durch Krieg zu erreichen vermöchte. Umgekehrt sieht er eine erhebliche Gefahr, sollte sich das Reich in seiner schwierigen Mittellage in einen Krieg hineinziehen lassen.
Auch der Text, mehr noch das politische Handeln zeigen andererseits, dass Bismarck den Krieg nicht aus ethischen Gründen ablehnt, sondern ihn für ein legitimes Mittel der Außenpolitik hält. Musterbeispiele dafür sind die **Einigungskriege,** die Bismarck als preußischer Ministerpräsident geführt hat. Ziel war es, die Machterweiterung Preußens

gegen Dänemark (1864), Österreich-Ungarn (1866) und schließlich Frankreich (1870/71) durchzusetzen. Jeder dieser Kriege, die Bismarck offensichtlich für nötig und für legitim hielt, war eingebettet in ein strategisches Konzept mit dem Versuch eines kalkulierten Risikos und klarer Zielsetzung.
1864 ging es Bismarck darum, eine mögliche Führungsrolle Österreichs im Prozess der Reform des Deutschen Bundes zu verhindern und gleichzeitig die Herzogtümer **Schleswig und Holstein** zu annektieren. Geschickt wurden die Vereinbarungen im Londoner Protokoll, die auch Österreich unterschrieben hatte, zur Stützung der eigenen Interessenlage interpretiert. Österreich wurde zu einem gemeinsamen Vorgehen überredet mit dem Ziel, die vom Deutschen Bund geforderte Erhebung eines Augustenburgers zum Herzog von Schleswig-Holstein zu verhindern. Diese Absage an Bundesentscheidungen kostete die Habsburger Monarchie alle Sympathien bei den Mittel- und Kleinstaaten. Im folgenden **Krieg gegen Dänemark,** von Februar bis August 1864, verlor der dänische König die beiden Herzogtümer, die an Preußen und Österreich gingen.
Den folgenden **Krieg gegen Österreich,** in dem es um die Entscheidung des Dualismus in Deutschland ging und damit auch um die Entscheidung zwischen kleindeutscher oder großdeutscher Lösung, bereitete Bismarck ebenfalls sorgfältig vor durch Sondierung der europäischen Machtlage, durch Schwächung Österreichs im Vorfeld und vor allem durch Vermeidung nationalistischer oder gar revolutionärer Bewegungen von unten. Der Krieg sollte eine jederzeit kontrollierbare und begrenzbare Auseinandersetzung zwischen Regierungen und Monarchen sein, nicht aber zwischen fanatisierten Völkern. So war es auch nur natürlich, dass nach dem schnellen Sieg der preußischen Truppen Bismarck umgehend versuchte zur Normalität zurückzukehren und eine Demütigung Österreichs mit der Gefahr einer langen Feindschaft zu vermeiden. Krieg war nicht dazu da, den Gegner zu vernichten, sondern ein klar umgrenztes politisches Ziel zu erreichen.
Auch der **Krieg gegen Frankreich 1870/71** sollte diesen Charakter haben, wurde diplomatisch so geschickt inszeniert, dass die militärische Auseinandersetzung als logische Folge der politisch-diplomatischen Vorspiele erscheinen musste. Auch nach dem Sieg gegen Frankreich versuchte Bismarck Gebietsveränderungen zu vermeiden, konnte allerdings die unsinnige Annexion Elsass-Lothringens nicht verhindern und damit auch nicht, dass dieser Krieg langfristig Folgen hatte, die das Verhältnis der Völker zueinander belasteten.
Ein letztes Mal spielte Bismarck 1875 mit dem Gedanken, ein Problem mit kriegerischen Mitteln zu lösen. Frankreich hatte sich mittlerweile wirtschaftlich von der Niederlage erholt und begann, auch außenpolitisch wieder aktiv zu werden. Eine regierungsnahe Zeitung veröffentlichte einen Artikel mit dem Titel: „Ist **Krieg in Sicht?“** Die Schlagzeile wirkte wie ein Fanal, die Angst vor einem deutschen Präventivkrieg gegen Frankreich mobilisierte die europäischen Regierungen und auch die Börsen reagierten. Als aus England und Russland klare Absagen an deutsche Pläne kamen, war deutlich, dass Krieg für das Reich nur möglich war gegen eine Koalition aus Frankreich, England und Russland.
Bismarck hat von diesem Zeitpunkt an die Möglichkeiten des Krieges als Mittel deutscher Außenpolitik nicht mehr gesehen und im **„Kissinger Diktat“** von 1877 als Ziel der Politik des Reiches die Erhaltung des Bestehenden definiert.
Nach der „Krieg-in-Sicht-Krise“ von 1875 ist Bismarcks Außenpolitik dem Ziel untergeordnet, den Status quo zu erhalten. Es ist seine Überzeugung, dass jeder Versuch einer Veränderung zu hohe Kriegsrisiken in sich tragen würde. Da aber jeder Krieg in Europa die Stellung Deutschlands gefährden würde, sei mit allen Mitteln eine zurückhaltende, status-quo-orientierte Politik geboten. Nicht Krieg ist dabei ein geeignetes Mittel, sondern eine **Politik des „ehrlichen Maklers“,** also der diplomatischen Lösung von bedrohlichen Konflikten. Allerdings zeigt die Praxis dieser Strategie auf dem Berliner Kongress 1878, dass die auf Veränderung drängenden Kräfte auch damit langfristig nicht zu bändigen waren.

3 Schon der erste Satz der Aufzeichnungen Bismarcks liest sich wie eine Warnung vor der **Politik Wilhelms II.,** der besonders mit der von ihm zusammen mit Großadmiral Tirpitz vorangetriebenen **Flottenpolitik** Mangel an politischem Weitblick verriet. Die „bloß kriegerische Rüstung" erwies sich als militärisch sinnlos, politisch aber als überaus schädlich, zerstörte sie doch die vorhandenen Möglichkeiten einer Annäherung an England, als dies nötig gewesen wäre. Bismarck warnt auch vor einer allzu engen Bindung an „befreundete Mächte", die durch Entgegenkommen des Reiches nur „begehrlicher" werden. Sowohl mit der Flottenpolitik als auch mit der zu engen Bindung an Österreich-Ungarn im Zweibund verantwortet der Kaiser eine Politik, von der Bismarck behauptet, dass sie gefährliche „Coalitionen" wie die Annäherung Frankreichs und Russlands provozieren würde, also in der Mittellage Deutschlands keine vernünftige Alternative darstelle.

Ein unmittelbarer Angriff auf den Kaiser und sein **„persönliches Regiment"** sind Bismarcks Seitenhiebe auf dessen Auswahlkriterium für seine Ratgeber, die nicht kompetent scheinen, sondern nur gehorsam. Das aber muss Wilhelm II. überfordern, da seine „Begabung" nicht so „universell" sei, wie es die Politik der Zeit erfordere. Bismarck wirft dem Kaiser also schlicht Inkompetenz für ein „persönliches Regiment" vor. Kaum verhüllt unterstellt der greise und sicher auch gekränkte ehemalige Kanzler dem jungen Kaiser Sprunghaftigkeit und Eitelkeit, die dazu führen, dass langfristige und vernünftige politische Strategien geopfert werden. Stattdessen reagierte die Politik auf „vorübergehende Stimmungen" und auf „Versuche, unsre Eitelkeit zu reizen". Die Tugend, sich bei Konflikten zurückzuhalten, soweit sie deutsche Interessen nicht tangieren, bestenfalls als „ehrlicher Makler" zu fungieren, wird vom Kaiser offensichtlich nicht geübt, wie beispielhaft die **„Krüger-Depesche"** zeigt. Hier mischte sich Wilhelm II. völlig grundlos in den Kolonialkrieg Englands mit den Buren ein.

Entgegengesetzte Positionen vertreten Bismarck und Wilhelm II. bzw. seine Ratgeber auch bezüglich der deutschen Politik in Vorderasien. Während es der Exkanzler für einen Vorteil hält, dass das Reich ohne die Last orientalischer Interessen Freiräume hat, signalisiert der Kaiser derartige Interessen und fesselt dadurch die deutsche Außenpolitik zusätzlich. Wilhelms Orientreise 1897 und die Projektierung der **Bagdad-Bahn** brachten dem Reich kaum Gewinn, verstärkten aber Ressentiments bei Russland und England.

Die von Bismarck seit 1875 vertretene These von der **Saturiertheit des Reiches** wird auch in seinen Gedanken und Erinnerungen erkennbar, wenn er eine insgesamt geduldige und zurückhaltende, keinesfalls aggressive Politik fordert. Genau das aber ändert der junge Kaiser, der der „imperialistischen Krankheit" verfallen ist und deutsche Weltpolitik propagiert, wobei Krieg als Möglichkeit nicht ausgeschlossen wird.

Im Umkreis Wilhelms II. glaubte man eine solche Politik gefahrlos betreiben zu können, gestützt auf das bündnispolitische **Konzept der „freien Hand".** Man glaubte an so tief greifende und dauerhafte Interessengegensätze zwischen Frankreich, England und Russland, dass das Deutsche Reich freie Hand habe bei der Wahl eigener Partner. Der Kaiser und seine Ratgeber verabsolutierten und pervertierten also eine möglicherweise zwischen 1870 und 1890 bestehende Konstellation zu einer Art außenpolitischem Naturgesetz. Das Konzept der „freien Hand" wird dann zur Falle, weil sich der Kaiser eine Herausforderung Englands vor allem mit der Flottenpolitik glaubte erlauben zu können, die letztlich das Reich auf das Schicksalsbündnis mit Österreich zurückwarf und isolierte. Genau vor dieser Gefahr hatte Bismarck immer gewarnt, da er um die Empfindlichkeiten der Nachbarn gegenüber der neuen Großmacht in der Mitte Europas wusste und sie in sein außenpolitisches Kalkül einbezog. Wilhelm II. folgte einem solchen Kalkül nicht, sondern gab die gebotene Zurückhaltung auf und übersah die besondere Situation des Reiches.

4 **Bismarcks außenpolitisches Konzept** hatte seine letzte Korrektur 1875 erfahren, als er nach der „Krieg-in-Sicht-Krise" erkennen musste, dass das Reich Expansionsansprüche jeder Art aufgeben musste, um den Bestand nicht zu gefährden. Er sprach von da an von einem „saturierten Deutschland". Für ebenso gefährlich wie Expansionsgelüste hielt er eine Einmischung in Konflikte anderer Staaten. Zwar war es angesichts der geografischen Lage sicher nicht immer möglich, sich völlig herauszuhalten, wie der Berliner Kongress 1878 bewies, aber für den Kanzler war Zurückhaltung oberstes Gebot.
Das Konzept Bismarcks hätte sicherlich deutlich größere Chancen geboten, zumindest mit England zu einer Verständigung zu kommen, die sich ja vor der provozierenden Flottenpolitik anbahnte und die sicher auch noch möglich gewesen wäre im unmittelbaren Vorfeld des Krieges. Die Interventionspolitik des Kaisers in Marokko war dafür sicherlich die schlechteste Alternative. Unter Umständen hätte Bismarcks Konzept auch zu einer anderen Politik gegenüber Österreich geführt. Die „Nibelungentreue" bis in den Krieg hinein hätte sich von den Prämissen bismarckscher Politik her verboten.
Doch darf andererseits nicht übersehen werden, dass die Zeit nach 1890 andere Rahmenbedingungen setzte, die möglicherweise auch Bismarck gezwungen hätten, sein Konzept zu verändern. Eine zurückhaltende Politik war im **Zeitalter des Imperialismus** auch nach innen schwer zu verkaufen, zumal die wirtschaftliche Kraftentfaltung des Reiches um die Jahrhundertwende und das damit verbundene Selbstbewusstsein kein guter Boden waren für Bescheidenheit und Zurückhaltung. In allen Ländern um das Reich herum wuchs der aggressive Nationalismus, vor allem im Osten, sodass es für eine Großmacht, noch dazu in der Mittellage, kaum möglich war, sich zu entziehen.
Eher unwahrscheinlich war es, das mäßigende Konzept einer Status-quo-Politik gegenüber den Interessengruppen zu behaupten, die eine aggressivere, weltpolitisch ausgerichtete Konzeption forderten. Der **Deutsche Flottenverein** mobilisierte nicht nur Geld, sondern auch Stimmungen, der **Alldeutsche Verband** verstand sich als Interessenvertretung einer großen deutschen Kolonialmacht mit dem gebührenden Platz an der Sonne und der **Bund der Industriellen** forderte ebenfalls Großmachtpolitik aus wirtschaftlichen Gründen. Wer in der Großindustrie von Weltpolitik sprach, der meinte wirtschaftliches Wachstum und expansiven Handel. Auch wenn vieles in dieser Zeit Rhetorik war, bisweilen Drohgebärde und Muskelspiel, so war es doch Ausdruck eines politischen Wollens, gegen den ein vorimperialistisches Konzept kaum durchsetzbar war, da es den Interessen bestimmender Kräfte im Reich zuwiderlief.
Da Außenpolitik nicht isoliert gesehen werden darf von der Innenpolitik, ist auch hinzuweisen auf die **inneren Probleme des Reiches,** die Unfähigkeit auch Bismarcks, z. B. die Arbeiterschaft zu integrieren. Es gab zu viele tiefe Risse in der Gesellschaft, zu viel „Ruhelosigkeit", um einen Begriff Michael Stürmers zu benützen. Außenpolitik bot da eine gute Möglichkeit, von inneren Problemen, etwa der Schwäche der Reichsfinanzen, abzulenken, eine Einheit zu inszenieren durch Begeisterung für große weltpolitische Aufgaben.
Unmittelbar vor dem Weltkrieg hatten sich die Interessengegensätze vor allem zwischen Russland und Habsburg derart verfestigt, dass allein mit Zurückhaltung eine Konfliktregelung nicht mehr möglich war, zumal Deutschland mittlerweile stärker und dominanter geworden war, sich also kaum mehr aus der Verantwortung stehlen konnte. Auch Bismarck hatte ja auf dem Berliner Kongress schon die Erfahrung machen müssen, dass als „ehrlicher Makler" nur dann erfolgreiches Krisenmanagement betrieben werden konnte, wenn Konsens über die Machtlage herrschte, ein bestehendes Gleichgewicht noch akzeptiert wurde. 1878 war das kaum mehr der Fall, vor 1914 waren die Kräfte der Veränderung durch außenpolitische Konzepte nicht mehr zu bändigen. Der Spielraum für Bündnisse wurde schon deshalb immer kleiner, weil keine Macht bereit war, die notwendige Selbstbeschränkung zu leisten, die Bismarck in erster Linie vom Deutschen Reich gefordert hatte.

Michael Stürmers Urteil mag als Fazit dienen: „Das Kaiserreich in der Phase der Hochindustrialisierung ließ sich nicht mehr einer **konservativen Stillstandsutopie** unterwerfen, ..."

Mit dem 1. Weltkrieg endete eine Epoche europäischer Politik, die wesentlich geprägt war von Konferenzdiplomatie auf der Grundlage eines Grundkonsenses der großen Mächte und von einer mehr oder weniger komplexen Bündnispolitik im Stile Bismarcks.
Die **Idee eines Selbstbestimmungsrechts der Völker,** die der amerikanische Präsident Wilson als Ordnungsprinzip für eine neue Friedensordnung nach dem 1. Weltkrieg propagierte, war auf den ersten Blick faszinierend. Sollte es gelingen, die Völker oder Volksgruppen selbst über Grenzverläufe und staatliche Ordnungen bestimmen zu lassen, dann war dadurch ein erhebliches Störpotential für den internationalen Frieden beseitigt. Die ethnischen Konflikte auf dem Balkan, die zum Auslöser des Ersten Weltkriegs wurden, hatten gezeigt, dass die alten Ordnungsvorstellungen territorialer Reiche mit monarchischer Legitimität nicht mehr ein friedliches Zusammenleben zu garantieren vermochten.
Auch das **Krisenmanagement der Konferenzdiplomatie** hatte sich vor dem Weltkrieg als ineffizient erwiesen, nachdem schon im Krim-Krieg kaum die Ausweitung zu einem Weltkrieg hatte verhindert werden können. So bildete der **Völkerbund** eine mögliche Alternative, da er die Friedenssicherung als kollektives System zu organisieren versuchte. Vorteil war dabei die Möglichkeit, Konfliktregelungen auf einer supranationalen Ebene zu institutionalisieren und somit den Frieden durch internationale Übereinkünfte zu sichern. Zu diesem Konzept einer kollektiven Sicherheitspolitik gehörte auch die Schaffung von Sanktionsmechanismen mit präventiver Wirkung, die eingesetzt werden konnten, wenn Vertragsverletzungen vorlagen.
Die Umsetzung der Prinzipien und die Ausgestaltung des Völkerbunds als institutionalisiertes Friedensinstrument gelangen jedoch nur bedingt.
Die Siegermächte konnten in den **Pariser Vorortverträgen** das Selbstbestimmungsrecht nicht durchgängig zum Gestaltungsprinzip der angestrebten Ordnung machen, da z. B. die macht- und sicherheitspolitischen Interessen Frankreichs und seine irrationalen Revanchegelüste zu stark waren, um eine Neugestaltung der deutsch-französischen Grenze nach dem Selbstbestimmungsrecht zu akzeptieren. Auch das Vereinigungsverbot für Österreich mit dem Reich war ein klarer Verstoß gegen das Prinzip, der wie viele andere zur Ursache für neue Konflikte wurde. Die Spannung zwischen dem Selbstbestimmungsrecht der Völker und den Interessen traditioneller Machtpolitik wurde nur dann zugunsten des Selbstbestimmungsrechts gelöst, wenn die Machtverhältnisse das zuließen. Das Deutsche Reich musste also solche Entscheidungen nach 1918 ebenso akzeptieren wie das innerlich geschwächte Russland. Aber beide Mächte versuchten in den kommenden Jahren, die Entscheidungen der Friedensverträge entweder im Namen des Selbstbestimmungsrechts oder ohne Rücksicht auf das Prinzip zu revidieren. Noch waren nationale Interessen und Machtpolitik im Zweifelsfall stärker als Rechtsprinzipien.
Die Durchsetzung des Prinzips erwies sich aber auch deshalb als ausgesprochen schwierig und unrealistisch, da das Recht auf Selbstbestimmung eines Volkes auszutarieren war mit dem notwendigen **Minderheitenschutz für ethnische Gruppen,** für die eine eigene staatliche Organisation nicht vernünftig oder nicht durchsetzbar war. Schon die Bestimmung dessen, was als souveränes Volk mit einem eigenen Willen zur staatlichen Organisation gelten konnte, war oft nicht möglich.

Im Völkerbund, wo solche Fragen hätten geklärt werden können, dominierten allzu oft die nationalen Sonderinteressen. So beteiligten sich die USA auch deswegen nicht am Völkerbund, weil man der Meinung war, dort würden ausschließlich französische Machtinteressen verfolgt. Diese Verweigerung durch die USA nahm der Organisation dann auch viel von der Durchsetzungskraft, die nötig gewesen wäre, um in Konfliktfällen dauerhafte Lösungen durchzusetzen.
Das **Dilemma des Völkerbunds** zeigte sich in erster Linie, als es darum ging, den aggressiven Faschismus und Nationalsozialismus in die Schranken zu weisen. Sowohl die Stresa-Front gegen Italien und seine expansive Abessinien-Politik als auch der Versuch, Hitlers Abkehr von dem kollektiven Sicherheitssystem zu verhindern, scheiterten. Grund dafür war der fehlende Konsens der Mitgliedsstaaten in der Haltung gegenüber den Diktaturen, wohl auch die mangelnde Bereitschaft, eigene Interessen einem gesamteuropäischen Interesse unterzuordnen. Solange die Mächte guten Willens waren, ihre Konflikte einvernehmlich zu lösen, wie dies zwischen Frankreich und Deutschland in der Ära Stresemann der Fall war, bot der Völkerbund ein wirksames Forum für Gespräche und vertragliche Vereinbarungen. Sobald aber diese Bereitschaft nicht mehr bestand wie im nationalsozialistischen Deutschland, verlor der Völkerbund an Bedeutung.

Leistungskurs Geschichte (Bayern) 1998 – Aufgabe IV
Deutschland seit 1945

BE

1 Erarbeiten Sie aus Anlage A die Position des Bundeskanzlers in der deutschen Frage und erläutern Sie, inwieweit bereits von früheren Bonner Regierungen entwickelte deutschlandpolitische Grundpositionen eingeflossen sind und fortgeführt werden! 14

2.1 Erschließen Sie aus der Karikatur (Anlage B), wie der Zeichner die Ergebnisse des 1987 erfolgten Besuchs Erich Honeckers in der Bundesrepublik bewertet!

2.2 Erläutern Sie, von dieser Bewertung ausgehend, welche Probleme ein offizieller Staatsbesuch von Honecker für die Bundesregierung aufwarf! 18

3 Untersuchen Sie Rückwirkungen der deutsch-deutschen Beziehungen auf die innere Entwicklung der DDR seit Beginn der siebziger Jahre bis zum Besuch Honeckers! 12

4 Der Journalist Thomas Rietzschel schrieb am 13. 9. 1997: „Die Grenze in Deutschland ist unsichtbar geworden, aber Grenze geblieben."
Setzen Sie sich mit dieser These auseinander! Gehen Sie dabei insbesondere auf trennende und verbindende historische Erfahrungen sowie Lebensumstände der Bürger der alten und neuen Länder ein! 16

60

Anlage A

Erklärung von Bundeskanzler Dr. Helmut Kohl zur Eröffnung der Gespräche mit Generalsekretär Erich Honecker am 7. September 1987 in Bonn (Auszüge).

„Ich heiße Sie, Herr Generalsekretär, und Ihre Begleitung hier in Bonn willkommen. Sie besuchen zum ersten Mal in offizieller Funktion die Bundesrepublik Deutschland.

Dieser Arbeitsbesuch eröffnet vielfältige Möglichkeiten, die Beziehungen zwischen den beiden Staaten in Deutschland zum Wohle der Menschen weiterzuentwickeln. Unsere Gegensätze in Grundsatzfragen werden wir nicht überwinden, aber was uns im Grundsätzlichen trennt, sollte uns nicht an praktischer Zusammenarbeit hindern. Dies entspricht auch dem Grundlagenvertrag, den die Bundesrepublik Deutschland und die Deutsche Demokratische Republik am 21. Dezember 1972 unterzeichnet haben. Im Rahmen dieses Vertrages steht auch Ihr Besuch.

Die Bundesregierung hält fest an der Einheit der Nation und wir wollen, dass alle Deutschen in gemeinsamer Freiheit zueinander finden können. […]

Wir achten die bestehenden Grenzen, aber die Teilung wollen wir auf friedlichem Weg durch einen Prozess der Verständigung überwinden.

Bei unserer Begegnung in Moskau im März 1985 haben wir gemeinsam erklärt:
Von deutschem Boden darf in Zukunft nur noch Frieden ausgehen. Ich füge hinzu: Gerade auch an der Grenze mitten in Deutschland darf Anwendung und Anordnung von Gewalt nicht länger ein Mittel der Politik sein. Wirklicher Friede ist auch nicht möglich ohne Gewährleistung der Menschrechte.

Für die Bundesrepublik Deutschland sind die Grundwerte der Freiheit und der Demokratie unverzichtbar. Deshalb stehen wir fest in der Gemeinschaft der freien westlichen Staaten. […]

Jeder Fortschritt in den Ost-West-Beziehungen eröffnet auch Chancen für das bilaterale Verhältnis. Andererseits können beide Staaten in Deutschland durch die Ausgestaltung der beiderseitigen Beziehungen zur Vertrauensbildung und zur Zusammenarbeit in den West-Ost-Beziehungen allgemein beitragen und damit auch die Lösung von Fragen der Sicherheit erleichtern.

Eine zentrale Frage für beide Staaten in Deutschland ist Berlin. Wir respektieren den besonderen Status der Stadt, wie er sich aus den Vereinbarungen und Beschlüssen der Vier Mächte aus der Kriegs- und Nachkriegszeit ergibt. Wir halten fest an der strikten Einhaltung und vollen Anwendung des Viermächte-Abkommens von 1971. Dazu gehört aber auch die Erhaltung und Entwicklung der Bindungen des westlichen Teils der Stadt an die Bundesrepublik Deutschland. Das ist für uns unverzichtbar. Unsere Beziehungen können daher keinesfalls um Berlin herum entwickelt werden.

Herr Generalsekretär, ich denke, wir sind uns einig, dass Fragen, die zur Zeit nicht lösbar sind, nicht in den Vordergrund gestellt werden sollten, dass wir uns auf das Machbare konzentrieren müssen. Es müssen in jedem Fall Lösungen gefunden werden, die keine Seite überfordern.

Wir haben auf diese Weise in den vergangenen Jahren miteinander manches erreicht. Andererseits sind viele Wünsche und Fragen nach wie vor offen. Für uns stehen die Kontakte zwischen Menschen auf allen Ebenen und in allen Lebensbereichen im Vordergrund. Wir begrüßen die Zunahme des Reiseverkehrs, insbesondere die Vervielfachung der Reisen jüngerer Menschen aus der DDR. Wir streben aber letztlich einen freien Reiseverkehr an. Die bestehenden Beschränkungen sollten schrittweise abgebaut, der grenznahe Verkehr ausgeweitet und besonders auch in Berlin die offenen Fragen im Reise- und Besucherverkehr bald geregelt werden. […]

Generell muss die Kommunikation zwischen den Menschen in allen Bereichen verbessert werden. Wichtig ist gegenseitiges Kennenlernen und der Abbau von Vorurteilen. Auch die Arbeit der Journalisten kann dazu einen erheblichen Beitrag leisten; sie sollte deshalb nicht behindert werden.

Es geht uns immer und vor allem um die Menschen. Deshalb haben Menschenrechte und humanitäre Fragen in unseren Beziehungen eine herausragende Bedeutung. Wir konnten in der Vergangenheit vielfach Härtefalle lösen. Dies sollte auch weiter möglich bleiben.

Die Vertragsbeziehungen konnten in den letzten Jahren ausgebaut werden. […]

Herr Generalsekretär, es geht uns um eine Entwicklung der Zusammenarbeit beider Staaten, wo immer dies bei den sonst bestehenden Gegensätzen möglich ist. Sie soll den Menschen dienen, für die wir Verantwortung tragen. Wir können in diesen beiden Tagen sicherlich nicht überall zu detaillierten Absprachen kommen.

Aber ich habe die Hoffnung, dass unsere Gespräche Impulse für einen Ausbau der Zusammenarbeit geben. Und ich hoffe, dass Ihr Besuch zu einer Vertiefung und Verstetigung des politischen Dialogs zwischen unseren beiden Staaten beiträgt. Ich möchte Sie gern beim Wort nehmen und mit Ihnen eine Politik der Vernunft und des Realismus verwirklichen. Dies ist das Gebot unserer Verantwortung vor den Deutschen in Ost und West und für den Frieden in Europa."

Anlage B

Am Ende einer Reise

Karikatur von Felix Mussil, September 1987

Lösungen

1 **Bundeskanzler Kohl** gründet seine **deutschlandpolitische Position** auf dem Axiom der **Einheit der Nation,** weshalb er auch vorher schon von den beiden Staaten in Deutschland spricht. Daraus ergibt sich als Zielsetzung dann zwingend das Streben nach einer Vereinigung, nicht jedoch um jeden Preis, sondern nur in „gemeinsamer Freiheit". Der Kanzler bekennt sich auch deutlich zu einer Politik der friedlichen Verständigung.
Für den Prozess einer Wiedervereinigung in Frieden und Freiheit sieht es Kohl als unabdingbar an, dass die **Berlin-Frage** zufriedenstellend geregelt wird. Aus Sicht der Bonner Regierung ist dabei der Rechtsstatus der Stadt zu sichern, wie er im Viermächteabkommen von 1971 festgelegt wurde. Der weitere Ausbau der Beziehungen der Bundesrepublik zum Westteil der Stadt erscheint für den Kanzler unabdingbar.
Neben einvernehmlichen Regelungen im Falle Berlins fordert Kohl die Verbesserung der **zwischenmenschlichen Kontakte** zwischen den beiden deutschen Staaten, wobei bereits erreichte Erfolge nur als Zwischenstation zu einem freien Reiseverkehr und zu freiem Informationsaustausch gesehen werden. In diesem Zusammenhang betont der Bonner Kanzler mehrfach die **Gewährleistung der Menschenrechte,** sicherlich auch eine Mahnung an Honecker, die Umsetzung der Schlussakte der KSZE-Konferenz von Helsinki auch in der DDR nicht zu verhindern.
Schließlich betont Helmut Kohl den Zusammenhang zwischen der deutschen Frage und einer **europäischen Sicherheitspolitik.** Eine Verständigung zwischen den beiden deutschen Staaten wird gesehen als wichtiger Beitrag zu einem Frieden in Europa.
Die Position Kohls ist im Grunde eine Fortführung traditioneller Bonner Politik. Bereits der erste Kanzler, **Konrad Adenauer,** sah die Einheit der Nation als unverzichtbares Axiom jeder Deutschlandpolitik. Zur Wiederherstellung der staatlichen Einheit in Frieden und Freiheit war jede Regierung schon durch das Grundgesetz, insbesondere die Präambel verpflichtet.
Der ursprüngliche Alleinvertretungsanspruch der Adenauer-Regierungen wurde von der **Großen Koalition unter Kiesinger** aufgegeben. Das Streben nach einer friedlichen Lösung und der Verzicht auf eine aggressive Politik der Stärke bestimmen seitdem die Politik der Bundesrepublik zur Lösung der deutschen Frage.
Doch Helmut Kohl stellt sich nicht nur in die Tradition CDU-geführter Regierungen, sondern setzt auch die **Deutschlandpolitik der sozialliberalen Koalition** fort. Willy Brandt und Walter Scheel hatten eine Politik der Zusammenarbeit und der Entwicklung vertraglicher Beziehungen eingeleitet. Ziel dieser Politik sollte sein, einen **„Wandel durch Annäherung"** herbeizuführen, also das Trennende abzuschwächen, das Gemeinsame zu stärken. Dahinter stand natürlich die Hoffnung, dass das System der DDR im offenen Nebeneinander einem sehr viel stärkeren Wandel hin zur Freiheit unterliegen würde.
Auch diese strategische Konzeption verfolgt Helmut Kohl, wenn er die „Ausgestaltung der beiderseitigen Beziehungen" als Möglichkeit sieht, europäische Friedenspolitik zu betreiben. Die mehrfache Mahnung, sich für die Gewährung der Menschenrechte als Grundlage eines dauerhaften Friedens einzusetzen, lässt erkennen, dass der Kanzler sich auch ganz bewusst einer Ordnung verpflichtet fühlt, die auf der Konferenz für Sicherheit und Zusammenarbeit in Europa auch von der DDR besiegelt wurde.

2.1 Der Karikaturist scheint den **Besuch Erich Honeckers 1987** in Bonn nicht gerade als bedeutsamen Schritt zur Annäherung zu bewerten. Die nach wie vor riesige Mauer und die tresorartige Tür signalisieren in erster Linie das Trennende und die undurchdringliche Grenze zwischen den beiden deutschen Staaten.
Auch die Positionierung der beiden Figuren interpretiert den Erfolg der Reise eher skeptisch. Der bundesrepublikanische Michel steht ratlos und „klein“ vor der riesigen Mauer, während der sichtlich entspannte Honecker „von oben herab“ zum Abschied winkt, bevor er mit seinem (gefüllten?) Koffer wieder verschwindet. Die Zweideutigkeit der Unterschrift verstärkt die negative Wertung: Ende einer Reise könnte auch gelesen werden als das Ende eines hoffnungsvollen politischen Prozesses. Fraglich ist dennoch, ob die Leiter beim Schließen der Tür eingezogen wird oder ob sie für weitere Besuche stehen bleibt. Die Leiter könnte dann ein Zeichen sein für Möglichkeiten, die Mauer zu durchbrechen. Doppeldeutig ist auch der Gruß des Staatsratsvorsitzenden der DDR. Das „Tschüss“ lässt sich deuten als Ausdruck eines Endes, im Gegensatz zu dem stärker verbindenden „Auf Wiedersehen“, die Grußformel kann jedoch in ihrer saloppen Art auch Entkrampfung signalisieren. Alles in allem überwiegt sicherlich eine skeptische Bewertung der Reise.

2.2 Schon vor 1987 hatten sich **Kohl und Honecker** mehrfach getroffen, am Rande der Staatsbegräbnisse für die sowjetischen Parteichefs Andropow 1984 und Tschernenko 1985 sowie des schwedischen Ministerpräsidenten Palme 1986. Der Besuch Honeckers in Bonn war allerdings mehr als nur ein informelles Treffen, wenn auch aus Bonner Sicht kein offizieller Staatsbesuch, und warf schon deshalb Probleme auf. Der Karikaturist hat nicht umsonst Honecker in einer eher triumphierenden Geste dargestellt und deutet an, wen er für den Gewinner hält. Eine solche Einschätzung in der Öffentlichkeit könnte für die Bundesregierung und ihren Kurs der kleinen Annäherungsschritte durchaus eine Gefahr bedeuten. Jede Art von Aufwertung des DDR-Regimes konnte gesehen werden als eine Stabilisierung des Systems und als eine Verfestigung der trennenden Mauer.
Sicherlich fiel es der Bundesregierung auch deshalb nicht leicht, diesen „protokollarisch aufgezäumten Arbeitsbesuch“ zu akzeptieren, da er eine weitere **völkerrechtliche Aufwertung des DDR-Regimes** bedeutete. Honecker wurde auch bei seinem Besuch nicht müde, die unabhängige Souveränität beider deutscher Staaten zu betonen, wertete den Besuch eindeutig als Dokumentation der Gleichberechtigung beider deutscher Staaten.
War die Frage der völkerrechtlichen Aufwertung der DDR im Grunde kein so brisantes Problem zu diesem Zeitpunkt, so war das Verhältnis der Machthaber zum eigenen Volk von ganz besonderem Gewicht. Der Besuch Honeckers bedeutete sicherlich einen leichten Rückschlag für die anwachsende Opposition in der DDR. Die Gespräche in Bonn und die vereinbarten Verträge über Umwelt- und Strahlenschutz sowie ein Kulturabkommen werteten das Regime im Innern auf und trugen zur Verschleierung der Krise der DDR bei, ohne dass jedoch die innenpolitischen Schwierigkeiten geringer geworden wären. Für die Bundesrepublik stand 1987 fest, dass es in der DDR institutionalisierte Menschenrechtsverletzungen v. a. durch die Stasi gab, die Helmut Kohl in seiner Begrüßungsrede, die auch im DDR-Fernsehen zu sehen war, auch andeutete, und dennoch schien ein Besuch auf höchster Ebene politisch vernünftig. In der Folge verschärften sich dann die Auseinandersetzungen des Staatsapparates mit den oppositionellen Gruppen, sodass der kurzzeitige Prestigegewinn der ostdeutschen Machthaber, den Bonn in Kauf nehmen musste, für die Zukunft des DDR-Regimes keine Bedeutung mehr hatte.

3 Nachdem Walter Ulbricht mit seiner Wirtschaftspolitik gescheitert war und auch die sowjetische Führung dem alternden SED-Chef das Vertrauen entzog, gelang **Erich Honecker** der Führungswechsel, eine **neue Ära** begann. Die Hoffnungen der Menschen erfüllten sich in den ersten Jahren seiner Herrschaft nur bedingt. Zwar gewann das Regime nicht zuletzt durch die Vertragspolitik mit der Bundesrepublik, insbesondere den **Grundlagenvertrag von 1973,** erheblichen außenpolitischen Spielraum, aber zu einer Annäherung kam es nicht. Honecker lehnte sich vielmehr enger an die Sowjetunion an, da er der herrschenden Entspannungspolitik als Gefahr für die eigene Stabilität misstraute. Hoffnung weckte dagegen der spürbare wirtschaftliche Aufschwung, der ebenfalls mit der deutsch-deutschen Normalisierung verbunden war. Die DDR profitierte von ihren gewachsenen Möglichkeiten, mit dem Westen, vor allem mit der Bundesrepublik, Handel zu treiben. Es darf dabei jedoch nicht übersehen werden, dass in dieser Phase durch hohe Auslandsverschuldung der Grundstein gelegt wurde für die spätere ökonomische Katastrophe.

Neben der mit Schulden finanzierten **Verbesserung des Lebensstandards** ließ auch eine **begrenzte kulturelle Öffnung** die ersten Jahre der Ära Honecker als die hoffnungsvollsten in der Geschichte der DDR erscheinen.

Aber seit 1976 zeigten sich deutliche Kursänderungen zum Nachteil der Bevölkerung. Als Folge der internationalen Entspannungspolitik und sicherlich der stärkeren Austauschbeziehungen mit der Bundesrepublik auf verschiedenen Ebenen wurden erste Anzeichen von Destabilisierung sichtbar, auf die Honecker und seine Führung mit widersprüchlichen Maßnahmen reagierte. Einerseits wurde die Verschuldung unverantwortlich gesteigert, um den Konsumwünschen der Bevölkerung entgegenzukommen und Ruhe zu halten, andererseits wurden oppositionelle Töne, etwa des Regimekritikers Wolf Biermann, mit **Ausweisung** bestraft. Das Regime vertrieb einen Teil seiner kreativsten Bürger.

Für die DDR-Führung wurde es immer schwieriger, die **Regimekritik** mundtot zu machen und oppositionelle Gruppen zu unterdrücken, da die Menschenrechtsbewegungen sich auf die KSZE-Schlussakte berufen konnten und die verbesserten Kontakte mit der Bundesrepublik eine größere Öffentlichkeit schufen.

Anfang der achtziger Jahre wurde die **Krise der DDR-Wirtschaft** immer deutlicher, die Zahl der oppositionellen Gruppen immer größer. Zwar versuchte das Regime, mit Hilfe des Ministeriums für Statssicherheit jede Kritik zu kriminalisieren und den totalitären Machtanspruch der Partei durchzusetzen, aber die Unzufriedenheit war nicht mehr zu unterdrücken. Es kam zu einer Ausreisewelle, massiv unterstützt von der Bundesregierung durch den Freikauf politischer Häftlinge. Der dramatische Devisenmangel der DDR eröffnete diese Chance.

Mehr und mehr hatte sich die DDR in eine Falle manövriert. Die ökonomische Öffnung zum Westen, die durch die Politik der Bundesregierung seit Anfang der 70er Jahre möglich wurde, verführte die DDR-Führung zu einem wirtschafts- und sozialpolitischen Aufschwung, den sie überwiegend mit Schulden im Westen finanzierte. Das aber machte das Regime abhängig vom Entgegenkommen vor allem der Bundesrepublik, sodass die DDR Zugeständnisse bei menschlichen Erleichterungen und beim Austausch von Informationen machen musste, die gefährlich wurden.

Die Haltung der Bundesregierung, einerseits unverzichtbare Positionen wie die nationale Einheit zu verteidigen, andererseits eine Politik der kleinen Schritte zur Annäherung fortzusetzen, trug letztlich wesentlich zur Destabiliserung des DDR-Systems bei. Äußeres Zeichen der sich verschärfenden Krise und der Ohnmacht des Regimes waren über 26000 Flüchtlinge oder Übersiedler aus der DDR in die Bundesrepublik allein im Jahre 1986.

4 Die These des Journalisten Thomas Rietzschel, dass trotz der staatlichen Vereinigung die **Grenze in Deutschland** geblieben sei, lässt sich durchaus belegen.

In den beiden deutschen Staaten entwickelten sich nicht nur die politischen Systeme nach 1945 sehr unterschiedlich, sondern auch die Lebensumstände und die gesellschaftlichen Rahmenbedingungen konnten gegensätzlicher nicht sein. Eine so unterschiedliche Sozialisation der Menschen mit **gegensätzlichen Werthaltungen und Orientierungen** bis hinein in den privaten und familiären Bereich kann nicht durch den Federstrich einer politischen Vereinigung beseitigt werden. Die kulturellen und politischen Erfahrungen der Bürger der Bundesrepublik, wesentlich geprägt von Freiheit und Freizügigkeit, formten andere Weltbilder und Lebensstrategien gegenüber den deutlich eingeschränkten Perspektiven der Bürger der ehemaligen DDR. Vor allem diejenigen, die in der DDR ihre Sozialisation durchlebten, müssen erst lernen, mit den neuen Freiheiten in Politik, Kultur und Öffentlichkeit umzugehen. Für die in der ehemaligen DDR aufgewachsenen Menschen ist es nicht einfach, alte Sinngebungen über Bord werfen zu müssen und mit völlig ungewohnten Problemen wie der Arbeitslosigkeit fertig zu werden.

Die verschiedenen Perspektiven wirkten sich zwangsläufig auch auf die **Erfahrungen mit der Wiedervereinigung** und auf die Begegnung mit der Lebensart der jeweils „anderen Seite“ aus. Unterschiedliche Einstellungen zur Arbeit und vor allem zur individuellen Motivation führen zu gegenseitigen Missverständnissen und zu Intoleranz. Verstärkt wird das häufig durch die Ungeduld auf beiden Seiten: unerfüllte Hoffnungen der ehemaligen DDR-Bürger bezüglich der Angleichung des Lebensstandards, Ängste auf Seiten der westdeutschen Bevölkerung bezüglich der wirtschaftlichen Belastung durch die Wiedervereinigung. Nach der Euphorie der Vereinigung mit all ihren emotionalen Höhepunkten ist Ernüchterung eingetreten.

Andererseits sieht Rietzschel das Trennende zu isoliert und zu einseitig. In den Jahren seit 1989/90 ist vieles zusammengewachsen. Lebenslagen und Lebensstile haben sich bereits spürbar angeglichen, zumal die Massenmedien einen stark vereinheitlichenden Effekt ausüben. So wird besonders bei der jüngeren Generation die zunehmend gleiche Sozialisation eine **verbindende Wirkung** haben.

Dass die innere Grenze, soweit sie noch vorhanden ist, im Laufe der Jahre verschwinden wird, liegt sicherlich auch an der **gemeinsamen Geschichte und der gemeinsamen Sprache.** Das Bewusstsein der Zusammengehörigkeit, das besonders in den Tagen des Mauerfalls von großen Teilen der Bevölkerung artikuliert wurde, war nicht nur Ausdruck einer momentanen Stimmung, sondern ist ein tragfähiges Fundament. Die stark vereinheitlichende Kraft der Sprache lässt gerade im kulturellen und künstlerischen Bereich das Gemeinsame heute schon überwiegen.

Nicht übersehen werden darf auch die Abschwächung innerdeutscher Gegensätze vor dem **Hintergrund des europäischen Integrationsprozesses.** Nationale Identitäten und Gemeinsamkeiten gewinnen eine neue Bedeutung, da es um die Ausgestaltung einer europäischen Union geht. Nationale Institutionen und Symbole werden intensiver erlebt, verstärken das Bewusstsein der nationalen Einheit. In dem größeren Raum Europa wird die neu gewonnene nationale Einheit der Deutschen zu einer wichtigen Orientierung.

Ihre Meinung ist uns wichtig!

Ihre Anregungen sind uns immer willkommen.
Bitte informieren Sie uns mit diesem Schein über Ihre Verbesserungsvorschläge!

Titel-Nr.	Seite	Fehler, Vorschlag

Bitte hier abtrennen

Bitte hier abtrennen

Zutreffendes bitte ankreuzen!

Die Absenderin/der Absender ist:

- ☐ Lehrer/in
- ☐ Referendar/in im Ausbildungsabschnitt: ____
- ☐ Fachbetreuer/in Fächer: ____
- ☐ Oberstufenbetreuer/in
- ☐ Schulleiter/in
- ☐ Seminarlehrer/in Fächer: ____
- ☐ Leiter/in Lehrerbibliothek
- ☐ Leiter/in Schülerbibliothek
- ☐ Regierungsfachberater/in Fächer: ____
- ☐ Eltern
- ☐ Schüler/in, Klasse: ____
- ☐ Sekretariat
- ☐ Sonstiges: ____

Unterrichtsfächer: (Bei Lehrkräften!)

STARK Verlag
Postfach 1852
85318 Freising

Kennen Sie Ihre Kundennummer?
Bitte hier eintragen.

Absender (Bitte in Druckbuchstaben!)

Name/Vorname

Straße/Nr.

PLZ/Ort

Schule/Schulstempel (Bitte immer angeben!)

8-V09

Bitte ausfüllen und im frankierten Umschlag an uns einsenden. Für Fensterkuverts geeignet.

(Bitte blättern Sie um)